평가 문항 출제의 정석

국어과
선다형 시험 평가 문항
어떻게 만들어지나?

머리말

교육은 계획적이고 유목적적인 행위이다. 그렇기 때문에 교육이 제대로 이루어지기 위해서는 '목표, 내용, 교수·학습 방법, 평가'가 유기적으로 잘 결합되어야 한다. 이들 네 요소 중 어느 하나만 소홀히 해도 교육은 온전해질 수 없다. 교육의 논리로 보면, 목표가 정해져야 그 목표를 달성할 수 있는 교육 내용을 선정하고 조직한다. 교육 내용의 선정과 조직이 끝나면 그에 맞는 교수·학습 방법을 구안하게 된다. 그리고 난 다음에 평가를 통해 목표, 내용, 교수·학습 방법의 공과를 따진다. 이론적으로는 위의 네 요소 모두 중요하지만 현실에서는 꼭 그렇지도 않다. 우리의 경우, 평가는 상급 학교 진학이나 인생의 성공과 실패를 결정하는 최대 변수 중 하나이다. 목표, 내용, 교수·학습 방법보다 평가에 대한 관심이 더 높은 이유도 여기에 있다. 언론의 교육 관련 보도만 봐도 그렇다. 평소에는 교육에 큰 관심을 보이지 않다가도 입시가 다가오거나 새로운 평가 제도나 평가 방법이 도입되면 유독 교육에 더 많은 관심을 보인다. 학생, 교사, 학부모들도 마찬가지이다. 그래서인지 우리나라는 평가의 내용이나 형식이 역으로 교육의 목표, 내용, 교수·학습 방법을 바꿀 만큼 막강한 영향력을 행사한다. 평가가 교육을 좌지우지하는 것이다. 그렇기 때문에 평가가 잘못되면 그만큼 교육에 나쁜 영향을 끼칠 가능성이 높다.

그러면 왜 우리는 평가에 그토록 큰 관심을 보이고 평가가 매우 중요하다고 하면서도 만족스러운 평가를 하지 못하는 것일까? 그 이유에는 여러 가지가 있겠지만, 그중 하나는 실제적인 평가 문항 개발이 그에 상응하지 못해서이다. 그래서 대다수의 사람들은 평가 문항에 대해 의심의 눈초리를 보낸다. 핵심적 역량을 평가하지 못하고 주변적인 것을 묻는 문항, 언어 자료는 제대로 활용하지 않고 외운 것에서 답이 나오는 문항 등이 많기 때문일 것이다. 이러한 문항들은 학생들의 학습 방법을 잘못된 방향으로 유도한다.

본서는 이러한 문제의식에서 출발한다. 제대로 된 평가 문항 개발을 통해 평가 본연의 교육적 기능을 되살리고자 한다. 이를 위해서는 체계적이고 합리적인 절차에 따른 문항 개발이 필요함은 불문가지이다.

Ⅰ장은 본서의 서론에 해당하는 부분이다. 선다형 평가의 교육적 가치, 선다형 평가 문항 틀, 선다형 평가 문항 개발의 일반적 절차를 통해 '국어과 선다형 평가 문항 개발의 원리'를 다룬다.

Ⅱ장에서는 평가 문항 개발의 출발점인 '평가 요소'에 대해 살펴볼 것이다. 평가 요소의 밑바탕이 되는 성취기준 분석하기와 꼭 평가해야 할 것을 선정하는 평가 요소 결정하기가 주된 내용이 된다. 여기에 더해 평가 난도를 결정하는 문제, 복수의 성취기준을 결합해서 하나의 문항을 만드는 방법, 이원목적분류표 또는 문항 정보표 작성 방법 등을 고찰할 것이다.

Ⅲ장에서는 문항 설계에 대해 알아볼 것이다. 평가 문항을 제작하기 위해서는 평가 목표와 내용 등을 결정하고 전반적인 계획을 수립하는 일을 빼놓을 수 없다. 현실적으로 문항의 형태는 매우 다양하므로 이를 나누어서 살펴볼 것이다. '단독 문항, 세트 문항, 〈보기〉 문항, 대표 문항, 통합 문항'을 설계할 때 고려해야 할 점과 문항 설계를 잘하기 위한 요건 등을 세밀하게 논의할 것이다.

Ⅳ장의 주된 관심은 언어 자료의 선정과 가공이다. 적절한 언어 자료를 선정해서 출제에 알맞은

형태로 가공하는 것은 좋은 문항을 만들기 위한 기초 중의 기초이다. 우선적으로 살펴보아야 하는 것은 적절한 언어 자료의 기본 요건이다. 그런 다음, 언어 자료의 선정과 가공 방법을 국어과 영역별로 나누어 실제 출제 상황에서는 어떻게 적용되는지 구체적으로 보여 줄 것이다.

Ⅴ장에서는 문두 작성에 대해 알아볼 것이다. 문두는 문항에서 평가 내용을 의문문으로 드러내는 특수한 물음이다. 평가 문항 해결의 방향을 결정하는 조타수라 할 수 있다. 먼저 문두가 필요한 이유를 문두의 개념, 역할, 요건 등으로 나누어 살펴볼 것이다. 뒤이어, 문두 작성의 일반적인 방법, 행동 영역별 문두 작성법, 내용 영역별 문두 작성법을 풍성한 예를 통해 제시할 것이다.

Ⅵ장에서는 답지 제작을 다룬다. 선다형 평가 문항의 적절성, 수준과 질 등을 결정하거나 완성하는 것은 다름 아닌 답지이다. 평가자의 역량 여부가 첨예하게 드러나는 부분이기도 하다. 답지 제작은 고려해야 할 사항이 많으므로 답지 제작 단계가 지닌 의미를 살펴보아야 한다. 이어서 답지 제작의 일반적인 원칙과 답지 제작의 과정과 방법을 정답지와 오답지로 나누어 세세하게 보여 줄 것이다. 여기에 더해 답지 제작에서의 중요한 팁을 구체적인 사례를 통해 제공할 예정이다.

Ⅶ장에서는 '문항 검토와 평가 결과 분석 및 활용'에 대해 살펴볼 것이다. 문항을 검토하고 평가 결과를 분석하는 작업은 평가 도구의 타당성을 높이고 평가 결과의 효율적인 환류를 위해 반드시 거쳐야 할 과정이다. 문항 검토가 왜 필요한지, 문항 검토의 주안점은 무엇인지, 문항 검토와 수정은 어떻게 해야 하는지를 실제 평가 문항을 끌어들여 보여 줄 것이다. 그런 다음에는 평가 결과를 분석해서 활용하는 방법을 구체적인 자료를 통해 제시할 것이다.

각 장의 말미에는 연습 문제가 제공된다. 연습 문제를 통해 본서에서 제시한 방법들을 체득했으면 하는 바람이다. 주어진 팁을 활용해서 문제를 해결하다 보면 선다형 평가 문항의 달인이 될 수도 있지 않을까? 달인이 되기 위해서 꼭 점검해야 하는 사항들은 부록으로 일목요연하게 제시하였다.

본서는 기존의 평가 관련 책과 달리 선다형 평가 문항을 개발하기 위해서는 반드시 거쳐야 하는 절차를 중심으로 기술하였다. 각각의 절차 또한 가능한 한 최대한 세분화하여 소제목으로 제시하였다. 목차를 보고 그때그때 필요한 부분을 골라서 볼 수 있도록 한 것이다. 본서가 명실상부한 평가 문항 개발의 실전 지침서가 되었으면 한다.

Thanks To!!

책이 나오기까지 많은 분들의 도움이 있었습니다. 책을 낼 수 있도록 제안, 격려, 용기를 주신 이상호 팀장님, 섬세하면서도 배려 깊은 피드백으로 우리들의 불찰을 깨닫게 해 주신 편집자님, 모임 때마다 오셔서 온갖 궂은일을 도맡아 주신 EBS 매니저님께 감사드립니다. 일일이 거명은 못했지만, 책을 만드는 데 도움을 주신 EBS와 북앤렉처팀 관계자 분들께도 심심한 감사의 말씀 올립니다.

말죽거리에서, 2021년, 저자 일동

목차

■ 머리말

Ⅰ.

국어과
선다형 평가 문항
개발의 원리

I.
국어과
선다형 평가 문항
개발의 원리

개 요

I장에서는 국어과 선다형 평가 문항 개발의 원리를 다룬다. 이를 위해 먼저 선다형 평가의 교육적 가치를 부정적인 측면과 긍정적인 측면으로 나누어 살펴볼 것이다. 그런 다음 선다형 평가 문항의 틀을 짜려면 기본적으로 어떤 범주가 있어야 하는지를 알아볼 예정이다. 마지막으로, 선다형 평가 문항 개발의 일반적 절차를 '문항 설계 단계, 언어 자료 제작 단계, 문두 작성과 답지 제작 단계'로 구분하여 각각의 단계에서 해야 할 일을 중심으로 고찰하고자 한다.

1. 선다형 평가의 교육적 가치

선다형 평가 문항이란 몇 개의 답지를 주고 이 중에서 정답지를 고르도록 하는 문항 형식이다. 이러한 선다형 평가 문항에 대해서 부정적인 시선과 긍정적인 시선이 공존한다. 이를 나누어 살펴보면 다음과 같다.

1.1. 부정적인 시선 ✍ 이래서 문제죠

첫째, 선다형 평가는 고등 사고 능력을 재기가 어렵다는 점이다. 선다형 평가에서 높은 점수를 받으려면 주어진 답지 중에서 정답을 오답과 식별해 내는 능력이 있어야 한다. 이러한 식별 능력은 사고 능력의 위계상 정답을 스스로 산출하거나 구성하는 능력보다 하위 능력이다. 그러므로 고등 사고 능력 신장을 목표로 하고 있는 교육과 괴리가 생길 수밖에 없다.

둘째, 선다형 평가는 표현력보다는 이해력을 과도하게 중시한다는 점이다. 현재 대학수학능력 국어 시험은 '화법과 작문, 언어와 매체, 문학, 읽기' 영역으로 구성되어 있다. '읽기' 영역은 당연히 읽기 능력을 평가하므로 논외로 치더라도, 다른 영역의 시험을 잘 보려면 기본적으로 읽기 능력이 선행되어야 한다. '문두, 답지, 문항 출제를 위한 언어 자료, <보기>, 조건' 등을 잘 독해해야 답을 맞힐 수 있기 때문이다. 그러므로 선다형 평가는 학생들의 창의력을 중시할 수밖에 없는 표현과 창작 영역의 평가에는 적합하지 않아 반쪽짜리 평가이다.

셋째, 선다형 평가는 학생들에게 오도된 학습을 초래할 가능성이 있다는 점이다. 선다형 평가는 대개 정답이 하나이고 나머지 답지들은 모두 오답이다. 답지가 담고 있는 정보들은 대단히 유사하기 때문에 학생들은 오답을 정답으로 선택하는 일이 비일비재하다. 그리고 자신이 선택한 답지가 정답이라고 생각하는 경우가 많다. 적절한 피드백이 없다면 자신이 택한 오답을 정답으로 여기게 되어 오도된 학습을 하게 된다. 공인된 정답을 끝까지 인정하지 않을 수도 있다.

넷째, 선다형 시험은 추측으로 정답을 맞힐 가능성이 늘 존재하므로 시험의 결과가 왜곡될 가능성이 높다는 점이다. 오지선다형의 경우, 확률적으로만 보면 정답률은 20%이다. 그렇기 때문에 학생들의 실력은 대체로 자기 능력 이상으로 나타나게 된다. 선다형 평가를 '운칠기삼'쯤으로 여기는 경우도 많다. 이처럼 선다형 평가는 학생들의 능력을 제대로 평가하기가 어렵다.

1.2. 긍정적인 시선 ~ 그래도 살길 두밖에

위에서 언급한 것처럼 선다형 평가에 대한 부정적인 시선이 있지만, 선다형 평가가 조만간 사라질 것 같지는 않다. 이는 선다형 평가가 단점 못지않게 장점도 지니고 있기 때문이다.

첫째, 선다형 평가는 평가 내용과 관련하여 융통성이 매우 높은 평가 방법이다. 평가하고자 하는 내용의 범위를 정하는 데 있어서 제약이 별로 없다. 단순한 사실, 지식, 개념, 용어 등의 기억을 평가할 수도 있고, 문항의 형식을 다변화하여 추론, 비판, 감상, 창의 등 고등 사고 능력도 얼마든지 출제가 가능하다. 현재의 대학수학능력시험이 이를 웅변적으로 보여 주고 있다고 할 수 있다.

둘째, 선다형 평가는 정교한 독해 능력 신장에 기여할 수 있다. 앞서 선다형 평가의 단점으로 '선다형 평가는 표현력보다는 이해력을 과도하게 중시한다는 점'을 들었다. 이를 뒤집어 생각하면 선다형 평가만큼 정밀한 독해를 요구하는 경우도 드물다. 어휘력, 문장 이해력뿐만 아니라 언어의 뉘앙스 차이, 자신의 배경지식과 언어 지식 결합하기, 정보들 간의 관계 이해하기 등 선다형 문항 하나를 제대로 풀려면 동원되는 언어 지식의 양은 굉장하다. 이로 인해 선다형 평가는 기초적이고 기본적인 언어 사용 능력 신장에 기여할 수 있게 된다.

셋째, 선다형 평가는 학생들의 학습 능력을 비교적 빠르고 쉽게 파악할 수 있다. 이는 채점에 소요되는 시간이 짧으면서도 의도된 정답을 확인하기가 편리하기 때문이다. 또한 진단 평가나 형성 평가처럼 교수·학습 과정 중에 학생들의 학습 상태를 판단할 때도 유용하게 활용할 수도 있다.

넷째, 선다형 평가는 검사 도구로서의 신뢰도가 높은 편이다. 이는 서술형, 논술형 평가와 비교해 보면 알 수 있다. 실제로 한 학생이 선다형 시험에 여러 번 응시해서 받은 성적의 유사도는 서술형, 논술형 시험보다 높다.

이상의 논의를 통해 우리는 선다형 평가 문항 개발의 방향을 어느 정도 짐작할 수 있다. 선다형 평가의 단점은 줄이고 장점을 최대한 살리는 것이 바로 그것이다. 어려운 일이지만 학생들의 언어 능력을 가능한 한 정확하게 평가할 수 있는 선다형 평가 문항 개발을 도모할 필요가 있다. 우리의 책이 이러한 필요성에 기여를 했으면 하는 바람이다.

2. 선다형 평가 문항 틀

선다형 평가 문항 틀은 최소한 세 가지 범주가 있어야 한다. 상황 범주, 언어 자료 범주, 언어 자료의 단위 범주가 이에 해당한다. 이를 나누어 살펴보면 다음과 같다.

2.1. 상황 범주 _실제성을 확보해야 하죠_

상황 범주는 어떤 평가 장면을 제시하고 평가 문항을 작성하느냐의 문제이다. 예를 들어, 화법 평가에서 수업 장면을 주고 평가 문항을 설계할 수 있다. 작문의 경우에는 공식적인 건의문 쓰기 장면을 주고 평가할 수 있다. 이처럼 평가 문항을 제작하려면 특정 상황을 고려하지 않을 수 없다. 선다형 평가라 하더라도 특정의 언어 사용 상황 속에서 문항을 내야 평가의 실제성을 확보할 수 있기 때문이다. 대체로 국어과 선다형 평가에서는 다음과 같은 상황을 염두에 두고 문항을 제작하게 된다.

- 사적 상황
- 공적 상황
- 학습 상황
- 매체 상황
- 직업 상황

2.2. 언어 자료 범주 _잘 묶어서 골고루_

언어 자료의 범주는 어떤 언어 자료를 제시하고 평가 문항을 작성하느냐의 문제이다. 예를 들어, 읽기 평가에서는 통상 '인문, 사회, 예술, 과학, 기술' 등으로 언어 자료를 분류한 다음, 설명문, 논설문 등과 같은 문종을 결합한다. 문학 평가에서는 '시, 소설, 희곡, 시나리오, 수필'처럼 문학의 전통적인 장르를 기본적으로 채용한다. 여기에 더해 '고전'과 '현대'라는 시대성이 가미된다. 화법과 작문은 이와는 다르게 언어 사용 목적을 주된 축으로 삼는다. '정보 전달 말하기 / 글쓰기, 설득하는 말하기 / 글쓰기, 정서 표현의 말하기 / 글쓰기, 친교 표현의 말하기 / 글쓰기'가 그 예이다. 교육과정을 충실하게 반영한 결과라 할 수 있다. 체계적인 선다형 평가 문항 제작을 위해서는 언어 자료를 유형화하여 균형 있게 제시해야 한다. 가용할 수 있는 언어 자료의 범주는 대략 다음과 같다.

- 언어 사용 목적을 고려한 언어 자료(정보 전달, 설득, 정서 표현, 친교 등)
- 문종 또는 장르를 고려한 언어 자료(설명문, 논설문, 시, 소설, 희곡, 수필 등)
- 시대를 고려한 언어 자료(고전, 현대 등)
- 상황을 고려한 언어 자료(일상 대화, 토론, 회의, 협상, 수업 등)

2.3. 언어 자료 단위 범주 ⤳ 코끼리 다리만 만져서야

언어 자료의 단위 범주는 언어 자료의 어떤 부분을 평가 문항으로 만드느냐의 문제이다. 언어 자료를 기호의 연속체로 간주하면, 언어 자료의 단위는 '낱자, 글자, 형태소, 단어, 어절, 구, 절, 문장, 문단, 언어 자료 전체(텍스트)'로 구분할 수 있다. 이론적으로는 이러한 단위들 모두가 평가 대상이 될 수 있다. 문법 영역을 제외하면 대개 단어 이하의 단위는 평가 대상에서 제외된다.

이때 고려해야 할 사항 중 하나는 미시적 단위를 대상으로 하는 문항과 거시적 단위를 대상으로 하는 문항을 균형 있게 배치하는 것이다. 예를 들어, 독서 영역의 경우 '이 글의 중심 내용은?', '이 글을 쓴 필자의 의도는?', '이 글을 읽은 후의 반응으로 적절한 것은?'처럼 거시적 단위만을 대상으로 문항을 출제할 수 있다. 그렇게 하면 답지 구성도 힘들고 문항 간 간섭도 일어나기 쉽다. 그렇다고 어휘나 문장 등 미시적인 단위만을 평가 대상으로 삼으면 평가 목표를 달성하는 데 실패하게 된다.

중요한 것은 언어 자료 전체를 다 읽지 않으면 세트 문항 전체를 다 풀 수 없도록 문항을 설계하는 일이다. 언어 자료의 부분적이고 미시적인 단위만을 평가 대상으로 삼아서도 안 되지만, 언어 자료 전체만을 대상으로 한 문항 설계도 그다지 바람직하지는 않다.

3. 선다형 평가 문항 개발의 일반적 절차

선다형 문항을 개발하려면 일정한 절차를 밟아야 한다. 대개는 '문항 설계 단계, 언어 자료 제작 단계, 문두 작성과 답지 제작 단계'를 기본적으로 거쳐야 한다.

3.1. 문항 설계 단계 _역시 준비를 잘해야 만사형통이죠_

문항 설계 단계는 일종의 계획하기 단계이다. 모든 계획하기가 그러하듯이 좋은 선다형 문항 개발의 성패가 여기서 갈린다. 계획하기 단계에서 가장 먼저 해야 할 일은 평가 목표와 내용을 결정하는 일이다.

문항 설계 단계에서 해야 할 또 하나의 과제는 난도를 정하는 일이다. 난도는 문두와 답지를 어떻게 구성하는가와 밀접한 관련이 있지만, 문항 설계 단계에서 미리 난도 계획을 갖고 있어야 출제를 효율적으로 수행할 수 있다. 보통 난도는 상중하로 나눈다. 세 문항을 출제의 기본으로 삼으면 한 문항씩 상중하로 나누어 배정하면 된다. 언어 자료의 유형, 내용, 가독성, 분량 등도 난도 결정의 주된 변수이다.

문항 설계에서 무엇보다도 중요한 것은 제시된 언어 자료의 핵심을 잘 포착하여 이를 문항으로 만드는 일이다. 이때 필요한 것이 대표 문항 설계이다. 대표 문항이란 주어진 언어 자료를 가장 잘 대변할 수 있는 문항을 말한다. 즉, 그 언어 자료에서 꼭 물어봐야만 하는 문항이다. 대표 문항을 잘 설계하면 그 언어 자료를 평가 대상으로 삼은 이유가 문항에 고스란히 드러나게 된다.

3.2. 언어 자료 제작 단계 _장인의 정신을 본받아서 해야겠죠_

언어 자료 제작의 큰 원칙은 문항 설계의 의도를 최대한 반영해서 제작하는 것이다. 언어 자료는 현실의 언어 자료를 그대로 가져올 수도 있지만, 대개는 여러 언어 자료를 취합하여 가공하게 된다. 언어 자료는 그 자체로 어려움의 정도가 있으므로, 언어 자료를 제작할 때는 학생들의 수준과 배경 지식 유무를 고려해야 한다. 언어 자료의 내용이 너무 어려우면 아예 문항을 풀 수가 없어 평가가 유야무야해진다. 반대로 너무 쉬우면 평가 문항을 만들기도 어렵고 평가가 무의미해질 수가 있다. 학생들의 수준을 넘어서는 어려운 언어 자료일 경우에는 될 수 있으면 문항을 쉽게 내고, 너무 쉬운 언어 자료일 경우에는 반대로 어려운 문항을 출제해야 균형이 맞는다.

언어 자료를 제작할 때 고려해야 할 또 하나의 사항은 언어 자료의 내용 또는 정보의 함량이다. 함량이 부족하면 문항 간섭이나 답지 간섭이 일어난다. 오지선다형으로 세 개의 문항을 출제할 경우 답지는 총 15개가 된다. 제시된 언어 자료에서 서로 간섭을 일으키지 않고 15개의 답지를 만들어야 하는 것이다. 그러려면 출제되는 언어 자료는 그만큼 함량이 풍부해야 한다. 함량이 풍부하지 못할 경우 한 문항을 내고 나면 더 이상 낼 문항이 없게 된다.

언어 자료의 완성도도 신경 써야 한다. 평가도 엄연히 교육 활동의 일부이므로 평가로 활용하는 언어 자료는 그 자체로 교육적 가치를 지니고 있어야 한다. 이를 떠나서도, 언어 자료의 완성도가 낮으면 대개는 문항의 질이 떨어진다.

3.3. 문두 작성과 답지 제작 단계 ∽ 앙꼬 없는 찐빵을 만들면 안 되겠죠

문두 작성과 답지 제작은 선다형 평가 문항의 정수라 해도 과언이 아니다. 문두란 문항에서 평가하고자 하는 바를 의문문의 형식으로 진술한 것을 말한다. 발문이라고도 하는데, 질문을 받은 학생이 스스로 다양한 사고를 하면서 답을 찾을 수 있도록 유도하는 질문이다. 발문은 정확성을 생명으로 한다. 정확한 발문이 아닐 경우, 학생들은 질문에 어떻게 답을 해야 할지 모르게 되고 때에 따라서는 평가자가 원하지 않는 답을 하기도 한다. 당연히 문두에는 평가하고자 하는 내용을 담아야 한다.

문두가 결정되면 그에 따라 답지를 제작하게 된다. 선다형 평가 문항이 질적으로 우수하냐 그렇지 않느냐는 답지가 결정한다. 답지 제작 능력이 중요한 이유이다. 답지는 정답지와 오답지로 구성된다. 답지를 만들 때는 확실한 정답지를 먼저 만들고 나서 오답지를 만드는 것이 좋다. 그래야만 정답지를 변주, 가공하여 오답지를 만들기가 편리하다. 난도를 조절할 때에도 유리하다. 부정 문두일 때는 주의해야 할 점이 있다. 부정 문두는 정답지가 틀린 내용이고 오답지가 맞는 내용이다. 따라서 오답지 4개를 먼저 만들어야 한다. 맞는 내용의 오답지 4개를 만들 수 없으면 그 문항은 성립되지 않는다. 다른 문항으로 교체하거나 부정 문두를 포기해야 한다. 선다형 평가에서 부정 문두의 문항 제작은 이래서 쉽지 않다. 한편 맞는 내용의 오답지 4개를 만들 수 있다는 것은 지문의 내용을 많이 활용했다는 것을 의미한다. 부정 문두의 문항을 여러 개 만들면 만든 만큼 지문의 내용을 활용해야 하므로 부정 문두의 문항 수를 조절하는 것이 좋다.

답지를 만들 때는 될 수 있으면 언어 자료의 내용을 그대로 가져오지 않아야 한다. 그대로 가져오면 속된 말로 시력 검사가 되기 때문이다. 이를 피하려면 언어 자료에 제시되어 있는 표현을 다른 표현으로 변형 또는 가공하여 답지를 만들어야 한다. 여기서 선다형 문항은 많은 문제가 파생된다. 변형 또는 가공한 답지가 언어 자료에 제시된 내용 및 표현과 너무 거리가 멀면 오답, 무답, 복답 시비가 일어난다. 반대로 그 거리가 너무 가까우면 문항이 아주 쉽거나 변별도가 없는 문항이 된다.

언어 자료의 내용을 효율적으로 활용하는 방안에는 몇 가지가 있다. 첫째는 언어 자료에 산재해 있는 여러 내용을 섞는 것이다. 내용 간의 논리적 긴밀성이 떨어질수록, 내용 간의 물리적 거리가 멀면 멀수록(예를 들어, 첫째 문단의 두 번째 문장과 다섯째 문단의 네 번째 문장의 결합), 난도는 올라간다. 둘째는 거시 정보와 미시 정보를 결합하는 것이다. 거시 정보는 대개 글의 중심 내용이나 주제에 해당하며, 미시 정보는 글의 중심 내용이나 주제를 뒷받침하는 내용이라 할 수 있다. 이 두 종류의 정보를 적절하게 결합하여 답지를 만들 수 있다. 이때 주의해야 할 점은 너무 미시적이거나 지엽적인 정보를 많이 활용하지 않아야 한다는 것이다. 잘못하면 학생들이 지엽적인 정보를 언어 자료에서 찾느라 시간을 많이 소비하게 된다. 그렇게 되면 본의 아니게 문제를 푸는 속도나 정보 찾기 능력을 평가하게 된다. 셋째는 언어 자료에 나타난 명시적 내용과 글에 드러나지 않은 내용을 결합하는 것이다. 언어 자료에 드러나지 않은 내용을 활용할 때에는 언어 자료에 제시된 내용이 실마리가 되어야 한다. 그렇지 않으면 언어 자료의 내용과 너무 동떨어진 내용이 답지가 되어 답지로서 역할을 하지 못할 수도 있다. 오답, 무답, 복답 등의 시비도 여기서 많이 발생한다. 넷째는 학생들의 배경지식과 언어 자료의 내용을 결합하는 것이다. 이 경우에는, 학생들이 자신들의 배경지식만으로는 답을 맞힐 수 없게 답지를 만드는 것이 중요하다. 달리 말하면 언어 자료를 읽지 않고서는 답을 맞힐 수 없게 만들어야 한다는 것이다.

답지를 제작할 때 또 하나 고려해야 할 사항은 난도 조절이다. 난도 조절은 여러 변수로 인해 완벽하게 통제하기가 어렵다. 선다형 문항에서 답지에 얼마만큼의 정보량을 담느냐를 기준으로 난도를 조절하는 것이 가장 실용적인 방안이다. 답지 하나에 정보가 하나만 담겨 있으면 쉬운 문항이된다. 정답인지 오답인지를 판단하는 기준이 하나이기 때문이다. 답지에 정보가 많으면 그만큼 판단해야 할 사항이 많기 때문에 문항은 어려워진다. 그렇다고 답지의 정보를 무한정 늘릴 수는 없다. 논리적으로 답지에 들어갈 적절한 정보의 수를 정하기는 어렵다. 시험 시간, 문항 수, 학생들의 수준 등을 고려하여 정할 수밖에 없다. 경험적으로 보면, 답지에 세 개 이상의 정보가 들어 있으면 어려운 답지이다. 오지선다형 문항의 경우 답지 다섯 개가 모두 3개의 정보를 담고 있으면, 학생들 입장에서는 15개 정보를 판단해야 한다. 쉽지 않은 일이다. 그래서 각 답지마다 정보량을 조절하여 난도를 조절해야 한다.

난도는 변별도와 함께 논의되어야 한다. 문항이 어려우면 높은 점수의 학생들을 잘 변별할 수 있다. 하지만 낮은 점수의 학생들은 변별할 수 없게 된다. 추측해서 답을 고르기 때문이다. 반대로 문항이 쉬우면, 높은 점수의 수험생들을 잘 변별할 수 없다. 그 문항을 거의 다 맞추기 때문이다. 오지선다형 시험에서는 정답률이 20% 미만이면 추측해서 맞출 확률보다 낮으므로 좋은 문항이라고 할 수 없다.

난도는 보통 상중하 세 단계로 나눈다. 정답률이 20% 이상이 되게 하면서 난도를 조절하려면, 오지선다형의 경우 정답과 경쟁하는 오답지가 대체로 세 개이면 '상', 두 개이면 '중', 한 개이면 '하'가 될 가능성이 높다. 경쟁하는 오답지가 하나도 없으면 그 문항은 거의 다 맞추기 때문에 변별력을 잃게 된다.

지금까지 국어과 선다형 평가 문항 개발의 원리를 살펴보았다. 선다형 평가는 만능이 아니다. 그러므로 선다형 평가 문항의 한계를 최대한 극복하는 것이 필요하다. 이를 위해서는 선다형 평가 문항의 장단점을 숙지하고, 선다형 평가 문항 틀에 대한 이해도를 높여야 한다. 그런 다음 선다형 평가 문항 개발의 일반적 절차에 따라 문항 개발을 직접 해 보아야 한다.

II.

평가 요소 선정

II.
평가 요소 선정

개 요

평가를 하기 위해서는 우선 학생에게 '무엇'을 물을지를 정해야 한다. '무엇'을 묻는지를 정하는 것은 평가 요소를 선정하는 것을 의미한다. 평가 요소는 학생의 학습이 잘 이루어졌는지를 판단하기 위한 바탕이 되기 때문에, 평가 요소를 선정하는 것은 평가의 출발점이자 종착점의 기능을 한다. 평가자는 자신의 문항이 교육과정 성취기준에 부합하는지, 평가 목표를 달성하는 데에 유효한지 등을 고려하면서 문항을 만들기 시작한다. 이 장에서는 성취기준을 분석하여 학습 요소를 추출하는 방법, 추출한 학습 요소를 토대로 평가 요소와 난도를 결정하는 방법, 그리고 이원목적분류표 또는 문항 정보표를 작성함으로써 선정된 평가 요소를 구체화하여 제시하는 방법을 안내하고자 한다.

1. 성취기준 분석
천 리 길도 성취기준부터

　평가 문항을 제작할 때에 가장 먼저 염두에 두어야 할 것은 교육을 통해 달성하고자 하는 학습 목표이다. 아무리 잘 만든 문항이더라도 학습자의 학습 결과를 적절하게 평가할 수 없다면, 그 문항은 교육적으로 의미를 찾기 어렵기 때문이다. 따라서 평가 문항을 제작하기 위해서는 우선 학습 목표가 무엇인지 분석하는 작업이 선행되어야 한다.

　학습 목표를 분석할 때에 그 분석 대상의 기저에는 성취기준이 있다. '성취기준'은 학생들이 교과를 통해 배워야 할 내용과 이를 통해 할 수 있거나 할 수 있기를 기대하는 능력을 결합하여 나타낸 기준을 의미한다. 성취기준은 교수·학습 및 평가의 근거로, 평가자가 무엇을 가르치고 평가해야 하는지, 학생은 무엇을 학습하고 성취해야 하는지에 대해 실질적으로 안내하는 기능을 한다. 이러한 점에서 성취기준은 평가 목표와 내용을 결정하는 과정에서 방향을 안내하는 나침반과 같은 역할을 한다.

　성취기준을 분석한다는 것은 성취기준 속에 어떤 내용이 담겨 있는지 세분화하는 작업을 수행한다는 것을 뜻한다. 하나의 성취기준에 하나의 학습 내용만 담겨 있는 경우는 거의 없다. 특히 교육과정을 개정할 때마다 학생의 학습량을 감축한다는 취지하에 성취기준의 개수를 줄이면서 성취기준을 점차 포괄적이고 종합적으로 진술하게 됨에 따라, 성취기준 하나에 많은 학습 내용을 담고 있는 경우를 종종 발견할 수 있다. 성취기준과 학습 요소는 대체로 '일대다'의 관계를 보인다. 그렇기 때문에 동일한 성취기준에서 출발한 문항이더라도, 세분화하는 과정에 따라 그 결과는 달라질 수 있다.

　예를 들어, 중학교 읽기 영역 성취기준을 살펴보자. 2015 개정 국어과 교육과정 성취기준에는 '[9국02-04] 글에 사용된 다양한 설명 방법을 파악하며 읽는다.'라는 성취기준이 있다. 이 성취기준에는 '정의, 예시, 비교와 대조, 분류와 구분, 인과, 분석'과 같은 다양한 학습 요소가 제시되어 있다. 또한 이 성취기준에 대한 해설은 '글에 사용된 개념 정의, 예시, 비교와 대조, 분류와 구분, 인과, 분석 등과 같은 설명 방법을 이해하고, 필자가 사용한 설명 방법이 설명하려는 대상이나 개념에 적합한 것인지 판단한 후, 그 효과와 적절성을 평가하도록 한다. 또한 설명 방법은 단순히 문장이나 문단 차원에서뿐 아니라, 글 전체 수준에서도 사용된다는 점을 이해하도록 한다.'와 같이 제시되어 있다. 성취기준 해설에서는 해당 성취기준에서 학습해야 할 다양한 사고 과정 그리고 글의 단위를 언급하고 있다. 그렇다면 이 성취기준으로 문항을 구성할 때에는 글의 어떤 부분에 비교와 대조가 나타났는지를 묻는 문항을 만들 수도 있고, 글에 제시된 비교와 대조의 방법이 효과적인지를 묻는 문항을 만들 수도 있다. 다른 설명 방법을 대상으로 하여 문항을 만들 수도 있을 것이며, 여러 가지 설명 방법을 끌어와서 각각의 설명 방법에 대해 묻는 문항 또한 만들 수 있을 것이다. 다음의 두 문항은 모두 '[9국02-04] 글에 사용된 다양한 설명 방법을 파악하며 읽는다.'로부터 학습 요소를 도출하여 제작된 것이다. 두 문항이 어떠한 차이가 있는지 살펴보자.

🗃 2019년 국가수준 학업성취도 평가 중학교 3학년

[9~10, 서답형 3] 다음 글을 읽고 물음에 답하시오.

인터넷 쇼핑몰에서 옷을 한 벌 샀다고 가정해 보자. 화면으로 봤을 땐 마음에 쏙 들었는데, 막상 옷을 받아 보니 색상과 디자인이 마음에 들지 않았다. 그래서 바로 반품을 하려고 판매자에게 연락을 했고, 이에 판매자는 반품이 불가능하다는 공지를 사전에 하였으므로 안 된다고 답변하였다. 이런 경우 반품이 정말 불가능한 것일까?

앞의 사례처럼 인터넷 쇼핑으로 구입한 상품을 반품하는 경우 소비자는 그 상품을 받은 날로부터 7일 이내에 반품할 수 있다. 이는 소비자에게 법이 보장하는 '청약 철회권'이 있기 때문이다. 여기서 ㉠'청약'이란 소비자가 상품이나 서비스를 구입하겠다는 의사 표시를 말하고, '철회'는 다시 거두어들인다는 뜻이다. 즉, 청약 철회권이란 소비자가 법이 정한 기간 안에 청약을 자유로이 철회하고 계약을 없던 것으로 되돌릴 수 있는 권리를 말한다.

[A]
그런데 소비자가 청약 철회권을 행사할 수 없는 경우가 있다. 우선 상품을 잃어버리거나 훼손하는 등 소비자가 잘못한 경우, 소비자가 상품을 쓰거나 소비하여서 그 상품의 가치가 현저히 감소한 경우에는 청약을 철회할 수 없다. 또한 시간이 지나 상품의 재판매가 곤란한 경우도 있다. ㉡예를 들면 과일이나 야채와 같은 신선 식품류는 시간이 지나면 신선도가 떨어져 재판매를 할 수 없다. 영화 디브이디(DVD)나 게임 시디(CD) 등과 같이 복제가 가능한 상품도 포장이 훼손된 경우에는 청약을 철회할 수 없다.

[B]
이와 달리 판매자가 소비자의 청약 철회를 방해하는 행위가 있다. 먼저 판매자가 거짓된 사실을 알려 소비자를 속이는 경우이다. ㉢예를 들면 '흰색 옷은 반품이 불가합니다', '고객의 단순 변심으로 인한 반품은 불가합니다'와 같은 문구를 판매자가 인터넷 쇼핑몰에 게시하는 행위이다. 다음으로 판매자가 소비자에게 청약 철회를 이유로 반품 배송비 외에 위약금, 취

소 수수료 등 추가적인 비용을 요구하는 경우이다. 예를 들어 소비자가 인터넷 쇼핑몰에서 구입한 옷을 반품하는데 판매자가 반품 배송비 외에 인건비, 포장비 등을 추가적으로 요구하는 것이 이에 해당한다. 이렇게 ㉣판매자가 소비자의 청약 철회를 방해하는 행위 때문에 소비자는 충분히 반품할 수 있는 상품임에도 반품을 포기할 우려가 있다.

지금까지의 설명을 종합해 보면 ㉤소비자는 청약 철회권을 행사할 수 없는 경우에 유의하여 자신의 권리를 누려야 하며, 판매자는 소비자의 청약 철회권 행사를 방해해서는 안 된다. 이를 통해 소비자가 보호받는 건전한 거래 질서가 확립되기를 기대한다.

----

9. ㉠~㉤에 사용된 설명 방식에 대한 이해로 적절하지 <u>않은</u> 것은?

① ㉠ : 청약 철회권을 설명하기 위해 청약의 뜻과 철회의 뜻을 밝히고 있다.
② ㉡ : 시간이 지나 상품의 재판매가 곤란한 경우를 예로 들어 설명하고 있다.
③ ㉢ : 판매자가 거짓된 사실을 알려 소비자를 속이는 구체적인 사례를 늘어놓고 있다.
④ ㉣ : 판매자가 소비자의 청약 철회를 방해함으로써 일어날 수 있는 결과를 설명하고 있다.
⑤ ㉤ : 소비자의 청약 철회권이 인정되는 근거를 부분별로 밝혀 설명하고 있다.

📘 2017년 국가수준 학업성취도 평가 중학교 3학년

[22, 서답형 5] 다음 글을 읽고 물음에 답하시오.

(나) 1954년 조지타운 대학에서 기계가 러시아어 문장 60개를 영어로 번역하는 실험에 성공하였다. 이후 사람들은 3~5년 안에 기계 번역이 인간이 하는 번역을 대신할 것이라고 예상하였다.

그러나 1966년에 발표된 한 연구는 기계 번역에 대한 사람들의 낙관적 전망을 무너뜨렸다. 이 연구에 따르면 기계 번역은 사람이 하는 번역보다 돈이 많이 들고 시간은 더 오래 걸렸으며 정확도도 떨어졌다고 한다. ㉠기계 번역은 인간이 한 번역보다 정확성이 떨어질 수밖에 없는데, 이는 기계 번역이 맥락에 따라 달리 쓰이는 언어의 복잡한 의미를 반영하기 어렵기 때문이다.

이러한 기계 번역의 한계가 오늘날에도 여전히 극복되고 못하고 있음이 2017년 2월에 한국에서 열린 기계와 인간의 번역 대결에서 드러났다. 전문 번역가 4명과 인공 지능 기술을 활

[B] 용한 기계가 펼친 이 대결에서 기계 번역은 내용의 정확성 면에서 인간이 한 번역을 잘 따라 오지 못했다. 의미가 명확한 짧은 문장은 비교적 잘 번역하였으나 구조가 복잡한 긴 문장을 번역할 때는 오류가 많았던 것이다. 특히 글의 맥락이나 작가의 의도를 고려하여 해석해야 하는 문학 작품의 번역에서 기계는 전체 지문의 90%를 문장조차 제대로 구성하지 못했다.

----

22. ㉠에 사용된 설명 방식으로 가장 적절한 것은?

① 대상의 사전적 의미를 제시하여 뜻을 명확히 하고 있다.
② 권위 있는 사람의 말을 인용하여 객관성을 높이고 있다.
③ 문제에 대한 원인을 밝혀 내용에 대한 이해를 돕고 있다.
④ 대상을 구성하는 요소를 분석하여 내용을 구조화하고 있다.
⑤ 시간의 순서에 따라 사건을 나열하여 내용을 체계화하고 있다.

가는 정의, 예시, 인과 등 다양한 설명 방식에 대한 이해를 묻고 있다. 이에 비해 나는 인과라는 설명 방식을 알고 있는지를 묻고 있다. 가가 언어 자료의 여러 부분을 구체적으로 들어 설명 방식을 이해하고 있는지를 묻고 있다면, 나는 언어 자료의 특정 부분에 나타난 설명 방식을 알고 있는지를 묻고 있다는 데에 차이가 있다. 가를 푸는 학생들은 ㉠~㉣을 꼼꼼하게 읽고 각각의 문장이 어떤 설명 방식에 해당하는지에 대해 하나씩 판단해야 하지만, 나를 푸는 학생들은 ㉠에 대해 적절하게 설명한 답지를 선택해야 한다. 동일한 성취기준에서 출발한 문항이지만 학습 요소를 어떻게 선정하였는가에 따라 문항이 다른 방식으로 구현된 것이다. 이렇듯 학습 요소는 평가 요소를 결정하는 과정 및 결과에 영향을 미친다.

2. 평가 요소 결정
꼭 물어봐야 할 것을 골라야 해요

　'평가 요소'란 교육과정 성취기준 도달의 증거로, 학생들이 보여 주기를 기대하는 핵심 내용을 구체적으로 기술한 것을 의미한다. 평가 요소는 교육과정 성취기준에서 도출되며 평가 목표를 고려하여 학생들의 수행 정도를 판단할 수 있도록 구체적인 평가 내용으로 기술된다. 평가 요소를 결정한다는 것은 학생이 성취기준에 도달했음을 확인하기 위해서 '무엇'을 물어야 할지를 판단한다는 것이다. 특정한 성취기준에서 무엇을 가르치고 배워야 한다고 생각하는지, 그리고 학생이 해당 성취기준에서 꼭 알아야 할 것이 무엇이라고 생각하는지는 평가자마다 다르게 판단할 수 있다. 그렇기 때문에 평가 요소를 결정하는 과정에서는 필연적으로 평가자의 '해석'이 관여하게 된다.

　고등학교 1학년 문법 영역 성취기준을 예로 들어 살펴보자. 2015 개정 국어과 교육과정 성취기준에서는 '[10국04-02] 음운의 변동을 탐구하여 올바르게 발음하고 표기한다.'라는 성취기준이 있다. 일견 간명해 보이는 이 성취기준에 대한 학습 요소로는 '비음화, 유음화, 된소리되기, 구개음화, 두음 법칙, 모음 탈락, 반모음 첨가, 거센소리되기'가 제시되어 있다. 다양한 음운 변동 현상을 총망라하여 학습 요소로 제시하고 있는 것이다. 다양한 음운 변동 현상 중 두세 가지를 알고 있으면 해당 성취기준을 학습하였다고 판단하는 평가자와 교육과정에 학습 요소로 제시하고 있는 모든 음운 변동 현상을 다 알아야 해당 성취기준을 학습하였다고 판단하는 평가자는 평가 요소를 달리 선택할 것이다.

가 2018년 국가수준 학업성취도 평가 고등학교 2학년

27. <자료>는 비음화에 대한 설명이다. 이에 해당하는 예로 적절한 것은?

─────── < 자 료 > ───────

　비음화란 'ㄱ, ㄷ, ㅂ'이 'ㄴ, ㅁ' 앞에서 각각 'ㅇ, ㄴ, ㅁ'으로 바뀌는 음운의 변동 현상을 가리킨다.

① 입맛　　　② 닫고　　　③ 속도　　　④ 전문　　　⑤ 풍년

9. <자료>는 음운 변동의 효과를 활용한 공익 광고이다. ㉠과 ㉡의 밑줄 친 단어를 발음할 때 일어나는 공통적인 음운 변동에 해당하는 것은?

───── < 자 료 > ─────

㉠ 행복이 고파서 너와 나를 곱한다. 사랑은 방정식이다.

㉡ 마음이 닫혀서 마음이 다쳤어요. 서로 마음의 문을 열어요.

① 두 모음이 이어질 때 그중 한 모음이 탈락하여 발음됨.

② 'ㄱ, ㄷ, ㅂ'이 'ㄴ, ㅁ'을 만나서 각각 'ㅇ, ㄴ, ㅁ'으로 발음됨.

③ 예사소리와 'ㅎ'이 만나 두 음운이 축약되어 거센소리로 발음됨.

④ 앞말의 끝소리 'ㄷ, ㅌ'이 'ㅣ'로 시작하는 형식 형태소를 만나 구개음 'ㅈ, ㅊ'으로 발음됨.

⑤ 용언의 어간 끝에 오는 'ㅎ'이 모음으로 시작하는 어미나 접미사 앞에서 탈락하여 발음됨.

가는 비음화라는 특정한 음운 변동 현상을 알고 있는지를 묻는 문항으로, 제시된 개념에 해당하는 예시 자료를 답지로 구성하였다. 여러 음운 변동 현상 중에서도 비음화에 초점을 두어 평가 요소를 선정한 것이다. 그에 비해 나에서는 예시 자료를 제시한 후 예시 자료에 공통적으로 해당하는 음운 변동 현상에 대한 설명을 답지로 구성하였다. 가에 비해 나에서 다루고 있는 음운 변동 현상이 더 많은 것으로 볼 때에, 가보다 나의 평가 요소가 더 다양하다고 판단할 수 있다. 이는 평가 요소를 어떻게 설정하느냐에 따라 답지 구성의 범위가 달라질 수 있음을 보여 준다.

평가자가 문항을 통해 성취기준의 도달 여부를 확인하고자 하는지, 또는 특정한 학습 요소를 알고 있는지를 확인하고자 하는지에 따라 평가 요소에 대한 접근은 달라질 수 있다. 가의 경우 비음화에 대해서만 묻고 있기 때문에 해당 성취기준에 도달하였는지 확인하기 위해서는 가만으로는 충분하지 않고, 유음화, 된소리되기, 구개음화, 두음 법칙, 모음 탈락, 반모음 첨가, 거센소리되기에 대한 문항을 별도로 구성해야 한다. 비음화라는 현상을 알고 있는지를 확인하기 위해서는 가가 유용하지만, 여러 가지 음운 현상을 알고 있는지 확인하기 위해서는 나가 유용하다.

3. 평가 난도 결정

쉬운 것에서 어려운 것까지

평가자의 '해석'은 평가 요소에만 국한되는 것이 아니다. 성취기준에 대한 해석은 학생들에게 평가 요소를 어렵게 묻느냐 쉽게 묻느냐에 있어서도 관여한다. 이는 '평가 기준'의 수준 중 어느 수준에 맞추어 평가를 할 것인지의 문제와 관련된다. '평가 기준'은 학생의 학습 정도를 파악하기 위해 각 성취기준에 도달한 정도를 단계로 구분하고, 각 도달 정도에 속한 학생들이 무엇을 알고 무엇을 할 수 있는지 기술한 것을 의미한다.

모든 문항을 어려운 문항으로 출제할 수는 없으며, 출제하여서도 안 된다. 출제를 할 때에는 아주 쉬운 문항에서부터 아주 어려운 문항까지 다양한 난도의 문항을 제시하는 것이 필요하다. 그래야 평가 문항을 통해 학생의 강점과 약점을 파악하고 이후의 학습을 안내하는 데에 도움을 받을 수 있기 때문이다.

그렇다면, 동일한 평가 요소를 어떻게 다르게 물을 수 있을까? 우선 성취기준과 평가 기준의 관계를 살펴보자(김현정 외, 2017 : 169).

교육과정 성취기준		평가 기준
[10국03-02] 주제, 독자에 대한 분석을 바탕으로 타당한 근거를 들어 설득하는 글을 쓴다.	상	주제, 독자에 대한 체계적인 분석을 실시하고 이에 맞는 풍부하고 타당한 근거를 들어 효과적으로 설득하는 글을 쓸 수 있다.
	중	주제, 독자에 대한 분석을 실시하고 이에 맞는 타당한 근거를 들어 설득하는 글을 쓸 수 있다.
	하	주제 혹은 독자를 의식하며 설득하는 글을 쓸 수 있다.

'[10국03-02] 주제, 독자에 대한 분석을 바탕으로 타당한 근거를 들어 설득하는 글을 쓴다.'라는 성취기준에 대해 학생들이 '주제, 독자에 대한 체계적인 분석'을 하고 이에 따라 '풍부하고 타당한 근거'를 들 수 있는지 살펴보기 위해 평가 문항을 제작한다면 이는 상 수준을 의도한 문항이라 할 수 있다. 해당 성취기준에서 의도한 가장 높은 수준에 도달하였는지를 살펴볼 때에는 유용한 문항이지만, 상 수준에 해당하는 어려운 문항이기 때문에 많은 학생들이 정답을 맞히지 못할 수도 있다.

이러한 문항은 상 수준에 해당하는 학생과 그렇지 않은 학생을 변별할 때에 유용하다. 그러나 기초적인 수준에서 '주제 혹은 독자'를 고려하여 '설득'하는 글을 쓸 수 있는지를 판단하기 위해 평가 문항을 제작한다면 이는 하 수준을 의도한 문항이라 할 수 있다. 해당 성취기준에서 요구하는 최소한의 수준에 도달하였는지를 살펴볼 때에 유용한 문항이기 때문에, 가능하면 많은 학생들이 정답을 맞힐 수 있도록 문항을 구성하는 것이 필요할 것이다. 이렇듯 동일한 성취기준에서 출발하여 동일한 평가 요소를 추출하였지만, 해당 성취기준에 도달하였을 때에 수행할 수 있는 수준에 대해서는 다르게 판단할 수 있다. 다음의 예를 통해 구체적으로 살펴보자.

가 2021학년도 EBS 수능특강 화법·작문·언어 279~282쪽

[08-10] 다음은 학생이 작성한 논설문의 초고이다. 물음에 답하시오.

  기술의 진보를 가장 먼저 느낄 수 있는 업계는 어디일까? 자동차 업계는 새로운 기술을 적용한 자동차가 개발되어도 안전성 등을 검증하는 과정을 거친 후 자동차를 시장에 출시한다. 제약 업계의 경우도 충분한 생동성 시험이 동반된 후 신약을 출시한다. 이렇듯 대다수의 업계에서는 개발된 기술이 실용화되기까지의 일정 기간이 존재한다. 하지만 컴퓨터 업계는 이러한 기간이 굉장히 짧은 편이다. 새로운 공정이 개발되면 짧게는 바로 다음 분기에 해당 공정이 적용된 새로운 제품이 출시된다. 이러한 컴퓨터 산업의 발전과 더불어 성장한 것이 바로 게임 산업이다. 기술의 진보에 힘입어 다양한 게임이 출시되면서 과거와 달리 게임은 특정한 사람들이 아니라 누구나 즐길 수 있는 대상이 되었다. 지하철을 타면 휴대 전화 속의 소소한 게임을 즐기는 사람들을 어렵지 않게 볼 수 있다.
  사람들이 게임을 이렇게 즐기는 데에는 게임에 좋은 점이 있기 때문이라고 생각한다. 그렇다면, 게임의 좋은 점은 무엇일까? 첫째, 게임은 목표가 명확하기 때문에 게임을 하는 사람들은 이를 달성하는 과정에서 성취감을 맛볼 수 있다. 상대방과의 경쟁에서 승리를 거두는 것이 최종 목표인 게임을 생각해 보자. 이 게임에서 승리를 거두기 위해서는 다양한 세부 목표를 성취해야 한다. 특정한 거점을 점령해야 한다는 목표를 성취해야 하고, 전투에 필요한 화물을 지정된 목적지까지 운송해야 한다는 목표를 성취해야 한다. 최후의 승리를 위해 자신이 수행해야 하는 세부 목표를 수립하고 이를 이행하는 과정에서 사람들은 작은 성취감을 느낄 수 있다.
  둘째, ⓐ게임에서 승리하기 위해 다양한 경우의 수를 전략적으로 생각하도록 유도하는 게임의

과정은 사고 계발에 도움을 줄 수 있다. 게임을 하는 과정에서 하나의 목표를 달성하기 위해서 필요한 전략은 수십 가지가 될 수 있다. 대부분의 게임에서는 게임을 하는 사람의 숫자만큼 다양한 전략이 존재한다. 이러한 전략들은 절대적으로 우세하거나 열등한 것 없이 각각의 장단점을 지니며 소위 '가위바위보' 관계를 유지하고 있다. 내가 선택한 전략이 어떤 점에서 유리한지 어떤 점에서 불리한지를 생각하는 과정은 내가 선택한 전략의 결과를 예측하는 과정을 수반하는데, 이는 곧 전략적으로 생각하는 사고 과정과 유사하다.

셋째, 여러 사람이 함께 게임을 할 때에 게임은 사람들 사이의 소통과 협력을 가능하게 만들어 준다. 과거에 비해 비약적으로 발전한 네트워크 기능을 활용하여 최근에는 컴퓨터뿐만 아니라 휴대 전화 등에서 할 수 있는 게임도 실시간 음성 의사소통을 지원하고 있다. 이로 인해 게임을 함께 하는 사람들이 의사소통을 원활히 할 수 있음은 물론이고 좀 더 효율적으로 전략을 수립하고 이에 대해 즉각적으로 반응하는 것이 가능해졌다. 다른 사람들과 함께 소통하고 협력하며 공동의 목표를 성취할 수 있는 환경 속에서 게임을 하게 되는 것이다. 이러한 환경 속에서 사람들은 예전처럼 방에 틀어박혀 혼자서 게임을 하는 것이 아니라 협력적으로 문제를 해결할 수 있는 경험을 하게 된다.

넷째, ⓑ게임은 일상생활의 스트레스를 해소할 수 있도록 도와준다. 게임은 그 자체로도 스트레스를 줄이는 효과가 있다고 알려져 있다. 다른 사람을 의식하지 않고 자신의 취향대로 게임을 선택하고 게임 속 문제를 해결하면서 소소한 희열을 느낄 수 있기 때문이다. 사람들과 어울려 게임을 하는 과정에서 다른 이들과의 친밀한 관계를 형성하거나 게임 친구와 경쟁하면서 느끼는 재미도 스트레스를 감소시키는 데에 도움이 된다. 주변 친구들과 때로는 모르는 온라인 속의 친구들과 게임을 하면서 일상생활에서 경험했던 좋지 않은 일을 잠시라도 잊으며 스트레스를 줄일 수 있다.

지금까지 게임의 좋은 점에 대해 살펴보았다. 이처럼 게임이 주는 효과로 인해 지금도 많은 사람들이 게임을 즐기고 있는 것이라고 생각한다. 그러나 한편으로 게임은 중독성이 강하고 청소년에게 유해하기 때문에 규제를 해야 한다는 움직임도 만만치 않다. 물론 강력한 규제가 필요한 게임도 있고, 현재보다 강력한 규제 방안을 도입하는 것이 청소년에게 도움이 될 수도 있다. 그러나 게임의 좋은 점으로 볼 때에 무조건 규제하는 것만이 능사는 아닐 것이다. 지금 우리에게 요구되는 것은 게임의 좋은 점을 생각하면서 자신에게 필요한 만큼 즐기는 균형 있는 자세가 아닐까?

---

09. 학생이 자신의 주장을 강화하기 위해 추가적으로 수집한 자료의 활용 방안으로 가장 적절한
것은?

[자료 1] 바둑 게임은 많은 교차점으로 이루어진 격자판의 각 교차점에 돌을 놓아서 진행하
는 게임이다. 바둑 게임에서 승리하기 위해서는 어디에 돌을 놓을지 고민하는 것이 필요하다.
가로줄과 세로줄이 하나씩인 하나의 교차점에 돌을 놓을 수 있는 방법은 흰 돌을 놓거나 검
은 돌을 놓는 방법, 그리고 그곳에 아무 돌도 놓지 않는 방법 세 가지가 될 것이다. 격자판의
크기가 커져 교차점이 늘어나면 돌을 놓는 방법은 더 늘어나게 된다. 가로줄과 세로줄이 각
각 2개로 이루어진 2×2 격자판에서 돌을 놓을 수 있는 방법은 57개라면, 3×3인 격자판에서
는 그 방법이 12,675개로 급증한다. 일반적으로 사용하는 바둑판이 가로줄과 세로줄이 모두
19개로 이루어졌음을 고려할 때, 바둑을 둘 때 생각해야 할 경우의 수는 매우 큰 수가 될 수 있
다. 상대방이 어떤 위치에 돌을 놓느냐에 따라 돌을 놓는 방법은 좀 더 다양한 양상으로 전개
될 수 있다. 이러한 점에 착안하여 바둑 게임을 수행하는 집단과 그렇지 않은 집단의 사고 기
능을 실험을 통해 비교한 결과, 바둑 게임을 수행하는 집단의 사고 기능이 좀 더 정교한 양상
을 보이는 것으로 나타났다.

[자료 2] PC 게임을 하는 이유 [출처 : 한국 콘텐츠 진흥원 2019 게임 이용자 실태 조사 보고서]

(단위: %, 1+2순위 응답)

구분		항목								
응답자 특성	사례 수 (명)	스트 레스 해소를 위해	단순 재미 때문에	시간을 때우기 위해	지인이나 친구 들과 게임을 하고 싶어서 (관계 유지를 위해)	다양한 종류 의 게임을 즐길 수 있어서	게임 친구 와 경쟁하 는 재미가 있어서	기록을 갱신하기 위해	금전적 수익이 되기 때문에	다른 사람에게 나의 기록, 캐 릭터를 보여 주고 자랑하는 재미가 있어서
전체	(1,279)	56.7	42.2	34.7	29.0	17.9	9.6	5.2	2.1	1.0
성별 남성	(833)	57.4	40.5	34.1	31.0	17.5	10.4	4.5	1.6	1.2
여성	(446)	55.3	45.3	35.8	25.3	18.6	8.0	6.4	3.1	0.4
연령별 10대	(280)	44.1	42.9	28.9	37.7	19.3	15.2	5.6	4.8	0.0
20대	(353)	56.0	40.2	34.4	35.5	15.6	8.5	3.4	2.7	0.7
30대	(292)	59.2	45.8	32.4	27.7	17.7	8.9	5.6	0.0	1.8
40대	(206)	63.2	41.6	35.0	20.8	21.3	7.4	7.1	1.8	0.4
50대	(127)	68.6	38.0	46.9	13.0	18.7	6.3	2.9	0.4	3.1
60~65세	(22)	64.2	44.6	70.3	0.0	0.0	3.0	17.9	0.0	0.0

[자료 3] 최근에는 게임을 통해 건강 관리를 할 수 있는 건강 기능성 게임도 등장하였다. 이들 게임은 주로 운동용 기구나 신체적 활동에 컴퓨터 게임의 요소를 더하여 운동의 과정과 결과를 게임 형식으로 보여 주어 건강 관리와 질병 예방, 심리적 안정 등을 목표로 만들어진 게임이다. 2017년 텍사스 대학의 ○○○ 교수는 청력이 손상된 고령자들에게 청력 개선을 돕기 위한 목적으로 만들어진 게임을 수행하게 한 결과 이들의 단어 이해 능력이 향상되었음을 발표하였다. 건강 기능성 게임 분야의 권위자인 ○○○ 교수는 이는 해당 게임이 청력이 손상된 환자의 청력을 개선하는 데에 효과적임을 보여 주는 결과라고 밝혔다.

① [자료 1]은 ⓐ를 뒷받침하기 위한 사실 논거로, [자료 2]는 ⓑ를 뒷받침하기 위한 사실 논거로 활용한다.
② [자료 1]은 ⓐ를 뒷받침하기 위한 소견 논거로, [자료 3]은 ⓑ를 뒷받침하기 위한 소견 논거로 활용한다.
③ [자료 2]는 ⓐ를 뒷받침하기 위한 사실 논거로, [자료 3]은 ⓑ를 뒷받침하기 위한 사실 논거로 활용한다.
④ [자료 1]과 [자료 2]는 ⓐ를 뒷받침하기 위한 소견 논거로, [자료 3]은 ⓑ를 뒷받침하기 위한 소견 논거로 활용한다.
⑤ [자료 1]은 ⓐ를 뒷받침하기 위한 소견 논거로, [자료 2]와 [자료 3]은 ⓑ를 뒷받침하기 위한 사실 논거로 활용한다.

📖 2022학년도 EBS 수능완성 화법과 작문 110~111쪽

[01~03] 다음은 학생이 작성한 건의문의 초고이다. 물음에 답하시오.

- -

안녕하십니까, 교장 선생님, 저는 3학년에 재학 중인 ○○○이라고 합니다. ㉠1학년 입학식 때 교장 선생님을 처음 뵙게 된 것이 엊그제 같은데 벌써 3학년이 되었으니 시간이 참 빨리 흘러가는 것 같다는 생각이 듭니다. 제가 이렇게 펜을 든 이유는 꼭 드리고 싶은 말씀이 있기 때문입니다.

이번 교직원 회의에서 교칙 개정을 위한 회의의 개최 일시 및 참석 인원에 관한 내용이 논의되었다는 이야기를 들었습니다. 해당 회의에는 교장 선생님을 포함한 교직원분들 및 학교 운영 위원회 위원님을 비롯한 많은 분이 ⓒ개입하실 예정으로 알고 있습니다. 그런데 그 구성원에 학생 대표는 포함되지 않았다는 것을 알게 되었고, 이는 문제가 있다는 생각을 하였습니다. 저는 교칙 개정 회의의 참석 대상에 학생 대표를 추가해야 한다고 말씀드리고 싶습니다. 그 이유는 두 가지입니다.

첫째, 교칙은 학생이 스스로 지켜야 하는 규칙인 만큼, 우리 학생들이 교칙 개정에 참여하는 것이 합당하다고 생각합니다. 현재 교칙 개정 회의의 구성원은 실제 교칙을 지키고 행동해야 할 학생들을 제외한, 교직원 및 학부모들이십니다. 이분들은 저희를 바른길로 이끌어 주시고, 키워 주시고 가르침을 주시는 훌륭한 분들이십니다. ⓒ그리고 교칙을 스스로 지켜야 할 사람들은 저희 학생들입니다. 따라서 저희가 규칙에 대해 설명을 듣고 의견을 내는 자리가 있었으면 합니다.

둘째, 우리나라의 선거권 연령이 낮아지고 있음을 고려하여, 우리 학생들도 학교의 정책을 결정할 수 있는 기회를 가질 필요가 있다고 생각합니다. ⓒ대한민국의 선거권 연령은 2005년 만 20세 이상에서 19세 이상으로, 그리고 2019년에는 다시 18세 이상으로 낮아졌습니다. 고등학생들도 국가의 정책에 참여할 수 있는 계기가 마련된 것입니다. 이는 학생들에게 자신의 선택이 나라에 어떠한 영향을 미치게 되는지 생각할 수 있게 만들어 주었습니다. 학교에서도 중요한 정책을 정하는 자리에 참여하여, 의견을 제시하고 토론을 하며 작은 정치를 경험해 보고 싶습니다.

이미 청소년들은 여러 공동체에서 변화를 만들어 가고 있습니다. 여러 어른이 청소년의 목소리에 귀를 기울이고 있으며, 필요한 경우 기꺼이 정책을 수정해 가고 있습니다. ⓓ국제적으로도 청소년들의 목소리에 귀를 기울이고 있습니다. 이들 청소년들은 어리지만 어리석지 않습니다. 저희 또한 그렇다고 생각합니다. 우리의 목소리가 작은 사회를 어떻게 변화시키는지 확인하고 싶습니다.

허무맹랑하게 들리실 수도 있지만, 저희의 진지함을 알아주셨으면 합니다. ⓔ설령 어린 저희들이지만, 저희 나름의 목소리를 들려드리고 싶습니다. 부디 이 글이 교장 선생님의 마음을 움직일 수 있는 계기가 되기를 바랍니다. 그리하여 저희 학생들이 교칙 개정 회의에 참석할 수 있기를 바랍니다. 그리고 저희의 목소리를 담은 교칙을 지키며 작은 민주주의를 직접 경험할 수 있기를 기대합니다. 긴 글 읽어 주셔서 다시 한번 감사드립니다.

----

02. ⓐ를 뒷받침하기 위해 활용할 수 있는 자료로 가장 적절한 것은?

① 니콜라 테슬라는 30대 초반 현재 사용되는 고주파 전자 장비에서 빼놓을 수 없는 장치인 테슬라 변압기를 발명했다. 이는 고주파 진동 전류를 승압하여 교류의 고전압을 발생시키는 장치이다.

② 살와 나세르는 11살 때 육상을 시작하여, 스무 살의 나이로 세계 육상 선수권 대회 여자 400m 결승에서 48초 14의 놀라운 기록으로 우승했다. 이 기록은 여자 400m에서 34년 만에 나온 최고 기록이다.

③ 국제 앰네스티는 국가 권력에 억압받는 각국 정치 인사를 구제하기 위해 설치된 국제기구이다. 해당 기구의 구성원들은 사상적, 정치적, 종교적 신념으로 체포되거나 투옥된 정치범의 석방 및 옥중 처우 개선 등을 위해 활동한다.

④ 말랄라 유사프자이는 11살 때 파키스탄 탈레반 내 어린이들의 인권에 대한 고발의 글을 쓰기 시작했다. 그녀가 어린이가 억압받는 현실에 저항하고 교육받을 권리를 지속적으로 주장한 결과, 그녀의 주장은 국제적 운동으로 발전하게 되었다. 그녀는 17살의 나이로 노벨 평화상을 수상했다.

⑤ 해리엇 터브먼은 노예로 태어났으나, 20대 후반에 농장에서 탈출하여 흑인 노예를 탈출시키는 비밀 조직의 지도자로 활동했다. 이후 그녀는 여성 참정권 운동에 적극적으로 참여하기도 했다. 그녀는 이러한 공로를 인정받아 2030년부터 사용될 20달러 지폐에 들어갈 초상 인물로 선정되었다.

위 두 문항은 모두 '[12화작03-04] 타당한 논거를 수집하고 적절한 설득 전략을 활용하여 설득하는 글을 쓴다.'라는 성취기준에 기반하고 있다. 또한 '타당한 논거'로 삼을 수 있는 자료가 무엇인지 판단하는 것을 평가 요소로 선정하여 문항을 제작하였다. 성취기준과 그에 따른 평가 요소를 동일하게 선정한 것이다. 그러나 **가**는 **나**에 비해 학생이 판단해야 할 지점이 많다. **가**를 해결하기 위해서는 우선 제시된 세 가지 자료의 내용을 파악하고 각각의 내용이 사실 논거인지 소견 논거인지 판단해야 한다. 그리고 제시된 자료가 글의 두 부분 중 어떤 부분을 뒷받침할 수 있는지 판단해야 한다. 이에 비해 **나**를 해결하기 위해서는 제시된 자료의 내용을 파악하고 글의 특정한 부분을 뒷받침할 수 있는지 판단해야 한다. **가**를 제작한 평가자는 **나**를 제작한 평가자에 비해 해당 성취기준에 적용되는 평가 기준을 상대적으로 높은 수준에서 판단하고 있음을 알 수 있다. 이는 문항을 제작하는 과정에서 성취기준을 해석할 때에는 평가 요소뿐만 아니라 평가 기준 또한 고려해야 하며, 이러한 고려 사항은 곧 문항 내용과 난도에 영향을 미칠 수 있음을 보여 준다.

4. 복수의 성취기준 결합

하나가 된 여럿, 둘 이상의 성취기준으로 하나의 문항을

성취기준을 토대로 문항을 제작하는 과정에서는 때때로 두 개 이상의 성취기준을 결합하여 하나의 문항을 제작하기도 한다. 2022학년도 수능 예시 문항을 통해 두 개의 성취기준으로 하나의 문항을 제작한 예를 살펴보자.

2022학년도 수능 예시 문항 화법과 작문

[42~45] (가)는 교지에 실을 조사 보고서의 초고이고, (나)는 (가)를 작성한 학생이 자신의 블로그에 작성한 글이다. 물음에 답하시오.

(가)

'걷기'의 가치에 대한 학생 인식 조사 보고서

Ⅰ. 조사 동기 및 목적

최근 사회에서 일고 있는 걷기에 대한 높은 관심과 달리, 우리 학교 학생들의 걷기에 대한 관심은 낮은 것으로 보인다. 이에 학생들이 걷기를 어떻게 생각하는지에 대해 조사하고자 한다.

Ⅱ. 조사 계획
- 조사 대상 : 우리 학교 학생 120명 및 일반 성인 75명
- 조사 기간 및 방법 : 2020.5.10.~5.15., 설문지 조사
- 조사 내용 : 걷기 실태 및 가치 인식

Ⅲ. 조사 결과

1. 걷기 실태

'이동 수단으로서의 걷기를 제외하고 30분 이상 걷기를 주 몇 회 하는가?'를 설문한 결과, 학생은 주 1회 이상의 비율이 10.0%에 불과한 반면 ○○ 공원에서 만난 성인은 44.0%로 나타났다. 학생과 달리 성인은 대부분 걷기를 실천하고 있었다.

2. 걷기 가치 인식

　가. 걷기의 가치 인식 여부

'걷기가 가치 있는 활동이라고 보는가?'라는 설문에 대해 학생은 91.7%, 성인은 92.0%가 각각 '그렇다'라고 답했다.

　나. 걷기의 가치 인식 비교

'걷기의 가치가 무엇이라 생각하는가?'라는 설문에, 가장 높은 응답은 학생이 '체력 증진(80.8%)'인 반면, 성인은 '자기 성찰(32.0%)'이었다. 이러한 성인의 응답은 걷기를 "발로 사색하는 것"(황△△, 『걷기 속 □□□』, ◇◇출판사, 2017, p. 10.)이라고 보는 견해와 관련된다. 성인은 자기 성찰, 정서 안정, 체력 증진, 아이디어 생성 등 걷기의 가치를 다양하게 인식한 반면, 학생은 걷기의 가치를 다양하게 인식하지 못하는 것으로 판단된다.

걷기의 가치에 대한 학생과 성인의 인식 비교 결과

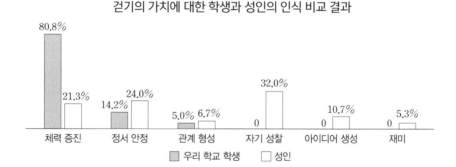

IV. 결론

[A]

(나)

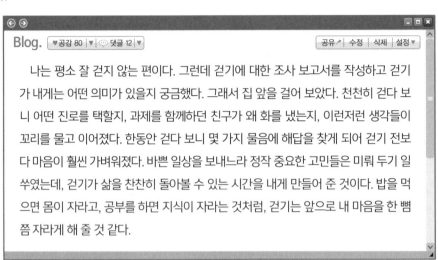

나는 평소 잘 걷지 않는 편이다. 그런데 걷기에 대한 조사 보고서를 작성하고 걷기가 내게는 어떤 의미가 있을지 궁금했다. 그래서 집 앞을 걸어 보았다. 천천히 걷다 보니 어떤 진로를 택할지, 과제를 함께하던 친구가 왜 화를 냈는지, 이런저런 생각들이 꼬리를 물고 이어졌다. 한동안 걷다 보니 몇 가지 물음에 해답을 찾게 되어 걷기 전보다 마음이 훨씬 가벼워졌다. 바쁜 일상을 보내느라 정작 중요한 고민들은 미뤄 두기 일쑤였는데, 걷기가 삶을 찬찬히 돌아볼 수 있는 시간을 내게 만들어 준 것이다. 밥을 먹으면 몸이 자라고, 공부를 하면 지식이 자라는 것처럼, 걷기는 앞으로 내 마음을 한 뼘쯤 자라게 해 줄 것 같다.

---

45. <보기>의 ㉠~㉣ 중 (가)에 반영되지 <u>않은</u> 쓰기 윤리만을 있는 대로 고른 것은?

> ─────── < 보 기 > ───────
>
> 선생님 : 보고서를 쓸 때에는 다음과 같은 쓰기 윤리를 지켜야 해요. 자료를 직접 조사한 경우 ㉠<u>조사 기간과 조사 대상, 조사 방법을 기술해야 합니다.</u> 그리고 ㉡<u>조사 결과를 과장, 축소, 왜곡하여 해석하지 않도록 주의해야 합니다.</u> 또한 ㉢<u>타인의 글을 인용할 경우 출처를 밝히고,</u> 그 내용과 자신의 글을 명확히 구분해야 합니다. '결론'의 뒤에는 참고 문헌을 제시해야 하는데, ㉣<u>'참고 문헌'에는 보고서에서 인용한 모든 자료를 명시해야 합니다.</u> 이와 같은 내용을 고려하여 보고서를 완성해 봅시다.

① ㉠, ㉡   ② ㉡, ㉣   ③ ㉢, ㉣

④ ㉠, ㉡, ㉢   ⑤ ㉠, ㉢, ㉣

위 문항은 작문 상황에 맞는 계획 및 전략을 수립할 수 있는지를 묻는 문항이다. 이 문항은 2015 개정 국어과 교육과정 '[12화작03-03] 탐구 과제를 조사하여 절차와 결과가 잘 드러나게 보고하는 글을 쓴다.'와 '[12화작04-01] 화법과 작문의 사회적 책임을 인식하고 의사소통 윤리를 준수하는 태도를 지닌다.'에 근거하고 있다. 두 가지 성취기준을 결합하여 하나의 문항을 제작한 것이다. '보고하는 글'과 '쓰기 윤리'는 각각의 성취기준에서 끌어온 학습 요소이며 이를 결합하여 보고서에 나타난 쓰기 윤리를 묻는 문항을 제작하였다. 이러한 사례는 성취기준을 결합하는 하나의 방식을 보여준다. '보고하는 글'에 관련된 성취기준이 작문 상황으로 기능하고 있다면 '쓰기 윤리'와 관련된 성취기준은 쓰기 윤리에 대한 지식을 알고 있고 이를 적용할 수 있는지를 묻고 있는 것이다. 성취기준을 결합할 때에 모두 동일한 층위의 내용 요소로 처리할 수도 있지만 이와 같이 층위를 달리하여 문항을 구성하는 데에 적용할 수도 있다.

모든 평가가 그러하지만, 평가 문항을 제작할 때에는 학생에게 가르친 내용이 무엇인지에 대한 고려가 있어야 한다. 학교 시험 문항을 출제할 때에 특히 그러하다. 가르치지 않은 것을 문항으로 출제한다면 '학생이 배운 것을 제대로 평가하는가?'라는 질문에 답을 하기 어려울 것이다. 이는 곧 평가가 교육의 내용을 적절하게 담아내고 있는지를 판단하는 타당도의 문제와 직결된다. 성취기준을 해석할 때 평가자의 자율성은 최대한 보장되어야 하지만, 그러한 자율성은 학생에게 가르친 내용과 학생이 배운 내용의 범위 안에 있어야 한다. 이는 평가 문항을 제작할 때에 평가자의 자율성 못지않게 학생의 입장을 고려하는 것이 중요함을 의미한다.

5. 이원목적분류표 또는 문항 정보표 작성

평가 문항에 대한 정보를 한눈에

무엇을 물을 것인가, 어떤 수준으로 물을 것인가를 결정하였다면, 그 다음으로는 '이원목적분류표'나 '문항 정보표'를 작성해야 한다. 이원목적분류표는 학생에게 가르친 학습 내용과 기대하는 행동 수준을 교차한 표로, 성취기준에 비추어 평가 계획을 수립하고 이것이 제대로 이루어졌는지 살펴볼 수 있는 기능을 한다. 최근에는 내용 영역과 성취기준, 난도[1]를 중심으로 문항의 정보를 제공하는 '문항 정보표'를 작성하는 경우도 있다. 이원목적분류표나 문항 정보표를 작성하는 과정을 통해, 학생에게 가르친 학습 내용과 학생에게 기대하는 행동 수준을 결정하고, 시험지 전체를 놓고 볼 때 학습 내용과 행동 수준이 적절하게 배열되어 있는지 확인할 수 있다.

5.1. 내용 영역 작성 ✐ 무엇을 담을지 결정해야죠

내용 영역은 출제 범위를 설정하는 기능을 한다. 내용 영역을 설정한다는 것은 가르친 내용이 무엇인지 확인하는 과정에 해당한다. 내용 영역으로 국어과 교육과정의 하위 영역을 준용하여 듣기·말하기, 읽기, 쓰기, 문법, 문학을 내용 영역으로 제시하는 것이 가능하다. 이를 더 세분화한다면 내용 영역에 평가하고자 하는 성취기준을 직접 기입하는 것도 가능하다. 예를 들어, 2022학년도 수능 국어 시험의 출제 범위는 2015 개정 국어과 교육과정의 과목 중 '독서', '문학', '화법과 작문', '언어와 매체'이므로 국어 영역의 내용 영역별 평가 목표는 각 과목의 목표와 내용을 기초로 설정된다. 이에 대한 상세한 내용은 다음과 같다(한국교육과정평가원, 2021 : 9–10).

---

1) '난도'는 어려운 정도를 의미하는 용어이다. 이에 비해 '난이도'는 어려움과 쉬움의 정도를 의미하는 용어이다. 따라서 문항이 어렵다는 의미를 나타낼 때에는 '높은 난이도'보다 '높은 난도'라고 표현하는 것이 적절하다. 그러나 이원목적분류표 또는 문항 정보표에 나타난 '난이도'는 문항이 어려운 정도에 해당하는 상 수준에 속하는지, 쉬운 정도에 해당하는 하 수준에 속하는지를 나타내는 용어로 사용되었다. 따라서 이원목적분류표 또는 문항 정보표에서는 '난이도'로 제시하는 것이 적절하다.

● 독서

독서 능력은 다량의 정보를 신속하고 정확하게 처리해야 하는 정보화 시대의 국어 생활 맥락과 비판적·창의적인 문헌 해석 및 활용 능력을 요구하는 학문 활동 환경을 고려할 때 매우 중요하게 요구되는 국어 능력 중 하나이다. 독서 영역에서는 인문학·사회학·자연 과학·기술 공학·예술·생활 분야의 다양한 글을 제재로 하여, 독서의 원리와 방법에 대한 지식과 아울러 어휘력, 사실적·추론적·비판적·창의적 사고력 등을 측정할 수 있는 문항을 출제한다. 이를 위해 설명문·논설문·서사문·보고서·생활문 등 다양한 유형의 글을 활용하여 출제하되, 지문에 포함된 내용을 이해하는 데 필요한 배경지식의 수준과 범위가 고등학교 교육과정을 벗어나지 않도록 한다.

● 문학

문학 능력은 인간의 삶과 세계에 대한 심미적·창의적 인식을 가능하게 하고 가치 있는 삶과 세계의 창조에 기초가 되는 상상력과 밀접한 연관성이 있다는 점에서 매우 중요하게 요구되는 국어 능력 중 하나이다. 문학 영역에서는 문학에 대한 지식과 아울러 어휘력, 사실적·추론적·비판적·창의적 수용과 생산 능력(사고력) 등을 측정할 수 있는 문항을 출제한다. 또한 작품에 드러나는 작가의 개성을 이해하고 작품을 감상하는 능력, 한국 문학에 대한 이해를 바탕으로 공동체의 문화를 비판적·창의적으로 수용하는 능력을 평가하는 데 초점을 둔다. 이를 위해 고전 시가·고전 소설·고전 산문·민속극·현대시·현대 소설·현대극·시나리오 등 다양한 문학 갈래의 작품을 활용하여 출제하되, 작품의 수준과 범위가 고등학교 교육과정을 벗어나지 않도록 한다.

● 화법

화법 능력은 사회생활이나 대학 교육에서 발표·토의·토론 등에 자주 참여해야 한다는 점에서, 매우 중요하게 요구되는 국어 능력 중 하나이다. 화법 영역에서는 화법에 대한 기본 개념과 아울러 다양한 의사소통 상황에서 요구되는 사실적·추론적·비판적·창의적 사고력 등을 측정할 수 있는 문항을 출제한다. 이를 위해 대화·연설·토론·대담·협상·발표·면접 등 다양한 유형의 담화 자료들을 활용하여 출제하되, 담화 상황이나 주제의 수준과 범위가 고등학교 교육과정을 벗어나지 않도록 한다.

● 작문

작문 능력은 사회생활이나 대학 교육에서 보고서·문서·논문 작성 등의 과제를 수행한다는 점에서 매우 중요하게 요구되는 국어 능력 중 하나이다. 작문 영역에서는 작문에 대한 기본 개념과 아울러 국어 규범에 기초한 작문 능력, 다양한 유형의 글을 쓰는 데 요구되는 사실적·추론적·비판적·창의적 사고력 등을 측정할 수 있는 문항을 출제한다. 이를 위해 정보 전달·소개·보고·설득·비평·건의·친교·정서 표현·성찰 등 다양한 작문 상황(주제·목적·예상 독자 등)을 설정하여 출제하되, 문항에서 요구하는 작문 과제의 수준과 범위가 고등학교 교육과정을 벗어나지 않도록 한다.

● 언어

언어 능력은 사고와 언어의 관계가 밀접한 연관성을 지닌다는 점에서 국어 능력의 근간이 되는 능력이다. 또한 사회생활이나 학문 활동에서 국어를 정확하고 적절하게 사용해야 하는 필요성을 고려할 때 매우 중요하게 요구되는 능력이다. 언어 영역에서는 국어 생활의 기초가 되는 국어 규범에 대한 이해와 적용 능력, 음운·단어(어휘)·문장·담화 등 국어 단위의 체계와 역사에 대한 지식, 담화 상황에 적절하게 대응할 수 있는 국어 문화 소양, 다양한 시대나 갈래에 따른 국어 자료의 차이에 대한 이해와 자신의 국어 생활을 성찰하는 태도 등을 측정할 수 있는 문항을 출제한다. 이를 위해 다양한 언어 자료를 활용하여 출제하되, 문항에서 요구하는 국어 지식이나 국어 자료의 수준과 범위가 고등학교 교육과정을 벗어나지 않도록 한다.

● 매체

매체 능력은 현대 사회의 언어 활동이 다양한 매체를 기반으로 이루어진다는 점에서 매우 중요하게 요구되는 국어 능력 중 하나이다. 매체 영역에서는 매체의 소통 방식 및 매체 언어에 대한 지식과 아울러 다양한 매체 언어를 수용, 생산, 향유하는 데 요구되는 사실적·추론적·비판적·창의적 사고력을 측정할 수 있는 문항을 출제한다. 이를 위해 인쇄·전자·대중 매체 및 복합 양식 매체 등 다양한 매체를 설정하여 출제하되, 문항에서 요구하는 매체 언어의 수준과 범위가 고등학교 교육과정을 벗어나지 않도록 한다.

이러한 내용 영역은 다양한 층위로 나타날 수 있다. 위에 제시된 것처럼 국어과 교육과정의 하위 영역이 내용 영역이 될 수도 있고, 이를 더 세분화하여 하위 영역의 장르가 내용 영역이 될 수도 있다. 예컨대 문학 영역의 서정, 서사, 극, 교술 등의 갈래, 독서 영역의 인문학·사회학·자연 과학·기술 공학·예술·생활 분야 등의 화제도 내용 영역이 될 수 있다. 학교 시험에서 내용 영역을 설정한다면 교육과정 성취기준을 내용 영역으로 설정할 수도 있으며, 교과서의 대단원이나 소단원을 내용 영역으로 설정할 수도 있다.

5.2. 행동 영역 작성 〰️ 어떤 결과를 기대하는지 결정해야죠

행동 영역은 학생들에게 기대하는 행동, 즉 학생들이 해당 내용에 대한 학습의 결과로 보일 수 있는 행동을 수준별로 분류한 것을 의미한다. 행동 영역은 여러 가지 방식으로 진술하는 것이 가능하다. 예를 들어 대학수학능력시험의 경우 다음의 행동 영역을 제시하고 있다(한국교육과정평가원, 2021 : 11).

● **어휘·개념**

어휘·개념은 정확하고 효과적인 어휘 사용 능력과 과목별 교육과정에 제시된 기본 개념의 이해 능력을 측정 요소로 한다. 어휘의 지시적·문맥적·비유적 의미를 이해하고 표현하는 능력, 문장과 문단의 의미가 분명하게 드러나도록 표현하는 능력뿐만 아니라 화법, 작문, 언어, 매체, 독서, 문학 영역의 기본 개념도 어휘·개념 영역에서 다루게 된다.

● **사실적 이해**

사실적 이해란 언어로 표현된 말이나 글의 의미를 정확하게 파악하고 이해하는 능력, 말이나 글에 담긴 정보 간의 관계를 파악하는 능력, 말이나 글의 조직과 구조를 파악하는 능력을 의미한다.

● **추론적 이해**

추론적 이해란 말이나 글에서 직접 명시되지 않은 정보를 논리적으로 추론하는 능력, 내포적(함축적, 문맥적) 의미를 추론하는 능력, 전제나 논거를 추론하는 능력, 전후 관계를 추론하는 능력, 필자의 견해·주장·의도를 추론하는 능력을 의미한다.

● **비판적 이해**

비판적 이해란 말이나 글의 내용을 비판적으로 이해하고 그 내용의 타당성·적절성·가치 및 우열에 대해 평가하며 문학 작품을 감상하고 평가하는 능력을 의미한다.

● **적용·창의**

적용·창의란 창의적 사고를 바탕으로 말이나 글의 개념과 원리를 새로운 맥락에 적용 또는 활용하는 능력, 말이나 글의 생산을 위해 내용을 생성·조직·표현·수정하는 능력을 의미한다.

행동 영역 분류는 대학수학능력시험의 이와 같은 분류 대신 연구자들이 제시한 내용을 활용하기도 하는데, 최근 널리 사용되고 있는 분류는 블룸(Bloom)의 교육목표분류학 또는 블룸의 교육목표분류학을 수정·보완한 신교육목표분류학이다. 블룸의 교육목표분류학은 '지식', '이해', '적용', '분석', '종합', '평가'라는 범주로 어떤 행동 능력을 측정하는지를 살펴보기 위해 구성된 틀을 의미한다.

다음은 블룸의 교육목표분류학을 준용하여 행동 영역을 설정한 일반적인 이원목적분류표의 양식이다.

번호	내용 영역	행동 영역						난이도			정답	배점
		지식	이해	적용	분석	종합	평가	상	중	하		
1	독서		○							○	③	2
2	독서					○		○			①	3
3	독서			○					○		④	2
4	문학	○								○	②	2
5	문학			○					○		⑤	2
6	문학				○			○			③	3
7	문학						○	○			⑤	3
		이	하	생	략							

<이원목적분류표 양식(예)>

위 이원목적분류표는 내용 영역과 행동 영역, 그리고 난이도에 대한 정보를 제공한다. 이원목적분류표를 통해 전체 시험지에서 행동 영역 중 지식, 이해, 적용, 분석, 종합, 평가는 각각 몇 문항으로 구성할 것인지, 난이도의 상, 중, 하 비율은 어떻게 구성할 것인지 등을 보여 줄 수 있다. 예를 들어, '[10국06-02] 대표적인 문학 작품을 통해 한국 문학의 전통과 특질을 파악하고 감상한다.'라는 성취 기준으로 내용 영역을 설정하여 여섯 문항을 출제한다고 할 때에 각각의 행동 영역에 한 문항씩 배분할 것인지, 특정한 행동 영역에 두 문항 이상을 배분할 것인지 등을 보여 줄 수 있다. 난이도도 마찬가지이다. 상 수준, 중 수준, 하 수준에 해당하는 문항을 각각 몇 문항을 출제할 것인지 또한 이원목적분류표를 통해 보여 줄 수 있다.

물론 이러한 이원목적분류표의 양식이 항상 고정된 것은 아니다. 선다형 문항을 출제하는 맥락에 따라 이원목적분류표의 내용을 조정하는 것은 가능하다. 지식, 이해, 적용, 분석, 종합, 평가를 모두 고려하여 판단하는 것이 부담스럽거나 학생들의 수준에 부합하지 않는다고 판단할 경우 행동 영역 중 지식, 이해, 적용 등 몇 개의 요소만을 추출하여 사용할 수도 있다. 또 이원목적분류표 대신 행동 영역을 제시하지 않고 내용 영역을 중심으로 구성되어 있는 '문항 정보표'를 작성하여 사용할 수도 있다.

　다음은 이원목적분류표와 문항 정보표의 사례이다.

가 A 고등학교 이원목적분류표 사례(일부)

번호	내용 영역	성취기준	행동 영역			난이도			정답	배점
			지식	이해	적용	상	중	하		
1	독서	매체에 드러난 필자의 관점이나 표현 방법의 적절성을 평가하며 읽는다.		○				○	③	2
2	독서	매체에 드러난 필자의 관점이나 표현 방법의 적절성을 평가하며 읽는다.				○			①	3
3	독서	삶의 문제에 대한 해결 방안이나 필자의 생각에 대한 대안을 찾으며 읽는다.			○		○		④	2
4	문학	갈래의 특성에 따른 형상화 방법을 중심으로 작품을 감상한다.	○					○	②	2
5	문학	갈래의 특성에 따른 형상화 방법을 중심으로 작품을 감상한다.					○		⑤	2
6	문학	문학사의 흐름을 고려하여 대표적인 한국 문학 작품을 감상한다.				○			③	3
7	문학	문학사의 흐름을 고려하여 대표적인 한국 문학 작품을 감상한다.				○			⑤	3
			이	하	생	략				

번호	내용 영역	성취기준	난이도			배점	정답
			쉬움	보통	어려움		
1	국어의 어제와 오늘	[10국04-01] 국어가 변화하는 실체임을 이해하고 국어 생활을 한다.	1			2.2	5
2	국어의 어제와 오늘	[10국04-01] 국어가 변화하는 실체임을 이해하고 국어 생활을 한다.			1	3.0	4
3	국어의 어제와 오늘	[10국04-01] 국어가 변화하는 실체임을 이해하고 국어 생활을 한다.	1			2.2	3
4	국어의 어제와 오늘	[10국04-01] 국어가 변화하는 실체임을 이해하고 국어 생활을 한다.		1		2.7	2
5	국어의 어제와 오늘	[10국04-01] 국어가 변화하는 실체임을 이해하고 국어 생활을 한다.			1	3.0	5
6	어떻게 읽을까	[10국02-04] 읽기 목적을 고려하여 자신의 읽기 방법을 점검하고 조정하며 읽는다.	1			2.2	1
7	어떻게 읽을까	[10국02-04] 읽기 목적을 고려하여 자신의 읽기 방법을 점검하고 조정하며 읽는다.		1		2.6	4
		이하 생략					

🗃의 이원목적분류표와 🗃의 문항 정보표는 모두 내용 영역과 성취기준, 난이도, 배점, 정답을 제시하고 있다는 공통점이 있다. 그러나 행동 영역을 진술하는 방식에서는 차이를 보인다. 🗃에서는 '지식', '이해', '적용'을 행동 영역으로 제시하고 있으나, 🗃에서는 행동 영역을 제시하고 있지 않다. 이는 선다형 문항을 출제하는 맥락에 따라 이원목적분류표가 제시될 수도 있고, 문항 정보표가 제시될 수도 있음을 보여 준다.

한편, 신교육목표분류학은 명사로 이루어진 지식 차원과 동사로 이루어진 인지 과정 차원으로 구성된 이차원적 구조를 이루고 있다.

인지 과정 차원 지식 차원	기억하다	이해하다	적용하다	분석하다	평가하다	창안하다
A. 사실적 지식						
B. 개념적 지식						
C. 절차적 지식						
D. 메타인지 지식						

지식 차원은 사실적 지식, 개념적 지식, 절차적 지식, 메타인지 지식으로 구분되며, 각 유형은 2~3개의 하위 요소로 이루어져 있다. 사실적 지식은 교과나 교과의 문제를 해결하기 위해 알아야 할 기본 요소로, 전문 용어나 구체적 사실에 대한 지식이 이에 해당한다. 개념적 지식은 기본 요소들 간의 관계를 나타낸 것으로, 분류, 유목, 원리와 일반화, 이론, 모형, 구조에 대한 지식이 이에 해당한다. 사실적 지식과 개념적 지식이 내용을 나타내는 것이라면 절차적 지식은 방법에 대한 것이다. 절차적 지식은 어떤 것을 수행하는 방법 등을 의미한다. 여기에는 교과에 특수한 기능과 알고리즘, 기법과 방법에 대한 지식, 적절한 절차의 사용 시점을 결정하기 위한 준거에 대한 지식이 이에 해당한다. 메타인지 지식은 자신의 인지에 대한 지식으로, 인지 과제에 대한 지식과 자기 지식이 이에 해당한다.

인지 과정 차원은 블룸이 제안한 수업 목표인 '지식', '이해', '적용', '분석', '종합', '평가'라는 여섯 개 범주를 재구조화하여 '기억하다', '이해하다', '적용하다', '분석하다', '평가하다', '창안하다'로 제시하였으며, 각 유형은 2~7개의 하위 구성 요소로 이루어져 있다. 다음은 신교육목표분류학의 인지 과정 차원의 위계를 나타낸다(Anderson & Krathwohl, 2001).

인지 과정 유목	관련된 용어			
1. 기억하다 – 장기 기억으로부터 관련된 지식을 인출한다.				
1.1. 재인하기	확인하기			
1.2. 회상하기	인출하기			
2. 이해하다 – 구두, 문자, 그래픽을 포함한 수업 메시지로부터 의미를 구성한다.				
2.1. 해석하기	명료화하기	표현하기	바꿔 쓰기	번역하기
2.2. 예증하기	예를 들기	실증하기		
2.3. 분류하기	유목화하기	포섭하기		
2.4. 요약하기	추상하기	일반화하기		
2.5. 추론하기	결론짓기	내삽하기	외삽하기	예언하기
2.6. 비교하기	대조하기	결합하기	도식화하기	

2.7. 설명하기	모델 구성하기			
3. 적용하다 – 특정한 상황에 어떤 절차들을 사용하거나 시행한다.				
3.1. 집행하기	시행하기			
3.2. 실행하기	사용하기			
4. 분석하다 – 자료를 구성 부분으로 나누고, 그 부분들 간의 관계와 부분과 전체 구조나 목적과의 관계가 어떻게 되어 있는가를 결정한다.				
4.1. 구별하기	변별하기	초점화하기	식별하기	선정하기
4.2. 조직하기	발견하기	통합하기	정합성 찾기	
	해부하기	구조화하기	윤곽 그리기	
4.3. 귀속하기	해체하기			
5. 평가하다 – 준거나 기준에 따라 판단한다.				
5.1. 점검하기	조정하기	모니터하기	탐지하기	검사하기
5.2. 비판하기	판단하기			
6. 창안하다 – 요소들을 일관되거나 기능적인 전체로 형성하기 위해 함께 둔다. 요소들을 새로운 패턴이나 구조로 재조직한다.				
6.1. 생성하기	가설 세우기			
6.2. 계획하기	설계하기			
6.3. 산출하기	구성하기			

2021학년도 수능

14. <학습 활동>을 수행한 결과로 적절하지 <u>않은</u> 것은? [3점]

─── < 학습 활동 > ───

겹문장은 다른 문장 속에 들어가 안긴문장으로 쓰일 수 있다. 또한 겹문장은 안은문장에서 다양한 문장 성분으로도 쓰인다. 다음 밑줄 친 겹문장 ⓐ~ⓔ의 쓰임을 설명해 보자.

○ 기상청은 ⓐ<u>내일은 따뜻하지만 비가 온다는</u> 예보를 했다.
○ 시민들은 ⓑ<u>공원이 많고 거리가 깨끗한</u> 도시를 만들었다.
○ ⓒ<u>바람이 거세지고 어둠이 내리기</u> 전에 산에서 내려갔다.
○ 나는 나중에야 ⓓ<u>그녀는 왔으나 그가 안 왔음</u>을 깨달았다.
○ 삼촌은 주말에 ⓔ<u>꽃이 피고 새가 지저귀는</u> 들판을 거닐었다.

① ⓐ는 인용절로 쓰이고 있다.

② ⓑ는 관형절로 쓰이고 있다.

③ ⓒ는 명사절로 쓰이고 있다.

④ ⓓ는 조사와 결합하여 주성분으로 쓰이고 있다.

⑤ ⓔ는 조사와 결합 없이 부속 성분으로 쓰이고 있다.

그렇다면 신교육목표분류학의 지식 차원과 인지 과정 차원을 어떻게 판단할 수 있는지 문항을 통해 살펴보자. 위 문항은 겹문장에 쓰인 문장 성분을 묻고 있다. 위 문항을 해결하기 위해서는 겹문장이 무엇인지, 실제 문장에서 어떤 성분으로 사용되고 있는지 등을 파악해야 한다. 이 문항은 겹문장이 문장 안에서 어떻게 쓰이는지를 분류해야 하기 때문에, 지식 차원에서는 '개념적 지식'을 묻고 있다고 볼 수 있다. 또한 자료에 제시된 겹문장의 각각의 쓰임을 파악해야 하기 때문에, 인지 과정 차원에서는 '분석하다'의 '4.1. 변별하기'를 묻고 있다고 볼 수 있다.

지금까지 평가 요소를 결정하는 과정에서 고려해야 할 내용을 알아보았다. 성취기준을 분석하여 평가 요소를 결정하고 이를 어떤 난도로 물을 것인지 결정하는 과정은 평가 문항을 제작하는 과정의 출발점에 해당한다. 출발점에 제대로 서 있지 못하면 이후에 문항 제작을 향해 가는 길이 험난할 수도 있고 결국에는 종착점에 도달하지 못할 수도 있다. 무엇을 물을 것인가, 어떤 수준으로 물을 것인가를 결정한 후에는 이원목적분류표나 문항 정보표를 작성하면서 문항에 대한 계획을 수립해 보자. 이 과정을 통해 평가자는 자신이 문항을 제작하기 위한 출발점에 제대로 서 있는지 살펴볼 수 있을 것이다.

연습 문제

1. 중학교 읽기 영역 성취기준 '글에 사용된 다양한 논증 방법을 파악하며 읽는다.'를 평가하기 위한 문항을 출제하고자 합니다. 해당 성취기준에서 평가 요소를 도출해 봅시다.

성취기준의 주요 핵심어인 '논증 방법'이 무엇인지 생각해 봅시다.

2. 다음은 고등학교 기말고사 국어 문항입니다. 이 문항을 출제하는 과정에서 제작하였을 이원목적분류표를 완성해 봅시다.

[1~4] 다음 글을 읽고 물음에 답하시오.

어사또 들어가 단좌(端坐)하여 좌우를 살펴보니, 당상(堂上)의 모든 수령 다담을 앞에 놓고 진양조 양양(洋洋)할 제 어사또 상을 보니 어찌 아니 통분하랴. 모 떨어진 개상판에 닥채 저붐, 콩나물, 깍두기, 막걸리 한 사발 놓았구나. 상을 발길로 탁 차 던지며 운봉의 갈비를 직신,

"갈비 한 대 먹고 지고." / "다라도 잡수시오."

하고 운봉이 하는 말이

"이러한 잔치에 풍류로만 놀아서는 맛이 적사오니 차운(次韻) 한 수씩 하여 보면 어떠하오?"

"그 말이 옳다."

하니 운봉이 운(韻)을 낼 제, 높을 고(高) 자, 기름 고(膏) 자 두 자를 내어 놓고 차례로 운을 달 제, 어사또 하는 말이

"걸인도 어려서 추구권(抽句卷)이나 읽었더니, 좋은 잔치 당하여서 주효를 포식하고 그

저 가기 무렴(無廉)하니 차운 한 수 하사이다.”

운봉이 반겨 듣고 필연(筆硯)을 내어 주니 좌중(座中)이 다 못하여 글 두 귀[句]를 지었으되, ⓐ민정(民情)을 생각하고 본관의 정체(政體)를 생각하여 지었것다.

“금준미주(金樽美酒)는 천인혈(千人血)이요, 옥반가효(玉盤佳肴)는 만성고(萬姓膏)라. 촉루낙시(燭淚落時) 민루낙(民淚落)이요, 가성고처(歌聲高處) 원성고(怨聲高)라.”

이 글 뜻은

“금동이의 아름다운 술은 일만 백성의 피요, 옥소반의 아름다운 안주는 일만 백성의 기름이라. 촛불 눈물 떨어질 때 백성 눈물 떨어지고, 노랫소리 높은 곳에 원망 소리 높았더라.”

이렇듯이 지었으되, 본관은 몰라보고 운봉이 이 글을 보며 내념(內念)에

‘아뿔싸, 일이 났다.’

이때, 어사또 하직하고 간 연후에 공형(公兄) 불러 분부하되,

ⓑ“야야, 일이 났다.”

[A] ⎯ 공방(工房) 불러 포진(鋪陳) 단속, 병방(兵房) 불러 역마(驛馬) 단속, 관청색 불러 다담 단속, 옥 형리(刑吏) 불러 죄인 단속, 집사(執事) 불러 형구(刑具) 단속, 형방(刑房) 불러 문부(文簿) 단속, 사령 불러 합번(合番) 단속, 한참 이리 요란할 제 물색없는 저 본관이

⎯ “여보, 운봉은 어디를 다니시오?”

ⓒ“소피(所避)하고 들어오오.”

본관이 분부하되, / “춘향을 급히 올리라.”

고 주광(酒狂)이 난다.

[B] ⎯ 이때에 어사또 군호(軍號)할 제, 서리(胥吏) 보고 눈을 주니 서리, 중방(中房) 거동 보소. 역졸(驛卒) 불러 단속할 제 이리 가며 수군, 저리 가며 수군수군, 서리 역졸 거동 보소. 외올 망건(網巾), 공단(貢緞) 쌔기 새 평립(平笠) 눌러 쓰고 석 자 감발 새 짚신에 한삼(汗衫), 고의(袴衣) 산뜻 입고 육모 방치 녹피(鹿皮) 끈을 손목에 걸어 쥐고 예서 번뜻 제서 번 뜻, 남원읍이 우군우군, 청파 역졸(靑坡驛卒) 거동 보소. 달 같은 마패(馬牌)를 햇빛같이 번듯 들어

⎯ “암행어사 출도(出道)야!”

⎯ 외는 소리, 강산이 무너지고 천지가 뒤눕는 듯. ⓓ초목금수(草木禽獸)인들 아니 떨랴.

<중략>

공방이 포진 들고 들어오며,

"안 하려던 공방을 하라더니 저 불 속에 어찌 들랴?"

등채로 후닥딱 / "애고, 박 터졌네."

좌수, 별감 넋을 잃고, 이방, 호방 실혼(失魂)하고, 삼색나졸(三色羅卒) 분주하네.

모든 수령 도망할 제 거동 보소. 인궤(印櫃) 잃고 과줄 들고, 병부(兵符) 잃고 송편 들고, 탕건(宕巾) 잃고 용수 쓰고, 갓 잃고 소반(小盤) 쓰고, 칼집 쥐고 오줌 누기. 부서지니 거문고요, 깨지느니 북, 장구라. 본관이 똥을 싸고 멍석 구멍 새앙쥐 눈 뜨듯 하고 내아(內衙)로 들어가서 ㉢"어 추워라, 문 들어온다, 바람 닫아라. 물 마른다, 목 들여라."

관청색은 상을 잃고 문짝 이고 내달으니, 서리, 역졸 달려들어 후닥딱

"애고, 나 죽네!"

— 작자 미상, 「춘향전」 —

----

1. 윗글에 대한 이해로 적절한 것만을 있는 대로 고른 것은?

< 보 기 >

ⓐ '모든 수령'들은 '본관'의 강권에 의해 잔치에 참석하였다.

ⓑ '어사또'는 '운봉'이 낸 운자를 이용해 가장 먼저 시를 쓴다.

ⓒ '서리'와 '역졸'들은 암행어사 출도로 인해 당황한 모습을 보여 준다.

ⓓ '운봉'은 잔치에 모인 수령들 중 어사또의 정체를 가장 먼저 알게 된다.

① ⓐ, ⓑ   ② ⓐ, ⓓ   ③ ⓑ, ⓓ

④ ⓑ, ⓒ, ⓓ   ⑤ ⓐ, ⓑ, ⓓ

2. ㉠~㉢에 대한 설명으로 적절하지 <u>않은</u> 것은?

① ㉠ : '어사또'가 쓴 시의 내용을 설명하는 편집자적 논평이다.

② ㉡ : '운봉'이 '공형'에게 급히 암행어사에 대비할 것을 이르는 말이다.

③ ㉢ : '운봉'이 암행어사 출도를 피해 도망하기 위한 핑계이다.

④ ㉣ : 암행어사 출도의 위세가 대단함을 설의적으로 표현한 말이다.

⑤ ㉢ : '본관'이 당황하여 정신이 없음을 해학적으로 나타낸 말이다.

3. [A]와 [B]에 대한 설명으로 적절하지 <u>않은</u> 것은?

① [A]와 [B]에서는 모두 율문체의 문장을 사용하고 있다.
② [A]와 [B]에서는 모두 인물들의 긴박한 움직임이 드러난다.
③ [A]에서의 행위는 [B]의 인물들이 출현하는 것을 염두에 둔 것이다.
④ [B]에서는 [A]와 달리 음성 상징어를 사용하여 상황을 나타내고 있다.
⑤ [B]에서는 [A]와 달리 각각의 인물들이 해야 할 일들이 분명하게 드러난다.

4. <보기>를 바탕으로 윗글에 대해 보인 반응 중 적절하지 <u>않은</u> 것은?

< 보 기 >

　1920년대 KAPF의 주요 인사였던 김기진은 <대중소설론>에서 사회를 비판하고 혁명 이념을 직접적으로 설파하는 이른바 '프로 소설'이 대중들과 유리되고 있는 점을 비판했다. 그는 「춘향전」을 예로 들며 평이한 제재와 문장, 익살스러운 표현, 대중들이 원하는 방향으로 사건 전개가 독자들을 끌어들일 수 있는 요소로 보았다. 그는 당대의 어떤 이념적 소설도 '금준미주 천인혈'과 같은 상투적 표현보다 효과를 거두지 못하였다고 주장했다.

---

① 악한 인물인 '본관'이 나중에 벌을 받게 되기를 독자들은 바라고 있으며, 그것이 이야기에 반영되었군.
② '공방'과 '관청색'의 행동을 쉬운 말로 익살스럽게 표현한 것은 대중들의 흥미를 유발할 수 있는 요인이군.
③ 지배층에 속하는 '수령'들과 '좌수, 별감'이 응징을 당하는 모습은 춘향전이 '프로 소설'의 성격을 보여 주는 것이군.
④ 김기진은 '어사또'가 지은 '금준미주 천인혈'이 1920년대 독자들의 사회에 대한 비판 의식을 효과적으로 끌어내고 있다고 보았군.
⑤ '어사또'가 현 체제에 대한 심각한 고민을 하며 개혁적 의지를 직접적으로 설파하는 내용을 담았다면 춘향전이 대중적인 인기를 얻지는 못했겠군.

번호	내용 영역	행동 영역					난이도			배점	정답
		지식	이해	적용	분석	종합	평가	상	중	하		
1											2	③
2											2	③
3											2	⑤
4											3	③

Tip

- 각 문항에서 평가하고자 하는 내용으로 알맞은 것을 다음에 제시된 2015 개정 교육과정 공통 과목 '국어'의 문학 영역 성취기준에서 찾아봅시다.

[10국05-01] 문학 작품은 구성 요소들과 전체가 유기적 관계를 맺고 있는 구조물임을 이해하고 문학 활동을 한다.

[10국05-02] 갈래의 특성에 따른 형상화 방법을 중심으로 작품을 감상한다.

[10국05-03] 문학사의 흐름을 고려하여 대표적인 한국 문학 작품을 감상한다.

[10국05-04] 문학의 수용과 생산 활동을 통해 다양한 사회·문화적 가치를 이해하고 평가한다.

[10국05-05] 주체적인 관점에서 작품을 해석하고 평가하며 문학을 생활화하는 태도를 지닌다.

- 지식·이해·적용·분석·종합·평가 등의 행동 영역을 떠올려 보고, 문항의 의도를 가장 잘 담고 있는 행동 영역을 선택해 봅시다.

III.

문항 설계

III.
문항 설계

개 요

문항 설계란 평가 문항을 제작하기 위해 평가 목표와 내용 등을 결정하고 전반적인 계획을 수립하는 일을 말한다. 문항을 설계할 때는 먼저 평가하고자 하는 내용 영역과 행동 영역을 정해야 한다. 가령 학교 시험에서 '화법과 작문' 과목으로 평가를 한다고 하자. 내용 영역인 출제 범위가 정해지면 성취기준을 소인수 분해하듯이 분석하여 해당 성취기준에서 어떤 행동 영역을 평가할 것인지를 고민해야 한다. 기본적으로 어휘·개념, 사실적 이해, 추론적 이해, 비판적 이해, 적용·창의 능력 등 행동 영역을 골고루 평가하는 것이 전제가 되어야 하겠지만, 과목의 특성과 성취기준에 따라 주된 행동 영역이 무엇인지 생각해 봐야 한다. 만약 성취기준이 토론, 설득하는 글 쓰기와 관련이 있다면 다른 행동 영역보다 비판적 이해 능력을 평가하는 것이 본령에 충실하다고 볼 수 있으므로 이것이 핵심이 될 수 있다.

행동 영역을 적절하게 안배한 후에는 평가 시간을 고려하여 문항 수를 결정해야 한다. 또한 제한된 평가 시간을 감안하여 양적으로 과다한 언어 자료를 제시하지 않고, 짧은 언어 자료와 긴 언어 자료를 적절하게 배치하여 속도 검사가 아니라 능력 검사가 되도록 설계하는 것이 바람직하다. 난도 역시 문항 설계에서 중요하게 고려해야 할 요소이다. 수능 시험과 같이 대규모로 다양한 집단을 평가하기 위해서는 난도를 세분화하여 문항을 출제하지만, 학교 시험의 경우에는 대개 상, 중, 하로 나누어 출제한다. 문항을 설계할 때는 평가 장면을 고려하는 것이 좋다. 평가 장면은 학생이 문제를 해결하기 위해 놓여 있는 상황에 대한 정보를 담고 있으며, 세트 문항을 설계할 때 제시되는 경우가 대부분이다. 예컨대 '(가)는 텔레비전 방송의 인터뷰이고, (나)는 (가)를 시청하고 산림 치유 프로그램에 참여한 학생이 쓴 수기이다. 물음에 답하시오.'와 같이 언어 자료의 종류, 언어 자료가 구성되는 상황이나 맥락 등을 문두에 포함하여 평가 장면을 제시하면 학생이 자신이 풀어야 할 문제 상황에 보다 쉽게 접근할 수 있다. 이번 장에서는 단독 문항, 세트 문항, <보기> 문항, 대표 문항, 통합 문항을 설계할 때 고려해야 할 점과 문항 설계를 잘하기 위한 요건에 대해 알아보고자 한다.

1. 단독 문항 설계

단독 문항은 언어 자료나 〈보기〉의 유무와 상관없이 한 문항으로 구성된 것을 말한다. 세트 문항에 속해 있는 어휘 문항도 언어 자료의 전체적인 내용과 직접 관련된 다른 문항들보다 상대적으로 독립성이 크므로 단독 문항으로 분류할 수 있다.

1.1. 단독 문항의 형태 ⟋ 나 혼자 산다

단독 문항에는 문두와 답지만으로 이루어진 형태, 언어 자료 또는 〈보기〉가 있는 형태가 있다. 문두와 답지만으로 이루어진 단독 문항은 주로 지식이나 개념을 알고 있는지 평가할 때 출제하며, 지식의 보유 여부를 직접적으로 평가하는 성격이 강하다. 수능 시험에 출제된 적이 있고 학교 시험에 자주 등장하는 문법 영역의 맞춤법 관련 문항 등이 여기에 속한다. 구체적인 문항을 보자.

2015학년도 수능 B형

13. 밑줄 친 부분이 한글 맞춤법에 맞게 쓰인 것은?

① <u>엇저녁</u>에는 고향 친구들과 만나서 식사를 했다.
② 그가 발의한 안건은 다음 회의에 <u>부치기로</u> 했다.
③ <u>적쟎은</u> 사람들이 그 의견에 찬성의 뜻을 보였다.
④ 동생은 누나가 직접 만든 <u>깍뚜기</u>를 먹어 보았다.
⑤ 저기 <u>넙적하게</u> 생긴 바위가 우리들의 놀이터였다.

이 문항은 일상의 언어생활에서 잘못 표기하기 쉬운 예를 제시하고 한글 맞춤법에 맞게 쓰인 것을 고르도록 설계되어 있다. 문자 생활의 바탕이 되는 한글 맞춤법과 관련된 문항이 주로 기본 원리와 규정을 제시하고 이를 파악하여 적용하는 능력을 평가하는 데 비해, 이 문항은 별도의 언어 자료나 〈보기〉 없이 올바른 표기를 고를 것을 직접적으로 요구하고 있다.

또 다른 문항을 살펴보자.

15. 다음 중 문법적으로 가장 정확한 문장은?

① 그는 자기가 창안한 사회 이론을 더욱 발전해 사회 문제의 해결에 기여하고자 하였다.

② 참관인 자격으로 회의에 참석한 두 사람은 눈짓을 주고받은 후 조용히 회의장을 빠져나갔다.

③ 유럽은 18세기 후반부터 약 100년 동안 생산 기술의 발달과 그에 따라 사회 조직의 큰 변화를 겪었다.

④ 이 책의 저자가 독자에게 말하려는 요점은 모름지기 사람은 남을 위하여 자기를 희생할 줄도 알아야 한다.

⑤ 그의 작품들은 엇비슷해서 학생들이 작품 이름의 혼동이나 각 작품의 이야기 줄거리를 잘 기억하지 못했다.

이 문항은 정확한 문장 표현을 이해하고 있는지를 평가하고 있다. 별도의 설명 없이 종합적인 문법 지식을 바탕으로 문장의 정확성을 판단하도록 하고 있다. 이렇듯 전반적인 국어 문법 지식을 묻는 단독 문항은 학교 시험에서도 자주 다루어진다. 학교 시험에서 흔히 볼 수 있는 평가 문항의 한 예를 보자.

1. 다음 설명 중 가장 적절한 것은?

① 음운이란 말의 뜻을 구별해 주는 소리의 가장 큰 단위이다.

② 최소 대립쌍이란 '물-불'과 같이 두 개의 음운에 의해서만 뜻이 구별되는 단어의 쌍을 가리킨다.

③ 분절 음운이란 실질적인 소릿값이 나누어 분리되는 음운으로 운소라고도 한다.

④ 비분절 음운이란 실질적인 소릿값이 나누어 분리되지 않는 음운으로 음소라고도 한다.

⑤ 밤나무의 열매인 '밤'의 발음은 [밤ː]이지만, '알밤'의 발음은 [알밤]이다.

이 문항은 국어 문법 단원 시간에 학습한 음운에 대한 이해를 평가하기 위한 문항이다. 언어 자료와 <보기>가 없기 때문에 관련 지식이 없으면 정답을 맞히기 어렵게 설계되었다. 그리고 무엇을 평가하고자 하는지 문두가 명확하지 않다. 국어 음운에 대한 이해 여부가 평가의 목표라면 '국어 음운에 대한 설명으로 가장 적절한 것은?'으로 문두를 수정하는 것이 좋다. 또한 답지 ⑤는 다른 답지들과 층위가 맞지 않으며, 답지 ③과 ④는 둘 다 맞거나 둘 다 틀리는 문제점이 있다.

두 번째로, 언어 자료 또는 <보기>가 있는 단독 문항을 보자. 독서 영역에서는 언어 자료에 딸린 어휘의 문맥적 의미를 묻는 문항이 꾸준히 출제되고 있다. 다음 문항을 보자.

2021학년도 EBS 수능완성 199~201쪽

[25~30] 다음 글을 읽고 물음에 답하시오.

루소는 인민들이 그 법을 잘 준수할 준비가 되어 있어야 한다는 점도 강조했다. 그는 입법에 부응하는 바람직한 인민을 다음과 같이 설명하고 있다. "바람직한 인민은 잘못된 관습이나 미신을 ⓐ따르지 않는 인민, 불의의 침해를 받더라도 공포에 휩싸이지 않는 인민, 이웃 나라들의 분쟁에 말려들지 않고 스스로의 힘으로 이웃 나라들에 대항할 수 있으며 침략국을 물리치기 위해 이웃 나라와 서로 협력할 수 있는 인민, 다른 인민들에게 견디기 어려울 만큼의 과중한 부담을 지우지 않는 인민, 부유하지도 빈곤하지도 않으면서 자급자족할 수 있는 인민이다." 이런 조건을 갖춘 인민을 찾기란 극히 어려울 수 있으나 루소는 이런 인민이야말로 진정한 사회 계약을 유지하기 위해 필수 불가결한 조건이라고 생각했다.

<후략>

----

30. 문맥상 ⓐ와 의미가 가장 가까운 것은?

① 어머니를 따라 시장 구경을 갔다.
② 머리 좋기로는 그를 따를 자가 없다.
③ 우리 집 개는 아버지를 유난히 잘 따른다.
④ 그는 숙소를 찾기 위해 해안을 따라서 올라갔다.
⑤ 그녀는 유행을 따르기 위해 최신 잡지를 구독했다.

독서 영역의 언어 자료에 딸린 단어의 문맥적 의미를 묻는 문항들은 대개 어휘 지식을 요구한다. 30번 문항은 다의어 '따르다'의 의미를 변별할 수 있는지 평가하고 있다. 언어 자료의 전체적인 내

III. 문항 설계 • 59

용 파악은 이 문항을 푸는 데 크게 도움이 되지 않으므로 이 문항은 사실상 단독 문항이다. 이와 같이 독서 영역의 어휘 문항은 글 전체의 내용 파악보다는 특정 어휘의 정확한 의미나 용례 등을 묻거나, 고유어, 한자어 등의 정교한 의미 차이를 판단하게끔 하는 경우가 많다.

이번에는 <보기>를 활용한 단독 문항을 보자.

1. <보기>의 대화에 대한 설명으로 가장 적절한 것은?

> ─── < 보 기 > ───
>
> A : 우리 이번 주 토요일에 영화 보러 갈래?
> B : 글쎄……. 나 집에서 좀 쉬려고 했는데, 숙제도 많고, 좀 피곤해서. 그래도 영화는 보고 싶긴 한데…….

① 진실하지 못한 답을 하고 있으므로 '질의 격률'을 어긴 경우이다.
② 상대방에게 부담을 주고 있으므로 '요령의 격률'을 어긴 경우이다.
③ 상대방에게 필요 이상의 많은 정보를 제공하고 있으므로 '양의 격률'을 어긴 경우이다.
④ 대화의 맥락에 맞지 않게 정보를 제공하고 있으므로 '관련성의 격률'을 어긴 경우이다.
⑤ 간결하고 조리 있게 답을 하지 않고 모호하게 말하고 있으므로 '태도의 격률'을 어긴 경우이다.

이 문항의 내용 영역은 화법이고 <보기>에 담화 상황을 제시하고 있다. 이 문항을 해결하기 위해서는 <보기>로 제시된 대화의 내용을 분석할 수 있어야 하고, 대화가 원활하게 이루어지기 위해 화자와 청자가 지켜야 할 원칙인 대화의 원리를 알고 있어야 한다. 이처럼 단독 문항은 언어 자료나 <보기>의 유무와 상관없이 기본적인 지식의 보유 여부를 평가하는 경우가 많다.

1.2. 단독 문항을 설계할 때 고려할 점 ✐ 홀로서기에 성공하려면

단독 문항은 왜 출제하며 설계할 때 고려할 점은 무엇일까? 평소에 단독 문항을 왜 내는지 한번 생각해 보자. 단독 문항은 수능 시험보다는 학교 시험에 자주 출현한다. 그것은 수업 내용이든 출제 범위에 대한 명시적인 고지든, 평가자와 피평가자 사이에 사전에 공유되는 맥락이 있기 때문이다. 반면에 세트 문항을 주로 출제하는 대규모 시험에서는 평가자와 피평가자 사이에 사전에 공유된 맥락이 없다. 이런 관점에서 보면 단독 문항이 효율적일 수도 있다. 긴 언어 자료를 제시하지 않고도 수업 시간에 가르친 핵심적인 내용을 물으며 학생들의 능력을 평가할 수 있기 때문이다. 하지만 평가 문항을 설계하다 보면 현실적으로 문항 풀이 시간, 문항 수, 지면, 글자 수 등을 고려해야 하므로 단독 문항만으로 전체 문항을 구성할 수는 없다. 게다가 단독 문항만 출제할 경우 시험이 암기력, 지식 평가가 될 가능성도 있다.

언어 자료나 <보기>가 없는 단독 문항은 피평가자들이 문두와 답지만으로 문항을 해결해야 하므로 문항 풀이의 방향을 잡을 수 있도록 문두에 평가하고자 하는 내용을 명확하게 밝혀야 한다. 또한 지식을 직접적으로 묻기보다는 학생들이 수업 시간에 배운 내용을 심화하거나 적용할 수 있는 형태로 묻는 것이 좋다. 예를 들어 교사가 수업 시간에 맞춤법을 가르치고 실생활에서 볼 수 있는 길거리의 간판 사진을 찍어 자료로 제시한 후 잘못된 것을 찾거나, 바르게 고치라는 문항을 냈다고 하자. 이러한 문항은 수업 시간에 가르친 내용을 지식 그 자체로 묻는 것이 아니므로 일종의 적용형 문항이라 할 수 있다. 학생들이 '등굣길'을 '등교길'로 잘못 알고 있기 때문에 수업 시간에 '등굣길'을 가르치고 그대로 출제했다면 그것은 지식형 문항이 된다. 하지만 '등굣길'과 함께 사이시옷 규정을 가르치고 그와 관련된 다른 용례를 동원해서 묻는다면 단독 문항이라 하더라도 적용형 문항이 될 수 있다. 출제의 어려움을 생각하면 언어 자료나 <보기>가 없는 단독 문항은 일견 성의 없는 문항으로 보일 수도 있다. 따라서 단순하게 지식을 평가하기보다는 단독 문항을 설계할 때 복합적이고 종합적인 사고력을 평가할 수 있도록 수업 시간에 가르친 원리를 중심으로 이를 적용하고 심화할 수 있는 형태로 문항을 구성하는 것이 좋다.

단독 문항에서 사용하는 <보기>는 3절에서 다룰 세트 문항에서의 <보기>와는 성격이 다르다. 세트 문항의 <보기>는 제시된 언어 자료와 일맥상통하면서도 새로운 정보를 담고 있어 정답지를 찾을 때 외적 준거로 작용한다. 이에 비해 단독 문항의 <보기>는 그 자체로 독립적이고 문항을 푸는 데 필요한 내적 논리가 된다. 여기서 말하는 내적 논리란 <보기>로 제시한 자료 안에서의 논리를 말한다. 따라서 <보기>를 활용한 단독 문항을 만들 때는 학생들이 가지고 있는 지식과 <보기>의 내적 논리만을 분석해서 정답지를 찾을 수 있도록 <보기>에는 특정 지식이나 개념, 이와 관련된 사례를 최소화해서 담는 것이 좋다.

2. 세트 문항 설계

세트 문항은 언어 자료를 제시하고 그와 관련해 여러 개의 문항을 내는 방식을 취한다. 단독 문항에 비해 세트 문항은 통합적·융합적인 사고 능력을 평가하는 성격이 강하다. 출제의 경제성 측면에서는 언어 자료를 주고 여러 문항을 출제하여 다양한 능력을 평가할 수 있으므로 효율적이라고 할 수 있다. 구체적인 문항들을 살펴보면서 세트 문항을 설계할 때 고려할 점이 무엇인지 알아보자.

2.1. 세트 문항 설계의 사례 비교 _한 지붕 여러 가족_

2021학년도 수능

[22~25] 다음 글을 읽고 물음에 답하시오.

나는 집에 도착한 그 첫 순간에 베일에 가린 듯이 ⓐ모든 사물, 모든 사람들로부터 차단된 나 자신을 느꼈다. 집에서 맞는 첫날 아침을 나는 이상한 비현실감 속에서 맞았다. "이런 전선에서 두부 장수 종소리, TV에서 흘러나오는 노랫소리, 수돗물이 넘치는 소리가 웬일일까?"라고 중얼거리며 주위를 둘러보았던 것이다. '이런 전선에서'란 느낌은 어떤 긴박한 위기에 대처한 생생한 의지였다. 그것은 아직도 내 몸에 밴 전쟁 냄새였다. 그런데 두부 장수 종소리, 유행가 소리 따위를 의식했을 때 나는 뭔가 맥이 탁 풀리는 것 같았다. 나의 안에 있는 긴박감에 비해서 밖은 너무도 무의미하고 태평스럽고 어쩌면 패덕스럽기까지 했다. 나미도, 학교 공부도, 또 나로부터 그토록 수많은 밤을 앗아 갔던 아틀리에도 예외일 수는 없었다. 나는 그것들과의 관계를 다시 시작할 하등의 흥미도 관심도 없었다. 나날이 권태스럽고 짜증스럽기만 했다. 이따금 나는 내 안의 긴장에 대해서, 적어도 숨김없는 그 진실에 대해서 누군가에게 말하려 애써 보았다. 그러나 이해하는 사람은 아무도 없었다.

그렇다. 이제 생각이 난다. 며칠 전 다방에서의 일이. 실내엔 담배 연기가 꽉 차 있었고 선정적인 허스키로 어떤 여자가 느린 곡조로 노래를 들려주고 있었다. 어쩌다가 내가 나미에게 그 얘기를 들려주려 했는지 알 수가 없다. 나는 다음과 같이 그 얘기를 시작했다.

<중략>

[A]
한병장이 다시 얼굴을 힐끔 돌리며 잡아 늘이는 듯한 목소리로 말했어. "차일병은 무섭지 않나?" "아뇨, 전연." "대단하군. 여기선 적이 언제 어디서라도 나타날 수 있지." "저는 적보다 진정으로 무서운 건 무감각이라고 깨달았습니다." "나는 제대하면 곧장 결혼할 거야." "언젭니까, 제대가?" "석 달 남았지." "저는 지금까지 마치 꿈을 꾸다가 깨어난 것 같아요. 이곳에 온 뒤론 바로 생명의 한가운데를 관통하는 느낌입니다." 그런데 중간에서 엔진이 고장났지. 몇 시간 지체하고 나니 벌써 동이 트더군. 이제부터 정말 위험이 시작된 것이라 싶더군. 왜냐하면 적의 정찰 비행에 발견되면 공중 사격을 받을 우려가 있는 데다 불볕 같은 폭염이 사정없이 쏟아져 그도 또한 견디기 어려운 문제였지.

<중략>

아까부터 나는 창 옆에서 노인이 나타나기를 기다리고 있었다. 오늘도 그가 그토록 진지한 얼굴로 잃어버린 물건을 계속 찾을 것인지. 대체로 그렇지 못할 것이라고 나는 믿고 있다. 그러나 만에 하나라도 노인이 어제와 같은 모습으로 내 앞에 나타난다면 무료한 가운데서도 어떤 안정성을 획득하고 있던 나의 생활은 송두리째 무너질지도 모른다. 그가 창밖에서 뭔가 열심히 찾고 있는 한 나는 계속 도전을 받는 셈이기에. 때문에 사실을 좀 더 명확하게 파악할 필요가 있다. 노인이 찾고 있는 ⓑ물건의 정체가 무엇인지, 그런저런 것을 알아보노라면 노인의 그와 같은 숙연한 태도와 잃어버린 물건 사이의 상관관계도 알게 될 것이다. 아무튼 이제 나는 그와 한마디 얘기라도 나눠 보지 않으면 못 견딜 것 같은 심정이다.

[B]
드디어 자전거에 짐을 싣고 공터 안으로 들어오는 노인의 모습이 눈에 잡힌다. 그 곁엔 개가 종종걸음으로 따르고 있다. 어제와 거의 같은 장소에서 노인은 자전거를 멈추고 짐을 내린다. 비치파라솔·궤짝·연탄불 따위들이 착착 있을 곳에 놓여진다. 그런데 얼마 후에 나를 놀라게 하는 일이 벌어진다. 준비를 끝낸 노인은 이내 포장 안에서 빠져나와 개를 데리고 물웅덩이 쪽으로 가는 게 아닌가. 개는 하루 사이 아주 눈에 띄게 쇠약한 모습이고, 노인도 피곤하고 지친 모습이긴 하나 끈질긴 어떤 힘이 그의 전신에서 면면히 솟아 나오고 있는 듯하다. 나는 완전히 안정을 잃고 방 안을 오락가락했다. 믿어지지 않는다. 거짓말이다. 무엇이 노인에게 저토록 소중하게 여겨진단 말인가. 아니, 노인은 무슨 실없는 망상을 하고 있는 걸까. 나는 빙에서 뛰쳐나왔다.

– 서영은, 「사막을 건너는 법」 –

22. [A]와 [B]의 서술상 특징에 대한 설명으로 가장 적절한 것은?

① [A]는 회상 장면을 삽입하여, [B]는 시간의 흐름에 따라 사건을 서술하여 인물들이 처한 상황을 객관적으로 전달하고 있다.

② [A]는 구어체를 활용하여 경험한 사실을, [B]는 현재형 시제를 활용하여 관찰하고 있는 사실을 생생하게 나타내고 있다.

③ [A]는 공간 이동에 따라 일어나는 사건을 통해, [B]는 공간에 대한 묘사를 통해 인물들의 외적 갈등을 심화하고 있다.

④ [A]는 인물 간의 대화를 삽입하여, [B]는 인물들의 반복되는 행동을 제시하여 갈등 해소 과정을 보여 주고 있다.

⑤ [A]는 중심인물의 말을 제시하여, [B]는 주변 인물의 말을 제시하여 사건들의 인과 관계를 드러내고 있다.

23. 윗글에 대한 이해로 가장 적절한 것은?

① '나'는 일상을 권태롭고 짜증스럽게 느끼는 상황에서 '나미'를 만나 전쟁의 경험담을 전한다.

② '나'는 D고지로 향하는 도중 음료수가 떨어져 곤란함이 가중된 상황에 처한다.

③ '나'와 '한병장'은 어둠을 밝히는 헤드라이트로 인해 적의 정찰 비행에 발견되어 공격을 받는다.

④ '나'는 임무 수행 중에 결혼할 계획을 밝히며 귀환 후의 꿈 같은 생활에 대한 기대를 갖는다.

⑤ '나'는 전장에서 귀환한 후 자신의 긴장감을 이해해 주는 사람들을 만난다는 사실에 생동감을 느낀다.

24. ⓐ, ⓑ에 대한 이해로 적절하지 않은 것은?

① '나'는 '노인'의 변화된 모습을 통해 ⓑ를 찾는 '노인'의 행위가 중단될 것임을 예감한다.

② '나'는 ⓑ의 정체와 '노인'이 ⓑ를 찾는 태도 사이의 상관관계를 알고 싶어 한다.

③ '나'는 '노인'이 ⓑ를 가치 있는 대상으로 여기고 있다고 판단한다.

④ '나'는 자신과 ⓐ의 관계에 대해 타인들은 이해하지 못한다고 생각한다.

⑤ '나'는 ⓐ로부터 소외된 상태에, '노인'은 ⓑ를 상실한 상태에 있다.

25. <보기>를 참고하여 윗글을 감상한 내용으로 적절하지 <u>않은</u> 것은? [3점]

< 보 기 >

　이 작품은 신체의 감각을 활용해 '나'의 체험을 다양하게 형상화한다. 청각을 통해 현실에 대한 타인과의 인식 차이를 나타내거나, 과거 경험을 후각화하여 상징적으로 표현한다. 시각을 통해서는 긴장 상태에서 극대화된 감각 체험을 보여 주는 한편 전쟁의 실상을 체험하면서 갖게 된, 현실에 대한 체념을 드러낸다. 또한 체념 상태를 흔드는 사건을 주시하면서 생기는 번민을, 행동을 통해 제시한다. 이는 '나'가 사막 같은 현실에 발을 내딛는 계기로 작용한다.

---

① '집에서 맞는 첫날 아침'의 느낌을 '나'가 '전선에서' 느끼는 '전쟁 냄새'라고 지각하는 데에서, 과거의 경험이 상징적 감각으로 표현되고 있군.

② '두부 장수 종소리, 유행가 소리'를 듣고 '밖'은 '무의미하고 태평스럽'다고 생각하는 데에서, '나'의 현실 인식이 타인과 다르다는 것을 의식하고 있음이 드러나고 있군.

③ '돌', '벌레' 같은 것들을 '입체 영화'처럼 보며 '심장에 맞닿아 있는 듯' 체감하는 데에서, 전장의 긴장 속에서 '나'의 감각이 극대화되고 있음이 나타나고 있군.

④ '방향 감각'을 잃은 '나방이 떼들'이 차창에 '부딪혀' 죽는 것을 목격하는 데에서, '나'가 전쟁의 실상을 깨달음으로써 체념적 현실 인식을 갖게 된다는 것이 나타나고 있군.

⑤ '믿어지지' 않는 '노인'의 행위를 지켜보고 '방 안을 오락가락'하는 데에서, 현실 인식에 대한 '나'의 번민이 행동을 통해 제시되고 있군.

　22~25번의 내용 영역은 문학의 현대 소설이다. 22번은 서술상의 특징에 대한 이해 여부를, 23번은 작품의 내용 파악 여부를 평가하는 문항으로 행동 영역이 사실적 이해에 해당한다. 24번은 언어 자료에서 중요한 의미가 있는 부분에 밑줄을 그은 후 인물의 심리와 태도를 추론하게 하는 문항으로 행동 영역이 추론적 이해에 해당한다. 그리고 25번은 외적 준거를 활용하여 작품을 공감적, 비판적, 창의적으로 수용할 수 있는 능력이 있는지를 평가하기 위한 문항으로 행동 영역이 비판적 이해에 해당한다. 이와 같이 이 세트 문항은 사실적 이해, 추론적 이해, 비판적 이해 능력을 평가할 수 있도록 설계하였으며, 사실적 이해 능력을 평가하는 문항도 묻는 지점을 달리하고 있다.

　이번에는 학교 시험에 나온 세트 문항의 한 예를 보자.

[1~3] 다음 글을 읽고 물음에 답하시오.

　적정 기술은 최첨단 기술이 아니더라도 삶을 좀 더 풍요롭게 살아갈 수 있도록 하는 원동력을 제공한다. 예를 들어, 한국 국제 협력단은 아프리카 농민들에게 못줄을 세우는 방법을 알려 주고 1960~1970년대에 우리나라에서 쓰던 탈곡기를 보급해서 저개발 지역 사람들의 농업 생산량을 증가시키는 데 도움을 준다. 이처럼 해당 기술이 그 나라 어느 지역의 어떤 문제를 해결하는 데 적절하게 사용될 수 있다면 그것을 적정 기술이라고 부른다.

　적정 기술을 본격적으로 연구하기 시작한 사람은 영국의 경제학자 슈마허다. 그는 1973년 "작은 것이 아름답다"라는 저서를 통해 '중간 기술'이라는 개념을 소개했다. 중간 기술은 지구 남반구의 빈곤 문제를 악화시키는 원시적 도구들과 북반구의 강력한 기술 시스템 사이에 있는 기술을 말한다. 그는 근대 산업 사회의 대량 생산 기술이 생태계를 파괴하고 재생할 수 없는 자원을 낭비하기 때문에 지식과 경험을 잘 활용하고 분산화를 유도하며 희소 자원을 낭비하지 않는 '대중에 의한 생산 기술'을 제안했다. 슈마허가 제시한 중간 기술은 종종 적정 기술 또는 대안 기술로 표현되기도 했는데 오늘날에는 적정 기술이 다른 두 용어보다 널리 쓰인다.

　적정 기술의 가장 중요한 조건은 현지인들이 해당 제품을 구입할 수 있어야 한다는 것이다. 저렴한 비용은 현지인이 적정 기술을 이용할 수 있게 하는 필수 조건이다. 적정 기술이 사용된 제품을 제작하기 위해 가능하면 현지에서 나는 재료를 사용하고 현지의 기술과 노동력을 활용하여 일자리를 창출해야 한다. 제품의 크기는 적당해야 하고 사용 방법은 간단한 것이 좋다. 또한 특정 분야의 지식이 없어도 현지인들이 사용할 수 있어야 하고, 이 기술을 통해 지역 주민 스스로 제품을 만들어 지역 사회 발전에 공헌할 수 있어야 한다. 적정 기술은 원칙적으로 중앙 집중형 에너지원이 아닌, 분산형이면서 재생 가능한 에너지원을 활용하는 것을 목표로 한다. 한편 어떤 지역과 시대에 적정한 기술이 다른 지역과 시대에서는 적정하지 않을 수 있으므로 지리적, 문화적, 사회적 상황에 맞게 변화할 수 있는 유연성이 적정 기술에는 요구된다.

　하지만 적정 기술이 위에 열거한 기준을 전부 만족할 수 있는 것은 아니다. 가령 적정 기술은 현지에서 나는 재료를 사용하는 것을 원칙으로 삼지만, 일부 재료를 외국에서 조달해야 하는 경우도 있다. 몇 가지 기준을 만족시키지 못한다고 해도 해당 기술을 통해 지역 주민의 역량이 강화되거나 삶의 질이 향상되고 고용 창출이 발생한다면, 이를 적정 기술의 범주에 포함시킬 수 있다.

<중략>

　일본의 원전 사고로 적정 기술은 단순히 개발 도상국 사람들을 돕기 위한 기술이 아니라, 전 세

계인의 지속 가능한 발전을 위해 꼭 필요한 기술로 재발견되었다. 역사를 돌이켜 보면 위기는 기존의 시스템이 수용하지 못하는 새로운 사고방식과 생활 방식을 받아들이는 기회로 작용했다. 위기의 시대가 적정 기술과 같은 혁신을 유도하고 있다.

적정 기술이 지닌 '인간 중심의 기술'이라는 속성은 결코 변하지 않을 것이다. 왜냐하면 이러한 특징이 사라지면 그것은 이미 적정 기술이 아니기 때문이다.

----

1. 윗글에서 언급한 내용으로 적절하지 않은 것은?

① 적정 기술이 필요한 이유는 무엇인가?
② 적정 기술의 사례에는 어떤 것들이 있는가?
③ 적정 기술과 중간 기술의 차이점은 무엇인가?
④ 적정 기술의 조건으로는 어떤 것들이 있는가?
⑤ 적정 기술이 선진국에서도 필요한 이유는 무엇인가?

2. 윗글의 내용과 일치하는 것은?

① 적정 기술은 선진국이 아닌 개발 도상국 사람들을 돕기 위한 기술이다.
② 적정 기술은 근대 산업 사회의 중간 기술에 대한 반성으로부터 출발하였다.
③ 적정 기술의 가장 중요한 조건은 현지인들이 해당 제품을 구입할 수 있어야 한다는 것이다.
④ 어떤 지역과 시대에 적정한 기술이 다른 지역과 시대에 적정하지 않으면 적정 기술이 아니다.
⑤ 적정 기술의 몇 가지 기준을 만족시키지 못하면 해당 기술을 적정 기술의 범주에 포함시킬 수 없다.

3. 윗글에서 확인할 수 있는 적정 기술의 조건에 해당하지 않는 것은?

① 해당 지역 주민들이 제품을 구매하여 사용할 수 있게 해야 한다.
② 무분별한 자원의 낭비나 훼손을 피하는 기술로 개발되어야 한다.
③ 해당 지역 주민의 역량이 강화되거나 삶의 질을 높이는 데 기여해야 한다.
④ 그 지역 사람들의 삶의 질을 향상하는 데 도움이 되는 방향으로 지원되어야 한다.
⑤ 저소득층의 복지 증진과 지역 사회 발전을 도모하는 것뿐만 아니라 새로운 시대와 가능성도 제시하는 기술이어야 한다.

적정 기술을 제재로 구성한 위 문항들을 들여다보자. 이 문항들은 모두 사실적 이해 능력을 평가하는 것으로 1, 2번은 글의 핵심 정보 및 세부 내용을, 3번은 언어 자료에 제시된 적정 기술의 조건을 묻고 있다. 그런데 잘 살펴보면 세 문항은 형태가 다르지만 문항들끼리, 한 문항 내의 답지들끼리 간섭을 일으켜 서로 정답 도출에 힌트가 되고 있다. 예를 들면 1번 문항 답지 ④는 2번 문항 답지 ③, 3번 문항 전체와 간섭을 일으키고, 1번 문항 답지 ⑤는 2번 문항 답지 ①과 간섭을 일으킨다. 그리고 3번 문항의 답지 ③과 ④도 서로 간섭이 된다. 이처럼 유사한 내용의 물음과 답지들을 제시하면서 동일한 행동 영역을 평가한다면 간섭이 일어나고 성의 없는 출제로 보이기 쉽다.

2.2. 세트 문항 설계 시 범하는 실수와 고려할 점

↳ 뭉치면 살고 흩어지면 죽는다?

세트 문항을 설계하면서 흔히 범하는 실수는 무엇일까? 문항을 내기 전에 각각의 문항들이 담당해야 할 평가 요소를 잘 구분하지 않는 것이다. 만약 하나의 언어 자료로 3문항을 낸다면 3문항이 분담해야 할 내용 영역을 각각 다르게 배분하는 것이 좋다. 예컨대 소설의 내용을 평가하고 싶다면 내용만, 서사적 기능을 묻고자 한다면 서사적 기능만, 소설의 구성을 물어보려고 한다면 구성만 물어보는 것이다. 그래야 3문항 모두 간섭 없이 각기 다른 요소를 평가할 수 있다.

학교 시험 문항을 보면 행동 영역을 골고루 안배하지 않아 독서 영역의 경우 온통 사실적 이해를 묻는 문항 일색일 때가 있다. 세트 문항 전체에서 유사한 문항을 반복해서 만드는 일을 피하고 싶다면 사실적 이해 1개, 비판적 이해 1개, 적용·창의 1개 등과 같이 미리 행동 영역을 설계한 후에 문항을 제작해야 한다.

또한 하나의 문항에서 너무 많은 정보를 가져다 쓰면 안 된다. 예컨대 문학 작품을 출제하면서 '작품에 대한 설명으로 적절하지 않은 것은?'과 같이 포괄적으로 물어보면 답지 안에 내용, 형식과 관련된 진술이 뒤섞여 답지의 층위가 맞지 않으며, 많은 정보를 한 문항에 가져다 사용하게 되기 때문에 다른 문항을 만들기 어려워진다.

출제를 하면서 무엇을 물어야 할지 모르겠거나, 적절한 문항 아이디어가 없어 난감할 때는 성취기준을 소인수 분해하듯이 분석해 보고 어휘·개념, 사실적 이해, 추론적 이해, 비판적 이해, 적용·창의 능력 등의 행동 영역을 떠올려 보면 문항을 만드는 데 도움이 된다.

3. <보기> 문항 설계

<보기> 문항은 <보기>를 제시하고 평가하는 문항을 말한다.[2] 여기서 다룰 <보기> 문항은 세트 문항에서의 <보기> 문항이다. 흔히 <보기>는 줄글이라고 생각하지만, 줄글을 포함하여 도표, 그래프, 통계 자료, 그림 등 여러 형태로 제시할 수 있다. 국어 시험에서 <보기>는 다양한 용도로 활용할 수 있는데 일반적으로 언어 자료를 토대로 확장적 사고를 평가하기 위해 가져오는 경우가 많다. <보기>를 동원하면 언어 자료를 비판적, 창의적으로 수용하고 생산할 수 있는 능력, 포괄적으로 맥락을 읽을 수 있는 능력을 평가할 수 있게 된다.

3.1. <보기> 문항의 유형 ~ 같은 옷 다른 느낌

<보기> 문항은 다섯 가지 유형으로 나눠 볼 수 있다.

첫째, 언어 자료의 내용을 구체적 상황에 적용하여 이해할 수 있는 능력이 있는지를 평가할 때 <보기>를 사용할 수 있다. 다음의 예를 살펴보자.

2020학년도 9월 모의평가

[27~31] 다음 글을 읽고 물음에 답하시오.

물건을 사용하고 있는 사람이 그 물건의 주인일까? 점유란 물건에 대한 사실상의 지배 상태를 뜻한다. 이에 비해 소유란 어떤 물건을 사용·수익·처분할 수 있는 권리를 가진 상태라고 정의된다. 따라서 점유자와 소유자가 항상 일치하지는 않는다.

물건을 빌려 쓰거나 보관하고 있는 것을 포함하여 물건을 물리적으로 지배하는 상태를 직접점유라고 한다. 이에 비해 어떤 물건을 빌려 쓰거나 보관하는 사람에게 그 물건의 반환을

---

2) 일부 문항에서는 '<보기>' 대신 '<자료>'로 제시하기도 한다.

[A] 청구할 수 있는 권리를 가진 사람도 사실상의 지배를 한다고 볼 수 있다. 이와 같이 반환청구권을 가진 상태를 간접점유라고 한다. 직접점유와 간접점유는 모두 점유에 해당한다. 점유는 소유자를 공시하는 기능도 수행한다. 공시란 물건에 대해 누가 어떤 권리를 가지고 있는지를 알려 주는 것이다. 물건 중에서 피아노, 금반지, 가방 등과 같은 대부분의 동산은 점유에 의해 소유권이 공시된다.

　물건의 소유권이 양도되려면, 소유자가 양도인이 되어 양수인과 유효한 양도 계약을 하고 이에 더하여 소유권 양도를 공시해야 한다. ㉠점유로 소유권이 공시되는 동산의 소유권 양도는 점유를 넘겨주는 점유 인도로 공시된다. 양수인이 간접점유를 하여 소유권 이전이 공시되는 경우로서 '점유개정'과 '반환청구권 양도'가 있다. 예를 들어 A가 B에게 피아노의 소유권을 양도하기로 계약하되 사흘간 빌려 쓰는 것으로 합의한 경우, B는 A에게 피아노를 사흘 후 돌려 달라고 요구할 수 있는 반환청구권을 가지게 된다. 이처럼 양도인이 직접점유를 유지하지만, 양수인에게 점유 인도가 이루어진 것으로 간주되는 경우를 점유개정이라고 한다. 한편 C가 자신이 소유한 가방을 D에게 맡겨 두어 이에 대한 반환청구권을 가지게 되었는데, 이 가방의 소유권을 E에게 양도하는 계약을 체결하였다고 하자. 이때 C가 D에게 통지하여 가방 주인이 바뀌었으니 가방을 E에게 반환하라고 알려 주면 D가 보관 중인 가방에 대한 반환청구권은 C로부터 E에게로 넘어간다. 이 경우를 반환청구권 양도라고 한다.

　양도인이 소유자가 아니더라도 양수인이 점유 인도를 받으면 소유권을 취득할 수 있을까? 점유로 공시되는 동산의 경우 양수인이 충분히 주의를 했는데도 양도인이 소유자가 아님을 알지 못한 채 양도인과 유효한 계약을 하고, 점유 인도로 공시를 했다면 양수인은 소유권을 취득한다. 이것을 '선의취득'이라 한다. 다만 간접점유에 의한 인도 방법 중 점유개정으로는 선의취득을 하지 못한다. 선의취득으로 양수인이 소유권을 취득하면 원래 소유자는 원하지 않아도 소유권을 상실하게 된다.

　반면에 국가가 관리하는 공적 기록인 등기·등록으로 공시되어야 하는 물건은 아예 선의취득 대상이 아니다. ㉡법률이 등록 대상으로 규정한 자동차, 항공기 등의 동산은 등록으로 공시되는 물건이고, ㉢토지·건물과 같은 부동산은 등기로 공시되는 물건이다. 이러한 고가의 재산에 대해 선의취득을 허용하게 되면 원래 소유자의 의사에 반하는 소유권 박탈이 ⓐ일어나게 된다. 이것은 거래 안전에만 치중하고 원래 소유자의 권리 보호를 경시한 것이 되어 바람직하지 않다고 볼 수 있다.

----

30. 윗글을 바탕으로 할 때, <보기>를 이해한 내용으로 적절하지 <u>않은</u> 것은? [3점]

───── < 보 기 > ─────

　　갑과 을은, 갑이 끼고 있었던 금반지의 소유권을 을에게 양도하기로 하는 유효한 계약을 했다. 갑과 을은, 갑이 이 금반지를 보관하다가 을이 요구할 때 넘겨주기로 합의했다. 을은 소유권 양도 계약을 할 때 양도인이 소유자라고 믿었고 양도인이 소유자인지 확인하기 위해 충분히 주의했다. 을은 일주일 후 병과 유효한 소유권 양도 계약을 했고, 갑에게 통지하여 사흘 후 병에게 금반지를 넘겨주라고 알려 주었다.

① 갑이 금반지 소유자였다면, 병이 금반지의 물리적 지배를 넘겨받지 않았으나 병은 소유권을 취득한다.

② 갑이 금반지 소유자였다면, 을은 갑으로부터 물리적 지배를 넘겨받지 않았으나 점유 인도를 받은 것으로 간주된다.

③ 갑이 금반지 소유자가 아니었더라도, 병은 을로부터 을이 가진 소유권을 양도받아 취득한다.

④ 갑이 금반지 소유자가 아니었더라도, 을은 반환청구권 양도로 병에게 점유 인도를 한 것으로 간주된다.

⑤ 갑이 금반지 소유자가 아니었더라도, 병이 계약할 때 양도인이 소유자라고 믿었고 양도인이 소유자인지 확인하기 위해 충분히 주의했다면, 병은 소유권을 취득한다.

　　위 언어 자료는 물건의 소유권 양도와 관련된 다양한 규정을 설명하고 있다. 이 문항은 언어 자료의 핵심 내용을 구체적 상황에 적용할 수 있는지를 평가하는 문항으로 고난도로 설계되었다. 글을 읽고 정보를 찾고 필자가 전달하고자 하는 의미를 파악하는 것이 일차적인 읽기라면 글의 중심 내용이나 개념, 핵심적인 원리를 다른 상황이나 사례에 적용하는 것은 고차적인 읽기라고 할 수 있다. 위 30번과 같은 문항을 만들 때에는 다소 추상적으로 진술된 언어 자료에 대한 이해를 확장할 수 있도록 <보기>에 실제적인 자료를 제시하는 것이 좋다.

　　둘째, 특정 이론이나 학자의 관점을 비판하는 능력을 평가하고자 할 때에도 <보기>를 사용할 수 있다. 이와 관련된 다음 문항을 보자.

[01~04] 다음 글을 읽고 물음에 답하시오.

- -

르네상스 이후 수백 년 동안 서양 미술에서는 회화를 자연을 비추는 거울에 비유하며 사실적 재현을 회화의 근본으로 간주하였다. 그러나 19세기 들어 카메라가 등장하고 사진의 재현 능력이 회화를 압도하게 되면서 회화의 목적도 모사, 재현을 넘어서 인간의 시각적 경험을 표현하는 것으로 재설정되었다. 인간의 시각적 경험을 통한 주관성의 표현이 강조되면서 물체의 형태 재현을 중시하는 구상 회화가 퇴색하고 추상 회화가 등장할 수 있었던 것이다. 모더니즘 예술로 분류되는 1920~1930년대의 초현실주의, 1950년대의 팝 아트 역시 실물과 똑같이 그리는 정교한 기법의 구상 회화를 극복해 낸 실천적 미술 운동으로 평가되며 각광을 받았다. 그러나 이러한 변화의 추세에도 정작 회화를 감상하는 대중은 이해하기 어려운 추상 회화나 모더니즘 예술보다 정교하게 대상을 묘사해 내는 구상 회화를 선호하는 경향이 강하였다. 일부 작가들도 ⓒ 추상 회화는 작가들의 사유 놀이에 불과하다며 구상 회화로 회귀하는 경향을 보였다. 1960년대 후반에 등장한 포토리얼리즘은 사진을 바탕으로 대상을 사실적으로 표현해 내고자 하는 예술 경향으로, 구상 회화에 대한 지향을 보여 준다.

포토리얼리즘은 그 이름에서 알 수 있듯이 사진과 밀접한 관련을 가진다. 인상주의자 모네가 "나는 눈일 뿐이다."라고 말했던 것처럼 많은 예술가들이 인간의 눈에 의존하여 작품을 완성한 데 반해, 포토 리얼리스트들은 카메라의 눈에 의존하여 작품을 완성하였다. <중략>

포토 리얼리스트들은 카메라나 프로젝터와 같은 기술 장비를 회화에 도입하였지만 그들이 과학 기술 문명이나 현대 산업 사회를 찬미하려고 했던 것은 아니다. 그들은 포토리얼리즘 작품을 통해 도시의 모습을 조명하면서 문명화된 사회 속을 살아가는 평범한 인간의 모습을 표현하고자 하였다. 포토 리얼리스트들은 도시와 사람들의 모습을 정치적·사회적 차원에서 접근하지 않고, 사회와 사람들의 일상적 모습에만 관심을 두었다. 대중이란 이름으로 살아가는 평범한 사람들의 일상에 주목하여 그들을 주인공으로 삼은 것인데, 포토리얼리즘에 의해 일상적인 순간과 장면들이 기념비적인 성격을 지니게 된다고 평가하는 것은 이 때문이다. 여기서 기념비적인 성격을 지니게 된다는 것은 기록으로서 오래도록 현존하게 된다는 것이다. 즉 포토리얼리즘은 사실적이면서도 비현실적인 방식으로, 일상을 정지된 시간 속에서 영원히 현존하게 함으로써 평범한 삶이 지니는 가치를 인식하게 한다고 볼 수 있다.

- -

03. <보기>와 관련지어 윗글을 이해한 내용으로 적절하지 <u>않은</u> 것은?

< 보 기 >

보드리야르는 『시뮬라크르와 시뮬라시옹』에서 실재와 똑같이 그려진 회화는 원본의 복제물인 '시뮬라크르'라고 하였다. 시뮬라크르는 '파생 실재'라고도 불리는데, 실재와 구별되지 않을 정도의 사실성, 즉 '하이퍼리얼리티'를 가진다. 이때 실재가 파생 실재로 전환되는 작업을 '시뮬라시옹'이라고 한다. '시뮬라크르'의 개념을 처음 제시한 사람은 플라톤인데, '시뮬라크르'를 실재하지 않는 것, 가상의 것으로 보았다. 플라톤은 현실은 세계의 원형인 이데아의 복제물이고 회화는 그 현실을 다시 복제한 것에 불과하기 때문에 의미가 없다고 하였다. 이러한 플라톤의 시각과 달리 보드리야르는 현대에는 시뮬라크르가 독립된 정체성을 갖춘 개체, 즉 또 다른 실재이자 원본이 되었다고 하였다.

---

① 플라톤의 시각에서, 실재와 완벽하게 똑같이 그려진 회화라고 하더라도 그것은 실재하지 않는 가상의 것에 불과한 것이다.

② 플라톤의 시각에서, 하이퍼리얼리티를 지니는 포토리얼리즘 작품은 세계의 원형을 복제한 것이기 때문에 가치가 있는 것이다.

③ 보드리야르의 시각에서, 대상을 사실적으로 재현한 포토리얼리즘 작품은 사진이 재현한 대상을 다시 재현한 파생 실재라고 할 수 있다.

④ 보드리야르의 시각에서, 카메라로 찍은 사진을 보고 이를 재현한 그림은 사진과 독립적인 성격을 지닌 원본으로서 가치를 지닌다고 할 수 있다.

⑤ 보드리야르의 시각에서, 포토 리얼리스트들이 프로젝터로 사진의 이미지를 캔버스에 직접 투사하는 작업은 시뮬라시옹에 해당한다고 할 수 있다.

<보기>에 따르면 하이퍼리얼리티는 실재와 구별되지 않을 정도의 사실성을 의미한다. 그리고 플라톤의 시각으로 보면, 하이퍼리얼리티를 지니는 포토리얼리즘 작품은 이데아의 복제물인 현실을 다시 복제한 것에 불과하므로 의미가 없다고 할 수 있다. 이와 같이 글을 읽으며 비판적 사고를 할 수 있는지를 평가하고자 한다면 언어 자료의 내용과 다른 견해를 <보기>로 가져올 수 있다. 그렇게 하면 언어 자료에서 제시한 이론이나 관점을 다른 이론이나 관점과 비교하거나 새로운 관점에서 타당성을 평가할 수 있게 된다. 특정 이론에 대한 비판적 견해의 옳고 그름을 판단하는 문항은 학생

들이 특정 이론을 올바르게 이해하고 있는지 확인함은 물론, 더 나아가 다른 관점에서 특정 이론을 바라보는 능력이 있는지를 평가하는 것이다.

셋째, 문학 영역에서는 작품의 의미를 평가 상황에 맞게 한정하여 심화된 감상 능력을 평가하기 위해 <보기>를 사용할 수 있다. 여기서 작품의 의미를 한정한다는 것은 문학 작품이 다양하게 해석될 수 있으므로 사고의 경계를 제시해 주는 것을 말한다. 다음 문항을 보자.

2022학년도 EBS 수능특강 문학 61~63쪽

[01~03] 다음 글을 읽고 물음에 답하시오.

- -

┌ ㉠엊그제 젊었더니 하마 어이 다 늙거니
│ 소년행락(少年行樂) 생각하니 일러도 속절없다
│ 늘거야 설운 말씀 하자 하니 목이 멘다
│ 부생모육(父生母育) 신고(辛苦)하여 이내 몸 길러 낼 제
│ 공후배필(公候配匹) 못 바라도 군자호구(君子好逑) 원(願)하더니
│ 삼생(三生)의 원업(怨業)이오 월하(月下)의 연분(緣分)으로
│ 장안유협(長安遊俠) 경박자(輕薄子)를 꿈같이 만나이셔
[A]│ 당시(當時)의 용심(用心)하기 살어름 디디는 듯
│ 삼오(三五) 이팔(二八) ㉡겨오 지나 천연여질(天然麗質) 절로 이니
│ 이 얼굴 이 태도(態度)로 백년기약(百年期約)하였더니
│ 연광(年光)이 훌훌하고 조물(造物)이 다시(多猜)하여
│ 봄바람 가을 물이 뵈오리 북 지나듯
│ 설빈화안(雪鬂花顔) ㉢어디 가고 면목가증(面目可憎) 되거고나
│ 내 얼굴 내 보거니 어느 임이 날 괼소냐
└ 스스로 참괴(慚愧)하니 누구를 원망(怨望)하랴
                          <중략>

┌ ㉤차라리 잠을 들어 꿈에나 보려 하니
│ 바람의 지는 잎과 풀 속에 우는 짐승
│ 무스 일 원수로서 잠조차 깨우는다
│ 천상(天上)의 견우직녀(牽牛織女) 은하수(銀河水) 막혔어도

칠월 칠석(七月七夕) 일년일도(一年一度) 실기(失期)치 아니거든

우리 임 가신 후는 무슨 약수(弱水) 가렸관대 / 오거니 가거니 소식(消息)조차 그쳤는고

[D] 난간(欄干)에 빗겨 서서 임 가신 데 바라보니

초로(草露)는 맺혀 잇고 모운(暮雲)이 지나갈 제

죽림(竹林) 푸른 곳에 새소리 더욱 설다

세상의 설운 사람 수없다 하려니와

박명(薄命)한 홍안(紅顔)이야 날 같은 이 또 있을까

아마도 이 임의 지위로 살동말동하여라

– 허난설헌, 「규원가(閨怨歌)」 –

---

03. <보기>를 참고하여 윗글의 시구에 대해 설명한 것으로 적절하지 <u>않은</u> 것은?

< 보 기 >

심리학에서는 특정한 행동이나 사건이 발생한 원인을 추론하는 것을 '귀인'이라고 한다. 이때, 내적 요인으로 설명하는 경우는 자신의 능력이나 노력, 자질이 이유가 되어 행동이나 사건이 발생했다고 보는 것이고, 외적 요인으로 설명하는 경우는 외부 환경이나 타인, 운(運) 등의 영향으로 사태가 일어났다고 원인을 파악하는 것을 말한다. '귀인'은 개인이 스스로에게 사태를 납득시키고자 가동하는 심리적 기제로, 원인을 파악할 때 잘못된 판단을 내리는 귀인 오류를 범하는 경우도 많다.

① '삼생의 원업이오 월하의 연분으로'에는 사건을 해석하는 데에 운이라는 외적 요인을 중시하는 화자의 태도가 드러난다.

② '내 얼굴 내 보거니 어느 임이 날 괼소냐'에는 임과의 관계가 악화된 이유가 화자 자신에게 있다고 하며 내적 요인으로 사건을 설명하는 모습이 드러난다.

③ '무스 일 원수로서 잠조차 깨우는다'에는 화자 자신이 잠을 이루지 못하는 이유에 대한 잘못된 판단을 내려 귀인 오류를 범하는 모습이 드러난다.

④ '우리 임 가신 후는 무슨 약수 가렸관대'에는 임이 돌아오지 않는 이유를 납득하기 위해 외적 요인으로 사건을 설명하려는 모습이 드러난다.

⑤ '박명한 홍안이야 날 같은 이 또 있을까'에는 이별이라는 사건의 원인을 자신에게서 찾아 내적 요인으로 사건의 원인을 파악하는 모습이 드러난다.

이 문항에서는 조선 시대 규방 가사인 「규원가」를 감상하는 능력을 평가하기 위해 심리학의 귀인(歸因) 이론을 외적 준거로 제시하고 있다. 이와 같이 문학 영역에서는 <보기>에서 제시한 준거를 바탕으로 심층적인 감상 능력을 평가할 수 있다. <보기>를 통해 작품뿐만 아니라 작품 외적 맥락에 대한 새로운 관점이나 정보를 제공해 주면 작품의 내용을 파악하는 문항뿐만 아니라 작품을 거시적으로 이해하고 감상하는 능력을 평가하는 문항을 구성할 수 있다. 따라서 작품을 더 깊이 있게 감상하거나 새로운 관점에서 수용할 수 있도록 돕는 내용, 교육적으로 의의가 있는 내용을 <보기>로 가져오는 것이 좋다.

넷째, 화법과 작문 영역에서는 자료를 활용하는 능력을 평가하기 위해 <보기>를 사용할 수 있다. 강연이나 발표를 할 때, 또는 초고를 수정하고 보완할 때 자료를 많이 사용하는 점을 평가에 반영하기 위한 것이다. 통계와 인터뷰 자료를 활용하여 설계한 다음 언어 자료와 문항을 보자.

2021학년도 EBS 수능완성 218~219쪽

[08~10] (가)는 학생의 메모이고, (나)는 (가)를 바탕으로 쓴 초고이다. 물음에 답하시오.

(가) 초고 작성을 위한 메모
- 작문 상황 : 디지털 기기 사용과 관련된 노인들의 불만 해소 방안을 글감으로 하여 지역 신문에 글을 게재하려 함.
- 작문 목적 : 무인 결제기 사용에 불편을 겪는 노인층이 많다는 문제점에 대한 해결을 촉구하는 글
- 예상 독자 : 우리 지역 주민 및 정책 관계자
- 주제 : 무인 결제기 사용에 불편을 겪는 노인층에 대한 대책을 마련할 필요가 있음.
- 자료 : 우리 지역 노인층을 대상으로 한 인터뷰 내용

(나) 학생의 초고
최근 식당, 영화관, 터미널, 주차장 등 무인 결제기를 도입하는 곳이 늘어나고 있다. 인건비를 줄일 수 있고 주문과 결제에 드는 시간을 단축할 수 있기 때문이다. 그러나 이로 인해 디지털 기기 사용에 익숙하지 않은 노인층은 오히려 결제가 더 어려워졌다는 불만을 토로하고 있다.

지난달에 우리 지역 노인층을 대상으로 인터뷰를 해 본 결과 실제로 많은 어르신이 무인 결제기 사용에 큰 불편을 느끼고 있었다. 어르신들은 그 이유로 사용법을 알기 어렵고 무인 결제기 화면의

글씨가 너무 작다는 점을 많이 꼽았다. 그리고 자신들의 미숙한 행동 때문에 뒷사람들에게 피해를 주는 것에 대한 심리적 부담감이 무인 결제기 사용을 더 어렵게 한다고도 했다. 이러한 결과를 참고할 때 무인 결제기가 노인층을 소비 주체에서 소외시키고 있음을 알 수 있다.

<중략>

[A] 　세계에서 유례를 찾아보기 어려울 정도로 급속하게 진행된 우리 사회의 고령화는 복지에 대한 과제를 던지며 우리 경제에 적지 않은 부담을 주고 있다. 무인 결제기로 인해 불편을 겪고 있는 노인층의 요구를 반영하여 기계 장치를 개선해서 누구나 쉽고 편안하게 무인 결제기를 이용할 수 있기를 바란다.

---

09. 다음은 초고를 보완하기 위해 추가로 수집한 자료이다. 자료의 활용 방안으로 적절하지 <u>않은</u> 것은? [3점]

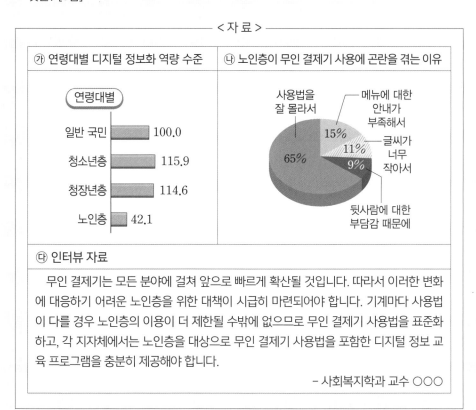

< 자 료 >

㉮ 연령대별 디지털 정보화 역량 수준

연령대별
일반 국민　100.0
청소년층　115.9
청장년층　114.6
노인층　42.1

㉯ 노인층이 무인 결제기 사용에 곤란을 겪는 이유

사용법을 잘 몰라서 65%
메뉴에 대한 안내가 부족해서 15%
글씨가 너무 작아서 11%
뒷사람에 대한 부담감 때문에 9%

㉰ 인터뷰 자료

　무인 결제기는 모든 분야에 걸쳐 앞으로 빠르게 확산될 것입니다. 따라서 이러한 변화에 대응하기 어려운 노인층을 위한 대책이 시급히 마련되어야 합니다. 기계마다 사용법이 다를 경우 노인층의 이용이 더 제한될 수밖에 없으므로 무인 결제기 사용법을 표준화하고, 각 지자체에서는 노인층을 대상으로 무인 결제기 사용법을 포함한 디지털 정보 교육 프로그램을 충분히 제공해야 합니다.

– 사회복지학과 교수 ○○○

① ㉮를 활용하여, 청장년층에 비해 노인층의 디지털 정보화 역량이 현저히 떨어진다는 것을 구체적인 수치로 제시해야겠어.

② ㉯를 활용하여, 노인층이 무인 결제기 사용에 곤란을 겪는 이유에 메뉴에 대한 안내가 부족하다는 점도 추가해야겠어.

③ ㉰를 활용하여, 대책 마련의 필요성을 강조하기 위해 무인 결제기가 앞으로도 계속 확산될 것이라는 내용을 추가해야겠어.

④ ㉮와 ㉰를 활용하여, 디지털 기기에 대한 노인층의 적응 능력을 높이기 위해서는 디지털 기기의 변화 속도를 알맞게 조절해야 한다는 내용을 추가해야겠어.

⑤ ㉯와 ㉰를 활용하여, 노인층이 무인 결제기 사용법을 쉽게 익힐 수 있도록 지자체에서 노인층을 대상으로 하는 디지털 정보 교육 프로그램을 확대해야 한다는 방안을 추가해야겠어.

이 문항은 무인 결제기 사용에 불편을 겪는 노인층에 대한 대책 마련을 촉구하는 글을 작성한 후 추가로 수집한 자료를 바탕으로 초고를 보완할 수 있는지를 평가하고 있다. 작문 목적과 글의 주제에 비추어 연령대별 디지털 정보화 역량 수준, 노인층이 무인 결제기 사용에 곤란을 겪는 이유, 전문가 인터뷰 자료를 수집하고 이를 적절하게 활용할 수 있는지를 묻는 것이다. 화법과 작문뿐만 아니라 독서 영역에서도 제시한 언어 자료의 중심 내용이나 원리를 구체적 상황에 적용하여 이해할 수 있는지를 평가하기 위해 <보기>에 그림, 도표, 통계 자료 등을 제시하는 경우가 많다.

다섯째, 문법 영역에서는 문법 지식을 바탕으로 다양한 국어 현상과 자료를 이해하고 실제 언어 생활에 활용하는 능력을 평가하기 위해 <보기>를 사용할 수 있다. 다음 문항을 보자.

`2021학년도 수능`

[11~12] 다음 글을 읽고 물음에 답하시오.

우리는 단어의 의미와 유래를 통해 단어에 담긴 언중의 인식과 더불어 시대상을 짐작할 수 있다. 그리고 단어의 구조를 통해 단어 구성 방식도 이해할 수 있다.

유길준의 『서유견문』(1895)에는 '원어기(遠語機)'라는 말이 등장하는데, 이것은 영어의 'telephone'에 해당하는 단어로 '말을 멀리 보내는 기계'라는 뜻이다. 오늘날의 '전화기(電話機)'

가 '전기를 통해 말을 보내는 기계'의 뜻이라는 점과 비교해 보면 '원어기'는 말을 '멀리' 보낸다는 점에, '전화기'는 말을 '전기로' 보낸다는 점에 초점을 맞춘 단어이다. 이처럼 대상을 어떻게 인식하느냐에 따라 그것을 표현하는 단어는 달라지기도 한다. 또한 개화기 사전에 등장하는 '소졋메쥬(소젖메주)'처럼 새롭게 유입된 대상을 일상의 단어로 표현한 경우도 있다. '소졋메쥬'는 '치즈(cheese)'에 대응하는 단어인데, 간장과 된장의 재료인 '메주'라는 일상의 단어를 통해 대상을 인식했음을 보여 준다.

한편, 『가례언해』(1632)에 따르면 '총각(總角)'은 '머리를 땋아 갈라서 틀어 맴'을 이르는 말이었으나 그러한 의미는 사라지고 오늘날에는 '결혼하지 않은 성년 남자'를 뜻한다. 특정한 행위를 나타내던 단어가 이와 관련된 사람을 지시하는 말로 그 의미가 변화한 것이다. 여기에서 남자도 머리를 땋아 묶었던 과거의 관습을 짐작할 수 있다. 또한 '부대찌개' 역시 한국 전쟁 이후 미군 부대에서 나온 재료로 찌개를 끓였던 것에서 유래한 단어라는 점에서 시대의 흔적을 담고 있다.

우리는 단어의 구조를 통해 단어가 구성되는 방식도 파악할 수 있다. 『한불자전』(1880)에는 이전 시기의 문헌에서는 볼 수 없었던 '두길보기'와 '산돌이'가 등장한다. "양쪽 모두의 눈치를 보는 사람"으로 풀이된 '두길보기'의 '두길'은 ㉠관형사가 후행하는 명사를 수식하는 것으로 분석된다. "같은 장소를 일 년에 한 번만 지나가는 큰 호랑이"로 풀이된 '산돌이'는 ㉡단어의 구성 요소들이 의미상 목적어와 서술어의 관계로 이루어져 '산을 돌다'라는 의미를 나타내고 있다. 이와 같이 예전에도 오늘날처럼 다양한 방식으로 단어를 만들어 생각을 표현하고 있었던 셈이다.

----

12. 윗글과 <보기>를 바탕으로 추론한 내용으로 적절하지 <u>않은</u> 것은?

―――――――――― < 보 기 > ――――――――――

◦ '립스틱'을 여성들이 입술에 바르던 염료인 '연지'라는 단어를 사용해 '입술연지'라고도 했다.
◦ '변사'는 무성 영화를 상영할 때 장면에 맞추어 그 내용을 설명하던 직업을 가진 사람을 뜻한다.
◦ '수세미'는 박과의 한해살이 덩굴풀을 뜻하는데, 그 열매 속 섬유로 그릇을 닦았다. 오늘날 공장에서 만든 설거지 도구도 '수세미'라고 한다.
◦ '혁대'의 순화어로 '가죽으로 만든 띠'라는 뜻의 '가죽띠'와 '허리에 매는 띠'라는 뜻의 '허리띠'가 제시되어 있다.
◦ '양반'은 조선 시대 사대부를 이르는 말이었지만 지금은 '점잖은 사람'의 뜻으로 주로 쓰인다.

① '입술연지'는 '소젖메쥬'처럼 일상의 단어로 새로운 대상을 인식한 예로 볼 수 있겠군.

② '변사'는 무성 영화와 관련해 쓰인 단어라는 점에서 시대상이 반영된 예에 해당하겠군.

③ '수세미'는 기존의 의미에 새로운 의미가 더해졌다는 점에서 '총각'과 유사하겠군.

④ '가죽띠'는 '재료'에, '허리띠'는 '착용하는 위치'에 초점을 둔 단어라는 점에서 서로 다른 인식이 반영된 것이겠군.

⑤ '양반'은 신분의 구분이 있었던 사회의 모습을 엿볼 수 있다는 점에서 시대의 흔적을 담고 있겠군.

위 언어 자료는 다양한 시대상과 사회상이 반영된 단어 형성의 원리를 설명하고 있다. 12번은 제시한 언어 자료에 대한 이해를 바탕으로 <보기>를 읽고 단어의 의미 변화 양상을 추론할 수 있는지 묻고 있다. 단순히 단어의 의미 변화만이 아니라 단어를 통해 시대의 흔적을 살필 수 있도록 설계하였다. 이와 같이 문법 영역은 학생들이 탐구하기 좋은 자료나 실제 국어 생활에 활용할 수 있는 사례를 중심으로 <보기>를 선정하고, 학생들의 지적 호기심을 유발할 수 있는 형식으로 문항을 제작하는 것이 좋다.

3.2. 나쁜 <보기>와 좋은 <보기>   나쁜 놈, 이상한 놈, 좋은 놈

흔히 학교 시험의 출제 과정에서 수능이나 모의고사 문항을 모방하여 <보기>를 여기저기에서 끌어오곤 한다. 그런데 <보기>를 사용할 때는 다음과 같은 점들을 생각해 봐야 한다.

- <보기>가 불필요하지 않은가?
- 제시한 언어 자료와의 긴밀성이 떨어지는 것은 아닌가?
- 지나치게 어렵지 않은가?
- 초점이 불명확하지 않은가?
- 잉여적 표현이 많지 않은가?
- <보기>로 인해 오히려 언어 자료의 해석을 더 열리게 만드는 것은 아닌가?
- 출처가 불분명하지 않은가?
- 사실에 위배되지 않는가?
- 현재 시점에서 활용 가치가 떨어지는 과거 자료가 아닌가?
- 관점 자체가 부적절하지 않은가?

만약 위 항목들 중에 해당하는 것이 있다면 그러한 <보기>는 나쁜 자료가 될 수 있다. 예컨대 고전 소설 「이생규장전」을 출제하면서 다음과 같은 <보기>를 사용한다고 해 보자.

● <보기>를 바탕으로 윗글을 감상한 내용으로 적절하지 <u>않은</u> 것은?

─── < 보 기 > ───

　환상성은 변함없는 일상의 질서 한가운데로 용인할 수 없는 것들이 돌입하는 것으로 특징 지어진다. 고전 소설의 환상성은 서사적 주체들 간의 관계망 속에서 창출되는 것으로, 텍스트에 서술된 초현실적 사건에 대해 독자가 느끼는 심리적 원근감에서 생성되는 효과라고 할 수 있다. 초현실적 인물을 전경화하는 서사에서는 대상 세계에 대한 인물과 서술자의 이중적 태도에 의해 기이성이 창출되고, 초현실적 공간을 전경화하는 서사에서는 인물과 서술자의 관찰자적 태도에 의해 경이성이 창출된다.

　이 문항의 <보기>는 진술이 지나치게 어렵고 내용이 추상적이어서 학생들이 이해하기 힘들다. 그래서 작품보다 <보기>에 대한 독해력을 묻는 문항이 될 우려가 있다. 또한 「이생규장전」에서 환상성이 잘 드러나지 않는 장면을 언어 자료로 제시하면 언어 자료와 <보기>의 긴밀성이 떨어지고, 설사 환상성이 잘 드러나는 장면을 제시하더라도 <보기>가 지닌 문제로 인해 언어 자료와 <보기>를 연결하여 답지를 구성하기가 쉽지 않다.

　나름대로 멋을 부리는 현학적인 <보기> 문항이지만 따지고 들여다보면 실제로 문항이 성립하지 않거나 실속 없는 문항이 의외로 많다. 그리고 <보기>를 작성하기 위해 논문을 참고하는 경우 논문의 구절을 그대로 가져오면 가독성이 떨어지고 <보기>가 매우 장황해질 수 있다. 또한 참고 자료를 왜곡하는 경우도 간혹 발생한다. 논문의 전체적인 맥락을 파악하지 않고 일부만 축자적으로 해석하여 그 의미가 맞다고 단정하고 <보기>로 가져왔는데 실제로는 정반대의 의미라면 정말 심각해질 수 있다. 모의고사 문항을 변형하여 출제하려는 의도로 <보기>를 따오고 답지만 대강 바꾸면 <보기>나 언어 자료가 필요 없는 문항이 될 수도 있다. <보기> 없이 답이 나오는 경우가 있고, 언어 자료를 읽지 않고 <보기>만 읽고 답이 나오는 경우도 있으니 <보기>를 활용할 때는 주의를 기울여야 한다.

　그렇다면 좋은 <보기>란 무엇일까? 좋은 <보기>는 평가 상황을 고려하여 내용을 최대한 압축하고 경박단소(輕薄短小)하게 만든 <보기>라고 할 수 있다. 문항의 크기가 지나치게 커서 한 문항을 푸는 데 과도하게 시간을 허비하게 만들면 안 되기 때문이다. 이러한 <보기>는 출제자가 분명한 관점을 갖고 신뢰할 수 있는 참고 자료를 확보한 다음 재구성하여 만들 수 있다.

4. 대표 문항 설계

　우리는 어떤 언어 자료를 활용하여 문항을 만들 때 무엇을 물을 것인지 고민한다. 해당 언어 자료에 대해 꼭 물어야 할 내용을 담은 문항, 주어진 언어 자료를 가장 잘 대변할 수 있는 문항을 대표 문항이라 한다. 예컨대 언어 자료 하나에 5개의 문항이 있다고 할 때 그중 하나만 남긴다고 하면 최종적으로 남는 문항이 대표 문항이라 할 수 있다.

　문항을 설계할 때에는 대표 문항을 염두에 두어야 한다. 대표 문항은 원론적으로 중심 내용을 묻는 문항일 수 있지만, 평가의 실제 측면에서는 그 문항을 해결하는 데 얼마나 많은 시간과 복잡한 사고 능력이 필요한가가 관건이 된다. 즉 문항을 푸는 데 소요되는 시간, 사고 능력, 그리고 사고의 수준을 고려하여 대표 문항을 정한다. 또한 교육적으로 의의가 있고, 실제 학습 현장에서 유의미한 학습 상황을 구성하는 데 견인차 역할을 하는 문항이 대표 문항의 자격이 있다고 할 수 있다. 대표 문항은 대개 배점이 높은 경우가 많은데, 다른 문항에 비해 그 문항을 풀기 위해 학생들이 들이는 수고나 노력이 크기 때문이다. 그렇다고 대표 문항이 항상 어려운 것은 아니다. 그동안 시도하지 않은 문형인데 새롭게 구성함으로써 학습 현장에 긍정적인 영향을 줄 수 있다면 쉬워도 대표 문항이 될 수 있다.

　학교 시험이나 모의고사 문항을 보면 대표 문항이 없는 경우가 있다. 제시한 언어 자료에서 필수적인 것을 묻는 문항, 복합적인 사고력을 평가하는 문항 또는 형식이 새로운 문항이 보이지 않는 것이다. 언어 자료의 정보를 거의 변형하지 않고 답지에 가져와 단순한 정보 조회만으로 풀이가 가능한 문항들을 만들고 대표 문항은 없다면 문항 설계가 잘되었다고 할 수 없다.

4.1. 대표 문항의 유형 *여기 대장이 누구요?*

　대표 문항은 네 가지 유형으로 나눠 볼 수 있다.

　첫째, 언어 자료의 정보를 바탕으로 구체적인 상황이나 사례에 적용하는 유형이 있다. 핵심 내용을 이해하고 적용할 수 있는 능력, 사고를 심화하고 확장할 수 있는 능력을 평가하기 위해서는 이러한 유형이 필요하다. 다음을 보며 어떤 문항이 대표 문항인지 생각해 보자.

[10~12] 다음 글을 읽고 물음에 답하시오.

현대 사회에 필요한 자질로 창의성이 언급되고는 한다. 그런데 창의성이 어떻게 만들어지는지에 대해서는 정확하게 알려져 있지 않다. 이에 대해 칙센트미하이가 제시하는 견해에 주목할 만하다. 그는 무의식적 사고를 통해 새로운 아이디어가 생길 수 있으며, 이 아이디어가 사회적 인정을 받아 영향력을 발휘할 때 비로소 창의성이 만들어진다고 본다.

칙센트미하이는 개인이 새로운 아이디어를 떠올릴 때 무의식적 사고 과정을 꼭 거친다고 말한다. 우리가 의식하지 못하는 사이에도 머릿속에서는 다양한 정보들이 조합을 이루는데, 이 중 잘 들어맞는 조합이 생기면 그 순간에 깨달음을 얻어 새로운 아이디어가 생긴다는 것이다. 의식적 사고는 논리적 관계에 따라 정보를 선형적으로 하나씩 처리하여 사고의 범위가 제한적이다. 반면, 무의식적 사고는 여러 줄기의 정보들을 동시에 처리하여 사고의 범위가 훨씬 넓기 때문에 예전에는 연관성을 갖지 못했던 정보들도 뜻하지 않게 조합을 이룰 수 있다. 흔히 사람들이 갑자기 아이디어가 떠올라 '아하!' 하고 무릎을 탁 치는 순간이 있는데, 이것이 무의식적 사고의 결과인 것이다.

그런데 ㉠칙센트미하이는 이렇게 개인이 만들어 낸 아이디어만으로는 창의성이 형성된 것으로 볼 수 없다고 한다. '현장', '영역'과의 상호 작용을 거쳐야만 창의성이 형성된다는 것이다. 개인이 만들어 낸 아이디어는 각 분야의 전문가들로 구성된 사회인 현장의 평가를 받게 된다. 현장은 개인의 아이디어를 평가하고 그중 가치 있는 것을 선택하여 세상에 알리는 역할을 한다. 그리고 현장의 선택을 받은 아이디어는 상징적 지식 체계인 영역으로 편입되어 영역을 새롭게 한다. 이 새로운 영역은 다시 개인과 사회 구성원들에게 영향을 미치게 된다. 이러한 과정을 거칠 때 비로소 창의성이 형성된다는 것이다. 결국 칙센트미하이는 한 개인이 만들어 낸 아이디어가 아무리 새롭다고 해도 현장의 인정을 받아 영역에 편입되지 못하면 창의성이 형성되지 않았다고 본다.

그렇다면 현장의 인정을 받을 수 있는 아이디어를 만들기 위해 우리는 어떤 노력을 해야 할까? 한 가지는 현장의 전문가 집단과 교류하거나 영역의 지식 체계를 이해하려고 노력하는 것이다. 현장과의 교류를 통해 전문가들로부터 새로운 영향을 받을 수 있고, 영역에 대해 호기심을 가지면 새로운 문제 제기도 가능해진다. 다른 한 가지는 ㉡무의식적 사고의 활성화이다. 이는 외부 자극에 주의 집중하는 의식적 작업을 최소화하여 고정된 관점을 버리는 것이다. 문제 해결이 어려울 때에 그 문제에 전념하기보다는 일을 잠시 내버려 둔 채 다른 일을 하거나 한가하게 시간을 보내는 것이 도움이 된다.

10. 윗글의 핵심 내용이 드러난 제목으로 가장 적절한 것은?

① 창의성 형성의 과정과 방법
② 창의성 형성의 경제적 기반
③ 창의적 아이디어의 특성과 유형
④ 창의적 인간의 특성과 사고방식
⑤ 창의적 사고와 무의식적 사고의 차이

11. <자료>를 바탕으로 ㉠의 주장을 평가할 때 적절하지 <u>않은</u> 것은?

─── < 자 료 > ───

　　14세기 피렌체의 산타 마리아 노벨라 대성당은 거대한 돔을 만들지 못해 80년간 지붕 없이 방치되었다. 매년 건축가들이 건축 감독 위원회에 계획서를 제출했지만 실격 판정을 받았다. 그런데 '건축가 A'는 로마 양식에 호기심을 갖고 연구한 결과 큰 무게를 버틸 수 있는 설계안을 고안했다. 감독 위원회는 그의 설계안을 인정하였고, 마침내 돔이 완성되었다. 이 성당의 돔은 많은 건축가에게 영감을 주는 새로운 양식이 되었고, 유럽에서 가장 창의적인 건축물 중 하나로 평가받았다. '건축가 B'도 그 돔을 기초로 성 베드로 대성당의 천장을 설계했다.

① '건축가 A'가 로마 양식을 연구하여 돔 설계안을 만든 것은 '영역'에 대한 호기심에서 아이디어가 나온 것이므로 ㉠의 주장은 적절하다.
② '건축가 A'가 완성한 노벨라 대성당의 돔이 많은 건축가들에게 영감을 준 것은 '현장'이 '개인'으로부터 인정을 받은 것이므로 ㉠의 주장은 적절하다.
③ '건축가 A'가 설계한 노벨라 대성당의 돔이 하나의 양식이 된 것은 '개인'의 아이디어가 '영역'을 새롭게 한 것이므로 ㉠의 주장은 적절하다.
④ '건축가 A'의 아이디어가 감독 위원회로부터 인정받아 돔을 만들 수 있었던 것은 창의성의 형성에 '현장'의 역할이 필요하다는 것이므로 ㉠의 주장은 적절하다.
⑤ '건축가 B'가 노벨라 대성당의 돔 양식을 보고 성 베드로 대성당의 천장을 설계한 것은 '영역'이 '개인'에게 영향을 미친 것이므로 ㉠의 주장은 적절하다.

12. 윗글의 ⓒ에 해당하는 내용으로 가장 적절한 것은?

① 외부 자극에 주의를 집중하다 보면 '아하!' 하는 깨달음을 얻을 수 있다.

② 정보를 하나씩 선형적으로 처리하다 보면 신선한 아이디어를 떠올릴 수 있다.

③ 정보의 논리적 관계를 따지면서 사고를 하다 보면 현장의 기준에 부응할 수 있다.

④ 고정된 관점을 유지하면서 생각하다 보면 영향력 있는 아이디어를 산출할 수 있다.

⑤ 전념하던 일에서 잠시 물러나 한가하게 지내다 보면 뜻하지 않게 아이디어를 얻을 수 있다.

10번은 핵심 내용을 파악하는 능력, 11번은 <자료>를 바탕으로 주장의 적절성을 판단하는 능력, 12번은 글을 읽고 의미를 능동적으로 구성하는 능력을 평가하기 위한 문항이다. 이 중 11번이 대표 문항이라고 할 수 있다. 11번은 언어 자료의 내용을 정확히 파악하고 이해하는 능력뿐만 아니라 새로운 맥락에 적용 또는 활용하는 능력을 요구하고 있기 때문이다.

둘째, 외적 준거를 활용하여 언어 자료를 평가하는 유형이 있다. 대체로 추가적으로 제시된 자료를 분석하여 언어 자료를 비판적으로 이해할 수 있는지 묻는다. 다음 문항을 보자.

2019학년도 6월 모의평가

[8~10] 다음을 읽고 물음에 답하시오.

[글의 초고]

드라마 '○○'이 인기를 끌면서 사극에 대해 학생들 사이에 논란이 일고 있다. 실제 역사와는 다르지만 재미있었다는 반응과 아무리 드라마이지만 수업에서 배운 내용과 너무 달라서 보기에 불편했다는 반응도 있었다. 이러한 반응을 지켜보면서 사극의 본질과 역할에 대해 다시 생각해 보게 되었다.

[A] 사극은 역사적 사건이나 인물을 소재로 다양한 상상력을 발휘하여 만든 허구적 창작물이다. 따라서 사극의 본질은 상상력을 바탕으로 만들어진 이야기를 통해 구현되는 주제 의식에 있다. 사극에서는 허구를 통해 가치 있는 의미를 담고 그것이 얼마나 시청자의 공감을 살 수 있느냐가 중요한 것이지, 역사적 사실과 얼마나 부합하느냐는 중요하지 않다.

사극에서는 실존 인물에 새로운 성격을 부여하거나, 실재하지 않았던 인물을 등장시켜 극적 긴장감을 더욱 높인다. 이러한 점은 시청자들이 사극에 공감하고 재미를 느끼게 하는 요인이 되어 실제 역사에 대한 관심을 유도하는 역할을 한다. 그리고 이러한 관심은 역사에 대한 탐색으로 이어져 과거의 지식으로만 존재하던 역사를 현재에서 살아 숨 쉬게 만들 수 있다.

한편 일각에서는 시청자들이 사극에서 다뤄지는 상황을 실제 역사로 오해할 수 있다는 우려를 제기한다. 하지만 다큐멘터리와 달리 사극은 정확한 역사적 지식을 전달하기 위해 제작된 것이 아니다. 또한 사극의 영향력이 크기는 하지만 대부분의 시청자들은 사극의 내용이 실제 역사라고 생각하지 않는다.

우리는 실제 역사 속 인물과 사건을 통해 현재의 삶을 성찰하며 지혜를 얻는다. 한편 사극을 통해서는 감동과 즐거움을 얻는다. 이처럼 실제 역사와 사극은 저마다의 가치를 지니며 우리의 삶을 풍요롭게 만들어 주기에 어느 하나도 포기할 수 없다.

<후략>

----

10. <보기>의 관점에서 [A]에 대해 비판하는 글을 쓰려고 한다. 글에 담길 주장으로 가장 적절한 것은? [3점]

> ─────── < 보 기 > ───────
>
> 사실로서의 역사와 상상력의 산물로서의 허구라는 두 가지 요소가 사극의 본질이다. 그중 어느 한쪽으로 치우치게 되면 사극은 자신의 정체성에서 멀어지므로 둘 사이의 균형을 유지해야 한다. 이를 위해서는 보편적으로 인정하는 역사적 사실은 유지하고, 역사적 사실들을 연결해 하나의 이야기를 만들어 가는 과정에서 상상력이 발휘되어야 한다.

① 사극은 상상력의 산물로서의 허구를 제외하고 사실로서의 역사를 중심으로 만들어야 한다.

② 사극에서는 상상력을 바탕으로 한 허구를 사실로서의 역사보다 더 가치 있게 바라봐야 한다.

③ 사극에서 상상력은 역사적 사실에 부합하는 범위에서 역사적 사실들 간의 유기성을 부여하는 데 활용해야 한다.

④ 사극에서 시청자의 공감을 유도하는 요인은 허구를 통해서 드러나는 주제 의식이 아니라 사실로서의 역사이다.

⑤ 사극의 본질에 부합하려면 허구적 내용의 재미보다는 역사적 사건과의 유사성에 초점을 맞춰 사극을 제작해야 한다.

10번은 언어 자료에서 정보를 단순히 조회하거나 부분적인 내용 이해를 평가하는 문항이 아니다. <보기>로 제시된 추가적인 자료를 바탕으로 언어 자료에 대해 반박하는 글을 쓰도록 설계된 문항이다. 언어 자료와 <보기>의 핵심 정보를 사실적으로 이해하는 능력뿐만 아니라 비판적 이해 능력을 평가하고 있으므로 대표 문항이라 할 수 있다. 이 문항을 해결하기 위해서는 글의 맥락에 맞게 자료를 활용할 수 있어야 하며, 비판적이고 종합적으로 사고할 수 있어야 한다.

셋째, 특정한 관점에 집중해서 세밀하게 작품을 감상하는 능력을 묻는 유형이 있다. 해당 장르나 작품에 관한 핵심적인 개념이나 원리, 작가에 대한 정보를 바탕으로 작품을 감상할 수 있는지 평가하는 것이다. 대표적인 예는 다음과 같다.

2021학년도 9월 모의평가

[31~33] 다음 글을 읽고 물음에 답하시오.

심청이 왈,
"나는 이 동네 사람이러니, 우리 부친 앞을 못 봐 '공양미 삼백 석을 지성으로 불공하면 눈을 떠 보리라.' 하되 가난하여 장만할 길이 전혀 없어 내 몸을 팔려 하니 어떠하뇨?"
뱃사람들이 이 말을 듣고,
"효성이 지극하나 가련하다."
하며 허락하고, 즉시 쌀 삼백 석을 몽운사로 보내고,
"금년 삼월 십오 일에 배가 떠난다."
하고 가거늘 심청이 부친께,
"공양미 삼백 석을 이미 보냈으니 이제는 근심치 마옵소서."
심 봉사 깜짝 놀라,
"너 그 말이 웬 말이냐?"

<중략>

황후 들으시고 슬피 눈물 흘리시며 그 말씀을 자세히 들으심에 정녕 부친인 줄은 아시되 부자간 천륜에 어찌 그 말씀이 그치기를 기다리랴마는 자연 말을 만들자 하니 그런 것이었다. 그 말씀을 마치자 황후 버선발로 뛰어 내려와서 부친을 안고,
"아버지, 제가 그 심청이어요."

심 봉사 깜짝 놀라,

"이게 웬 말이냐?"

하더니 어쩌나 반갑던지 뜻밖에 두 눈에 딱지 떨어지는 소리가 나면서 두 눈이 활짝 밝았으니, 그 자리 맹인들이 심 봉사 눈 뜨는 소리에 일시에 눈들이 '희번덕, 짝짝' 까치 새끼 밥 먹이는 소리 같더니, 뭇 소경이 천지 세상 보게 되니 맹인에게는 천지개벽이라.

– 작자 미상, 「심청전」 –

- -

33. <보기>를 참고하여 윗글을 감상한 내용으로 적절하지 <u>않은</u> 것은? [3점]

— < 보 기 > —

「심청전」은 효의 실현 과정에서 다양한 양상의 모순적 상황이 발생한다. 심청이 효를 실천하기 위해 자기희생을 선택함으로써 정작 부친 곁에 남아 있지 못하게 되는 것은 심청의 효행으로 인한 모순적 상황이다. 그리고 심청의 자기희생의 목적이었던 부친의 개안(開眼)이 뒤늦게 실현되는 것은 결말의 지연을 위해 설정된 모순적 상황이라 할 수 있다. 이러한 모순적 상황들로 인해 결말은 보다 극적인 양상을 띠게 되고 심청의 효녀로서의 면모가 더욱 강조된다.

---

① 심청이 '눈 어두운 백발 부친'과의 '영영 이별'을 근심하면서도 이를 '다시금 생각'하는 것으로 보아, 심청은 자신의 효행으로 인한 모순적 상황을 염려하면서도 결국은 이를 수용하려 함을 알 수 있군.

② 심청이 '이러다간 안 되겠다'며 '내가 살았을 제' 할 일을 생각하는 것으로 보아, 심청은 자신의 효행으로 인한 모순적 상황을 걱정하며 이를 대비하고 있음을 알 수 있군.

③ 심청이 '어찌 아비 눈 뜨리란 말을 듣고 그저 있으리오'라고 말했다는 것으로 보아, 심청은 효행 그 자체보다는 효행으로 인한 모순적 상황을 걱정하고 있음을 알 수 있군.

④ 심 봉사가 '자식만 잃었사오니'라고 말하는 것으로 보아, 심 봉사는 결말의 지연을 위해 설정된 모순적 상황에 직면하여 자책하고 있음을 알 수 있군.

⑤ 심 봉사가 심청과의 상봉으로 인해 '뜻밖에 두 눈'을 뜨게 되는 것으로 보아, 모순적 상황으로 인한 결말의 지연이 극적인 효과를 자아내고 있음을 알 수 있군.

이 문항은 외적 준거로 '모순적 상황'이라는 <보기>를 제시하여 「심청전」을 감상할 수 있는지 묻고 있다. 「심청전」은 누구나 알고 있는 정전(正典)에 해당하고 출제 빈도가 높아 새로운 문항을 내기가 쉽지 않다. <보기>는 효로써 효를 해치고, 효와 효가 충돌하는 상황에 초점이 맞춰져 있다. 이러한 「심청전」의 서사 전개 방식은 독자들의 관심을 끌고 다음 이야기를 궁금하게 만드는 동력이 된다. '모순적 상황'이라는 심도 있는 <보기>를 제시하여 효의 실천과 보상이라는 주제 의식을 이 작품이 어떻게 강조하고 있으며, 어떤 방식으로 독자들에게 각인시키려고 했는지를 묻고 있으므로 이 문항은 대표 문항이라 할 수 있다.

넷째, 언어 자료 전체에 대한 종합적인 이해 능력을 평가하는 유형이 있다. 단순 정보 조회나 특정 구절에 대한 이해보다는 언어 자료 전체에 대해 복합적으로 사고할 수 있는지를 묻는 것이다. 다음 문항을 살펴보자.

2017학년도 9월 모의평가

[35~39] 다음 글을 읽고 물음에 답하시오.

권리와 의무의 주체가 될 수 있는 자격을 권리 능력이라 한다. 사람은 태어나면서 저절로 권리 능력을 갖게 되고 생존하는 내내 보유한다. 그리하여 사람은 재산에 대한 소유권의 주체가 되며, 다른 사람에 대하여 채권을 누리기도 하고 채무를 지기도 한다. 사람들의 결합체인 단체도 일정한 요건을 ㉠갖추면 법으로써 부여되는 권리 능력인 법인격을 취득할 수 있다. 단체 중에는 사람들이 일정한 목적을 갖고 결합한 조직체로서 구성원과 구별되어 독자적 실체로서 존재하며, 운영 기구를 두어, 구성원의 가입과 탈퇴에 관계없이 존속하는 단체가 있다. 이를 사단(社團)이라 하며, 사단이 갖춘 이러한 성질을 사단성이라 한다. 사단의 구성원은 사원이라 한다. 사단은 법인(法人)으로 등기되어야 법인격이 생기는데, 법인격을 가진 사단을 사단 법인이라 부른다. 반면에 사단성을 갖추고도 법인으로 등기하지 않은 사단은 '법인이 아닌 사단'이라 한다. 사람과 법인만이 권리 능력을 가지며, 사람의 권리 능력과 법인격은 엄격히 구별된다. 그리하여 사단 법인이 자기 이름으로 진 빚은 사단이 가진 재산으로 갚아야 하는 것이지 ⓐ사원 개인에게까지 ⓑ책임이 미치지 않는다.

회사도 사단의 성격을 갖는 법인이다. 회사의 대표적인 유형이라 할 수 있는 주식회사는 주주들로 구성되며 주주들은 보유한 주식의 비율만큼 회사에 대한 지분을 갖는다. 그런데 2001년에 개정된 상법은 한 사람이 전액을 출자하여 일인 주주로 회사를 설립할 수 있도록 하였다. ⓒ사단성을 갖추지 못했다고 할 만한 형태의 법인을 인정한 것이다. 또 여러 주주가 있던 회사가 주식의 상속, 매매, 양도 등으로 말미암아 모든 주식이 한 사람의 소유로 되는 경우가 있다. 이런 '일인 주식회사'에서는 일인 주주가 회사의 대표 이사가 되는 사례가 많다. 이처럼 일인 주주가 회사를 대표하는 기관이 되면 경영의 주체가 개인인지 회사인지 모호해진다. 법인인 회사의 운영이 독립된 주체로서의 경영이 아니라 마치 ⓓ개인 사업자의 영업처럼 보이는 것이다.

구성원인 사람의 인격과 법인으로서의 법인격이 잘 분간되지 않는 듯이 보이는 경우에는 간혹 문제가 일어난다. 상법상 회사는 이사들로 이루어진 이사회만을 업무 집행의 의결 기관으로 둔다. 또한 대표 이사는 이사 중 한 명으로, 이사회에서 선출되는 기관이다. 그리고 이사의 선임과 이사의 보수는 주주 총회에서 결정하도록 되어 있다. 그런데 주주가 한 사람뿐이면 사실상 그의 뜻대로 될 뿐, 이사회나 주주 총회의 기능은 퇴색하기 쉽다. 심한 경우에는 회사에서 발생한 이익이 대표 이사인 주주에게 귀속되고 회사 자체는 ⓔ허울만 남는 일도 일어난다. 이처럼 회사의 운영이 주주 한 사람의 개인 사업과 다름없이 이루어지고, 회사라는 이름과 형식은 장식에 지나지 않는 경우에는, 회사와 거래 관계에 있는 사람들이 재산상 피해를 입는 문제가 발생하기도 한다. 이때 그 특정한 거래 관계에 관련하여서만 예외적으로 회사의 법인격을 일시적으로 부인하고 회사와 주주를 동일시해야 한다는 ⓛ'법인격 부인론'이 제기된다. 법률은 이에 대하여 명시적으로 규정하고 있지 않지만, 법원은 권리 남용의 조항을 끌어들여 이를 받아들인다. 회사가 일인 주주에게 완전히 지배되어 회사의 회계, 주주 총회나 이사회 운영이 적법하게 작동하지 못하는데도 회사에만 책임을 묻는 것은 법인 제도가 남용되는 사례라고 보는 것이다.

----

38. ⓛ에 관한 설명으로 가장 적절한 것은? [3점]

① 회사의 경영이 이사회에 장악되어 있는 경우에만 예외적으로 법인격 부인론을 적용할 수 있다.

② 법인격 부인론은 주식회사 제도의 허점을 악용하지 못하도록 법률의 개정을 통해 도입된 제도이다.

③ 회사가 채권자에게 손해를 입혔다는 것이 확정되면 법원은 법인격 부인론을 받아들여 그 회사의 법인격을 영구히 박탈한다.

④ 법원이 대표 이사 개인의 권리 능력을 부인함으로써 대표 이사가 회사에 대한 책임을 면하지 못하도록 하는 것이 법인격 부인론의 의의이다.

⑤ 특정한 거래 관계에 법인격 부인론을 적용하여 회사의 법인격을 부인하려는 목적은 그 거래와 관련하여 회사가 진 책임을 주주에게 부담시키기 위함이다.

위 언어 자료는 법인격의 의미를 중심으로 사단 법인의 개념과 성격을 먼저 소개하고 법인격 부인론을 부연 설명하고 있다. 38번은 ⓛ에 입각하여 언어 자료의 내용을 추론하는 문항으로 배점이 3점인 대표 문항이다. 법인격의 개념, 구성원인 사람의 인격과 법인으로서의 법인격이 잘 구별되지 않는 경우, 법인격 부인론이 제기된 배경 등을 종합적으로 이해하는지를 평가하고 있으므로 대표 문항이라 할 수 있다. 38번은 대표 문항이지만 <보기>가 없다. 대표 문항이라고 해서 반드시 <보기>가 있어야 하는 것은 아니다.

4.2. 대표 문항을 설계할 때 고려할 점 '뭣이 중헌지'를 보여 줄 시간

대표 문항을 만들 때 고려할 점은 무엇일까? 세트 문항을 만들다 보면 대표 문항에 힘을 주고 온갖 공을 들여 언어 자료에 있는 수많은 정보를 거기에 쏟아붓는 경우가 있다. 물론 대표 문항이 멋지게 만들어지면 좋겠지만 그러다 보면 다른 문항을 만들 재료가 떨어지게 된다. 하나의 언어 자료를 주고 한 문항만 낼 수는 없지 않은가? 그러므로 독서, 문학, 화법과 작문 등 과목의 특성과 성취기준에 맞추어 핵심적으로 평가해야 하는 내용 영역과 행동 영역이 무엇인지 분석하고 그것을 토대로 대표 문항을 먼저 출제해야 한다. 그 뒤에 나머지 문항에서는 무엇을 평가할 것인지 정한 다음 언어 자료의 정보를 분배하여 사용해야 한다. 언어 자료의 핵심 개념이나 정보가 아니라 너무 지엽적인 내용으로 대표 문항을 만들면 대표성을 부여하기 어려우므로 이 점 역시 유의해야 한다.

대표 문항에는 <보기>라는 추가 자료가 동원되는 경우가 많다. 이때 추가할 자료는 해당 언어 자료에서 다 이야기하지 못했거나 언어 자료를 읽고 더 확장해서 사고하면 좋을 만한 상황이나 화제가 적합하다. 새로운 자료가 추가되면 그 자료를 해석하고 언어 자료와 연결하여 추론, 비판, 적용할 수 있는지를 물어서 복합적인 사고력을 평가할 수 있다. 대표 문항이라면 문항 자체가 탐구 정신을 자극할 뿐만 아니라 문항 풀이 과정을 통해 사고의 폭과 깊이를 넓힐 수 있어야 한다.

5. 통합 문항 설계

　통합 문항이란 국어과 영역 간 또는 국어, 사회, 과학 등 여러 교과의 내용을 서로 엮어서 만든 문항을 말한다. 일반적으로 통합 문항은 독서나 문학 영역 등에서 (가)와 (나) 같은 형태로 언어 자료를 엮어서 출제한다. 그렇다면 (가)와 (나)를 엮는 이유는 무엇일까? 독서나 문학 영역에서 두세 개의 글이나 작품을 엮는 것은 그것을 엮어서 꼭 물어보고 싶은 지점이 있기 때문이다. 예컨대 '관점의 비교'와 같은 성취기준이 있다고 할 때 이것을 평가하기 위한 가장 적절한 방식은 바로 엮어서 출제하는 것이다. 그럼 어떤 제재를 엮고 무엇을 평가할 것인가? 동일한 사안에 대해 상이한 관점을 취하고 있는 글을 엮고 관점의 차이를 물을 수 있다. 그리고 부수적으로는 서로 다른 글을 가져왔으니만큼 전제의 공통점이나 논리 전개 방식을 비교하는 문항을 낼 수도 있다. 문학의 경우 (가)와 (나)의 갈래가 다르다면 갈래적 특성을 물을 수 있다. 통합 문항을 설계할 때 가장 먼저 고려해야할 것은 무엇을 물을 것인가이다.

5.1. 통합 문항의 유형 　*손에 손잡고*

　첫째, 문학 영역의 통합 문항으로 갈래 복합 형태가 있다. 다음 언어 자료와 문항을 통해 이 유형에 대해 구체적으로 알아보자.

2017학년도 수능

[27~32] 다음 글을 읽고 물음에 답하시오.

(가)

　만약에 나라는 사람을 유심히 들여다본다고 하자
　그러면 나는 내가 시와는 반역된 생활을 하고 있다는 것을 알 것이다

먼 산정에 서 있는 마음으로 나의 자식과 나의 아내와
그 주위에 놓인 잡스러운 물건들을 본다

그리고
나는 이미 정해진 물체만을 보기로 결심하고 있는데
만약에 또 어느 나의 친구가 와서 나의 꿈을 깨워 주고
나의 그릇됨을 꾸짖어 주어도 좋다

함부로 흘리는 피가 싫어서
이다지 낡아빠진 생활을 하는 것은 아니리라
먼지 낀 잡초 우에
잠자는 구름이여
고생도 마음대로 할 수 없는 세상에서는
철 늦은 거미같이 존재 없이 살기도 어려운 일

방 두 칸과 마루 한 칸과 말쑥한 부엌과 애처로운 처를 거느리고
외양만이라도 남과 같이 살아간다는 것이 이다지도 쑥스러울 수가 있을까 [A]

시를 배반하고 사는 마음이여
자기의 나체를 더듬어 보고 살펴볼 수 없는 시인처럼 비참한 사람이 또 어디 있을까
거리에 나와서 집을 보고 집에 앉아서 거리를 그리던 어리석음도 이제는 모두 사라졌나 보다
날아간 제비와 같이

날아간 제비와 같이 자국도 꿈도 없이
어디로인지 알 수 없으나
어디로이든 가야 할 반역의 정신

나는 지금 산정에 있다 ―
시를 반역한 죄로
이 메마른 산정에서 오랫동안 꿈도 없이 바라보아야 할 구름
그리고 그 구름의 파수병인 나.

― 김수영, 「구름의 파수병」 ―

(나)

〈전략〉

(동연과 서연, 등장한다. 그들은 당황한 모습으로 함묘진 앞에 선다.)

동연, 서연 : 부르셨습니까?

함묘진 : 작업장엔 너희들이 없더구나!

동연 : 죄송합니다. 잠깐 밖에 나가 있었습니다.

함묘진 : 밖에는 왜?

동연 : 말다툼 때문에…… 서로 의견이 달라서요.

함묘진 : 말다툼? / **동연** : 네.

함묘진 : 서연아, 네가 다툰 이유를 말해 봐라.

서연 : 송구스럽습니다…….

함묘진 : 너흰 생각도 행동도 똑같았다. 그런 너희들이 말다툼을 하다니, 도대체 다르다면 뭐가 달랐더냐?

서연 : 동연은 부처의 모습을 만들면, 그 모습 속에 부처의 마음도 있다고 했습니다.

함묘진 : 그런데, 너는?

서연 : 그런데 저는…… 부처의 모습을 만들어도, 부처의 마음이 그 안에 없다면 무슨 소용이 있겠는가 했습니다.

동연 : 사부님, 서연을 꾸짖어 주십시오. 서연은 쓸데없는 주장으로 저를 괴롭힙니다.

〈중략〉

(서연과 함이정, 일어선다. 돌부처를 만들면서 길을 따라간다. 물 흐르는 소리가 점점 가깝게 들려온다. ⓒ조명, 개울물의 흐름을 나타낸다.)

함이정 : 개울물이에요, 서연 오빠. 여기서 길은 끊겼어요.

서연 : (개울가로 다가가서 두 손으로 물을 떠서 마시며) 너도 마시렴. 목마를 텐데…….

함이정 : (서연 곁으로 가서 개울물을 바라본다.) 물 위에 비쳐 보여요, 우리 얼굴이…… 얼굴 뒤엔 구름이…… 구름 뒤엔 하늘이……. (물을 떠서 마신다.) 물이 맑고 시원해요. ⎤ [B] ⎦

(서연, 장난스럽게 개울물을 마치 눈덩이처럼 뭉치는 동작을 한다.)

함이정 : 오빠…… 뭘 하는 거죠?

서연 : 물부처를 만든다. / **함이정** : 물부처요?

서연 : 돌로도 부처님을 만드는데, 물이라고 안 될 건 없지.

(서연, 흐르는 물 속으로 들어가 물로 만든 부처를 세워 놓는다. 부처의 느낌은 남고 형태는 사라진다.)

함이정 : 오빠, 이쪽으로 나와요. / 서연 : (개울물을 건너가며) 난 이제 저쪽으로 간다.
함이정 : 서연 오빠……. / 서연 : 넌 나중에 건너와.
함이정 : (손을 흔든다.) 그래요, 오빠…… 먼저 가요. 나는 나중에…….

(서연과 함이정, 잠시 개울물 양쪽에서 서로를 바라본다. ⓓ조숭인이 피아노 앞에 앉아 건반을 두드리며 작곡 중이다. 개울물 건너쪽, 눈부시도록 밝아진다. 때를 놓치지 않으려는 듯 함묘진이 다급하게 휠체어 바퀴를 굴리면서 들어온다. 그는 피아노 옆을 지나 개울물을 건너간다. / 코러스(돌부처)들, 개울물을 건너가는 서연을 배웅하듯이, 따라가듯이, 마중하듯이, 서연과 함께 어우러져 춤을 추며 간다. 개울 저쪽, 눈부시도록 빛이 밝다. ⓔ함묘진이 다급하게 휠체어 바퀴를 굴리며 들어온다.)

<후략>

– 이강백, 「느낌, 극락같은」 –

---

31. <보기>를 바탕으로 (가), (나)를 감상한 내용으로 적절하지 않은 것은? [3점]

> ───── < 보 기 > ─────
> (가)의 공간이 화자의 내면이 투영된 상징적 공간이라면, (나)의 공간은 제한된 시간 내에 인생을 압축해서 보여 줘야 하는 극의 특성상 극중 인물의 현실이 상징화된 공간이라고 할 수 있다. (가)와 (나)에서, 공간들은 때로 대비되면서 여러 가지 상징적인 의미를 지닌다.

① (가)의 '집'과 '거리'는 삶의 방향을 정하지 못했던 화자에게 대비적으로 인식되었던 공간이군.
② (가)에서 생활공간과 대비되는 '먼 산정'은 화자가 자신의 현실을 응시하기 위해 상정한 공간이군.
③ (나)에서 '작업장'은 불상을 제작하는 과정에서 동연과 서연의 예술관이 부딪치는 공간이군.
④ (나)의 '돌부처'를 만들며 가는 '길'은 '하늘'과 대비되는 곳으로 서연의 예술관이 조숭인에게 전수되는 공간이군.
⑤ (나)의 개울물 '저쪽'은 개울물 '이쪽'과 대비되는 곳으로 예술의 본질을 추구하던 서연이 도달하게 되는 공간이군.

문학 영역의 갈래 복합 형태를 설계할 때는 작품 간의 공통점과 차이점에 주목해야 한다. 이런 점에 비추어 볼 때 김수영의 「구름의 파수병」과 이강백의 「느낌, 극락같은」은 세트로 구성하기에 적절하다. 두 작품을 엮은 이유는 31번 문항 <보기>에서 알 수 있듯이 작품 속 공간들에 상징적 의미가 있다는 공통점 때문이다. 한편 「구름의 파수병」은 진정한 시를 쓰기 위한 고뇌와 자기 성찰이 드러나는 시이고, 「느낌, 극락같은」은 예술의 본질이 무엇인지 물음을 던지는 희곡이라는 차이점도 있다. 이와 같이 통합 문항을 설계할 때에는 세트로 엮는 작품들 간에 공통점과 차이점이 있어야 작품들을 엮어서 출제할 수도 있고, 각 작품별로 문항을 만들 수도 있는 것이다.

둘째, 독서 영역에서는 하나의 화제에 대해 다양한 관점이나 형식을 보이는 글을 함께 제시할 수 있다. 다음 예를 보자.

2021학년도 6월 모의평가

[16~21] 다음 글을 읽고 물음에 답하시오.

(가)

한국, 중국 등 동아시아 사회에서 오랫동안 유지되었던 과거제는 세습적 권리와 무관하게 능력주의적인 시험을 통해 관료를 선발하는 제도라는 점에서 합리성을 갖추고 있었다. 정부의 관직을 ⓐ두고 정기적으로 시행되는 공개 시험인 과거제가 도입되어, 높은 지위를 얻기 위해서는 신분이나 추천보다 시험 성적이 더욱 중요해졌다.

명확하고 합리적인 기준에 따른 관료 선발 제도라는 공정성을 바탕으로 과거제는 보다 많은 사람들에게 사회적 지위 획득의 기회를 줌으로써 개방성을 제고하여 사회적 유동성 역시 증대시켰다. 응시 자격에 일부 제한이 있었다 하더라도, 비교적 공정한 제도였음은 부정하기 어렵다. 시험 과정에서 ㉠익명성의 확보를 위한 여러 가지 장치를 도입한 것도 공정성 강화를 위한 노력을 보여 준다.

과거제는 여러 가지 사회적 효과를 가져왔는데, 특히 학습에 강력한 동기를 제공함으로써 교육의 확대와 지식의 보급에 크게 기여했다. 그 결과 통치에 참여할 능력을 갖춘 지식인 집단이 폭넓게 형성되었다. 시험에 필요한 고전과 유교 경전이 주가 되는 학습의 내용은 도덕적인 가치 기준에 대한 광범위한 공유를 이끌어 냈다. 또한 최종 단계까지 통과하지 못한 사람들에게도 국가가 여러 특권을 부여하고 그들이 지방 사회에 기여하도록 하여 경쟁적 선발 제도가 가져올 수 있는 부작용을 완화하고자 노력했다.

동아시아에서 과거제가 천 년이 넘게 시행된 것은 과거제의 합리성이 사회적 안정에 기여했음을 보여 준다. 과거제는 왕조의 교체와 같은 변화에도 불구하고 동질적인 엘리트층의 연속성을 가져왔다. 그리고 이러한 연속성은 관료 선발 과정뿐 아니라 관료제에 기초한 통치의 안정성에도 기여했다.

<후략>

(나)

　조선 후기의 대표적인 관료 선발 제도 개혁론인 유형원의 공거제 구상은 능력주의적, 결과주의적 인재 선발의 약점을 극복하려는 의도와 함께 신분적 세습의 문제점도 의식한 것이었다. 중국에서는 17세기 무렵 관료 선발에서 세습과 같은 봉건적인 요소를 부분적으로 재도입하려는 개혁론이 등장했다. 고염무는 관료제의 상층에는 능력주의적 제도를 유지하되, ㉮지방관인 지현들은 어느 정도의 검증 기간을 거친 이후 그 지위를 평생 유지시켜 주고 세습의 길까지 열어 놓는 방안을 제안했다. 황종희는 지방의 관료가 자체적으로 관리를 초빙해서 시험한 후에 추천하는 '벽소'와 같은 옛 제도를 ⓑ되살리는 방법으로 과거제를 보완하자고 주장했다.

　이러한 개혁론은 갑작스럽게 등장한 것이 아니었다. 과거제를 시행했던 국가들에서는 수백 년에 ⓒ걸쳐 과거제를 개선하라는 압력이 있었다. 시험 방식이 가져오는 부작용들은 과거제의 중요한 문제였다. 치열한 경쟁은 학문에 대한 깊이 있는 학습이 아니라 합격만을 목적으로 하는 형식적 학습을 하게 만들었고, 많은 인재들이 수험 생활에 장기간 ⓓ매달리면서 재능을 낭비하는 현상도 낳았다. 또한 학습 능력 이외의 인성이나 실무 능력을 평가할 수 없다는 이유로 시험의 ⓒ익명성에 대한 회의도 있었다.

　과거제의 부작용에 대한 인식은 과거제를 통해 임용된 관리들의 활동에 대한 비판적 시각으로 연결되었다. 능력주의적 태도는 시험뿐 아니라 관리의 업무에 대한 평가에도 적용되었다. 세습적이지 않으면서 몇 년의 임기마다 다른 지역으로 이동하는 관리들은 승진을 위해서 빨리 성과를 낼 필요가 있었기에, 지역 사회를 위해 장기적인 전망을 가지고 정책을 추진하기보다 가시적이고 단기적인 결과만을 중시하는 부작용을 가져왔다. 개인적 동기가 공공성과 상충되는 현상이 나타났던 것이다. 공동체 의식의 약화 역시 과거제의 부정적 결과로 인식되었다. 과거제 출신의 관리들이 공동체에 대한 소속감이 낮고 출세 지향적이기 때문에 세습 엘리트나 지역에서 천거된 관리에 비해 공동체에 대한 충성심이 약했던 것이다.

<후략>

16. (가)와 (나)의 서술 방식으로 가장 적절한 것은?

① (가)와 (나) 모두 특정 제도가 사회에 미친 영향을 인과적으로 서술하고 있다.

② (가)와 (나) 모두 특정 제도를 분석하는 두 가지 이론을 구분하여 소개하고 있다.

③ (가)는 (나)와 달리 구체적 사상가들의 견해를 언급하며 특정 제도에 대한 관점을 드러내고 있다.

④ (나)는 (가)와 달리 특정 제도에 대한 선호와 비판의 근거들을 비교하면서 특정 제도의 특징을 제시하고 있다.

⑤ (가)는 특정 제도의 발전을 통시적으로, (나)는 특정 제도에 대한 학자들의 상반된 입장을 공시적으로 언급하고 있다.

20. <보기>는 과거제에 대한 조선 시대 선비들의 견해를 재구성한 것이다. (가)와 (나)를 읽은 학생이 <보기>에 대해 보인 반응으로 적절하지 <u>않은</u> 것은? [3점]

> **< 보 기 >**
>
> ◦ 갑 : 변변치 못한 집안 출신이라 차별받는 것에 불만이 있는 사람들이 많았는데, 과거를 통해 관직을 얻으면서 불만이 많이 해소되어 사회적 갈등이 완화된 것은 바람직하다.
>
> ◦ 을 : 과거제를 통해 조선 사회에 유교적 가치가 광범위하게 자리를 잡아 좋다. 그런데 많은 선비들이 오랜 시간 과거를 준비하느라 자신의 뛰어난 능력을 펼치지 못한다는 점이 안타깝다.
>
> ◦ 병 : 요즘 과거 시험 준비를 위해 나오는 책들을 보면 시험에 자주 나왔던 내용만 정리되어 있어서 학습의 깊이가 없으니 문제이다. 그래도 과거제 덕분에 더 많은 사람들이 공부를 하려는 생각을 가지게 된 것은 다행이라고 생각한다.

① '갑'이 과거제로 인해 사회적 유동성이 증가했다는 점을 긍정적으로 본 것은, 능력주의에 따른 공정성과 개방성이라는 시험의 성격에 주목한 것이겠군.

② '을'이 과거제로 인해 많은 선비들이 재능을 낭비한다는 점을 부정적으로 본 것은, 치열한 경쟁을 유발하는 시험의 성격에 주목한 것이겠군.

③ '을'이 과거제로 인해 사회의 도덕적 가치 기준에 대한 광범위한 공유가 가능해졌다는 점을 긍정적으로 본 것은, 고전과 유교 경전 위주의 시험 내용에 주목한 것이겠군.

④ '병'이 과거제로 인해 심화된 공부를 하기 어렵다는 점을 부정적으로 본 것은, 형식적인 학습을 유발한 시험 방식에 주목한 것이겠군.

⑤ '병'이 과거제로 인해 교육에 대한 동기가 강화되었다는 점을 긍정적으로 본 것은, 실무 능력을 중심으로 평가하는 시험 방식에 주목한 것이겠군.

위 언어 자료는 '과거제'에 대한 상이한 시각의 글을 (가)와 (나)로 엮은 것이다. 하나의 화제에 대해 다양한 관점이나 형식을 보이는 독서 자료를 비판적·통합적으로 읽고 재구성하는 능력이 있는 지를 평가하기 위해 설계했다고 할 수 있다. (가)는 과거제가 사회에 미친 긍정적 측면을, (나)는 과거제의 부정적 측면과 이를 극복하기 위한 학자들의 제안을 다루고 있다. 16번은 (가)와 (나)의 글의 내용 전개 방식을 묻고 있다. 20번은 동일한 화제의 글이라도 서로 다른 관점이나 형식으로 표현된다는 점을 이해하고 다양한 글을 주제 통합적으로 읽는지를 평가하고자 한 것이다.

셋째, 화법과 작문에서는 화법 영역과 작문 영역을 통합하여 출제할 수 있다. 이때 언어 자료의 성격, 언어 자료를 묶는 양상이 문학이나 독서의 경우와 다른 것이 일반적이다. 주로 실제적인 의사소통 상황과 학교 현장의 교육 내용을 반영하고, 두 언어 자료 사이의 공통점과 차이점을 묻는 문항이 아니라 두 영역의 통합 취지를 드러낼 수 있도록 가교 역할을 하는 문항을 만든다. 화법과 작문 영역을 통합한 다음 문항을 보자.

2018학년도 수능

[4~7] (가)는 활동지의 '활동 1'에 따라 학생들이 실시한 독서 토의의 일부이고, (나)는 '활동 2'에 따라 '민호'가 작성한 글의 초고이다. 물음에 답하시오.

활동지

[활동 1] 다음의 내용을 바탕으로 토의해 보자.

「허생의 처」에서 허생은 집안을 전혀 돌보지 않고 자신의 이상만을 추구한다. 이 때문에 허생의 처는 홀로 집안의 생계를 힘겹게 꾸려 나가지만 빈곤한 형편에서 벗어나지 못한다. 이러던 중 허생의 처는 행복하지 않은 자신의 처지를 한탄하며 허생과 갈등한다. 두 인물은 삶에서 중요시하는 행복의 조건이 서로 달라 갈등한다고도 볼 수 있다. 허생은 세상의 이치를 밝히고자 독서에만 전념한 것으로 보아 여기에서 자신의 행복을 찾고 있다고 볼 수 있다. 그렇다면 허생의 처가 추구하는 행복의 조건은 무엇일까?

[활동 2] 토의 내용을 참고하여 자신의 삶을 성찰하는 글을 써 보자.

(가)

현지 : 오늘은 내가 진행할게. (활동지를 나눠 주며) 지난 시간에 「허생의 처」를 읽었으니, 이번 시
　　　간에는 '허생의 처가 추구하는 행복의 조건은 무엇인가?'라는 주제로 토의하려고 해. 활동지
　　　를 통해 주제와 관련된 내용을 확인했으면, 지금부터 토의를 시작해 보자.

민호 : 행복의 조건은 지혜나 도덕적 선과 같은 내적 조건과 부나 명예와 같은 외적 조건으로 나눌
　　　수 있잖아. 허생의 처는 빈곤한 형편에 놓여 있기 때문에 행복하지 않았다고 생각해. 이런 이
　　　유로 볼 때, 허생의 처는 외적 조건인 부를 추구하는 사람이라고 볼 수 있어.

영수 : 과연 그럴까? 허생의 처는 생존을 위한 기본적 요건을 충족하고자 한 것으로 볼 수 있어. 그
　　　런 점에서 허생의 처가 외적 조건인 부를 추구하는 사람이라고 볼 수는 없을 것 같아.

<후략>

(나)

　「허생의 처」를 읽고 허생의 처가 빈곤한 형편에 힘들어하고 한탄하는 모습을 통해, 나는 허생
의 처가 행복의 외적 조건을 추구하고 있다고 여겼다. 하지만 토의를 통해 허생의 처는 단지 생존
을 위한 기본적인 요건이 충족되기를 바랐을 뿐, 물질적인 부를 추구했다고 보기 어렵다는 사실
을 깨닫게 되었다.

<중략>

　그동안 나는 돈을 많이 벌거나 좋은 직업을 갖는 등 행복의 외적 조건만이 나를 행복으로 이끌
어 줄 것이라 생각했다. 하지만 ㉠이 조건만이 행복을 위한 조건의 전부가 아니라는 것을 깨닫게
되었다. 그리고 그동안 부모님의 희생을 당연하게 여기며 살아온 것은 아닌지, 공부나 친구를 핑
계로 가족과의 관계를 소원하게 만든 것은 아닌지 반성하게 되었다.

- -

6. 다음은 (가)를 반영하여 (나)를 작성하기 위한 '민호'의 작문 계획이다. (나)에 반영된 내용으로
　　적절하지 <u>않은</u> 것은?

> **1문단**
> ◦ 허생의 처가 추구한 행복의 조건이 외적 조건이라고 한 기존의 내 의견과, 토의를 통해 수
> 　정된 내 생각을 함께 써야겠어. ……………………………………………………… ①
> **2문단**
> ◦ 허생의 처가 행복하지 않은 이유를 생계 문제를 중심으로 파악했던 의견에 의문을 제기하
> 　고 이에 답하는 식으로 써야겠어. ……………………………………………………… ②

- '영수'가 허생의 처의 말을 인용하면서 개진한 의견을 포함하여 허생의 처가 행복해지기 위한 조건을 써야겠어. ··· ③

3문단

- 나와 '영수'가 허생의 처의 행복을 가족 간 관계의 측면에서 논의한 내용을 바탕으로, 내가 기존에 갖고 있던 행복에 대한 생각이 편협했음을 깨달았다는 내용을 써야겠어. ····· ④
- 허생의 처가 왜 행복하지 않은지에 대해 나와 '영수'가 동의했던 두 가지 이유 중 강요된 희생을 주된 이유로, 소원한 관계를 부차적 이유로 구별하고 이에 비추어 나의 삶을 반성하는 내용을 써야겠어. ··· ⑤

7. <보기>는 '민호'가 (나)를 쓴 후 찾은 자료이다. (나)의 문맥에 따라 <보기>를 활용하여 ㉠을 구체화할 수 있는 방안으로 가장 적절한 것은?

<보 기>

- 한 경제학자는 ⓐ소득이 높아질수록 행복 수준도 상승할 것이라는 사람들의 기대와는 달리, ⓑ소득이 일정 수준을 넘어서면 소득이 더 증가해도 행복 수준은 더 이상 상승하지 않는다고 주장했다.
- OECD 국가 간 행복 비교 연구에서는 ⓒ행복 수준을 조사하기 위해 물질적 풍요 수준, 가족이나 친구와 같은 인간관계에서의 만족 수준 등을 종합적으로 고려한다.

① ⓐ를 활용하여, 행복을 위한 조건인 물질적 부의 수준은 사람마다 다를 수 있다는 내용으로 구체화한다.

② ⓑ를 활용하여, 일정 소득 수준을 넘어선 물질적 부의 추구가 행복의 조건에 해당하지 않는다는 내용으로 구체화한다.

③ ⓒ를 활용하여, 행복을 위한 조건으로 물질적 부도 고려해야 하지만 가족 구성원 간의 바람직한 관계 형성도 고려해야 한다는 내용으로 구체화한다.

④ ⓐ와 ⓒ를 활용하여, 행복을 위한 조건인 바람직한 가족 관계를 형성하려면 일정 수준 이상의 소득이 보장되어야 한다는 내용으로 구체화한다.

⑤ ⓑ와 ⓒ를 활용하여, 행복을 위한 조건인 물질적 부를 추구할 경우 가족 간의 관계가 소원해질 수 있다는 내용으로 구체화한다.

6번은 (가)의 토의 내용을 바탕으로 (나)를 작성하기 위한 글쓰기 전략의 적절성을 판단하는 문항이고, 7번은 담화 상황과 초고를 바탕으로 자료를 수집하여 글을 점검·수정하는 능력을 갖추고 있는지 평가하기 위한 문항이다. 글을 읽고, 다른 사람들과 토의하고, 자기를 성찰하는 글을 쓰며 가치를 내면화하는 것은 일반적인 수업의 과정으로 교실에서의 학습 상황을 문항 설계에 반영하였다. 이런 점에서 볼 때 「허생의 처」라는 문학 작품을 소재로 화법 영역의 토의와 작문 영역의 성찰적 글쓰기를 하나의 주제 아래 엮은 문항 설계는 교육과정의 취지에도 잘 부합한다. 교육과정에서는 영역 통합적인 지도와 평가를 강조하고 있지만 이것을 문항으로 구현하기는 쉽지 않다. 위 통합 문항은 학교 현장의 실제성을 반영하였고, 교육과정에서 언급하고 있는 교수·학습 평가의 방향성을 제시했다는 점에서 의의가 있다.

넷째, 독서 영역의 서로 다른 분야인 인문, 사회, 과학, 기술, 예술 분야를 융합할 수 있다. 융·복합적 교양과 능력을 강조하는 현대 사회에서 성격이 다른 분야가 융합된 언어 자료를 종합적이고 비판적으로 읽을 수 있는 능력은 꼭 필요하다고 할 것이다. 구체적인 문항을 보며 이러한 유형을 확인해 보자.

2020학년도 6월 모의평가

[37~42] 다음 글을 읽고 물음에 답하시오.

우리는 한 대의 자동차는 개체라고 하지만 바닷물을 개체라고 하지는 않는다. 어떤 부분들이 모여 하나의 개체를 ⓐ이룬다고 할 때 이를 개체라고 부를 수 있는 조건은 무엇일까? 일단 부분들 사이의 유사성은 개체성의 조건이 될 수 없다. 가령 일란성 쌍둥이인 두 사람은 DNA 염기 서열과 외모도 같지만 동일한 개체는 아니다. 그래서 부분들의 강한 유기적 상호작용이 그 조건으로 흔히 제시된다. 하나의 개체를 구성하는 부분들은 외부 존재가 개체에 영향을 주는 것과는 비교할 수 없이 강한 방식으로 서로 영향을 주고받는다.

상이한 시기에 존재하는 두 대상을 동일한 개체로 판단하는 조건도 물을 수 있다. 그것은 두 대상 사이의 인과성이다. 과거의 '나'와 현재의 '나'를 동일하다고 볼 수 있는 것은 강한 인과성이 존재하기 때문이다. 과거의 '나'와 현재의 '나'는 세포 분열로 세포가 교체되는 과정을 통해 인과적으로 연결되어 있다. 또 '나'가 세포 분열을 통해 새로운 개체를 생성할 때도 '나'와 '나의 후손'은 인과적으로 연결되어 있다. 비록 '나'와 '나의 후손'은 동일한 개체는 아니지만 '나'와 다른 개체들 사이에 비해 더 강한 인과성으로 연결되어 있다.

개체성에 대한 이러한 철학적 질문은 생물학에서도 중요한 연구 주제가 된다. 생명체를 구성하는 단위는 세포이다. 세포는 생명체의 고유한 유전 정보가 담긴 DNA를 가지며 이를 복제하여 증식하고 번식하는 과정을 통해 자신의 DNA를 후세에 전달한다. 세포는 사람과 같은 진핵생물의 진핵세포와, 박테리아나 고세균과 같은 원핵생물의 원핵세포로 구분된다. 진핵세포는 세포질에 막으로 둘러싸인 핵이 ⓑ있고 그 안에 DNA가 있지만, 원핵세포는 핵이 없다. 또한 진핵세포의 세포질에는 막으로 둘러싸인 여러 종류의 세포 소기관이 있으며, 그중 미토콘드리아는 세포 활동에 필요한 생체 에너지를 생산하는 기관이다. 대부분의 진핵세포는 미토콘드리아를 필수적으로 ⓒ가지고 있다.

이러한 미토콘드리아가 원래 박테리아의 한 종류인 원생미토콘드리아였다는 이론이 20세기 초에 제기되었다. 공생발생설 또는 세포 내 공생설이라고 불리는 이 이론에서는 두 원핵생물 간의 공생 관계가 지속되면서 진핵세포를 가진 진핵생물이 탄생했다고 설명한다. 공생은 서로 다른 생명체가 함께 살아가는 것을 말하며, 서로 다른 생명체를 가정하는 것은 어느 생명체의 세포 안에서 다른 생명체가 공생하는 '내부 공생'에서도 마찬가지이다. ㉠공생발생설은 한동안 생물학계로부터 인정받지 못했다. 미토콘드리아의 기능과 대략적인 구조, 그리고 생명체 간 내부 공생의 사례는 이미 알려졌지만 미토콘드리아가 과거에 독립된 생명체였다는 것을 쉽게 믿을 수 없었기 때문이었다. 그리고 한 생명체가 세대를 이어 가는 과정 중에 돌연변이와 자연선택이 일어나고, 이로 인해 종이 진화하고 분화한다고 보는 전통적인 유전학에서 두 원핵생물의 결합은 주목받지 못했다. 그러다가 전자 현미경의 등장으로 미토콘드리아의 내부까지 세밀히 관찰하게 되고, 미토콘드리아 안에는 세포핵의 DNA와는 다른 DNA가 있으며 단백질을 합성하는 자신만의 리보솜을 가지고 있다는 사실이 ⓓ밝혀지면서 공생발생설이 새롭게 부각되었다.

<후략>

----

38. 윗글에 대한 이해로 적절하지 <u>않은</u> 것은?

① 유사성은 아무리 강하더라도 개체성의 조건이 될 수 없다.

② 바닷물을 개체라고 말하기 어려운 이유는 유기적 상호작용이 약하기 때문이다.

③ 새로운 미토콘드리아를 복제하기 위해서는 세포 안에 미토콘드리아가 반드시 있어야 한다.

④ 미토콘드리아의 대사 과정에 필요한 단백질은 미토콘드리아의 막을 통과하여 세포질로 이동해야 한다.

⑤ 진핵세포가 되기 전의 고세균이 원생미토콘드리아보다 진핵세포와 더 강한 인과성으로 연결되어 있다.

41. 윗글을 바탕으로 <보기>를 이해한 내용으로 적절하지 **않은** 것은?

─── < 보 기 > ───

∘ 복어는 테트로도톡신이라는 신경 독소를 가지고 있지만 테트로도톡신을 스스로 만들지 못하고 체내에서 서식하는 미생물이 이를 생산한다. 복어는 독소를 생산하는 미생물에게 서식처를 제공하는 대신 포식자로부터 자신을 방어할 수 있는 무기를 갖게 되었다. 만약 복어의 체내에 있는 미생물을 제거하면 복어는 독소를 가지지 못하나 생존에는 지장이 없었다.

∘ 실험실의 아메바가 병원성 박테리아에 감염되어 대부분의 아메바가 죽고 일부 아메바는 생존하였다. 생존한 아메바의 세포질에서 서식하는 박테리아는 스스로 복제하여 증식할 수 있었고 더 이상 병원성을 지니지는 않았다. 아메바에게는 무해하지만 박테리아에게는 치명적인 항생제를 아메바에게 투여하면 박테리아와 함께 아메바도 죽었다.

① 병원성을 잃은 '아메바의 세포질에서 서식하는 박테리아'는 세포 소기관으로 변한 것이겠군.

② 복어의 '체내에서 서식하는 미생물'은 '복어'와의 유기적 상호 작용이 강해진다면 개체성을 잃을 수 있겠군.

③ 복어의 세포가 증식할 때 복어의 체내에서 '독소를 생산하는 미생물'의 DNA도 함께 증식하는 것은 아니겠군.

④ '아메바의 세포질에서 서식하는 박테리아'가 개체성을 잃었다면 '아메바의 세포질에서 서식하는 박테리아'의 DNA 길이는 짧아졌겠군.

⑤ '아메바의 세포질에서 서식하는 박테리아'와 '아메바' 사이의 관계와 '복어'와 '독소를 생산하는 미생물' 사이의 관계는 모두 공생 관계이겠군.

위 언어 자료는 얼핏 보면 독서 영역 과학 분야의 글처럼 보이지만 사실은 인문과 과학 분야가 융합되어 있다. '개체성'에 대한 철학적 설명과 과학적 설명을 결합했다는 것은 3문단을 보면 알 수 있다. 38번은 핵심 정보를 파악하는 문항으로 글의 세부 내용을 이해하고 있는지를 묻고 있다. 41번은 언어 자료에서 제시한 개념을 바탕으로 <보기>의 구체적인 상황에 적용할 수 있는지를 묻는 것으로 고난도로 설계되었다. 이 문항을 해결하기 위해서는 개체성의 조건에 대한 철학적인 논의, 미토콘드리아와 진핵세포의 관계, <보기>의 상황을 종합적으로 이해하고 판단해야 한다.

5.2. 통합 문항을 설계할 때 고려할 점 ↝ '국'과 '밥'이 아니라 '국밥'이 되려면

통합 문항은 학생들이 융·복합적 사고력을 기르는 데 도움이 되며, 교사 입장에서는 언어 자료의 수를 줄이고 길이를 늘릴 수 있어 고차원적 독서 능력을 평가하기에 적합하다. 반면 정보량이 늘어나 난도가 높아지고 서로 다른 언어 자료를 적절하게 엮지 못하면 통합의 의의를 살리기 어려워진다. 학교 시험 출제 시에도 이러한 점에 유의해야 한다. 단순히 시험 범위에 있다고 해서 무작정 엮는 것이 아니다. 언어 자료들을 엮으려면 그것들 사이의 연관성이 있어야 한다. 예컨대 교과서의 한 단원에 현대시 몇 편이 실려 있다고 하자. 본문, 학습 활동, 심화 활동 등에 실려 있는 작품들은 성격이 다르지만 묶이는 근거—하나 또는 그 이상의 성취기준을 충족하기 위해 함께 묶임—가 이미 교과서에 있다. 그래서 왜 엮어야 하는지, 어떻게 엮어야 하는지는 교과서를 보면 알 수 있다. 동일한 단원이든 관련 단원이든 시험 범위에서 그것들을 엮는 데에는 어떤 연관성이 전제되어 있어야 하는 것이다. 또한 교사가 수업 장면에서 교과서 밖의 새로운 자료를 가지고 온다면 그것도 본문과의 어떤 연관성이 있기 때문이다. 그러므로 교과서의 내용을 변형하더라도 이러한 연관성들을 평가에 반영해야 하며, 수업 역시 이러한 방향으로 이끌어 가야 하는 것이다.

통합 문항을 설계할 때 또 고려할 점은 문항 간 행동 영역의 분배를 잘해야 하는 것이다. 그리고 무엇보다도 통합 문항이니만큼 (가)와 (나)를 엮은 취지가 분명하게 드러나는 문항이 있어야 한다. 이때 문학 영역의 경우 (가)와 (나)의 공통점을 부정 문두로 묻지 않는 것이 좋다. 왜냐하면 부정 문두로 문항을 설계하면 바른 진술 네 가지를 답지에 사용해야 하므로 다른 문항에 영향을 줄 수밖에 없다. 긍정 문두로 물어야 다른 문항을 설계하기가 좋다. 공통점을 물은 후에 (가)와 (나)를 엮어서 또는 (가)와 (나)를 독립적으로 읽고 판단해야 하는 문항을 설계하면 된다.

하나의 화제에 대해 다양한 관점이나 형식을 보이는 자료를 엮어 독서 영역의 통합 문항을 설계할 때는 단순히 자료들을 비교·대조하는 것이 아니라, 비판적으로 종합하여 자신만의 주제로 재구성하는 능력을 평가할 수 있도록 설계해야 성취기준의 취지를 제대로 살릴 수 있다. 예컨대 공정 여행을 긍정적으로 바라보는 논설문과 공정 여행의 문제점과 개선 방안을 다룬 보고서를 세트로 구성하면 다양한 관점과 형식의 언어 자료를 비교하면서 폭넓은 사고를 할 수 있는지 평가할 수 있다.

화법과 작문의 통합 문항을 만들 때 언어 자료 속 상황들에 참여하는 구성원이 동일해야 하는지 고민하는 경우가 있지만 동일할 필요는 없다. 가령 토론에 직접 참여한 학생이 토론 후에 글쓰기를 할 수도 있고, 본인이 출연하지 않은 텔레비전 토론 프로그램을 시청한 학생이 자료 조사를 하여 글쓰기 활동을 할 수도 있다.

6. 문항 설계를 잘하려면?

앞에서 문항 설계의 다양한 유형과 문항을 설계할 때 고려할 점에 대해 살펴보았다. 그렇다면 잘된 문항 설계란 어떤 것일까? 무엇보다 평가 문항이 평가의 목표에 부합하도록 설계하는 것이 대전제가 되어야 한다. 만약 적용·창의 능력을 평가하기 위해 어떤 문항을 제작했는데, 실제로는 특정 어휘의 이해 여부에 따라 정답이 결정된다면 원래 의도하지 않은 능력을 평가하게 되므로 이 문항은 잘못 설계한 것이 된다. 지금부터 문항 설계를 잘하기 위해 구체적으로 어떤 조건이 필요한지 하나씩 알아보자.

6.1. 문항 설계를 잘하기 위한 요건   공든 탑도 무너질 수 있다

6.1.1. 필수적으로 물어야 할 것들을 묻는 설계   주메뉴가 애피타이저와 다른 점

교사의 입장에서 보면 평가는 학생들이 학습 목표를 어느 정도 성취했는가를 확인하는 과정이다. 그러기 위해서 어떤 언어 자료를 제시할 것인지, 무엇을 물을 것인지, 언어 자료의 어느 부분과 연계하여 문항을 만들 것인지 끊임없이 고민해야 한다. 문항을 설계할 때 일차적으로 고려할 것은 제시한 언어 자료에서 중요한 부분을 물어야 한다는 것이다. 해당 문항을 설계한 나름대로의 이유를 가지고 '이 언어 자료라면 이 문항을 필수적으로 내야 한다.'라고 말할 수 있어야 한다. 핵심에서 벗어난 내용을 묻거나 지나치게 지엽적인 내용을 물어서는 학습 목표 성취 여부를 확인하기 어렵다.

6.1.2. 행동 영역을 골고루 평가하는 설계   내 사전에 교집합이란 없다

학생들의 다양한 능력을 평가하기 위해서는 특정한 행동 영역에 치우치지 않고 여러 행동 영역을 골고루 평가할 수 있도록 균형 잡힌 설계를 해야 한다. 그런데 여기서 행동 영역을 골고루 평가해야 한다는 것은 모든 언어 자료에서 어휘·개념, 사실적 이해, 추론적 이해, 비판적 이해, 적용·창의 능력을 모두 물어야 한다는 것은 아니다. 사실적 이해가 강조되는 언어 자료에서는 사실적 사고력을 요구하는 다양한 능력들 — 글의 중심 내용 파악, 정보 간의 관계 파악, 글의 조직과 구조 파악 능력 등 — 중에서 평가 요소를 달리하여 골고루 물어볼 수 있다.

6.1.3. 평가가 또 하나의 학습 기회를 제공하는 설계 ✐ 먹으면서 요리법도 익히기

교사가 출제하는 평가 문항은 단순히 그 문항 자체에 머무는 것이 아니라 잠재적 교육과정으로서 교육적 영향을 크게 미친다. 평가도 일련의 교육 활동인 만큼 평가를 통해 학생들에게 의미 있는 학습 경험을 제공하고, 해당 교육 내용에 대한 흥미를 유발하여 학습 의욕을 촉진할 수 있도록 문항을 구성해야 한다. 그러기 위해서는 문항 설계 단계에서부터 학생들의 사고력 훈련에 도움이 되고 탐구 정신을 자극할 수 있도록 신중을 기할 필요가 있다.

6.2. 요건에 따라 문항 설계 분석하기 ✐ 외양간을 고쳐야 소를 잃지 않아요

다음 언어 자료와 문항들이 문항 설계를 잘하기 위한 요건을 갖추고 있는지 확인해 보자.

2017학년도 6월 모의평가

[20~24] 다음 글을 읽고 물음에 답하시오.

- -

(가) 유비 논증은 두 대상이 몇 가지 점에서 유사하다는 사실이 확인된 상태에서 어떤 대상이 추가적 특성을 갖고 있음이 알려졌을 때 다른 대상도 그 추가적 특성을 가지고 있다고 추론하는 논증이다. 유비 논증은 이미 알고 있는 전제에서 새로운 정보를 결론으로 도출하게 된다는 점에서 유익하기 때문에 일상생활과 과학에서 흔하게 쓰인다. 특히 의학적인 목적에서 포유류를 대상으로 행해지는 동물 실험이 유효하다는 주장과 그에 대한 비판은 유비 논증을 잘 이해할 수 있게 해 준다.

(나) 유비 논증을 활용해 동물 실험의 유효성을 주장하는 쪽은 인간과 ⓐ실험동물이 ⓑ유사성을 보유하고 있기 때문에 신약이나 독성 물질에 대한 실험동물의 ⓒ반응 결과를 인간에게 안전하게 적용할 수 있다고 추론한다. 이를 바탕으로 이들은 동물 실험이 인간에게 명백하고 중요한 이익을 준다고 주장한다.

(다) 도출한 새로운 정보가 참일 가능성을 유비 논증의 개연성이라 한다. 개연성이 높기 위해서는 비교 대상 간의 유사성이 커야 하는데 이 유사성은 단순히 비슷하다는 점에서의 유사성이 아니고 새로운 정보와 관련 있는 유사성이어야 한다. 예를 들어 ㉠동물 실험의 유효성을

주장하는 쪽은 실험동물로 많이 쓰이는 포유류가 인간과 공유하는 유사성, 가령 비슷한 방식으로 피가 순환하며 허파로 호흡을 한다는 유사성은 실험 결과와 관련 있는 유사성으로 보기 때문에 자신들의 유비 논증은 개연성이 높다고 주장한다. 반면에 인간과 꼬리가 있는 실험동물은 꼬리의 유무에서 유사성을 갖지 않지만 그것은 실험과 관련이 없는 특성이므로 무시해도 된다고 본다.

(라) 그러나 ⓛ동물 실험을 반대하는 쪽은 유효성을 주장하는 쪽을 유비 논증과 관련하여 두 가지 측면에서 비판한다. 첫째, 인간과 실험동물 사이에는 위와 같은 유사성이 있다고 말하지만 그것은 기능적 차원에서의 유사성일 뿐이라는 것이다. 인간과 실험동물의 기능이 유사하다고 해도 그 기능을 구현하는 인과적 메커니즘은 동물마다 차이가 있다는 과학적 근거가 있는데도 말이다. 둘째, 기능적 유사성에만 주목하면서도 막상 인간과 동물이 고통을 느낀다는 기능적 유사성에는 주목하지 않는다는 것이다. 인간은 자신의 고통과 달리 동물의 고통은 직접 느낄 수 없지만 무엇인가에 맞았을 때 신음 소리를 내거나 몸을 움츠리는 동물의 행동이 인간과 기능적으로 유사하다는 것을 보고 유비 논증으로 동물이 고통을 느낀다는 것을 알 수 있는데도 말이다.

(마) 요컨대 첫째 비판은 동물 실험의 유효성을 주장하는 유비 논증의 개연성이 낮다고 지적하는 반면 둘째 비판은 동물도 고통을 느낀다는 점에서 동물 실험의 윤리적 문제를 제기하는 것이다. 인간과 동물 모두 고통을 느끼는데 인간에게 고통을 ⓒ끼치는 실험은 해서는 안 되고 동물에게 고통을 끼치는 실험은 해도 된다고 생각하는 것은 공평하지 않다고 생각하기 때문이다. 결국 윤리성의 문제도 일관되지 않게 쓰인 유비 논증에서 비롯된 것이다.

---

20. (가)~(마)에 대한 이해로 적절하지 <u>않은</u> 것은?

① (가) : 유비 논증의 개념과 유용성을 소개하고 있다.
② (나) : 동물 실험의 유효성 주장에 유비 논증이 활용되고 있음을 언급하고 있다.
③ (다) : 동물 실험을 예로 들어 유비 논증이 높은 개연성을 갖기 위한 조건을 설명하고 있다.
④ (라) : 동물 실험 유효성 주장이 유비 논증을 잘못 적용하고 있다는 비판을 소개하고 있다.
⑤ (마) : 동물 실험 유효성 주장이 갖는 현실적 문제들을 유비 논증의 차원을 넘어서 살펴보고 있다.

21. 윗글을 바탕으로 추론한 내용으로 가장 적절한 것은?

① 유비 논증의 개연성은 이미 알고 있는 정보와 관련이 없는 새로운 대상이 추가될 때 높아진다.

② 인간은 자신이 고통을 느낀다는 것이나 동물이 고통을 느낀다는 것이나 모두 유비 논증에 의해 안다.

③ 인간이 꼬리가 있는 실험동물과 차이가 있다는 사실은 동물 실험의 유효성을 주장하는 논증의 개연성을 낮춘다.

④ 동물 실험이 인간에게 중대한 이익을 가져다준다는 것은 동물 실험의 유효성과 상관없이 알 수 있는 정보이다.

⑤ 동물 실험에 윤리적 문제가 있다는 주장에는 인간과 동물의 고통을 공평한 기준으로 대해야 한다는 생각이 전제되어 있다.

22. ㉠과 ㉡에 대한 설명으로 가장 적절한 것은?

① ㉠과 ㉡은 모두 인간과 동물이 기능적으로 유사하면 인과적 메커니즘도 유사하다고 생각한다.

② ㉠이 ㉡의 비판에 적절히 대응하기 위해서는 인간과 동물이 기능적으로 유사하지 않다는 것을 보여 주면 된다.

③ ㉡은 ㉠이 인간과 동물 사이의 기능적 차원의 유사성과 인과적 메커니즘의 차이점 중 전자에만 주목한다고 비판한다.

④ ㉡은 ㉠과 달리 인간과 동물이 유사하지 않으면 동물 실험 결과는 인간에게 적용할 수 없다고 생각한다.

⑤ ㉡은 ㉠과 달리 인간이 고통을 느끼는 것과 동물이 고통을 느끼는 것은 기능적으로 유사하지 않다고 생각한다.

23. <보기>는 유비 논증의 하나이다. 유비 논증에 대한 윗글의 설명을 참고할 때, ⓐ~ⓒ에 해당하는 것을 ㉮~㉱ 중에서 골라 알맞게 짝지은 것은? [3점]

> ─────── < 보 기 > ───────
>
> 내가 알고 있는 ㉮어떤 개는 ㉯몹시 사납고 물려는 버릇이 있다. 나는 공원에서 산책을 하다가 그 개와 ㉰비슷하게 생긴 ㉱다른 개를 만났다. 그래서 이 개도 사납고 물려는 버릇이 있을 것이라고 추측했다.

	ⓐ	ⓑ	ⓒ
①	㉮	㉯	㉰
②	㉮	㉱	㉯
③	㉰	㉮	㉱
④	㉰	㉯	㉱
⑤	㉰	㉱	㉯

24. 문맥상 ⓒ과 바꿔 쓰기에 적절하지 <u>않은</u> 것은?

① 맡기는   ② 가하는   ③ 주는   ④ 안기는   ⑤ 겪게 하는

다음 체크리스트를 보면서 위 언어 자료와 20~24번 문항에 대해 평가해 보자.

문항 설계 시 검토해야 할 항목	예	아니요
1. 필수적으로 물어야 할 것들을 묻고 있는가?		
2. 행동 영역을 골고루 평가하고 있는가?		
3. 평가가 또 하나의 학습 기회를 제공하는가?		

위 언어 자료는 동물 실험의 유효성에 대한 찬반 논쟁을 통해 유비 논증의 개념과 유용성을 설명하고 있다. 문항은 총 5개로 구성되어 있다. 그렇다면 꼭 물어야 하는 것을 평가하고 있는지 생각해 보자. 우선 동물 실험의 유효성을 주장하는 측과 동물 실험을 반대하는 측의 견해가 주되게 대립하고 있으므로 양측의 입장을 확인할 필요가 있다. 그러므로 22번과 같은 문항은 필수적인 문항이라 할 수 있다. 또한 유비 논증의 개념을 구체적 상황에 적용하여 이해하는 능력을 평가하는 23번 역시 제시한 언어 자료의 핵심 내용을 묻고 있으므로 필수적인 문항으로 볼 수 있다.

다음으로 행동 영역을 골고루 평가하고 있는지 살펴보자. 20번은 핵심 정보를 파악하는 문항으로 사실적 이해, 21번은 세부 내용을 추론하는 문항으로 추론적 이해, 22번은 서로 대립하는 양측 주장의 타당성을 판단해야 하는 문항으로 비판적 이해 능력을 평가하도록 설계하였다. 그리고 23번

은 (나)의 내용을 <보기>의 상황에 적용할 수 있는지 평가하는 대표 문항으로 적용·창의 능력, 24번은 어휘 선택의 적절성을 판단하는 문항으로 어휘·개념 능력을 평가하고 있으므로 행동 영역을 골고루 평가하고 있는 균형 잡힌 문항 설계라 할 수 있다.

그러면 이 세트 문항은 학생들에게 또 하나의 학습 기회를 제공하고 있을까? 20번은 답지에 각 문단의 중심 내용을 보여 주고 있다. 이 문항을 풀며 학생들은 제시된 언어 자료를 문단별로 정리할 수 있다. 21번을 해결하기 위해서는 언어 자료에 직접 명시되지 않은 정보를 논리적으로 추론하는 과정을 거쳐야 한다. 22번은 문항 풀이 과정에서 양측의 쟁점을 확인할 수 있다. 그리고 23번에서 정답을 도출하기 위해 <보기>의 상황을 언어 자료에 정확하게 연결하며 글을 읽다 보면 언어 자료에 대한 이해가 심화될 수 있다. 어휘 문항인 24번을 풀며 학생들은 ⓒ이 포함된 문장의 의미를 파악하는 데 도움을 받을 수 있다. 이와 같이 학생들은 문항을 해결하는 과정에서 제시된 언어 자료를 더 잘 이해할 수 있고, 유비 논증과 동물 실험에 대해 학습하고 싶은 동기를 얻을 수 있다. 따라서 20~24번은 문항 설계가 잘되어 있는 세트라고 할 수 있다.

이번에는 다른 문항 한 세트를 검토해 보자.

A 고등학교 국어 평가 문항

[1~3] 다음 글을 읽고 물음에 답하시오.

'생각하는 기계'가 축복이 될지 재앙이 될지는 미지의 영역이며 미래 사회가 어디로 향할 것인지는 격렬한 ⓐ공방을 가져올 주제이다. 하지만 분명한 것은 인류가 이제껏 고민해 본 적이 없는 문제와 마주했다는 점이다. 거대한 영향력을 지닌 신기술의 도입으로 예상치 못한 심각한 부작용이 생기면, 기술과 인간의 관계는 밑바닥에서부터 재검토되어야 한다.

인공지능 발달이 우리에게 던지는 새로운 과제는 두 갈래다. 로봇을 향한 길과 인간을 향한 길이다.

첫째는, 인류를 위협할지도 모를 강력한 인공지능을 우리가 어떻게 통제할 것인가의 문제이다. 로봇에 대응하는 차원에서 로봇이 지켜야 할 도덕적 기준을 만들어 준수하게 하는 방법이나, 살인 로봇을 막는 국제 규약을 제정하는 것이 접근 방법이 될 수 있다. 또한, 다양한 상황에 관한 사회적 합의를 담은 알고리즘을 만들어 사회적 규약을 벗어나지 않는 범위에서 로봇이 작동하게 하는 방법도 모색할 수 있다. 설계자의 의도를 ⓑ배반하지 못하도록 로봇이 스스로 무력화(武力化)

할 수 없는 원격 자폭 스위치를 넣는 것도 가능하다. 인공지능 로봇이 인간의 통제를 벗어나지 못하게 과학자들은 다양한 기술적 방법을 만들어 내고, 입법자들은 강력한 법률과 사회적 합의를 적용할 것이다.

둘째는, 생각하는 기계가 모방할 수 없는 인간의 특징을 찾아 인간의 가치를 높이는 것이다. 즉, 로봇이 아니라 인간을 깊이 생각하고 인간 고유의 특징을 활용하는 것이다. 인공지능이 마침내 인간의 의식 현상을 ⓒ구현해 낸다고 하더라도 인간과 인공지능은 여전히 구분될 것이다. 인간에게는 감정과 의지가 있기 때문이다.

감정은 비이성적이고 비효율적이지만 인간됨을 ㉣규정하는 본능으로, 감정에 따라 판단하고 의지적으로 행동하는 인간에게 감정은 강점이면서 동시에 결함이 된다. 논리적으로 설명할 수 없는 인간의 행동은 대부분 감정과 의지에서 비롯한 것이다. 인류는 진화의 세월을 거쳐 공감과 두려움, 만족 등 다양한 감정을 발달시켜 왔다. 인간의 감정과 의지는 수백만 년의 진화 과정에서 인류가 살아남으려고 선택한 전략의 결과이다.

인공지능을 통제하는 것이 과학자들과 입법자들의 과제라면, '인간이란 무엇인가?', '인공지능이 대체할 수 없는 나만의 특징과 존재 이유는 무엇일까?'라는 철학적인 질문은 각 개인에게 던져진 과제이다.

<중략>

㉮인공지능 시대에 인간을 인간답게 만드는 것은 무엇보다 결핍과 그에 따른 고통이다. 인류의 역사와 문명은 이러한 결핍과 고통에서 느낀 감정을 동력으로 발달해 온 고유의 생존 시스템이다. 처음 마주하는 위험과 결핍은 두렵고 고통스러웠지만, 인류는 놀라운 유연성과 창의성으로 대응해 왔다. 결핍과 고통을 벗어나는 과정에서 인류가 체득한 생존의 방법이 유연성과 창의성이다. 이것은 기계에 가르칠 수 없는 속성이다. 그래서 인간의 약점은 인간과 기계를 구별하는 최후의 요소라고 할 수 있다. 우리는 기계를 설계할 때 부정확한 인식과 판단, 감정에서 비롯한 변덕스럽고 비합리적인 행동, ㉤망각과 고통 같은 인간의 약점을 기계에 부여하지 않는다. 인간은 우리가 기계에 부여하지 않을, 이러한 부족함과 결핍을 지닌 존재이다. 하지만 거기에 인공지능 시대 우리가 가야 할 사람의 길이 있다.

결국, 앞에서 이야기한 두 가지 과제의 궁극적인 방향은 기계와의 경쟁이 아닌 공존과 공생이다. 인간 고유의 속성인 유연성과 창의성은 인공지능 시대라는 새로운 변화에서도 인간이 생존할 방법을 찾아낼 것이다.

---

1. 윗글에서 답을 찾을 수 있는 질문에 해당하는 것을 있는 대로 고른 것은?

> ⓐ 인간의 약점은 무엇인가?
>
> ⓑ 인공지능을 통제하려면 어떻게 해야 할까?
>
> ⓒ 인간의 가치를 높이는 일은 누구의 과제인가?
>
> ⓓ 인공지능에 대한 논의가 필요한 이유는 무엇일까?
>
> ⓔ 인간의 감정과 의지는 인류의 진화와 어떤 연관이 있을까?

① ⓐ, ⓑ, ⓓ

② ⓑ, ⓒ, ⓔ

③ ⓐ, ⓑ, ⓒ, ⓔ

④ ⓑ, ⓒ, ⓓ, ⓔ

⑤ ⓐ, ⓑ, ⓒ, ⓓ, ⓔ

2. 윗글을 참고할 때, ㉮의 이유로 가장 적절한 것은?

① 인공지능 시대에 인류의 역사와 문명은 새로운 동력이 필요하기 때문이다

② 인간이 부여하지 않은 결핍과 고통이 인공지능에도 필요한 시대가 도래했기 때문이다.

③ 결핍과 고통에서 벗어나기 위해서는 인간이 인공지능과 공존하고 공생해야 하기 때문이다.

④ 기계에는 없는 결핍과 고통을 극복하는 과정에서 인간은 유연성과 창의성을 체득했기 때문이다.

⑤ 유연성과 창의성은 인간이 인공지능과의 경쟁에서 우위를 점할 수 있는 인간만의 속성이기 때문이다.

3. 문맥을 고려할 때, 밑줄 친 말이 ㉠~㉢과 뜻이 다른 것은?

① ㉠ : 무의미한 정치적 공방(攻防)을 멈추어야 한다.

② ㉡ : 이 사실은 저 사실과 배반(背反)하는 관계이다.

③ ㉢ : 토론과 설득은 민주 정치를 구현(具現)하는 방법이다.

④ ㉣ : 이번 화재의 원인을 누전이라고 규정(規定)하기는 어렵다.

⑤ ㉤ : 그는 자신의 과거를 망각(忘却) 속에 묻어 버리고 싶었다.

다음 체크리스트를 보면서 위 언어 자료와 1~3번 문항에 대해 평가해 보자.

문항 설계 시 검토해야 할 항목	예	아니요
1. 필수적으로 물어야 할 것들을 묻고 있는가?		
2. 행동 영역을 골고루 평가하고 있는가?		
3. 평가가 또 하나의 학습 기회를 제공하는가?		

위 언어 자료는 인공지능 시대에 인간이 어떻게 대응하며 살아가야 하는지를 다룬 글이다. 먼저, 제시한 언어 자료에서 꼭 물어야 하는 것을 평가하고 있는가? 위 언어 자료는 삶의 문제에 대한 글쓴이의 생각을 밝히고 있으므로 설득적인 요소를 담고 있다. 그렇다면 글쓴이의 견해를 비판적으로 검토하여 보완하거나 대체할 수 있는 능력을 평가하는 문항이나, 언어 자료의 정보를 구체적인 상황에 적용하여 이해를 확장하는 능력을 평가하는 문항이 대표 문항이 되는 것이 좋다. 설득적인 글에서는 이러한 능력을 평가하는 것이 가장 본령에 충실한 평가가 되기 때문이다. 하지만 위 문항들 중에는 이러한 유형들의 문항이 보이지 않는다.

다음으로, 행동 영역을 골고루 평가하고 있는가? 1번은 질문을 통해 언어 자료의 중심 내용을 확인하는 문항으로 사실적 이해 능력, 2번은 필자의 견해에 대한 근거를 추론하는 문항으로 추론적 이해 능력, 그리고 3번은 어휘의 문맥적 의미를 판별한 후 그것과 다른 의미를 지닌 어휘를 고르는 문항으로 어휘·개념 능력을 평가하고 있다. 1~3번이 각각 다른 행동 영역을 평가하고 있다.

마지막으로, 평가 문항들이 또 하나의 학습 기회를 제공하는지 살펴보자. 학생들은 1번 문항을 풀기 위해 ⓐ~ⓔ의 질문에 해당하는 답이 언어 자료에 있는지 찾는 과정을 거치며 글의 주요 내용을 파악할 수 있게 된다. 2번 문항을 해결하기 위해 언어 자료를 꼼꼼히 읽다 보면 전제나 논거를 추론하는 능력, 전후 관계를 추론하는 능력을 익히게 된다. 그리고 3번 문항을 통해 학생들은 어휘의 의미에 대한 이해 및 활용 능력을 확장할 수 있다. 1~3번은 행동 영역을 고르게 평가하고, 학생들에게 학습 기회를 제공하고 있지만 제시한 언어 자료에서 필수적으로 물어야 하는 것을 평가하고 있지 않으므로 문항 설계가 잘되었다고 보기 어렵다.

연습 문제

[1~4] 다음 언어 자료를 활용하여 통합 문항을 설계해 봅시다.

(가)

　삭삭기 셰몰애 별혜 나는
　삭삭기 셰몰애 별혜 나는
　구은 밤 닷 되를 심고이다
　그 바미 우미 도다 삭 나거시아
　그 바미 우미 도다 삭 나거시아
　유덕(有德)ᄒ신 님믈 여히ᄋ와지이다　　　　　　　<제2연>

　옥(玉)으로 연(蓮)ㅅ고즐 사교이다
　옥(玉)으로 연(蓮)ㅅ고즐 사교이다
　바회 우희 접주(接柱)ᄒ요이다
　그 고지 삼동(三同)이 퓌거시아
　그 고지 삼동(三同)이 퓌거시아
　유덕(有德)ᄒ신 님 여히ᄋ와지이다　　　　　　　<제3연>

　구스리 바회예 디신ᄃᆞᆯ
　구스리 바회예 디신ᄃᆞᆯ
　긴힛ᄃᆞᆫ 그츠리잇가
　즈믄히ᄅᆞᆯ 외오곰 녀신ᄃᆞᆯ
　즈믄히ᄅᆞᆯ 외오곰 녀신ᄃᆞᆯ
　신(信)잇ᄃᆞᆫ 그츠리잇가　　　　　　　<제6연>

　　　　　　　　　　　　　　　　　- 작자 미상, 「정석가(鄭石歌)」 -

(나)

　올ᄒᆡ 닳은* 다리 학긔 다리 되도록애
　거믄 가마괴 해오라비 되도록애
　향복 무강(享福無疆)*ᄒ샤 억만세(億萬歲)를 누리소셔

　　　　　　　　　　　　　　　　　　　- 김구 -

* **향복 무강** : 끝없이 복을 누림.

(다)

　님아 님아 우리 님아 / 이제 가면 언제 올지

　병풍에 그린 닭이 / 꼭교 울면 다시 올래

　옹솥에 삶은 밤이 / 싹이 나면 다시 올래

　고목나무 새싹 돋아 / 꽃이 피면 다시 올래

　님아 님아 우리 님아 / 병자년 보리 흉년에

　장내 장아리 웃장 당그며 / 잔 엿가래 굵은 엿가래

　사다 주던 우리 님아 / 어데 가서 올 줄도 모르는고

　용 가는 데 구름 가고 / 비 가는 데 바람 가고

　님 가는 데 나는 가오

- 작자 미상, 「이별요(離別謠)」 -

(라)

　님이 오마 ᄒ거놀 져녁밥을 일 지어 먹고

　중문 나셔 대문 나가 지방 우희 치ᄃ라 안자 이수로 가액ᄒ고* 오ᄂᆞᆫ가 가ᄂᆞᆫ가 건넌산 ᄇ라
보니 거머횟들 셔 잇거놀 져야 님이로다 보션 버서 품에 품고 신 버서 손에 쥐고 곰븨님븨
님븨곰븨 쳔방지방 지방쳔방 즌 ᄃᆡ 모른 ᄃᆡ ᄀᆞᆯ희지 말고 워렁충창* 건너가셔 졍(情)엣 말
ᄒ려 ᄒ고 겻눈을 흘긋 보니 상년칠월 열사흔날 골가 벅긴 주추리 삼대* 슐드리도 날 소
겨다

　모쳐라 밤일식만졍 ᄒᆡᆼ혀 낫이런들 놈 우일 번ᄒ괘라

- 작자 미상 -

* **이수로 가액ᄒ고** : 손을 이마에 대고.
* **워렁충창** : 급히 달리는 발소리.
* **주추리 삼대** : 씨를 받느라고 껍질을 벗겨 세워 둔 삼의 줄기.

1. 다음 성취기준과 작품 선정 기준을 바탕으로, (가)~(라) 중에서 함께 엮어서 출제할 작품을 3개 골라 봅시다.

[성취기준]
- 대표적인 문학 작품을 통해 한국 문학의 전통과 특질을 파악하고 감상한다.
- 문학 작품은 내용과 형식이 긴밀하게 연관되어 이루어짐을 이해하고 작품을 감상한다.
- 작품을 공감적, 비판적, 창의적으로 수용하고 그 결과를 바탕으로 상호 소통한다.
- 작품을 작가, 사회·문화적 배경, 상호 텍스트성 등 다양한 맥락에서 이해하고 감상한다.

[작품 선정 기준]
현실에서 일어날 수 없는 일들을 조건으로 제시하여 간절한 마음을 드러내는 독특한 발상이 나타나는 작품을 선정한다.

Tip

작품 선정 기준에서 제시한 발상에 주목하며 (가)~(라)를 읽어 봅시다.

2. '1'의 '작품 선정 기준'을 활용하여 <보기>가 있는 대표 문항을 만든다고 할 때, <보기>에 들어갈 내용을 작성해 봅시다.

Tip

관련 논문이나 서적에서 적절한 내용을 찾아 요약하고 재구성해 봅시다. <보기>를 제시하는 방식으로 선생님이 수업 하는 방식, 설명문 형식으로 제시하는 방식 등을 생각해 볼 수 있습니다.

3. 여러 행동 영역을 골고루 평가하기 위해 어떤 문항을 만들 수 있을지 구상해 봅시다.

사실적 이해, 추론적 이해, 비판적 이해, 적용·창의, 어휘·개념 등의 행동 영역을 떠올려 봅시다. 그리고 언어 자료를 독립적으로 사용하거나, 함께 엮어서 표현상의 특징 파악, 화자의 정서 및 태도 비교, 외적 준거에 따른 작품 감상, 작품의 수용과 생산, 한자 성어의 이해 등을 평가하는 문항을 만들어 봅시다.

4. 학생들의 흥미를 유발하고 학습 의욕을 촉진하기 위해 문항 설계 시에 활용할 수 있는 방안을 제시해 봅시다.

학생들에게 친숙한 매체 자료를 활용하는 방안을 생각해 봅시다.

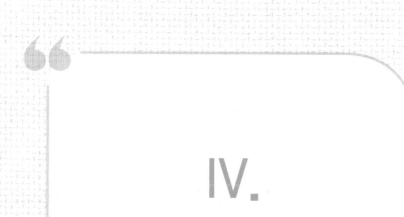

IV.

언어 자료의
선정과 가공

IV.
언어 자료의
선정과 가공

개 요

　IV장에서는 평가에 적합한 언어 자료를 선정하고, 선정된 자료를 문항 출제를 위해 가공하는 방법을 다룬다. 적절한 언어 자료를 선정해서 출제에 알맞은 형태로 가공하는 것은 좋은 문항을 만들기 위한 기초라고 할 수 있다. 그리고 좋은 자료를 선별할 수 있고 좋은 자료로 가공할 수 있는 안목과 능력을 가지는 것은 좋은 출제자가 가져야 할 가장 중요한 덕목이다. 이를 위해 출제자들이 유의해야 할 적절한 언어 자료의 선정 방법과 가공 방법에 대해 알아본 후, 이러한 방법들이 실제 출제 상황에서는 구체적으로 어떻게 적용되는지 각 영역별로 살펴볼 것이다.

1. 적절한 언어 자료

선다형 평가 문항에 적합한 언어 자료는 기본적으로는 두 가지 요건을 갖추고 있어야 한다. 첫 번째는 학생들이 읽을 만한 교육적 가치가 있어야 한다는 것이고, 두 번째는 평가하기 좋은 자료여야 한다는 것이다.

첫 번째 요건을 갖춘 언어 자료는 학생들의 지적 호기심을 자극할 수 있는 참신한 내용이나 올바른 인생관을 정립하는 데 도움이 되는 내용을 담고 있는 것이다. 문학의 경우 문학사적 가치를 인정받은 작품이나 참신한 소재와 표현으로 생각거리를 던져 주는 작품이 적합하다. 독서나 문법의 경우는 학계의 공인을 받거나 권위 있는 출처에서 나온 것으로 내용상의 오류나 모순이 없고 체계적으로 논리를 전개하여 사고력을 키울 수 있는 언어 자료가 적합하다. 화법, 작문, 매체는 수업이나 일상생활에서 언어 수행 능력을 향상시킬 수 있거나 잘못된 습관을 바로잡을 수 있는 자료를 취하는 것이 좋다. 반면 정치 성향이 강한 사람이 쓴 글이나 특정 집단이나 사상에 편향된 글의 경우는 평가를 위한 언어 자료로 적합하지 않다.

두 번째 요건을 갖춘 언어 자료는 시험 문제 풀이에 적정한 분량과 어휘 수준을 가지고 있으며, 문항을 출제할 수 있을 만큼 성취기준과 관련된 정보가 풍부하게 담겨 있는 것이다.

1.1. 정보의 성격 파악 ⟋ 정보에도 무게가 있다?

언어 자료에서 정보는 학생들이 문제를 풀면서 판단해야 하는 것들을 말한다. 주로 내용에 대한 이해, 표현적 특징, 전개 방식 등과 관련된 요소들이 정보가 된다. 언어 자료에 사용되는 문장들은 정보를 담고 있지만, 모든 문장들이 정보의 기능을 하는 것은 아니며, 문장들 중에도 정보의 경중이 있다.

정보는 크게 보면 제시된 사실을 확인하는 성격의 정보와 추론과 적용을 통해 확장을 해 나갈 수 있는 성격의 정보로 나누어 볼 수 있다. 예를 들어 '공자는 군자가 지녀야 할 항목으로 도덕적 수양을 강조했다.'라는 문장은 '윗글에서 말한 군자가 지녀야 할 항목으로 적절한 것은?'과 같은 간단한 문항이나 사실적 확인을 하는 답지를 만들 수 있다. '아리스토텔레스는 고대의 철학자이다.'라는 문장의 경우 아리스토텔레스가 고대 사람인지, 철학자인지 확인하는 답지를 만들 수는 있지만 평가의 측면에서는 큰 의미가 없는 답지이기 때문에 정보가 거의 없는 문장이라고 할 수 있다. 그런데 '돌림힘의 크기는 회전축에서 X까지의 거리와 가해 준 힘의 크기의 곱으로 표현된다.'라는 문장의 경우 '회전축에서 X까지의 거리가 멀면 돌림힘의 크기가 크다'는 정보를 추론할 수 있다. 이를 이용해 회전문을 밀 때나 야구나 골프의 스윙 등 다양한 상황에 적용을 할 수도 있다. 추론이 가능한 정보가 담긴 문장은 사실적 확인도 가능하고, 추론과 적용도 가능하기 때문에 한 문장 안에 정보가 상대적으로 많이 담겨 있다고 할 수 있다.

오지선다에서 한 세트에 3문항을 출제한다고 할 때, 이론상으로는 3개 이상의 유효한 정보가 있어야 한다. 그런데 3개의 정보로만 3문항을 만들 경우 언어 자료와는 관련 없는 답지들이 12개 만들어지며, 답지들의 판단 근거가 언어 자료 안에 없는 경우가 많아진다. 언어 자료의 정보가 부족할 때는 같은 정보가 2개 이상의 문항에 사용될 수 있다. 이런 경우 앞 문제의 풀이가 뒤 문제의 풀이에 영향을 주게 된다. 이를 문항 간 '간섭'이라고 하는데, 간섭을 피하기 위해서는 언어 자료의 정보를 늘리거나 <보기>라는 외부의 정보를 가져와서 정보량을 늘려야 한다. 반대로 정보량이 많은 경우 답지에 사용되지 않는 잉여 정보가 많아지고 난도가 높아지는 경향이 있기 때문에 문항에 맞게 정보량을 적절하게 조절해야 한다.

그런데 피평가자들이 언어 자료를 미리 접했거나 관련 내용을 이미 알고 있는 경우에는 제시된 언어 자료를 읽지 않고 자신의 배경지식을 이용하여 답지에 대해 판단할 수 있다. 그렇게 되면 그 언어 자료에 담긴 정보는 정보로서의 기능을 하지 못하게 된다. 문학의 경우 다른 작품과 엮어 읽기나 다른 관점으로 해석하기를 통해 이러한 문제를 해결할 수 있지만, 독서나 화법, 작문 영역의 경우 언어 자료를 선택할 때는 배경지식으로 인한 유불리를 고려하여 정보를 조정하는 것이 필요하다.

1.2. 언어 자료의 적절성 판단   좋은 자료에서 좋은 문제 난다

출제 상황에서 적절하지 않은 자료를 사용했을 경우 문항을 모두 만든 후에 뒤엎는 경우가 종종 발생한다. 정보가 부족하고, 부적절한 내용이 중심에 있는 언어 자료는 문항 간 간섭을 피할 수 있는 답지들을 만들기 어렵고, 문항의 형태도 다양하게 만들기 어렵기 때문에 출제 과정이 힘들어진다. 반대로 적절한 자료를 선정했을 때는 출제 과정이 쉽게 풀린다. 일반적으로 출제 상황에서 자료 선정의 적절성을 판단하는 기준은 다음과 같다.

적절성＼영역	문학	독서
적절한 자료	- 배경지식에 따른 유불리가 없는 작품이나 글 - 평가에 적합한 정보량과 어휘 수준을 가진 작품이나 글 - 저작권에 문제가 없는 작품이나 글	
적절한 자료	- 올바른 인생관을 정립하는 데 도움이 되는 작품 - 공동체의 일원으로 필수적으로 배워야 할 작품 - 참신한 소재와 표현으로 생각거리를 던져 주는 작품 - 성취기준과 관련된 정보가 적절하게 담겨 있는 작품	- 지적 호기심을 자극할 수 있는 참신한 내용을 담은 글 - 출처가 분명하고 학계의 인정을 받은 내용을 담은 글 - 내용상의 오류가 없고 체계적으로 논리를 전개한 글 - 사실 확인과 추론, 적용 가능한 정보가 적절하게 담겨 있는 글
적절하지 않은 자료	- 사회적으로 물의를 일으키거나 정치적 성향이 강한 작가의 작품 - 학생들에게 부정적인 영향을 줄 수 있는 표현이 담겨 있는 작품	- 학계에서 공인되지 못한 가설이나 특정인의 사견을 담은 글 - 정치, 종교, 살아 있는 인물에 대한 평가 등 사회적으로 민감한 사안을 다루면서 특정 집단이나 사상에 편향된 내용을 담고 있는 글

적절성＼영역	화법	작문	매체	문법
적절한 자료	- 성취기준과 관련된 정보들이 포함되어 있는 자료 - 일상생활에서 흔히 행하는 잘못된 습관을 바로잡을 수 있는 자료 ⋯▸ 모범적인 자료 사용을 기본으로 하나 잘못된 표현이나 오류가 있는 자료도 사용 가능함.			
적절한 자료	- 학생들이 수업이나 일상생활에서 접할 수 있고, 공감할 수 있는 담화 상황과 내용 - 참신한 내용을 담은 자료.		- 매체의 특성과 사용 효과를 잘 보여 줄 수 있는 자료	- 국어 문법의 원리를 생각할 수 있게 하는 자료
적절하지 않은 자료	- 담화 상황의 특성이 드러나지 않아 독서와 차별성이 없는 자료		- 매체의 특성이 드러나지 않아 화법, 작문과 차별성이 없는 자료	- 암기한 지식으로 풀 수 있는 자료
적절하지 않은 자료	- 사회적으로 논란이 있는 시사적 자료			

1.3. 언어 자료의 가공 방향 ⟋ 옥돌도 갈고 닦아야 빛이 난다

실제 언어 자료들을 보면 일부 부적절한 부분이 들어 있는 경우도 있으며, 부적절한 부분은 없지만 교육적 가치가 떨어지는 경우도 있다. 또 출제 상황에서 필요로 하는 분량과 맞지 않거나 완결성을 갖추지 못한 경우에도 사용하기 힘들다. 이렇게 언어 자료들을 제외해 나가다 보면 실제로 출제에 쓸 수 있는 자료가 극히 한정된다. 이런 문제를 해결하기 위해 출제자는 출제 상황에 맞게 언어 자료를 적절하게 가공을 해야 한다. 언어 자료를 가공할 때의 가공 방향과 사용 가능성에 대한 판단은 다음과 같다.

문제점	가공 방향	사용 가능 여부 판단
정보량의 부족	- 새로운 정보, 예시 추가 - 원자료와 비교될 수 있는 자료 추가	정보를 추가해도 일관성과 통일성이 유지된다면 사용 가능
정보량의 과다와 오개념, 어려운 어휘 사용	- 반드시 필요한 개념이 아니라면 생략 - 잘못 사용된 개념어 수정 - 주석 추가, 쉬운 어휘로 교체 - 정보의 일부를 <보기>로 사용	- 생략이나 수정에도 논리 전개에 문제가 없다면 사용 가능 - 내용 파악에 큰 영향을 주지 않는다면 사용 가능 - 주석의 양이 많고 어휘 교체가 어렵다면 사용 불가
기출 문제와 일부 유사	- 기출 문제와 중복되는 정보를 줄이고, 중복되지 않는 부분에서 중심 화제와 주제가 나오도록 조정 - 문학의 경우 새로운 작품과 엮어 읽기	- 같은 화제를 다루더라도 중심 화제나 주제가 다르면 사용 가능
학생들에게 부정적 영향을 줄 수 있는 표현	- 부적절한 표현이 있는 부분 삭제 - 삭제된 부분을 제외하고 자연스럽게 내용이 이어질 수 있도록 조정	- 삭제된 부분이 없어도 자연스럽게 이어진다면 사용 가능
특정 집단이나 사상에 편향된 내용, 사회적으로 민감한 내용	- 두 가지 관점을 비교하며 가치 판단을 하지 않는 방향으로 조정	- 교육적 가치가 충분히 인정되고, 중립적 성격이 유지된다면 사용 가능 - 사회적으로 민감한 이슈가 되는 자료는 가급적 사용하지 않음.
분량과 완결성을 고려한 가공	- 독서 : 하나의 화제를 중심으로 4~8개 문단으로 글을 구성함. - 화법 : 담화 상황에 맞게 구성. 담화 참여자 간의 적절한 상호 작용이 필요함. - 작문 : 글의 종류에 맞게 구성. 문항을 위해 인위적으로 잘못된 내용을 넣는 것도 가능함. - 매체 : 실제 매체 사용 모습으로 조정. 예를 들어 토의를 메신저 형태로 바꾸었을 때에는 그에 맞게 문장 길이를 조절해야 함.	

2. 영역별 언어 자료의 선정과 가공

2.1. 문학 영역의 자료 선정과 가공 *잘 고르기와 잘 엮기*

문학 영역의 출제에서는 출제자가 작품을 변형할 수가 없기 때문에 작품의 선정이 중요하다. 작품을 선정할 때는 정보량이 기준이 되는데, 문학 영역의 정보는 사건의 상황이나 배경, 인물들의 심리나 정서, 관계와 같은 내용적 요소와 서술 방식, 수사법과 같은 표현적 요소가 된다. 내용적 요소는 해석 가능성이 열려 있는 경우가 많기 때문에 선다형 문항에 맞는 정보가 되기 위해서는 언어 자료 안에 명확한 근거가 있어야 한다. 문학 영역에서의 작품 선정과 정보의 성격에 대해서 다음 작품을 통해 파악해 보자.

2014학년도 예비 시행 A형 40~42번

어느 날 당신과 내가
날과 씨로 만나서
하나의 꿈을 엮을 수만 있다면
우리들의 꿈이 만나
한 폭의 비단이 된다면
나는 기다리리, 추운 길목에서
오랜 침묵과 외로움 끝에
한 슬픔이 다른 슬픔에게 손을 주고
한 그리움이 다른 그리움의
그윽한 눈을 들여다볼 때
어느 겨울인들
우리들의 사랑을 춥게 하리
외롭고 긴 기다림 끝에
어느 날 당신과 내가 만나
하나의 꿈을 엮을 수만 있다면

– 정희성, 「한 그리움이 다른 그리움에게」 –

소설이나 고전 시가의 경우 일부분만 발췌해서 출제를 하지만 현대시의 경우는 작품 전문을 출제한다. 그러므로 현대시 작품을 선정할 때는 적정 분량을 가지고 있으면서 그 안에 판단 가능한 정보들을 가진 작품을 선정해야 한다.

위 작품의 경우 문맥을 통해 '당신'과 '나'가 만나서 엮으려고 하는 '하나의 꿈'이 있으며, 그와 상반되는 '추운 길목', '겨울'과 같은 현실의 부정적인 상황이 문맥을 통해 드러난다. 꿈을 이루기 위해 '손을 주고', '눈을 들여다볼 때'와 같은 연대의 행위를 하려 한다는 것을 파악할 수도 있다. 긍정적인 가치를 표현한 것과 부정적인 현실을 표현한 것은 문맥을 통해 확정될 수 있는 정보이다. 여기에서 '하나의 꿈'은 개인적인 것이 될 수도 있고, 남북 간의 통일을 염원하는 것이 될 수도 있다. 여러 가지 해석이 가능할 수도 있지만 이와 관련된 외부의 정보를 <보기>로 끌어오면 '하나의 꿈'도 확정적인 정보가 될 수 있다. 표현적인 부분을 볼 때 '기다리리'와 같은 의지적 어조와 '춥게 하리'와 같은 설의적 표현, 수미상관적 표현, 도치법 등의 다양한 표현 방법도 사용되었다. 문학 영역의 출제에서는 학생들이 이러한 표현 방법에 대해 학습을 했다는 것을 전제하므로 이 정보들은 정오가 확정될 수 있는 정보가 된다.

2014학년도 6월 모의평가 A형 41~43번

"사부는 어느 곳으로부터 오셨나이까?"

노승이 웃으며 대답하기를,

"평생 알고 지낸 사람을 몰라보시니 일찍이, '귀인은 잊기를 잘한다.'는 말이 옳소이다."

양 승상(양소유)이 자세히 보니 과연 얼굴이 익숙한 듯하였다. 문득 깨달아 능파 낭자를 돌아보며 말하기를,

Ⓐ "내가 지난날 토번을 정벌할 때 꿈에 동정 용궁의 잔치에 참석하고 돌아오는 길에, 한 화상이 법좌(法座)에 앉아서 경을 강론하는 것을 보았는데 노승이 바로 그 노화상이냐?"

노승이 박장대소하고 가로되,

"옳도다, 옳도다. 비록 그 말이 옳으나 꿈속에서 잠깐 만난 일은 기억하고 십 년 동안 같이 살았던 것은 기억하지 못하니 누가 양 승상을 총명하다 하였는가?"

승상이 망연자실하여 말하기를,

"소유는 십오륙 세 이전에는 부모의 슬하를 떠난 적이 없고, 십육 세에 급제하여 곧바로 직명을 받아 관직에 있었으니, 동으로 연나라에 사신으로 가고 토번을 정벌하러 떠난 것 외에는 일찍이 경사(京師)를 떠나지 아니하였거늘, 언제 사부와 함께 십 년을 상종하였으리요?"

노승이 웃으며 말하기를,

"상공이 아직도 춘몽을 깨지 못하였도다."

승상이 말하기를,

"사부는 어찌하면 저로 하여금 춘몽을 깨게 하실 수 있나이까?"

노승이 이르기를,

"이는 어렵지 않도다."

하고 손에 잡고 있던 지팡이를 들어 돌난간을 두어 번 두드렸다. 갑자기 네 골짜기에서 구름이 일어나 누각 위를 뒤덮어 지척을 분변하지 못하였다. 승상이 정신이 아득하여 마치 꿈속에 있는 듯하다 소리를 질러 말하기를,

"사부는 어찌하여 정도(正道)로 소유를 인도하지 아니하고 환술(幻術)로써 희롱하시나이까?"

ⓑ 승상이 말을 마치지 못하여 구름이 걷히는데 노승은 간 곳이 없고 좌우를 돌아보니 팔 낭자도 간 곳이 없었다. 승상이 매우 놀라 어찌할 바를 모르는 중에 높은 대와 많은 집들이 한순간에 없어지고 자기의 몸은 작은 암자의 포단 위에 앉았는데, 향로에 불은 이미 사라지고 지는 달이 창가에 비치고 있었다.

자신의 몸을 보니 백팔 염주가 걸려 있고 머리를 손으로 만져 보니 갓 깎은 머리털이 가칠가칠하였으니 완연히 소화상의 몸이요 전혀 대승상의 위의가 아니니, 정신이 황홀하여 오랜 후에야 비로소 제 몸이 연화도량의 성진(性眞) 행자(行者)임을 깨달았다.

그리고 생각하기를, 'ⓒ 처음에 스승에게 책망을 듣고 풍도옥(酆都獄)으로 가서 인간 세상에 환도하여 양가의 아들이 되었다가, 장원급제를 하여 한림학사를 한 후 출장입상(出將入相), 공명신퇴(功名身退)하여 두 공주와 여섯 낭자로 더불어 즐기던 것이 다 하룻밤의 꿈이로다. 이는 필연 사부가 나의 생각이 그릇됨을 알고 나로 하여금 그런 꿈을 꾸게 하시어 인간 부귀와 남녀 정욕이 다 허무한 일임을 알게 한 것이로다.'

성진이 서둘러 세수하고 의관을 정제하여 처소에 나아가니, 제자들이 이미 다 모여 있었다.

육관 대사가 큰 소리로 묻기를,

"성진아, 인간 부귀를 겪어 보니 과연 어떠하더냐?"

성진이 머리를 조아리고 눈물을 흘리며 하는 말이,

"성진이 이미 깨달았나이다. 제자가 불초하여 생각을 그릇되게 하여 죄를 지었으니 마땅히 인간 세상에서 윤회하는 벌을 받아야 하거늘, 사부께서 자비하시어 하룻밤 꿈으로 제자의 마음을 깨닫게 하시니 사부의 은혜는 천만 겁이 지나도 갚기 어렵나이다."

대사가 말하기를,

"네가 흥을 타고 갔다가 흥이 다하여 돌아왔으니 내가 무슨 간여할 바가 있겠느냐? 또 네가 말

하기를, '인간 세상에 윤회한 것을 꿈을 꾸었다.'고 하니, 이는 꿈과 세상을 다르다고 하는 것이
니, 네가 아직도 꿈을 깨지 못하였도다. ⓓ 옛말에 '장주(莊周)가 꿈에서 나비가 되었다가 다시
나비가 장주가 되었다.'고 하니, 어느 것이 거짓 것이고, 어느 것이 참된 것인지 분변하지 못하나
니, 이제 성진과 소유에 있어 어느 것이 참이며 어느 것이 꿈이냐?"
성진이 이에 대답하기를,
"제자 성진은 아득하여 꿈과 참을 분별하지 못하겠사오니, 사부는 설법(說法)을 베풀어 제자로
하여금 깨닫게 하소서."

– 김만중, 「구운몽」 –

이 작품에서는 ⓐ, ⓑ, ⓒ, ⓓ 부분을 통해 인물 간의 관계와 상황이 분명하게 드러나기 때문에 따
로 앞부분의 줄거리를 제시하지 않았다. 특히 ⓑ 부분은 꿈과 현실이 교차하는 것을 시간의 흐름에
대한 묘사를 통해 보여 주고 있다. 그리고 ⓓ 부분은 작품의 주제를 나타내는 부분으로, 진짜 세계
와 꿈을 나누어 생각하는 이분법적 사고에 대한 경계를 보여 준다. 이 자체로도 주제를 파악하는 중
요한 단서가 되는 정보가 될 수 있으며, <보기>를 통해 외부의 자료를 가져올 경우 창의적으로 해
석하는 답지를 구성할 수 있다. 이 언어 자료에는 꿈과 현실의 관계와 그 구분마저도 초월해야 한다
는 주제 의식을 보여 주는 단서가 충분하게 있기 때문에 이를 이용하면 난도가 높은 대표 문항을 구
성할 수도 있다.

2.1.1. 어휘와 표기의 조정   *해독이 아니라 해석이 되어야*

고전 문학 작품을 원문 그대로 출제를 할 경우 옛 표기와 어휘에 대한 해독이 학생들의 점수를 결
정하는 가장 중요한 요소가 된다. 그렇게 되면 문학 영역 평가의 본질이라고 할 수 있는 내용이나 표
현 파악과 관련된 성취기준을 평가할 수 없게 된다. 한편으로는 옛날 표기를 모두 현대어로 바꾸었
을 때에는 고전 문학이 가진 특성을 제대로 보여 줄 수 없게 된다.

다음에 제시된 윤선도의 문집 『고산유고』에 실려 있는 「만흥」의 원문[3]을 예로 들어 고전 문학 작
품이 출제 과정에서 어떻게 조정되는지를 살펴보자.

---

3) 출처 : 『한국고전종합DB』, 한국고전번역원

孤山遺稿卷之六 下

歌辭

山中新曲

산수간(山水間) 바회 아래 뛰집을 짓노라 ᄒᆞ니
그 모론 ᄂᆞᆷ들은 웃는다 ᄒᆞᆫ다마ᄂᆞᆫ
어리고 햐암의 ᄠᅳᆮ의ᄂᆞᆫ 내 分인가 ᄒᆞ노라

보리밥 픗ᄂᆞ믈을 알마초 머근 後에
바횟긋 믉ᄀᆞ의 슬ᄏᆞ지 노니노라
그 나믄 녀나믄 일이야 부룰 줄이 이시랴

잔 들고 혼자 안자 먼 뫼흘 ᄇᆞ라보니
그리던 님이 오다 반가옴이 이러ᄒᆞ랴
말ᄉᆞᆷ도 우움도 아녀도 몯내 됴하ᄒᆞ노라

누고셔 三公도곤 낫다 ᄒᆞ더니 萬乘이 이만ᄒᆞ랴
이제로 헤어든 巢父 許由ㅣ 냑돗더라
아마도 林泉閒興을 비길 곳이 업세라

내 셩이 게으르더니 하ᄂᆞᆯ히 아ᄅᆞ실샤
人間萬事ᄅᆞᆯ 한 일도 아니 맛뎌
다만당 ᄃᆞ토리 업슨 江山을 딕희라 ᄒᆞ시도다

江山이 됴타 ᄒᆞᆫ들 내 分으로 누얻ᄂᆞ냐
恩惠를 이제 더옥 아노이다
아ᄆᆞ리 갑고쟈 ᄒᆞ야도 ᄒᆡ올 일이 업세라 님군

가

산수간(山水間) 바회 아래 뛰집을 짓노라 ᄒᆞ니
그 모론 눔들은 웃는다 ᄒᆞᆫ다마는
어리고 햐암의 뜻에는 내 분인가 ᄒᆞ노라.

나

산수간(山水間) 바위 아래 띠집을 짓노라 하니
그 모른 남들은 웃는다 한다마는
어리고 햐암*의 뜻에는 내 분(分)인가 하노라

보리밥 풋나물을 알맞게 먹은 후에
바위 끝 물가에 슬카지 노니노라
그 남은 어남은 일이야 부럴* 줄이 있으랴

잔 들고 혼자 앉아 먼 뫼를 바라보니
그리던 님이 오다 반가움이 이러하랴
말씀도 웃음도 아녀도 못내 좋아 하노라

누고셔 삼공(三公)*도곤 낫다 하더니 만승(萬乘)*이 이만하랴
이제로 헤어든 소부 허유(巢父許由)*가 약돗더라*
아마도 임천 한흥(林泉閑興)을 비길 곳이 없어라
<후략>

* 햐암 : 시골에 사는 견문이 좁고 어리석은 사람.
* 부럴 : 부러워할.
* 삼공 : 삼 정승.
* 만승 : 천자(天子).
* 소부 허유 : 요임금 때 세상을 등지고 살던 인물.
* 약돗더라 : 약았더라.

가의 표기는 'ㆍ' 표기를 사용하고, '바회, 모론'과 같이 현대어와 크게 차이가 나지 않는 어휘를 그대로 사용하여 예스러운 느낌을 주었다. 원래의 어휘와 표기를 크게 바꾸지 않았기 때문에 본래의 운율을 해치지 않고 있다. 그런데 여기에서 '뛰집, 햐암'과 같은 어휘는 비슷한 현대어를 찾기가 어렵기 때문에 이에 대한 해독이 되지 않으면 작품에 대한 해석과 감상이 어려워질 수 있다. '뛰집'의 경우 문맥상 '집', 그것도 초라한 집이라는 의미를 추론하는 것이 가능하지만 '햐암'의 경우는 문맥을 통해 추론하는 것이 어렵다. 그래서 나에서는 표기를 현대어에 가깝게 하면서도 주석을 달아서 해독이 해석과 감상을 방해하는 문제를 해결하고 있다. 나를 보면 현대어로 바꾸거나 주석으로 처리하는 데 원칙이 있음을 볼 수 있다. 2연에서 보면 '이시랴'를 '있으랴'로 바꾸는 경우 의미나 운율, 어감에 큰 영향이 없기 때문에 현대어로 바꾸었다. '부럴'의 경우는 원문에는 '부ᄅᆞᆯ'이지만 전체적으로 'ㆍ'를 쓰지 않았기 때문에 '부럴'로 표기하였다. 그런데 이를 '부러워할'로 바꾼다면 시조의 운율에 맞지 않게 되기 때문에 표기를 '부럴'로 두고 주석으로 처리하였다. 4연의 '약돗더라'의 경우는 '약았더라'로 바꿀 경우 파열음 'ㄷ'이 사라짐으로써 어감상의 차이가 발생하기 때문에 그대로 둔 예라고 할 수 있다. '삼공, 만승, 소부 허유'와 같은 단어는 당대 사대부들이 흔히 쓰던 어휘이기 때문에 다른 말로 대체하지 않고 주석으로 처리하였다.

표기와 어휘의 선택은 작품의 난도에 따라 다르기는 하지만 난도를 높이고자 할 때는 구개음화, 단모음화, 두음 법칙이 일어나지 않은 형태의 어휘를 사용하고, 'ㆍ'와 'ㅺ, ㅼ, ㅽ'과 같은 된소리 표기를 사용하기도 한다.

고전 소설 중에서 한글 소설의 경우는 원문을 그대로 출제했을 경우 수험생들은 해독이 거의 불

가능하다. 아래의 예시에서 **가**는 「옥단춘전」의 원문 표기이다. 이 자료를 통해 고전 소설의 가공 방향에 대해 알아보자.

가

　리혈룡이 어이 업셔 ᄒᄂᆫ 말이 온야 니 너를 친구라고 ᄎᆉ 왓셧다가 통듸 못ᄒᆞ야 일식이ᄂᆞ 지나드니 노ᄌᆞ도 써러지고 듸갈을 견듸지 못ᄒᆞ야 전전걸식ᄒᆞ고 단이다가 오늘ᄂᆞᆯ 너를 보니 죽어도 한이업다 나는 너를 친구라고 ᄎᆉ왓더니 이디지 괄셰ᄒᆞ니 디디 친구 쓸디업고 결의형뎨 슬디업다 나갓흐면 이디지 괄셰아니 ᄒᆞ깃다 다만 젼빅이라도 쥬엇스면 부모쳐ᄌᆞ를 먹여 슬니게다 ᄒᆞ녀 디셩통곡ᄒᆞ야 우는 말이 이 몹실 김진희야 푼젼 노슈 업셔 경셩텬리 어이가리 ᄒᆞ니 Ⓐ<u>감ᄉᆞ 분을 니여 호통ᄒᆞ되 밋친 놈이로다</u> ᄒᆞ며 디동강 ᄉᆞ공을 불너 왈 이놈을 비에 실고 강즁에 던지여라 ᄒᆞ는 분부지엄ᄒᆞ니 ᄉᆞ공들이 쳥령ᄒᆞ고 물너나와 리혈룡을 결박ᄒᆞ여 비에 실 젹에 옥단츈이 넌짓 보미 비록 의복은 남누ᄒᆞ나 얼골이 비범ᄒᆞ다 불상이 싱각ᄒᆞ고 감ᄉᆞ젼에 엿ᄌᆞ오되 소녀 금시에 오훈이 이러나며 만신이 고통ᄒᆞ야 견댈 슈 업ᄂᆞ니다 ᄒᆞ니 감ᄉᆞ 이르는 말이 그러ᄒᆞ면 물너나가 치료ᄒᆞ라

2016학년도 9월 모의평가 A형 31~33번

나

　이혈룡이 어이가 없어서,
　"오냐, 내가 너를 친구라고 찾아왔다가 통지를 할 수 없어 한 달이나 지나서 노자도 떨어지고 기갈을 견디지 못하여 문전걸식하고 다니다가 오늘에야 이 자리에서 너를 보니 죽어도 한이 없다. 나는 너를 친구라고 찾아왔는데 어찌 이같이 괄시한단 말이냐? 오랜 친구도 쓸데없고 결의형제도 쓸데없구나. 내가 네 처지라면 이같이는 괄시하지 않을 거다. 다만 돈백이라도 준다면 모친과 처자를 먹여 살리겠다."
하면서 대성통곡하였다. 이혈룡은 다시 울먹이는 말로,
　"이 몹쓸 김진희야, 내가 지금 푼전의 노자가 없으니 멀고 먼 서울 길을 어찌 돌아가랴."
하니, Ⓑ<u>김 감사는 노발대발,</u> / "이 미친놈 봤나."
　호통을 치면서 사공을 불러 엄명하였다. / "이놈을 배에 싣고 가서 강물 한가운데 던져라."
　이에 사공들이 영을 받고 물러 나와 이혈룡을 묶어서 배에 실을 때에 연회장에 있던 옥단춘이

넌지시 보니, 비록 의복은 남루하나 얼굴이 비범한 것을 보고 불쌍히 여기고 감사에게 거짓말하여 고하기를,

　　"소녀 지금 오한이 일어나며 온몸이 괴로워 견딜 수가 없습니다." / 하니 감사가,

　　"그러면 물러가서 치료하라."

<후략>

　　이 부분은 이혈룡과 김진희가 대화하는 상황이지만, **가**는 적절한 문장 부호가 없기 때문에 그러한 상황이 파악되지 않는다. **나**에서는 표기와 어휘를 현대어로 조정하면서 적절한 문장 부호를 사용하여 대화 상황임을 나타내고 있다. 그런데 Ⓐ와 같은 부분은 원문을 현대어로 조정을 해도 대화적 성격이 잘 드러나지 않을 수 있다. 이런 경우에는 Ⓑ와 같이 출제자가 약간의 가공을 하여 전체적인 흐름을 자연스럽게 만들 수 있다.

2.1.2. 자연스럽게 발췌하기　*있어야 할 건 있고, 없을 건 없어야*

　　출제에서 장형 시가나 소설은 전문을 출제할 수가 없기 때문에 출제에 필요한 부분을 선택적으로 발췌해야 한다. 출제에 필요한 부분을 발췌할 때의 원칙은 간단하게 말하면 정보가 많은 부분을 선정해야 하고, 부적절한 정보가 있는 부분을 삭제해야 한다. 정보가 많은 부분은 주어진 부분만으로도 상황이나 인물들의 성격을 알 수 있는 부분을 말하고, 부적절한 정보는 성적 표현이나 비윤리적 내용 등 논란이 될 수 있는 내용이 포함된 부분을 말한다. 부분 선택이 적절하게 이루어졌을 경우에는 기출을 피할 수도 있게 되는데, 다음에 제시된 최일남의 「흐르는 북」이라는 소설을 통해 살펴보자.

2008학년도 수능 47~50번

가

　　연습이 끝나고 막걸리 집으로 옮겨 갔을 때도, 아이들은 민 노인을 에워싸고 역시 성규 할아버지의 북소리는, 우리 같은 졸개들이 도저히 흉내 낼 수 없는 명인의 경지라고 추어올렸다. 그것이 입에 발린 칭찬일지라도, 민 노인으로서는 듣기 싫지 않았다. 잊어버렸던 세월을 되일으켜 주는 말이기도 했다.

"얘들아, 꺼져 가는 떠돌이 북쟁이 어지럽다. 너무 비행기 태우지 말아라."

민 노인의 겸사에도 아이들은 수그러들지 않았다.

"아닙니다. 벌써 폼이 다른걸요."

"맞아요. 우리가 칠 때는 죽어 있던 북소리가, 꽹과리보다 더 크게 들리더라니까요."

"성규, 이번에 참 욕보았다."

난데없이 성규의 노력을 평가하는 녀석도 있었다. 민 노인은 뜻밖의 장소에서 의외의 술친구들과 어울린 자신의 마음이, 외견과는 달리 퍽 편안하다는 느낌도 곱씹었다. 옛날에는 없었던 노인과 젊은이들의 이런 식 담합이, 어디에 연유하고 있는가를 딱히 짚어 볼 수는 없었으되.

두어 번의 연습에 더 참가한 뒤, 본 공연이 열리던 날 새벽에 민 노인은 성규에게 일렀다.

"아무리 단역이라고는 해도, 아무 옷이나 걸치고는 못 나간다. 모시 두루마기를 입지 않고는 북채를 잡을 수 없어."

"물론이지요. 할아버지 옷장에서 꺼내 놓으세요. 제가 따로 가지고 갈게요."

"두 시부터라고 했지?"

"네."

"이따 만나자."

일찍 점심을 먹고, 여느 날의 걸음걸이로 집을 나선 Ⓐ민 노인은, 나이에 어울리지 않는 설레임으로 흔들렸다. 아직은 눈치를 채지 못한 아들 내외에 대한 심리적 부담보다는, 자기가 맡은 일 때문이었다. 수십 명의 아이들이 어우러져 돌아가는 춤판에 영감쟁이가 하나가 낀다는 사실이, 새삼스럽게 어색하기도 하고, 모처럼의 북 가락이 그런 모양으로밖에는 선보일 수 없다는 데 대한, 엷은 적막감도 씻어 내기 힘들었다. 그러나 젊은 훈김들이 뿜어내는 학교 마당에 서자 그런 머뭇거림은 가당찮은 것으로 치부되었다. 시간이 되어 옷을 갈아입고 아이들 속에 섞여 원진(圓陣)을 이루고 있는 구경꾼들을 대하자, 그런 생각들은 어디론지 녹아 내렸다. 그 구경꾼들의 눈이 자기에게 쏠리는 것도 자신이 거쳐 온 어느 날의 한 대목으로 치면 그만이었다. 노장이 나오고 취발이가 등장하는가 하면, 목중들이 춤을 추며 걸쭉한 음담패설 등을 쏟아 놓을 때마다, 관중들은 까르르 웃었다. 민 노인의 북은 요긴한 대목에서 둥둥 울렸다. 째지는 소리를 내는 꽹과리며 장구에 파묻혀 제 값을 하지는 못해도, 민 노인에게는 전혀 괘념할 일이 아니었다. 그전에도 그랬던 것처럼, 공연 전에 마신 술기운도 가세하여, 탈바가지들의 손끝과 발목에 한 치의 오차도 없이 그의 북소리는 턱턱 꽂혔다. 그새 입에서는 얼씨구! 소리도 적시에 흘러나왔다. 아무 생각도 없었다. 가락과 소리와, 그것을 전체적으로 휩싸는 달착지근한 장단에 자신을 내맡기고만 있었다.

그날 밤, 민 노인은 근래에 흔치 않은 노곤함으로 깊은 잠을 잤다. 춤판이 끝나고 아이들과 어울려 조금 과음한 까닭도 있을 것이었다. 더 많이는, 오랜만에 돌아온 자기 몫을 제대로 해냈다는 느긋함이, 꿈도 없는 잠을 거쳐 상큼한 아침을 맞고 했을 것으로 믿었는데, 그런 흐뭇함은 오래 가지 않았다. 다 저녁때가 되어, 외출에서 돌아온 며느리는 집 안에 들어서자마자 성규를 찾았고, 그가 안 보이자 민 노인의 방문을 밀쳤다.

"아버님, 어저께 성규 학교에 가셨어요?"

예사로운 말씨와는 달리, 굳어 있는 표정 위로는 낭패의 그늘이 좍 깔려 있었다. 금방 대답을 못하고 엉거주춤한 형세로 며느리를 올려다보는 민 노인의 면전에서, 송 여사의 한숨 섞인 물음이 또 떨어졌다.

"북을 치셨다면서요."

"그랬다. 잘못했니?"

우선은 죄인 다루듯 하는 며느리의 힐문에 부아가 꾸역꾸역 치솟고, 소문이 빠르기도 하다는 놀라움이 그 뒤에 일었다.

"아이들 노는 데 구경 가시는 것까지는 몰라도, 걔들과 같이 어울려서 북 치고 장구 치는 게 나이 자신 어른이 할 일인가요?"

ⓑ "하면 어때서. 성규가 지성으로 청하길래 응한 것뿐이고, 나는 원래 그런 사람 아니니. 이번에도 내가 늬들 체면 깎았냐."

"아시니 다행이네요."

송 여사는 후닥닥 문을 닫고 나갔다.

2016학년도 6월 모의평가 B형 34~36번

나

정작 문제가 터진 건 손님들이 돌아가고 난 후였다. 아들은 민 노인을 하얗게 질린 얼굴로 다잡았다. 아버지는 왜 제 체면을 판판이 우그러뜨리냐는 게 항변의 줄거리였다. 그 녀석들은 아버지의 북소리를 꼭 듣고 싶어서 청한 것이 아니라, 그 북을 통해 자기의 면목이나 위치를 빈정대기 위해서 그러는 것임을 왜 모르냐고, 민 노인의 괜찮은 기분을 구석으로 떼밀어 조각을 내었다. 아들 옆에서 입을 꼭 다물고 있는 며느리는, 차라리 더 많은 힐난을 내쏘고 있음을 민 노인은 모르지 않았다. 아들 내외는 요컨대 아버지가 그냥 보통 노인네로 머물러 있기를 바랐다.

ⓒ 아버지의 북이 상징하는 아버지의 허랑방탕한 한평생이, 일단은 세련된 입신(立身)으로 평가되는 아들의 내력에 중요한 흠으로 작용한다는 점에서도 그랬다. 하라는 공부는 작파하고, 북을 메

고 떠돌아다니며 아내와 자식을 모른 체한 민익태, 한때는 아편쟁이로 세상을 구른 민익태, 그러면서도 북을 놓지 않은 그와 아들의 단절은, 따라서 오래 지속될 수밖에 없었다. 더구나 시아버지의 그런 생애와 전적으로 무관한 며느리가, 떼어 버릴 수도 없는 인연으로 맺어지고 있을지언정, 자기를 올곧게만은 대할 수 없는 형편임을 민 노인은 이해하고 있었다. 심지어 다 늦게 아들네 집을 찾아온 영감을 대하던 마누라의 눈에도, 당장은 증오가 앞섰으니까 더 할 말이 없다. 그래도 할망구가 살아 있던 시절은, 미움과 연민을 골고루 섞어 가면서도 어지간히 바람막이 구실을 해 주어 견디기가 쉬웠는데, 외톨이로 남으면서 운신하기가 수월찮았다. 그러나 아들이 결정적으로 자기의 날씬한 생활 속에서 아버지를 격리시키고자 하는 까닭은, 부담의 차원보다는 아버지를 접함으로써 새삼스럽게 확인하게 되는, 자신의 고통과 낭떠러지의 세월을 떠올리기 때문이 아닌가 하였다.

<중략>

"너는 할아버지와 나와의 관계에 대해, 특히 내가 취하고 있는 입장에 대단히 불만이지?"

"그럴 것도 없습니다. 아버지의 할아버지에 대한 처지를 이해하면서도, 그 논리를 그대로 저와 연결시키고 싶지도 않고, 그럴 필요도 없다고 생각하는 편이에요."

"기특하구나. 그러니까 너만이라도 할아버지에게 화해의 제스처를 보이겠다는 거냐 뭐냐. 지금까지의 네 행동을 보면 그런 추측을 가능케 하더라만."

"그것도 맞지 않는 말이에요. 도대체 할아버지와 저와는 갈등이 있었어야 말이죠. 처음부터 갈등이 없었는데 화해의 제스처를 보이고 말고가 어디 있습니까. 할아버지와의 갈등이 있었다면, 그건 아버지의 몫이지 저와는 상관이 없는 겁니다. 오히려 전 세대끼리의 갈등이 다음 세대에서 쾌적한 만남으로 이어진다면, 그건 환영할 만한 일이고, 그게 또 역사의 의미 아니겠습니까?"

"뭐야, 이놈의 자식, 네가 나를 훈계하는 거얏!"

말이 떨어지기 무섭게, 아버지의 손바닥이 성규의 볼때기를 후려쳤다. 옆에 있던 어머니의 쇳소리가 그의 뺨에 달라붙었다.

"또박또박 말대답하는 것 좀 봐."

"아버지의 마음을 모르는 게 아니에요. 그렇다고 아버지의 생각 속으로만 저를 챙겨 넣으려고 하지 마세요."

성규는 얻어맞은 자리를 어루만지지도 않고, 되레 풀죽은 목소리가 되었다.

"네가 알긴 뭘 알아. 네가 내 속을 어떻게 알아."

"그런 말씀은 이제 그만 좀 하셨으면 해요. 안팎에서 듣는 그 말에 물릴 지경이거든요. '너는 아직 모른다. 너도 내 나이가 되어 봐라…….' 고깝게 듣지 마세요. 그때 가서 그 뜻을 알지언정, 지금부터 제 사고와 행동을 포기하고 싶지는 않습니다. 그런 뜻에서 제가 할아버지를 우리 모임에 초청한 사실을 후회하지 않을뿐더러, 옳았다고 생각합니다. 아버지가 할아버지를 심리적으로 격리시키려 하고, 또 한편으로는 이해하려는 모순을 저도 이해합니다. ⓓ 노상 이기적인 현실에의 집착이 그걸 누르는 데 대한, 어쩔 수 없는 생활인의 감각까지도 저는 알고 있습니다. 그러나 역설적이고 건방지게 들릴지 모르지만, 제 나이는 또 할아버지의 생애를 이해합니다. 북으로 상징되는 할아버지의 삶을 놓고, 아버지와 제가 감정적으로 갈라서는 걸 비극의 차원에서 파악할 것도 아니라고 봅니다. 할아버지가 자신의 광대 기질에 철저하여 가족을 버린 건 비난받아야 할 일이나, 예술의 이름으로는 용서받을 수 있습니다."

"그래서? 할아버지가 나름대로의 예술을 완성했니?"

아버지의 입가에 냉소가 머물렀다.

"그건 인식하기 나름입니다. 다만 할아버지에게서 북을 뺏는 건, 할아버지의 한(恨)을 배가시키고, 생의 마지막 의지를 짓밟는 것에 다름 아니라는 생각만은 갖고 있습니다."

가에서는 민 노인이 북을 치는 모습과 예술을 대하는 자세를 중심적으로 이야기하고 있지만, Ⓐ, Ⓑ 부분을 통해 아들, 며느리와 갈등을 겪고 있음을 파악할 수 있다. **나**는 ⓒ, ⓓ 부분을 통해 인물의 상황과 갈등의 원인을 파악할 수 있기 때문에 앞부분이나 중략 부분의 줄거리를 제시하지 않아도 언어 자료로 사용이 가능하다. **나**에서는 **가** 부분이 이미 출제되었기 때문에 **가** 부분의 앞뒤를 잘라서 언어 자료로 사용하고 있다. **나**에서는 할아버지 — 아버지 — 아들로 이어지는 갈등 관계와 '예술'에 대한 태도가 드러나기 때문에 중간에 생략된 부분이 있지만 자연스럽게 연결될 수 있다.

한편 **나**를 **가**와 같이 연결된 한 부분으로 구성하지 않고 중간에 생략을 한 또 다른 이유도 있다. 다음은 **나**의 앞부분에 이어지는 내용이다.

언젠가, 아들은 일부러 마신 듯한 술에 몸을 가누지 못하며, 민 노인에게 포악스럽게 퍼부은 적이 있었다. 앞뒤가 잘 이어지지 않으면서도, 토악질하듯 내뱉는 그의 토막말에는, 누르고 다져 온, 비수를 머금은 원망이 차곡차곡 담겨 있었다. 아버지, 왜 돌아오셨습니까. 제가 어머니와 양키 담배를 골라낸 꿀꿀이죽으로 주린 배를 채우고 있을 때, 아버지는 어디서 무얼 하셨습니까. 모리배들의 술자리에서 북 쳐 주고 받은 돈으로, 기생 무릎을 베고 있었습니까. 어머니가 콩나물을 길러 번 돈으로, 그리고 제가 신문 배달을 해서 얻은 돈으로 겨우겨우 학교를 다니고 있을 때, 아버지는 또 어디서 무얼 하시고 계셨습니까. 시골의 삼류극장에서 소리꾼들의 장단을 맞추고 있었습니까.

이 부분은 아버지에 대한 아들의 한을 잘 보여 주기는 하지만 한편으로는 아버지를 일방적으로 매도하는, 패륜적으로 보일 수 있는 부분이다. 특히 '기생 무릎을 베고 있었습니까'와 같은 표현은 출제에 사용하기에는 부적절한 부분이기도 하다. 무엇보다 아버지와의 관계가 좋지 않은 학생들이 시험 상황에서 이 부분을 읽었을 때 감정이 이입될 수 있는 문제도 있다. 그래서 이러한 부분은 생략하고, ⓓ와 같이 할아버지와 아버지의 삶 모두를 인정하는 성규의 입장이 잘 드러나는 부분을 발췌하였다. 이를 통해 세대 간의 갈등과 예술에 대한 입장 차이 등 다양한 정보들을 문항으로 구현할 수 있다.

그런데 발췌 부분만으로는 인물들의 관계나 상황 파악이 어려운 경우가 있는데, 이 경우에는 어떻게 가공을 해야 하는지 생각해 보자.

2008년 국가수준 학업성취도 평가 고등학교 1학년 29~30번

[앞부분의 줄거리]

ⓐ강원도 산속 마을 산리. 그곳에 사는 ⓑ17살의 소녀 윤홍연은 늦깎이 초등학생이다. 어느 날 길모퉁이에서 ⓒ산리 초등학교로 부임한 21살의 총각 선생님 강수하와 우연히 마주친 후, ⓓ홍연은 그를 짝사랑하게 된다.

S#46. 5-1반 교실(아침)

(화병 가득 꽂힌 들꽃 향기를 코로 들이키며 교실을 두루 돌아보는 수하)

수하 : 흐음 ― 여기도 꽃을 갖다 놨네, 누구니?

(표정 관리하고 앉은 홍연을 의심스러운 얼굴로 쳐다보는 강주. 아무도 대답을 않자)

수하 : 나서기 부끄러운 모양이지? 누군지 아무튼 고맙구나!

(칠판에 '일기 쓰기'라고 쓰고 돌아서는 수하.)

수하 : 여러분 글짓기 숙젠 봤어요. 다들 열심히 썼고 잘 쓴 어린이도 있었지만, 내년이면 졸업반인데도 아직 맞춤법에 익숙지 않고 고쳐야 할 부분이 많았어요. 그래서 생각했어요. 여러분들이 글 쓰는 일이 몸에 배도록 하자. 그러려면 매일매일 일기를 쓰도록 하는 게 최고다!

일동 : (원성이 섞인 조로) 선생니이 ― 임 ― !

<중략>

S#55. 5-1반 교실(오후)

(책상 사이를 오가며 수하가 책을 읽으면, 참새처럼 큰 소리로 따라 읽는 반 아이들. 수하가 아이들이 소리 내어 읽는 사이 슬쩍 쳐다보면, 책에는 눈도 두지 않은 채 홍연이 수하를 응시하

고 있다. 홍연은 그와 시선이 마주치자 얼른 앞자리 아이의 등 뒤로 얼굴을 숨긴다. 동시에 얼른 시선을 거둔 수하, 못 본 척 다시 책을 읽는다는 게 엉뚱한 곳을 읽자, 아이들 '와 ―' 하고 폭소를 터뜨린다.)

아이들 : (노래를 부른다.) 눈송이처럼 날리네…… 향긋한 꽃 냄새가…… 얼굴 마주 보고 생긋

S#56. 산길(석양 녘)

(야호― 메아리도 부르고, 빙글빙글 돌기도 하며, 산길을 마구 달리는 홍연)

S#57. 수하 하숙방(휴일 한낮)

(수하, 은희가 준 엘피 음반을 정성껏 닦아 전축에 걸고 두 눈을 지그시 감고 감상한다. 자기 기분에 빠져 몸을 흔들다가 수북이 쌓인 반 아이들의 일기장 더미를 무너뜨린다. 수하, 일기장 다시 쌓다가 문득 손에 쥐어지는 홍연의 일기장. 수하, 문득 흥미 느끼고 읽기 시작하는데, 낯을 붉히다 헛웃음을 웃다가 하며 미묘한 표정.)

홍연 : (Nar.) …… 오늘 선생님이 내 팔을 살짝 꼬집었다. 나는 너무나 뜻밖의 일에 얼굴이 홍당무처럼 붉어졌고, 어쩔 줄을 몰랐다. <하략>

－ 하근찬 원작(원제 '여제자'), 이영재 각색, 「내 마음의 풍금」 －

이 부분에서는 홍연이 수하를 짝사랑하는 상황을 보여 주기 위해 연속되는 S#55~57 외에 S#46을 추가로 발췌하였다. 이 작품은 일반적인 초등학생이 선생님을 짝사랑하는 것과는 조금 다르게 늦깎이 초등학생이 신임 교사를 짝사랑한다는 내용이다. 그리고 주인공의 순수한 마음은 도시가 아닌, 강원도 산골 마을이라는 배경을 이해할 때 좀 더 쉽게 이해될 수 있다. 발췌한 부분만으로는 그러한 요소들을 파악하기 어렵기 때문에 Ⓐ, Ⓑ, Ⓒ 정보를 넣어서 앞부분 줄거리를 구성하였다. 그리고 문항에서 평가하려는 요소는 홍연의 마음을 표현하는 영화적, 서사적 기법을 확인하는 것이기 때문에 Ⓓ와 같은 정보도 넣었다.

2.1.3. 엮어 읽기를 통해 새로운 문항 만들기 *낯선 작품끼리도 친할 수 있다*

시나 수필, 고전 시가 작품들은 출제에 사용할 수 있는 작품, 즉 적절한 분량과 내용을 갖추고 있으며 학계의 인정을 받은 작품들로 한정되어 있기 때문에 기출을 피하기가 어려울 수 있다. 작품 엮어 읽기는 기출을 피할 수 있는 방법이면서, 문학의 중요한 성취기준인 '작품을 작가, 사회·문화적

배경, 상호 텍스트성 등 다양한 맥락에서 이해하고 감상한다.'를 평가 문항으로 구현하는 방법이다.

작품을 엮을 때 가장 기본적인 원칙은 공통점이 있거나 연관성이 있는 작품을 엮어야 한다는 것이다. 여기에서 말하는 공통점이나 연관성을 박목월의 「나그네」와 조지훈의 「완화삼」, 김소월의 「진달래꽃」과 고려 속요 「가시리」처럼 중심 내용과 주제가 밀접하다는 것으로 이해한다면 엮을 수 있는 작품이 지극히 한정될 수밖에 없다. 공통성이 명확한 경우 해석이 한정되기 때문에 정보들이 기출을 벗어나기 어렵게 된다. 또한 학교 시험이나 EBS 연계 교재 안에서 출제를 하는 경우처럼 한정된 작품을 대상으로 출제를 해야 한다면 작품 엮기가 매우 힘들어진다. 작품을 엮을 때, 공통점이나 연관성은 약간은 느슨하게 해석을 할 필요가 있다. 명시적으로 드러나는 공통점이 없더라도 둘의 차이점을 비교하는 문항을 만들 수 있기 때문이다.

다음의 예를 통해 작품 엮기의 방법을 살펴보자.

2022학년도 EBS 만점마무리 3회 22~26번

(가)

집도 많은 집도 많은 남대문턱 움 속에서 두 손 오구려 혹혹 입김 불며 이따금씩 쳐다보는 하늘이사 아마 하늘이기 혼자만 곱구나

거북네는 만주서 왔단다 두터운 얼음장과 거센 바람 속을 세월은 흘러 거북이는 만주서 나고 할배는 만주에 묻히고 세월이 무심찮아 봄을 본다고 쫓겨서 울면서 가던 길 돌아왔단다.

띠땅을 떠날 때 강을 건널 때 조선으로 돌아가면 빼앗겼던 땅에서 농사지으며 가 갸 거 겨 배운다더니 조선으로 돌아와도 집도 고향도 없고

거북이는 배추 꼬리를 씹으며 달디달구나 배추 꼬리를 씹으며 꺼무테테한 아배의 얼굴을 바라보면서 배추 꼬리를 씹으며 거북이는 무엇을 생각하누

첫눈 이미 내리고 이윽고 새해가 온다는데 집도 많은 집도 많은 남대문턱 움 속에서 이따금씩 쳐다보는 하늘이사 아마 하늘이기 혼자만 곱구나

– 이용악, 「하늘만 곱구나」 –

(나)

시절이 풍년인들 아내가 배부르며
겨울을 덥다 한들 몸을 어이 가릴꼬

베틀 북도 쓸 데 없어 빈 벽에 남겨 두고

솥 시루도 버려두니 붉은빛이 다 되었다

세시 삭망 명일 기제는 무엇으로 제사하며

원근 친척 손님들은 어이하여 접대할꼬

이 얼굴 지녀 있어 어려운 일 하고많다

이 원수 가난 귀신 어이하여 여의려뇨

술에 음식을 갖추고 이름 불러 전송하여

길한 날 좋은 때에 사방으로 가라 하니

웅얼웅얼 불평하며 화를 내어 이른 말이

어려서 지금까지 희로애락을 너와 함께하여

죽거나 살거나 여읠 줄이 없었거늘

어디 가 뉘 말 듣고 가라 하여 이르느뇨

우는 듯 꾸짖는 듯 온가지로 협박커늘

돌이켜 생각하니 네 말도 다 옳도다

무정한 세상은 다 나를 버리거늘

네 혼자 신의 있어 나를 아니 버리거든

위협으로 회피하며 잔꾀로 여읠려냐

하늘 만든 이내 가난 설마한들 어이하리

빈천도 내 분수니 서러워해 무엇하리

- 정훈, 「탄궁가(嘆窮歌)」 -

　(가)는 해방 직후에 나온 시이고, (나)는 조선 중기 사대부의 가사이다. 작가나 배경, 주제상의 공통점은 보이지 않기 때문에 밀접한 관계는 없는 것처럼 보인다. 그렇지만 두 작품 모두 가난한 삶의 모습을 그리고 있다는 공통점이 있고, '하늘'이라는 중요한 시어가 공통적으로 사용되었다. '하늘'이 의미하는 것이나 가난에 대한 화자의 태도는 다르지만 그 차이점을 파악하는 것이 감상의 중요한 지점이 될 수 있다. 또 시적 형상화 과정에서 (가)는 '이야기시'의 특성을 가지고 있고, (나)는 가난이라는 추상적 대상을 의인화하여 대화로 구성하고 있는데, 형상화 방법의 차이도 작품 엮기를 통해 평가할 수 있다.

　위의 두 작품에서 드러나는 차이점은 내용이나 표현상의 차이점만 있는 것은 아니다. 자유시와 가사라는 갈래의 차이에서 비롯된 차이점들도 존재한다. 갈래에 따른 차이점을 파악하는 것도 문학 작품의 중요한 평가 요소가 된다는 점을 생각해 보면, 운문끼리만 엮을 수 있는 것은 아니다. 운문과 산문, 산문과 산문 작품끼리도 자유롭게 엮어서 문항을 출제할 수 있다. 다음은 2019학년도 수능에 출제된 작품이다.

2019학년도 수능 21~26번

(가)

그 골목이 그렇게도 짧은 것을 그가 처음으로 느낄 수 있었을 때, 신랑의 몸은 벌써 차 속으로 사라지고, 자기와 차 사이에는 몰려든 군중이 몇 겹으로 길을 가로막았다. 이쁜이 어머니는 당황하였다. 그들의 틈을 비집고,

'이제 가면, 네가 언제나 또 온단 말이냐?……'

딸이 이제 영영 돌아오지 못하기나 하는 것같이, 그는 막 자동차에 오르려는 딸에게 달려들어,

"이쁜아."

한마디 불렀으나, 다음은 목이 메어, 얼마를 벙하니 딸의 옆얼굴만 바라보다가, 그러한 어머니의 마음을 알아줄 턱없는 운전수가, 재촉하는 경적을 두어 번 울렸을 때, 그는 또 소스라치게 놀라며, 그저 입에서 나오는 대로,

"모든 걸, 정신 채려, 조심해서, 해라……."

그러나 ㉠자동차의 문은 유난히 소리 내어 닫히고, 다시 또 경적이 두어 번 운 뒤, 달리는 자동차 안에 이쁜이 모양을, 어머니는 이미 찾아볼 수가 없었다. 그는 실신한 사람같이, 얼마를 그곳에 서 있었다. 깨닫지 못하고, 눈물이 뺨을 흐른다. 그 마음속을 알아주면서도, 아낙네들이, 경사에 눈물이 당하냐고, 그렇게 책망하였을 때, 그는 갑자기 조금 웃고, 그리고, 문득, 정신을 바짝 차리지 않으면, 그대로 그곳에서 혼도해 버리고 말 것 같은 극도의 피로와, 또 이제는 이미 도저히 구할 길 없는 마음속의 공허를, 그는 일시에 느꼈다.

제6절 몰락

한편에서 이렇게 경사가 있었을 때―(그야, 외딸을 남을 주고 난 그 뒤에, 홀어머니의 외로움과 슬픔은 컸으나 그래도 아직 그것은 한 개의 경사라 할 밖에 없을 것이다)―, 또 ㉡한편 개천 하나를 건너 신전 집에서는, 바로 이날에 이제까지의 서울에서의 살림을 거두어, 마침내 애달프게도 온 집안이 시골로 내려갔다.

　　독자는, 그 수다스러운 점룡이 어머니가, 이미 한 달도 전에, 어디서 어떻게 들었던 것인지, 쉬이 신전 집이 낙향을 하리라고 가장 은근하게 빨래터에서 하던 말을 기억하고 계실 것이다. 이를테면 그것이 그대로 실현된 것에 지나지 않는다. 그러나 다만 그들의 가는 곳은, 강원도 춘천이라든가 그러한 곳이 아니라, 경기 강화였다.

　　이 봄에 대학 의과를 마친 둘째 아들이 아직 취직처가 결정되지 않은 채, 그대로 서울 하숙에 남아 있을 뿐으로—(그러나, 그도 그로써 얼마 안 되어 충청북도 어느 지방의 '공의'가 되어 서울을 떠나고 말았다)—, 신전 집의 온 가족은, 아직도 장가를 못 간 주인의 처남까지도 바로 어디 나들이라도 가는 것처럼, 별로 남들의 주의를 끄는 일도 없이, 스무 해를 살아온 이 동리에서 사라지고 말았다.

　　한번 기울어진 가운은 다시 어쩌는 수 없어, 온 집안사람은, 언제든 당장이라도 서울을 떠날 수 있는 준비 아래, 오직 주인 영감의 명령만을 기다리고 있었던 것이므로, 동리 사람들도 그것을 단지 시일 문제로 알고 있었던 것이나, 그래도 이 신전 집의 몰락은, 역시 그들의 마음을 한때, 어둡게 해 주었다.

　　그러나 오직 그뿐이다. 이 도회에서의 패잔자는 좀 더 남의 마음에 애달픔을 주는 일 없이 무심한 이의 눈에는, 참말 어디 볼일이라도 보러 가는 사람같이, 그곳에서 얼마 안 되는 작은 광교 차부에서 강화행 자동차를 탔다. 천변에 일어나는 온갖 일에 관찰을 게을리하지 않는 이발소 소년이, 용하게도 막, 그들의 이미 오래 전에 팔린 집을 나오는 일행을 발견하고 그래 이발소 안의 모든 사람이 그것을 알았을 뿐으로, 그들이 남부끄럽다 해서, 고개나마 변변히 못 들고 빠른 걸음걸이로 천변을 걸어 나가, 그대로 큰길로 사라지는 뒷모양이라도 흘낏 본 이는 몇 명이 못 된다. ⓒ얼마 있다, 원래의 신전은 술집으로 변하고, 또 그들의 살던 집에는 좀 더 있다, 하숙옥 간판이 걸렸다.

– 박태원, 「천변풍경」 –

(나)

#68. 산비탈 길

　　뚜벅뚜벅 걷고 있는 철호.

#69. 피난민 수용소 안(회상)

　　담요바지 철호의 아내가 주워 모은 널빤지 조각을 이고 들어와 부엌에 내려놓고 흩어진 머리칼을 치키며 숨을 돌리고 있다.

Ⓑ　철호ⓔ* : 저걸 저토록 고생시킬 줄이야.

담요바지 아내의 모습 위에 ─O·L*─

　여학교 교복을 입고 강당에 서서 노래를 부르고 있는 그 시절의 아내. 또 O·L되며 신부 차림의 아내가 노래를 부르고 있다. 그 옆에 상기되어 앉아 있는 결혼 피로연 석상의 철호. 노래는 '돌아오라 소렌토'.

#70. 산비탈

　철호가 멍하니 시가지를 내려다보고 섰다. 황홀에 묻힌 거리.

#71. 자동차 안

　해방촌의 골목길을 운전수가 땀을 빼며 빠져나와서 뒤를 돌아보고

운전수 : 손님! 이상 더 올라가지 못하겠는데요.

영호 : 그럼 내립시다. 시시한 동네까지 몰구 오느라고 수고했소. 천 환짜리 한 장을 꺼내 준다.

운전수 : (공손히) 감사합니다.

#72. 철호의 방 안

　철호의 아내가 만삭의 배를 안고 누더기를 꿰매고 있다. 옆에서 콜콜 자고 있는 혜옥.

영호 : (들어오며) 혜옥아!

<중략>

#73. 철호의 집 부엌 안

　민호가 팔다 남은 신문을 끼고 들어와 신들메를 끌르며

민호 : 에이 날씨도 꼭 겨울 같네.

철호Ⓔ : 어쨌든 너도 인젠 정신을 차려야지! 군대에서 나온 지도 이태나 되잖니.

영호Ⓔ : 정신 차려야죠. 그렇잖아도 금명간 판결이 날 겁니다.

철호Ⓔ : 어디 취직을 해야지.

#74. 철호의 집 방 안

영호 : 취직이요. 형님처럼 전차 값도 안 되는 월급을 받고 남의 살림이나 계산해 주란 말에요? 싫습니다.

철호 : 그럼 뭐 뾰죽한 수가 있는 줄 아니?

영호 : 있지요. 남처럼 용기만 조금 있으면.

철호 : 용기?

영호 : 네. 분명히 용기지요.

철호 : 너 설마 엉뚱한 생각을 하고 있는 건 아니겠지.

영호 : 엉뚱하긴 뭐가 엉뚱해요.

철호 : (버럭 소리를 지르며) 영호야! 그렇게 살자면 이 형도 벌써 잘살 수 있었단 말이다.

영호 : 저도 형님을 존경하지 않는 건 아녜요. 가난하더라도 깨끗이 살자는 형님을……. 허지만 형님! 인생이 저 골목에서 십 환짜리를 받고 코 흘리는 어린애들에게 보여 주는 요지경이라면야 가지고 있는 돈값만치 구멍으로 들여다보고 말 수도 있죠. 그렇지만 어디 인생이 자기 주머니 속의 돈 액수만치만 살고 그만둘 수 있는 요지경인가요? 형님의 어금니만 해도 푹푹 쑤시고 아픈 걸 견딘다고 절약이 되는 건 아니죠. 그러니 비극이 시작되는 거죠. 지긋지긋하게 살아야 하니까 문제죠. 왜 우리라고 좀 더 넓은 테두리까지 못 나가라는 법이 어디 있어요.

　　영호는 반쯤 끌러 놨던 넥타이를 풀어서 방구석에 픽 던진다. 철호가 무겁게 입을 연다.

철호 : 그건 억설이야.

영호 : 억설이오?

철호 : 네 말대로 꼭 잘살자면 양심이구 윤리구 버려야 한다는 것 아니야.

영호 : 천만에요.

#75. 철호의 집 골목

　　스카프를 두르고 핸드백을 걸친 명숙이가 엿듣고 있다.

철호Ⓔ : 그게 바루 억설이란 말이다. 마음 한구석이 어딘가 비틀려서 하는 억지란 말이다.

영호Ⓔ : 비틀렸죠. 분명히 비틀렸어요. 그런데 그 비틀리기가 너무 늦었단 말입니다.

- 이범선 원작, 이종기 각색, 「오발탄」 -

* Ⓔ : 효과음(effect). 화면에 삽입된 음향.
* O·L(overlap) : 하나의 화면이 끝나기 전에 다음 화면이 겹치면서 먼저 화면이 차차 사라지게 하는 기법.

　　(가)와 (나)는 소설과 시나리오로, 이야기를 다룬다는 공통점이 있지만 갈래에 따른 구현 방식에는 차이가 있다. 두 작품을 엮었을 때는 내용상의 공통점과 차이점을 비교해 볼 수도 있지만, 갈래의 차이에 따른 표현상의 차이를 비교해 볼 수도 있다. (가)의 ㉠, ㉡, ㉢은 소설에서 사건을 서술하는

방법을 보여 주는 부분이다. ㉠은 서술자가 인물의 심리를 직접 진술하지 않고 장면을 통해 보여 준다. ㉢은 시간의 흐름을 몇 장면으로 압축해서 제시한다. 이러한 보여 주기 방식의 서술이 있는 부분들은 영화로의 변환이 쉽다. ㉡은 같은 시간에 다른 곳에서 일어난 사건을 서술자가 설명하는 부분인데, 소설에서는 표현하기가 쉽지만 영화에서는 특별한 장치가 필요한 부분이다. 한편 Ⓐ는 소설에서 서술자의 역할이 두드러지는 부분이고, Ⓑ는 영화적 표현 방법이 두드러지게 나타나는 부분이므로 이러한 특징을 활용하여 문항을 구성할 수도 있다.

2.2. 독서 영역의 자료 선정과 가공 ┌ 감동은 없더라도 지식은 풍부하게

독서 영역의 언어 자료는 인문, 사회, 과학, 기술, 예술 분야의 다양한 주제를 설명하는 글이 주 대상이 된다. 특정 학자나 학파의 주장을 다룰 수도 있지만, 편향성에 대한 우려가 있기 때문에 이런 경우에도 주장을 소개하고 의의를 평가하는 방향으로 글을 구성한다. 독서 영역의 언어 자료 선정에는 학생들의 배경지식에 따른 유불리도 논란이 될 수 있으므로 유의를 해야 한다. 독서 영역의 언어 자료는 사실적 사고를 바탕으로 추론적 사고, 비판적 사고, 창의적 사고로 확장될 수 있어야 한다. 그래서 지문의 선정 단계에서는 다음과 같은 점에 유의를 해야 한다.

첫째, 기본적 사실 관계가 정확해야 하기 때문에 학계의 공인을 받거나 권위 있는 출처에서 나온 글이어야 한다. 검증되지 않은 최신의 이론은 학생들이 흥미를 가질 수 있지만 학생들이 사실로 받아들일 우려가 있다. 또 인터넷상에 떠도는 자료를 수집하여 구성할 경우 오개념이 들어갈 수 있다는 점을 유의해야 한다.

둘째, 학생들의 다양한 사고 능력을 평가할 수 있도록 충분한 정보를 갖추고 있어야 한다. 독서 영역의 언어 자료는 가공이 가능하기 때문에 글의 완성도가 부족하다 하더라도 정보의 추가 가능성이 있고, 추론과 적용이 가능한 정보들이 있다면 언어 자료로 사용이 가능하다. 그렇지만 단순히 현황을 소개하거나, 특성을 나열하는 글, 정보의 추가 가능성이 없는 글을 바탕으로 할 경우 사실 확인, 어휘, 내용 전개 방법을 묻는 데서 더 나아가기 힘들다.

2.2.1. 언어 자료 사용 가능성 판단 ┌ 저는 이 자료 '불합격' 드리겠습니다

다음은 생명 운동에 관심이 있는 교사가 이를 문항으로 출제하기 위해 작성한 언어 자료이다. 이를 통해 독서 영역에서 언어 자료의 사용 가능성에 대한 판단과 가공 방향에 대해 생각해 보자.

Ⓐ엘빈 토플러는 『권력이동』에서 이제 세계는 가진 자와 가지지 못한 자로 나뉘는 것이 아니라, 빠른 자와 느린 자로 나누어진다고 했다. 농업 사회의 경제적 과정은 얼어붙은 속도로 움직였지만, 오늘의 경제는 컴퓨터 전송 속도로 움직이고 있다. 역사적으로 느린 자로부터 빠른 자로 이동해 왔다는 것이 토플러의 진단이다. 그는 사회주의가 자본주의와의 대결에서 패배한 것도 사회주의가 자본주의보다 느린 체제이기 때문이라고 본다. 그러나 그는 현실 진단이나 사실만 이야기할 뿐 생명의 본질적 가치 문제에 대해서는 침묵하고 있다.

생명 운동은 속도를 거부하고 생명 본연의 가치를 추구하는 운동이다. 빨리 가는 운동이 아니라 느리게 가는 운동이다. 생명 운동은 크고 많은 것이 좋다는 운동이 아니라 작고 적은 것이 아름답다는 운동이다. 생명 운동은 시멘트와 아스팔트 위를 자동차로 달리는 운동이 아니라 흙길을 걸어가는 운동이다. 한 점과 한 점 사이의 가장 짧은 거리는 직선이 아니라 곡선이다. 이는 앞만 보고 달리는 속도주의를 경계해야 하고, 속도로부터 자유로워야 한다는 것이다.

생명 운동은 여백과 여유가 있는 삶을 지향한다. Ⓑ데카르트는 『방법서설』에서, 이 세상에서 가장 명예로운 직책을 주는 사람보다도, 아무런 방해 없이 한가로운 여가를 즐기도록 배려해 주는 사람을 항상 더 고맙게 여긴다고 말하고 있다. 느리게 살기 운동이 생명 운동인 것이다. 생명 운동은 가지는 운동이 아니라 버리는 운동이며, 무소유와 적은 소유에 만족하는 운동이다. 정보 사회를 이야기하면서 그 어두운 그림자에 대해서는 말하지 않는다. 모두들 정보 비만증에 시달리고 있는데, 정보 다이어트와 단식을 통해서 정보의 숙변을 제거해야 한다. 독서나 음악 감상, 모든 의사소통도 멈추고, 자연이 주는 정보만을 한 번 받아 보자. 눈을 뜨고 있을 때 보다 눈을 감고 있을 때 세계는 더 잘 보인다고 한다. 진리는 수다 속에 있는 것이 아니라, 많은 경우 침묵 속에 있다. 나무와 바위의 말과 숨소리 속에서 우리는 우주의 가락을 느낄 수 있을 것이다. 달도 말을 하고 별도 말을 한다.

생명 운동은 나만의 운동이 아니라, 우리의 운동이다. 서양 사람들이 즐겨 사용하는 '나'라는 말을 고집할 때, 인간과 인간, 인간과 자연의 생명의 관계가 무시될 가능성이 높다. 내 집, 내 형제, 내 자식은 우리 집, 우리 형제, 우리 자식이 되어야 한다. Ⓒ언제부터인지 서양인의 흉내를 내면서 '내 생각'을 강조하지만, '나'라는 아상(我相)은 버려야 한다. 오늘날 모든 문명의 질병은 '나'를 고집하는 데 있다.

위의 언어 자료에서 생명 운동이라는 주제는 소개할 만한 가치가 있지만 평가를 위한 자료로는 몇 가지 약점이 있다. 먼저 위의 자료는 '왜 생명 운동이 필요한가?'에 대한 내용이 부족하다. 그래서 '문제의식 - 방안(대안)'의 체계적인 구성이 되지 못하고 생명 운동의 특성에 대해 나열만 하고 있다. 또 비슷한 내용들을 비유적으로 설명하고 있기 때문에 글의 길이에 비해 문항에 사용할 수 있는 유효한 정보가 매우 적다. 비유적으로 표현된 부분에서 추론하고 적용하는 문항을 구성할 수도 있으나, 여기에서는 긍정적인 것과 부정적인 것이 너무나 분명하게 구분되기 때문에 난도를 조절하기가 어렵다.

평가를 위한 언어 자료로 적합하지 않은 또 다른 이유는 밑줄 친 Ⓐ, Ⓑ, Ⓒ 부분 때문이다. Ⓐ와 Ⓑ는 학자들 간의 입장 차이를 비교할 수 있는 중요한 정보로 보이지만, 그들이 생명 운동을 직접 언급했거나 그와 관련된 일을 한 것은 아니다. Ⓐ 부분 뒤에 '그러나'로 이어지면서 앨빈 토플러가 생명의 본질적 가치에 침묵한다고 비판하는 내용은 논리적 비약이다. Ⓑ 부분을 보면 데카르트의 말이 생명 운동의 근거가 되는 것처럼 이야기를 하고 있지만, 실제 데카르트의 기계론은 생명 운동과 상반되는 입장이다. 이 두 부분은 말이 나온 맥락을 고려하지 않고 필자가 자의적으로 차용한 부분이기 때문에 출제에 사용하기는 어렵다. Ⓒ 부분은 필자의 강한 주장이 담겨 있지만 '문명의 질병'이 무엇이고, 질병의 근원이 무엇인지에 대한 정보가 없었기 때문에 약간의 비약이 있다. 현재의 논지 전개나 표현으로는 언어 자료로 사용하기가 어렵다. 만약 가공을 통해 자료를 사용하고자 한다면 현재의 글에서 주장과 비유를 빼고, 생명 운동의 대두 배경, 실천 방법, 의의를 체계적으로 구성하고, 정보량을 조정해야 한다.

2.2.2. 체계성과 완결성을 위한 가공 〜 뒤엉킨 실타래는 실마리부터 차근차근

일반적으로 독서 영역의 평가에 사용되는 언어 자료는 하나의 화제를 4~8개 문단, 학생들의 수준에 적합한 어휘로 체계적으로 설명하는 글이다. 그런데 책이나 논문들에는 그 정도의 분량과 완결성을 갖춘 자료들이 거의 없기 때문에 출제자가 새롭게 재구성을 해야 한다.

다음은 가공을 하지 않은 상태의 초고인데 정보의 양이 많고, 정보들이 정리되지 않은 상태이다. 이러한 자료를 체계적이고 완결성을 갖춘 언어 자료로 만들기 위해서는 어떻게 가공을 해야 하는지 생각해 보자.

부동산을 매매하거나 세를 얻으려 할 때, 우리는 흔히 그 부동산의 등기부 등본을 떼어 본다. 특히 아파트의 Ⓐ 등기부 등본을 떼어 보면 1동 건물의 표시에 대한 표제부, 대지권의 목적인 토지의 표시에 대한 표제부, 전유 부분(專有部分)의 건물의 표시, 대지권의 표시, 등기부 등본 갑구, 등기부 등본 을구로 구분된 것을 보게 된다. 이 중 갑구는 소유권에 관련된 사항, 을구는 소유권 외의 지상권, 전세권, 저당권 등의 제한 물권이 등기된다는 것은 자주 들었지만 전유 부분, Ⓑ 대지권은 뭐지?라는 생각을 다들 해 보았을 것이다. 아파트와 같이 건물 전체가 아니라 건물의 상하를 층으로 구분하거나 건물의 내부를 벽체로 구분하여 소유의 대상으로 하는 경우를 구분 건물이라고 한다. 그리고 구분 건물의 경우에 전유 부분을 소유하기 위해 건물의 대지에 대해 갖는 대지 사용권 중 특히 전유 부분과 분리해 처분할 수 없게 되어 있는 권리를 대지권이라고 한다. 여기서 전유 부분이라고 함은 공용 부분에 대하는 말로 구분 소유권의 목적이 되는 건물 부분을 말한다. 구체적으로 아파트 201호를 소유한다고 할 때 201호 내부는 전유 부분이지만 아파트의 주차장이나 조경 부분은 공용 부분에 해당한다.

구분 건물의 소유권을 등기할 때 대지권의 등기도 함께 이루어져야 하는데 대지권 등기는 다음의 두 가지로 정리할 수 있다. ⓒ우선 1동의 건물의 표제부 하단부에 기재하는 대지권의 목적인 토지의 표시에는 일련번호, 소재, 지번, 지목, 면적을 기재한다. 다시 말해 1동의 건물이 서기 위해 그 땅에 대해 가지는 권리이다. 또한 각 전유 부분의 표제부 하단부에 기재하는 대지권의 표시에는 대지권의 목적인 토지의 표시, 대지권의 종류와 지분 비율을 기재한다. 따라서 이는 전유 부분이 땅에 대해 가지는 권리의 종류와 비율이라 할 수 있다. 예를 들어 1동의 건물이 차지하는 땅이 3,000㎡인데 지분이 1/100이라면 이 집 몫의 땅은 30㎡라는 뜻이다. ⓓ소유권(所有權)은 완전한 물권이며 물건에 대한 전면적인 사용 가치와 교환 가치를 지배하는 권리이다. 따라서 건물과 토지가 이원화된 우리나라 등기 제도하에서도 대부분의 구분 건물 소유자는 구분 건물에 대한 소유권뿐만 아니라 대지에 대한 지분도 소유하여 대지권을 행사한다. 그리고 구분 건물의 매매 기타 양도 시 구분 건물과 함께 대지권도 양도하는 것이 일반적이다. 우리가 아파트를 매매할 때에도 전유 부분의 매매 계약을 체결한 경우 특별한 언급이 없더라도 대지권의 양도 의사도 포함된 것이다.

ⓔ지상권은 용익 물권 중 하나로 타인의 토지에 건물 기타 공작물이나 수목을 소유하기 위하여 그 토지를 사용하는 권리를 말한다. 구분 건물이 아직 건축되기 전이라도 토지 소유자와 건물 건축자가 물권적 합의를 하고 등기를 하는 경우 지상권 설정이 가능하다. 예를 들어 아직 건물이 지어지지 않은 공터라고 하더라도 지상권 등기를 한 경우 나중에 건물이 지어진 이후 건물의 전유 부분이 있다면 지상권만을 분리해서 양도할 수 없다는 의미이다. 한 예로 평소 부동산에 관심이 많던 A씨는 토지가 시세보다 훨씬 저렴하게 매물로 나온 것을 보고 덜컥 계약을 해 버렸다. 그런데 이 토지는 건설 회사가 아파트를 짓기 위해 지상권을 설정해 둔 상태였고, 지상권과 토지의 소유권자가 달라 사실상 토지 사용이 불가능한 토지였다. 토지를 사용하기 위해서는 지상권을 별도로 매수해야 하지만 지상권 소유자는 지상권의 양도를 거부하고 있어 A씨는 답답할 따름이다. 이처럼 권리관계를 잘 알지 못하면 낭패를 당할 수 있다.

위 언어 자료는 일상생활에서 꼭 알아야 할 지식이지만 학교에서는 배우기 어려운 부동산과 관련된 법률을 다루고 있다. 학생들이 흥미를 가질 수 있는 내용이며, 정보량도 비교적 많다. '제한 물권', '용익 물권'과 같은 용어들이 특별한 설명 없이 사용되고 있어서 가독성을 떨어뜨리지만 대체 표현을 쓰거나 삭제해도 크게 문제는 되지 않는다. 또 Ⓐ와 Ⓒ의 내용은 중복이 되기 때문에 한 군데는 삭제를 하면 된다. 그런데 위 언어 자료의 가장 큰 문제는 Ⓑ를 보면 중심 화제가 '대지권'인 것처럼 보이는데, Ⓓ와 Ⓔ가 대지권을 설명할 수 있는 하위 개념이 아니라는 점이다. 가독성이 떨어지는 가장 큰 이유는 중심 화제가 대지권인지 토지에 대한 권리인지 불분명하기 때문이다. 그러다 보니 문단들 간의 관계가 불분명하고 체계적이지 못한 전개를 보이고 있다.

다음은 이 언어 자료를 2016학년도 EBS 수능특강에 수록하기 위해 체계성, 완결성을 고려하여 재구성한 것이다.

Ⓐ 건물은 시간이 지나면 점점 낡아져 나중에는 허물고 새로 지어야 한다. 그렇지만 빌딩이나 아파트와 같은 건물의 가격은 내려가지 않고 유지가 되거나 오르는 경우가 많다. 그 이유는 건물은 시간이 지남에 따라 감가상각이 되지만 주변 지역의 개발로 인해 토지의 가치는 상승하기 때문이라고 할 수 있다. 토지는 건물과 달리 소모되는 것이 아니며, 천재지변으로 인해 손실의 가능성도 적다. 그래서 토지와 건물은 부동산이지만 법적, 경제적 성격이 다르기 때문에 우리나라에서는 토지와 건물의 등기를 따로 하고 있다.

Ⓑ 상식적으로 보면 토지가 없는 상태로 건물이 있을 수는 없기 때문에 건물을 소유하기 위해서는 토지에 대한 권리가 있어야 한다. 만약 토지에 대한 권리가 없는 상태에서 건물을 지으면 이것은 불법 점유가 된다. 토지나 건물과 같은 부동산의 권리관계 및 현황은 공적 장부인 부동산 등기부에 기록이 된다. 부동산 등기부는 토지 등기부와 건물 등기부가 있으며, 표제부·갑구·을구로 구성되어 있다. 표제부에는 부동산의 소재지와 면적, 건물의 구조 등과 같은 일반적인 현황이 기록되어 있다. 갑구에는 순위 번호, 등기 목적, 접수일, 등기를 한 이유, 권리자 등이 등기한 순서대로 기록되는데, 마지막 부분에서 현재의 부동산 주인이 누구인지 확인할 수 있다.

을구에는 전세권, 지상권과 같은 소유권 이외의 권리관계가 기록되어 있다. 을구에 기록되는 전세권은 전세금을 지급하고 타인의 부동산을 점유하여 그 부동산을 사용한 후 반환하고 전세금의 반환을 받게 되는 권리이다. 지상권은 타인의 토지에 건물이나 수목(樹木)을 소유하기 위하여 그 토지를 사용하는 권리를 말한다. 건물이 아직 건축되기 전이라도 토지 소유자와 건물 건축자가 합의를 하고 등기를 하는 경우 지상권 설정이 가능하다.

이와 관련된 한 예를 보자. 김 씨는 도시 외곽의 공터가 시세보다 훨씬 저렴하게 매물로 나온 것을 보고 집을 짓기 위해 급히 계약을 마쳤다. 그런데 부동산 등기부를 확인해 보니 이 토지는 김치 회사가 공장을 짓기 위해 지상권을 설정해 둔 상태였다. 김 씨가 토지를 사용하거나 권리를 행사하기 위해서는 김치 회사로부터 지상권을 매수해야 하지만 김치 회사가 이를 거부하고 공장을 지었다면 김 씨는 자기 소유의 땅에 집을 지을 수 없게 된다.

ⓒ그러면 아파트와 같이 건물을 층이나 벽체로 구분하여 소유의 대상으로 하는 경우의 토지에 대한 권리는 어떻게 될까? 아파트의 부동산 등기부 표제부에는 한 세대의 층과 호수 등이 나오고, 한 세대가 전적으로 점유하여 사용할 수 있는 전유 부분이 기록되어 있다. 이 전유 부분을 흔히 전용 면적이라고 하는데, 일반적으로 말하는 아파트의 면적에서 놀이터나 주차장과 같은 공용 면적을 뺀 것이다. 그리고 아파트 한 세대를 소유하기 위한 토지에 대한 권리인 대지권이 기록되어 있다. 대지권은 아파트 건물과 분리해서 처분할 수 없게 되어 있다. 대지권은 보통 아파트 건물이 속한 토지 중 전용 면적에 따라 지분 비율로 표시가 된다. 예를 들어 아파트 대지가 5,000m²인데 한 세대의 대지권 지분이 1/100이라면 이 세대 몫의 토지는 50m²가 되는 것이다.

위의 언어 자료에서는 ⓐ, ⓑ와 같은 부분을 추가하여 글 전체가 토지에 대한 권리를 설명한다는 점을 분명히 밝히고 있다. 그리고 소유권, 전세권, 지상권과 같은 토지에 대한 권리를 제시한 후 ⓒ를 통해 아파트와 같은 건물의 토지에 대한 권리는 어떻게 되는 것인지를 제시하고 있다. 대지권이 토지에 대한 권리 중 하나라는 점을 알 수 있도록 가공을 한 것이다. 필요한 내용을 문단별로 정리함으로써 가독성을 높인 점도 있다. 위의 언어 자료에서는 불필요한 부분을 삭제하고 정보가 많은 부분은 그대로 두었기 때문에 등기부 등본을 보는 법, 아파트 대지권을 계산하는 법 등의 다양한 적용 문제도 출제가 가능하다.

2.2.3. 정보의 추가와 삭제 　정보 하나 추가했을 뿐인데

독서 영역에서는 출제의 난도를 조절하고, 기출을 피하기 위해서 정보를 더하거나 빼는 방식의 가공을 하게 된다.

가는 2018학년도 EBS 연계 교재의 언어 자료이고, **나**는 2018학년도 수능에서 **가** 자료를 연계하여 구성한 언어 자료이다.

가

우리나라는 무역이 국가 경제에서 차지하는 비중이 크고, 금융 시장이 사실상 개방되어 있기 때문에 외환 시장에서 결정되는 환율이 경제 전반에 미치는 파급 효과도 매우 크다. 환율은 수입재 가격의 변동을 통하여 물가에 직접적인 영향을 줄 뿐만 아니라 교역을 하는 재화와 교역을 하지 않는 재화의 상대 가격 변화를 통하여 간접적으로도 물가에 영향을 미친다. 또한 환율은 수출입 상품의 가격 경쟁력을 결정하는 중요한 변수로 작용하고 외자의 유·출입에도 상당한 영향을 미치게 된다.

우리나라에서는 환율이 외환 시장에서 수요와 공급에 의해 자율적으로 결정되도록 허용하는 자율 변동 환율 제도를 택하고 있다. 그러나 ⓐ일시적인 수급 불균형이나 외부 충격 등에 따른 시장 불안으로 환율이 급변동하는 경우에는 중앙은행에서 시장 개입을 통해 수요와 공급을 조절하고 있다. 시장 개입을 한다는 것은 중앙은행에서 자국 통화와 맞교환하면서 외화 자산을 매입 또는 매각하는 것이다. 시장 개입을 위한 원화 재원으로는 본원 통화나 외환 시장 안정용 국고채 발행 자금이 있으며 외화 재원은 중앙은행이 보유·운용하고 있는 외환 보유액과 외국환 평형 기금이 있다. 예를 들어 단기간에 ⓑ환율이 급격하게 하락할 경우 중앙은행에서는 외환 시장에서 원화를 팔면서 대표적인 기축 통화인 미 달러화를 매입한다. 그렇게 해서 미 달러화의 초과 공급을 흡수하면 환율의 급격한 하락, 즉 원화가 급격하게 절상되는 것을 조절할 수 있다. 이와는 반대로 환율이 급등하는 경우에는 미 달러화를 매각하여 원화를 받는다.

중앙은행의 시장 개입은 외환의 매매로 인해 국내 원화 통화량에도 영향을 미치게 된다. 예를 들어 기업들이 수출로 벌어들인 외환을 국내로 가져와 대량으로 내놓거나, 외국 자본의 유입이 증가하면 환율이 급격히 하락할 수 있다. 이때 중앙은행에서는 외환 시장의 안정을 위해 외환을 매입하게 된다. 그런데 외환을 매입하기 위해 원화를 대량으로 시장에 방출하면 통화량이 증가하여 물가가 상승하는 문제가 발생할 수 있다. 이런 문제를 막기 위해서 중앙은행에서는 채권이나 어음을 발행하여 증가한 통화를 사들인다. 이처럼 외환 시장 개입에 수반되는 통화량 변동을 조절하는 경우를 불태화 시장 개입이라 하며, 그렇게 하지 않은 경우를 태화 시장 개입이라고 한다.

태화 시장 개입의 경우 물가 변동의 우려는 있지만 통화량 변화에 따른 효과가 환율에 추가적으로 영향을 미치게 된다. 중앙은행에서 환율의 하락을 막기 위해 미 달러화를 매입하는 경우, 통화량이 증가하고 원화의 가치가 떨어지게 되므로 환율이 추가로 상승할 수 있다. 반면 ⓒ불태화 시장 개입은 통화량의 증감은 없지만 채권 발행의 증가는 채권 공급을 증가시켜 채권 가격을 하락시킨다. 채권 가격이 하락한다는 것은 채권 금리의 상승을 의미한다. 그렇게 되면 금리가 낮은 국가에서 돈을 빌려 금리가 높은 국가에 투자하는 '캐리 트레이드' 형식의 자본 유입이 증가하여 상황을 더 악화시킬 수도 있다. 이런 이유로 불태화 시장 개입이 환율에 미치는 영향에 대해서는 논란이 있어 왔다.

불태화 시장 개입의 효과를 지지하는 사람들은 신호 효과 등에 의해 적어도 단기적으로는 효과가 있다고 본다. 신호 효과란 정보의 비대칭이 있는 상황에서 정보량이 풍부한 쪽이 정보량이 부족한 쪽에 자신을 확신시킬 수 있는 신호를 보내는 행위에 따라 나타나는 효과이다. 즉 정보량이 풍부한 중앙은행이 정보량이 부족한 시장 참가자들에게 향후 통화 정책 방향에 관한 신호를 전달함으로써 환율에 영향을 미친다는 것이다. 중앙은행의 시장 개입은 시장 참가자들에게는 향후 외환 정책에 대한 중대한 신호가 될 수 있다. 왜냐하면 중앙은행에서 시장 개입을 한다는 것은 현재의 환율이 중앙은행에서 생각하는 적정 환율에서 비교적 크게 벗어나 있다는 것을 의미하기 때문이다. 이에 따라 미래의 환율에 대한 시장 참가자들의 예상이 변하게 되는데, 예상 환율의 변화는 현재 환율에 영향을 미칠 수 있다는 것이다. 다만 신호 효과가 발휘되기 위해서는 향후 환율 정책이 일관된 방식으로 이루어질 것이라는 중앙은행에 대한 시장 참가자들의 신뢰가 유지되어야 한다.

2018학년도 수능 27~32번

정부는 국민 생활에 영향을 미치는 활동의 총체인 정책의 목표를 효과적으로 달성하기 위해 정책 수단의 특성을 고려하여 정책을 수행한다. 정책 수단은 강제성, 직접성, 자동성, 가시성의 네 가지 측면에서 다양한 특성을 갖는다. 강제성은 정부가 개인이나 집단의 행위를 제한하는 정도로서, 유해 식품 판매 규제는 강제성이 높다. 직접성은 정부가 공공 활동의 수행과 재원 조달에 직접 관여하는 정도를 의미한다. 정부가 정책을 직접 수행하지 않고 민간에 위탁하여 수행하게 하는 것은 직접성이 낮다. 자동성은 정책을 수행하기 위해 별도의 행정 기구를 설립하지 않고 기존의 조직을 활용하는 정도를 말한다. 전기 자동차 보조금 제도를 기존의 시청 환경과에서 시행하는 것은 자동성이 높다. 가시성은 예산 수립 과정에서 정책을 수행하기 위한 재원이 명시적으로 드러나는 정도이다. 일반적으로 사회 규제의 정도를 조절하는 것은 예산 지출을 수반하지 않으므로 가시성이 낮다.

정책 수단 선택의 사례로 환율과 관련된 경제 현상을 살펴보자. 외국 통화에 대한 자국 통화의 교환 비율을 의미하는 환율은 장기적으로 한 국가의 생산성과 물가 등 기초 경제 여건을 반영하는 수준으로 수렴된다. 그러나 단기적으로 환율은 이와 괴리되어 움직이는 경우가 있다. 만약 환율이 예상과는 다른 방향으로 움직이거나 또는 비록 예상과 같은 방향으로 움직이더라도 변동 폭이 예상보다 크게 나타날 경우 경제 주체들은 과도한 위험에 노출될 수 있다. ⓓ환율이나 주가 등 경제 변수가 단기에 지나치게 상승 또는 하락하는 현상을 오버슈팅(overshooting)이라고 한다. 이러한 오버슈팅은 물가 경직성 또는 금융 시장 변동에 따른 불안 심리 등에 의해 촉발되는 것으로 알려져 있다. 여기서 물가 경직성은 시장에서 가격이 조정되기 어려운 정도를 의미한다.

　물가 경직성에 따른 환율의 오버슈팅을 이해하기 위해 통화를 금융 자산의 일종으로 보고 경제 충격에 대해 장기와 단기에 환율이 어떻게 조정되는지 알아보자. 경제에 충격이 발생할 때 물가나 환율은 충격을 흡수하는 조정 과정을 거치게 된다. 물가는 단기에는 장기 계약 및 공공요금 규제 등으로 인해 경직적이지만 장기에는 신축적으로 조정된다. 반면 환율은 단기에서도 신축적인 조정이 가능하다. 이러한 물가와 환율의 조정 속도 차이가 오버슈팅을 초래한다. 물가와 환율이 모두 신축적으로 조정되는 장기에서의 환율은 구매력 평가설에 의해 설명되는데, 이에 의하면 장기의 환율은 자국 물가 수준을 외국 물가 수준으로 나눈 비율로 나타나며, 이를 균형 환율로 본다. 가령 국내 통화량이 증가하여 유지될 경우 장기에서는 자국 물가도 높아져 장기의 환율은 상승한다. 이때 통화량을 물가로 나눈 실질 통화량은 변하지 않는다.

　그런데 단기에는 물가의 경직성으로 인해 구매력 평가설에 기초한 환율과는 다른 움직임이 나타나면서 오버슈팅이 발생할 수 있다. 가령 국내 통화량이 증가하여 유지될 경우, 물가가 경직적이어서 실질 통화량은 증가하고 이에 따라 시장 금리는 하락한다. ⓔ국가 간 자본 이동이 자유로운 상황에서, 시장 금리 하락은 투자의 기대 수익률 하락으로 이어져, 단기성 외국인 투자 자금이 해외로 빠져나가거나 신규 해외 투자 자금 유입을 위축시키는 결과를 초래한다. 이 과정에서 자국 통화의 가치는 하락하고 환율은 상승한다. 통화량의 증가로 인한 효과는 물가가 신축적인 경우에 예상되는 환율 상승에, 금리 하락에 따른 자금의 해외 유출이 유발하는 추가적인 환율 상승이 더해진 것으로 나타난다. 이러한 추가적인 상승 현상이 환율의 오버슈팅인데, 오버슈팅의 정도 및 지속성은 물가 경직성이 클수록 더 크게 나타난다. 시간이 경과함에 따라 물가가 상승하여 실질 통화량이 원래 수준으로 돌아오고 해외로 유출되었던 자금이 시장 금리의 반등 등으로 국내로 복귀하면서, 단기에 과도하게 상승했던 환율은 장기에는 구매력 평가설에 기초한 환율로 수렴된다.

단기의 환율이 기초 경제 여건과 괴리되어 과도하게 급등락하거나 균형 환율 수준으로부터 장기간 이탈하는 등의 문제가 심화되는 경우를 예방하고 이에 대처하기 위해 정부는 다양한 정책 수단을 동원한다. 오버슈팅의 원인인 물가 경직성을 완화하기 위한 정책 수단 중 강제성이 낮은 사례로는 외환의 수급 불균형 해소를 위해 관련 정보를 신속하고 정확하게 공개하거나, 불필요한 가격 규제를 축소하는 것을 들 수 있다. 한편 오버슈팅에 따른 부정적 파급 효과를 완화하기 위해 정부는 환율 변동으로 가격이 급등한 수입 필수 품목에 대한 세금을 조절함으로써 내수가 급격히 위축되는 것을 방지하려고 하기도 한다. 또한 환율 급등락으로 인한 피해에 대비하여 수출입 기업에 환율 변동 보험을 제공하거나, 외화 차입 시 지급 보증을 제공하기도 한다. 이러한 정책 수단은 직접성이 높은 특성을 가진다. 이와 같이 정부는 기초 경제 여건을 반영한 환율의 추세는 용인하되, 사전적 또는 사후적인 미세 조정 정책 수단을 활용하여 환율의 단기 급등락에 따른 위험으로부터 실물 경제와 금융 시장의 안정을 도모하는 정책을 수행한다.

가는 '정부의 외환 시장 개입'을 설명하는 글로 Ⓐ, Ⓑ, Ⓒ에 대해서 환율이 상승하거나 하락하는 이유와 원리를 외환의 수요와 공급, 그리고 물가와 금리의 관계로 설명을 하고 있다. 모두 하나의 정보로 한 문항을 구성할 수 있을 정도로 추론과 적용이 모두 가능한 정보들이다. **나**는 '정부의 정책 수단'이라는 **가**보다 포괄적인 주제를 다루면서 새로운 정보들을 추가하였다. 난도가 높은 문항으로 구성할 수 있는 핵심적인 정보들은 Ⓓ, Ⓔ와 같은 정보들인데, 이 정보들은 **가**의 Ⓐ, Ⓑ, Ⓒ 정보와 연결된다. 같은 정보들을 이용했지만 정보들을 '오버슈팅'이라는 현상을 설명하기 위해서 정리하였고, 물가 수준에 '구매력 평가'라는 새로운 정보를 추가하였기 때문에 다른 언어 자료가 된 것이다.

2.2.4. 피평가자의 수준에 맞게 조정하기 *학생들에게 조금 더 친절하게*

언어 자료에서 개념을 나타내는 말이나 추상적인 설명이 연속적으로 나타나는 경우 피평가자의 입장에서는 가독성이 매우 떨어지게 된다. 이런 경우 가독성을 높이기 위한 방법에는 두 가지가 있다. 첫째는 시각 자료를 통해 쉽게 파악할 수 있도록 하는 것이고, 둘째는 적절한 예시를 제공하는 것이다.

다음의 예들을 통해 가독성을 높이기 위한 가공에 대해 알아보자.

가

우리나라의 남해안 일대에서는 중생대 백악기에 살았던 공룡의 발자국 화석이 1만 개 이상 발견되었다. 이 화석들은 당시 한반도에 서식했던 공룡들의 특성을 밝히는 실마리를 제공한다. 공룡 발자국 연구에서는 발자국의 형태를 관찰하고, 발자국의 길이와 폭, 보폭 거리 등을 측정한다. 이렇게 수집한 정보를 분석하여 공룡의 종류, 크기, 보행 상태 등을 알아낸다.

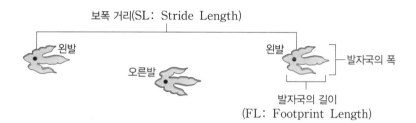

우선 공룡 발자국의 형태로부터 공룡의 종류를 알아낸다. 남해안 일대에서 발견된 공룡 발자국은 초식 공룡인 용각류와 조각류, 육식 공룡인 수각류의 것으로 대별된다. 용각류의 발자국은 타원형이나 원형에 가까우며 앞발이 뒷발보다 작고 그 모양도 조금 다르다. 이들은 대체로 4족 보행렬을 나타낸다. 조각류의 발자국은 세 개의 뭉툭한 발가락이 앞으로 향해 있고 발뒤꿈치는 완만한 곡선을 이룬다. 이들은 대개 규칙적인 2족 보행렬을 보인다. 수각류의 발자국은 날카로운 발톱이 달린 세 개의 발가락과 좁고 뾰족한 발뒤꿈치를 보인다. 조각류처럼 2족 보행렬을 나타내지만 발자국의 길이가 발자국의 폭보다 더 길다는 점이 조각류와 다르다.

다음으로 공룡 발자국의 길이로부터 공룡의 크기를 추정할 수 있다. '발자국의 길이(FL)'에 4를 곱해 '지면으로부터 골반까지의 높이(h)'를 구하여[h=4FL], 그 크기를 짐작할 수 있다. 4족 보행 공룡의 경우에는 일반적으로 뒷발자국의 길이를 기준으로 한다. 단, h와 FL의 비율은 공룡의 성장 단계나 종류에 따라 약간씩 다르게 적용된다.

또한 '보폭 거리(SL)'는 보행 상태를 추정하는 기준으로 사용된다. 여기서 SL은 공룡의 크기에 따라 달라지기 때문에 SL을 h로 나눈 '상대적 보폭 거리[SL/h]'를 사용한다. 학자들은 SL/h의 값이 2.0 미만이면 보통 걸음, 2.0 이상 2.9 이하이면 빠른 걸음이었을 것으로, 2.9를 초과하면 달렸을 것으로 추정하고 있다.

남해안 일대에서는 공룡 발자국 외에도 공룡의 뼈나 이빨, 다른 동식물의 화석 등도 발견된다. 공룡 발자국과 함께 발견되는 물결 자국이나 건열 등의 퇴적 구조를 분석하여 발자국이 만들어진 당시의 기후나 환경을 짐작할 수 있다.

［나］

　정부는 공공의 이익을 위해 정책을 기획, 수행하여 유형 또는 무형의 생산물인 공공 서비스를 공급한다. 공공 서비스의 특성은 배제성과 경합성의 개념으로 설명할 수 있다. ⒜ 배제성은 대가를 지불하여야 사용이 가능한 성질을 말하며, 경합성은 한 사람이 서비스를 사용하면 다른 사람은 사용할 수 없는 성질을 말한다. 이러한 배제성과 경합성의 정도에 따라 공공 서비스의 특성이 결정된다. 예를 들어 국방이나 치안은 사용자가 비용을 직접 지불하지 않고 여러 사람이 한꺼번에 사용할 수 있으므로 배제성과 경합성이 모두 없다. ⒝ 이에 비해 배제성은 없지만, 많은 사람이 한꺼번에 사용하는 것이 불편하여 경합성이 나타나는 경우도 있다. 무료로 이용하는 공공 도서관에서 이용자가 많아 도서 열람이나 대출이 제한될 경우가 이에 해당한다.

　과거에는 공공 서비스가 경합성과 배제성이 모두 약한 사회 기반 시설 공급을 중심으로 제공되었다. 이런 경우 서비스 제공에 드는 비용은 주로 세금을 비롯한 공적 재원으로 충당을 한다. 하지만 복지와 같은 개인 단위 공공 서비스에 대한 사회적 요구가 증가함에 따라 관련 공공 서비스의 다양화와 양적 확대가 이루어지고 있다. 이로 인해 정부의 관련 조직이 늘어나고 행정 업무의 전문성 및 효율성이 떨어지는 문제점이 나타나기도 한다. 이 경우 정부는 정부 조직의 규모를 확대하지 않으면서 서비스의 전문성을 강화할 수 있는 민간 위탁 제도를 도입할 수 있다. 민간 위탁이란 공익성을 유지하기 위해 서비스의 대상이나 범위에 대한 결정권과 서비스 관리의 책임을 정부가 갖되, 서비스 생산은 민간 업체에게 맡기는 것이다.

<후략>

　［가］에서 핵심적으로 이야기하려는 정보는 발자국 화석에서 수집한 정보를 통해 공룡의 종류, 크기, 보행 상태를 추론하는 방법이다. 공룡의 보행 상태를 설명하기 위해 필요한 핵심적인 개념은 조각류와 수각류의 구분, 상대적 보폭 거리인데, 이를 설명하기 위해서는 FL, SL, h라는 개념을 먼저 알아야 한다. 선행 개념들을 말로 설명할 경우 분량도 늘어나며 가독성도 매우 떨어지게 된다. 이처럼 후행 개념이 핵심적인 정보가 되는 상황에서 선행 개념을 일일이 말로 설명할 경우 글의 통일성과 완결성이 떨어진다고 판단되는 경우에는 시각 자료를 사용하는 것이 적절하다.

　［나］에서 ⒜, ⒝와 같은 정보는 읽고 구체적인 상을 그리기가 쉽지 않은 정보이다. 이러한 정보들이 나열되면 가독성이 매우 떨어진다. 그래서 추상적 설명에 맞는 적절한 사례를 추가하여 가독성을 높인 경우이다. 이러한 사례 정보를 추가하기 위해서는 출제자가 언어 자료의 내용을 확실하게 장악하고 있어야 한다.

2.3. 화법, 작문 영역의 자료 선정과 가공 ⟋ 생활 주변에서 건져 올리기

화법과 작문 영역을 평가할 때 정오 판단의 근거가 되는 지식은 문학이나 문법 영역의 지식처럼 확고한 것이 아니다. 그래서 성취기준에 충실한 형태로 문항을 구성하면 답의 근거가 없다는 지적을 받는다. 반대로 언어 자료 안에 답의 근거를 둘 경우에는 독서와 차별성이 없다는 지적을 받는다. 일상적으로 접할 수 있으며, 독서에 비해 정보량이 적은 언어 자료를 선택하다 보니 난도 조절이 어렵고, 답이 허무하게 나온다는 지적도 많이 받게 된다. 지적 사항들을 최소화하기 위해서는 자료 선정과 가공 단계에서 평가 요소와 답지 구성을 생각해야 한다.

화법 영역의 담화 유형은 대화, 강연, 토론, 토의, 협상, 면접, 발표, 연설 등이며, 작문 영역의 담화 유형은 설명문, 논설문, 보고서, 비평문, 감상문 등이다. 모두 교육적 가치가 있고, 일상에서 학생들이 수행할 수 있는 수준의 내용을 담고 있어야 한다. 그래서 이 두 영역에서는 언어 자료를 선정하고 가공할 때, 학생들이 수업에서 수행한 결과물 중에서 선정을 하거나, 독서 영역의 언어 자료를 쉬운 형태로 가공하여 사용하는 경우가 많다.

화법과 작문 영역에서 평가 요소는 담화의 특성 이해, 담화 맥락 분석과 계획, 내용 생성하기, 내용 조직하기, 표현 전략, 자료와 매체의 활용, 신뢰성과 타당성에 대한 평가, 점검과 조정하기 등이다. 언어 자료에 이러한 평가 요소들이 적절하게 담기지 않은 경우 독서 영역과 문항이 비슷해질 수 있으므로, 가공을 할 때에는 평가 요소를 염두에 두고 조정을 해야 한다.

2.3.1. 평가 요소를 고려한 선정과 가공 ⟋ 누울 자리 보고 다리 뻗기

다음은 언어 자료로 구성하기 전의 원자료이다. 이를 통해 화법과 작문의 자료 선정과 가공에 대해 살펴보자.

가

학생 : 선배님, 바쁘신데 인터뷰를 위해 시간 내주셔서 감사합니다. 먼저 '법의학자'라는 직업이 요즘 드라마에 많이 나오는데, 하시는 일을 소개 좀 해 주세요.

선배 : 사람이 죽었을 때 조금이라도 의혹이 있거나 유족의 요청이 있을 경우, 경찰이나 검찰이 우리에게 의뢰를 합니다. 그러면 우리는 수사 자료를 참고하여 사망자의 신원 확인과 사망 시점, 사망 원인에 대한 과학적 의견을 제시합니다.

학생 : 그러면 일에서 보람을 느끼는 때는 언제인가요?

선배 : 저에게 의뢰가 오는 사건들을 보면 억울한 죽음이 많아요. 제 의견이 단서가 되어 죽은 사람의 억울함이 풀렸을 때 보람을 느끼죠.

학생 : 그런데 선배님, 어떤 계기로 법의학자가 되기로 하신 거죠?

선배 : 음, 의대 다닐 때, 돈을 많이 벌 수 있는 과를 가기 위해 경쟁하는 것에 회의를 많이 느꼈어요. 그때 마침 법의학 수업을 듣게 되었는데 제가 잘할 수 있는 분야라는 확신을 가지게 되었죠.

학생 : 그러면 법의학자가 되려면 어떻게 해야 하나요?

선배 : 우리나라에서 법의학자는 의사만 할 수 있습니다. 의대에 가서 병리학을 전공해야 하고, 가급적이면 학문적 체계가 잘 갖추어진 독일이나 미국에서 법의학 학위를 받는 것이 좋습니다. 의대를 못 간다면 법의학이 아닌 법과학을 전공하는 방법이 있습니다.

학생 : 법의학을 하면서 어려운 점은 없나요? 이를테면 시신을 보면 무섭지 않나요?

선배 : 저는 살아 있는 사람이 더 무서운데요. 시신이 저한테 해코지하는 일은 없잖아요. 이 일을 하면서 제일 신경을 써야 하는 부분은 보안입니다. 신중한 언행은 법의학자에게 꼭 필요한 덕목입니다.

학생 : 그러면 후배들에게 한 말씀 해 주세요.

선배 : 지나고 보니까 고등학교 시절만큼 아름다운 시절이 없어요. 재미있게, 열심히 살기를 바랍니다.

학생 : 좋은 말씀 감사합니다, 선배님.

🗂

　　요즘 과학적인 방법으로 사건을 해결하는 내용을 다룬 드라마들이 많이 나오면서, 드라마에 등장하는 '법의학자'라는 직업에 대한 관심도 커지고 있다. 법의학자로 진로를 생각하는 학생들을 위해 법의학자들이 구체적으로 어떤 일을 하는지, ⓐ어떤 성격을 필요로 하는지 알아보고자 한다.

　　법의학자는 사망 사고가 있을 때 수사 자료를 참고하여 사망자의 신원 확인과 사망 시점, 사망 원인에 대한 과학적 의견을 제시하는 역할을 한다. ⓑ'핑계 없는 무덤 없다'고 하지만 법의학자들은 시신에 남아 있는 작은 단서들을 근거로 죽은 사람의 메시지를 해독하기 때문에 죽은 사람의 대변인 역할을 한다고도 할 수 있다.

　　법의학자가 갖추어야 할 가장 우선적인 덕목은 언행이 신중해야 한다는 것이다. 그리고 ⓒ시신을 두려워하지 않는 강인한 정신력이 있어야 한다는 것이다. 어떤 대상이나 상황에 대해서 두려워하지 않는 강인한 정신력이 없으면 임무를 제대로 해낼 수가 없다. 또한 빠른 판단과 과감한 결단력도 필요하다.

　　우리나라에서는 의사 자격이 있어야 법의학자가 될 수 있기 때문에, 법의학자가 되려면 의대를 졸업해서 관련 학위를 받아야 한다. 법의학을 하기 위해서는 병리학을 분야를 전공해야 한다. 그리고 깊이 있는 연구를 위해서 관련 학문이 발달해 있는 미국이나 독일에 유학하는 경우가 많다. 의대에 진학하지 않고 유사한 일을 하고 싶다면 ⓓ <u>법의학자 밑에서</u> 법과학을 전공하는 방법도 있다.

법의학자는 드라마에서 보는 것과 같은 흥미진진한 일을 하는 것은 아니지만, 수사나 재판에 결정적인 영향을 줄 수 있는 중요한 직업이다. 이 직업에 관심이 있다면 ○○ 대학교 법의학교실이나 국립과학수사원 홈페이지에 가서 더 많은 정보를 찾아보는 것이 좋다.

🏁는 학생이 교지에 사용하기 위해 법의학자와 인터뷰를 한 내용이다. 평소 잘 접하지 못하는 흥미로운 소재이지만 학생의 인터뷰 기술이 부족하여 정보가 부족한 편이다. 이 언어 자료는 관련 정보를 조금만 더 보강하고, 인터뷰 과정이 매끄럽게 조정된다면 좋은 언어 자료가 될 수 있다. 🏁는 인터뷰를 바탕으로 글을 쓴 것이다. 그런데 Ⓐ는 전체 글의 내용과 맞지 않고, Ⓑ는 맥락에 맞지 않는 부적절한 언어 표현이다. Ⓒ와 ⓓ는 인터뷰의 내용을 잘못 이해한 표현이다. 이 부분들은 글쓰기의 점검과 조정하기에 대한 평가를 위해 가공 단계에서 의도적으로 넣은 부분이다. 이처럼 출제자는 가공 단계에서 적절하지 않은 표현을 넣어 자료를 구성할 수 있다. 이때도 모범적인 글을 함께 작성해 보아야 문항의 답지가 정확해지고 정답 시비가 줄어든다.

다음은 평가 요소를 고려하여 🏁를 가공한 자료이다.

2019학년도 EBS 수능특강 화법·작문·문법 308~311쪽

학생 1 : 선배님, 바쁘신데 인터뷰를 위해 시간 내주셔서 감사합니다.

선배 : 아닙니다. 저도 후배님들을 보니까 학창 시절에 교지 편집을 하던 추억이 생각나네요.

학생 1 : 먼저 '법의학자'라는 직업이 요즘 드라마에 많이 나오는데, 하시는 일을 소개 좀 해 주세요.

선배 : 사람이 죽었을 때 조금이라도 의혹이 있거나 유족의 요청이 있을 경우, 경찰이나 검찰이 우리에게 의뢰를 합니다. 그러면 우리는 수사 자료를 참고하여 사망자의 신원 확인과 사망 시점, 사망 원인에 대한 과학적 의견을 제시합니다.

학생 2 : 그런 일을 하시는군요. 드라마에서 보면 상당히 역동적이고 흥미진진한 일 같던데요?

선배 : (웃는 얼굴로) 그랬으면 좋겠지만 법의학자는 수사 과정에 개입을 하지는 않기 때문에 어떻게 보면 매우 단조로운 일을 합니다. 우리의 소견이 수사나 재판에 결정적인 영향을 미칠 수 있기 때문에 무거운 책임감을 느끼고 있습니다. 대신 보람이 더 크니까 일이 재미있어요.

학생 2 : 드라마에서 본 것과는 좀 다르군요. 그러면 일에서 보람을 느끼는 때는 언제인가요?

선배 : 저에게 의뢰가 오는 사건들을 보면 억울한 죽음이 많아요. 제 의견이 단서가 되어 죽은 사람의 억울함이 풀렸을 때 보람을 느끼죠.

학생 1 : 그런데 선배님, 어떤 계기로 법의학자가 되기로 하신 거죠?

선배 : 음, 의대 다닐 때, 돈을 많이 벌 수 있는 과를 가기 위해 경쟁하는 것에 회의를 많이 느꼈어요. 그때 마침 법의학 수업을 듣게 되었는데 제가 잘할 수 있는 분야라는 확신을 가지게 되었죠.

학생 1 : (학생 2에게 작은 소리로) 다음 질문.

학생 2 : 진로 고민은 대학교에서도 하는군요. 그러면 법의학자가 되려면 어떻게 해야 하나요?

선배 : 우리나라에서 법의학자는 의사만 할 수 있습니다. 의대에 가서 병리학을 전공해야 하고, 가급적이면 학문적 체계가 잘 갖추어진 독일이나 미국에서 법의학 학위를 받는 것이 좋습니다.

학생 2 : 요즘 의대 들어가기가 힘들어서 많은 학생들이 좌절할 것 같은데요, 비슷한 진로는 없나요?

선배 : 법의학이 아닌 법과학을 전공하는 방법이 있습니다. 미국 범죄 드라마에서 주인공으로 나오는 사람들은 주로 법과학자들이지요. 법과학은 화합물 분석이나 물리적 힘을 추정하여 증거를 확보하는 것이기 때문에 이공계 학과 출신들이 많습니다. 법의학이나 법과학에 관한 진로 관련 정보는 ○○ 대학교 법의학교실이나 국립과학수사원 홈페이지에 많이 있어요.

학생 2 : 아하, 그렇군요. 법의학을 하면서 어려운 점은 없나요? 이를테면 시신을 보면 무섭지 않나요?

선배 : 저는 살아 있는 사람이 더 무서운데요. 시신이 저한테 해코지하는 일은 없잖아요. (모두 웃음.) 이 일을 하면서 제일 신경을 써야 하는 부분은 보안입니다. 신중한 언행은 법의학자에게 꼭 필요한 덕목입니다. 사건에 대한 이야기가 밖으로 나갈 경우 유족에게 더 큰 아픔을 줄 수 있기 때문에 법의학자는 함부로 사건에 대해서 이야기를 해서는 안 됩니다.

학생 1 : (다음 질문을 확인하다 당황해하며) 어, 원래 계획했던 질문 하나는 하지 못할 것 같네요. 그러면 후배들에게 한 말씀 해 주세요.

선배 : 지나고 보니까 고등학교 시절만큼 아름다운 시절이 없어요. 재미있게, 열심히 살기를 바랍니다.

학생 2 : 선배님과 인터뷰를 하면서 법의학자라는 직업의 세계도 알게 되었고, 제가 존경하는 사람 목록에 한 명을 더 추가할 수 있었습니다. 좋은 말씀 감사합니다, 선배님.

밑줄 친 부분들은 언어 자료의 가공 과정에서 추가한 내용들이다. 바탕이 되었던 언어 자료가 지나치게 딱딱하고, 담화 참여자 간에 상호 작용이 없어서 어색했던 부분을 보완하였고, 지나치게 소략하게 설명된 부분에 대해서는 정보를 추가하였다. 그리고 가공 후 생긴 중요한 변화 중 하나는 학생 1과 학생 2를 나누어 서로 다른 말하기 방식을 보여 준다는 점이다. 학생 1은 계획된 질문만 하는 데 비해, 학생 2는 선배의 말에 적극적으로 반응하면서 상황에 따라 유연하게 반응하고 있다. 이는 담화 맥락의 분석과 계획, 상황에 맞는 표현 전략에 대한 평가를 염두에 두고 가공한 것이다. 그리고 '(웃는 얼굴로)', '(학생 2에게 작은 소리로)', '(모두 웃음.)'과 같은 부분들은 대화의 흐름을 자연스럽게 하면서도 화법이 가진 특성인 비언어적, 준언어적 표현 요소를 평가할 수 있도록 가공한 부분이다.

2.3.2. 신뢰성과 타당성을 고려한 선정과 가공 ✐ 뒷받침하는 뭔가를 보여 주어야

화법과 작문 영역에서는 신뢰성과 타당성에 대한 평가와 관련하여 시각 자료, 매체 자료, 통계 자료 등을 사용한다. 다음 자료를 통해 화법과 작문 영역에서 자료를 가공하는 방법에 대해 살펴보자.

2016학년도 6월 모의평가 B형 6~8번

가

국외 문화재 파악 및 환수 현황

(단위 : 점)

연도	소재국				계
	일본	미국	중국	기타	
국외 문화재 파악 현황 2011년	65,142	37,972	7,930	29,031	140,075
2014년	67,708	43,558	8,278	36,616	156,160
국외 문화재 환수 현황 2011년	6,313	1,295	0	2,137	9,745 (정부 주도 9,080, 민간 주도 665)
2014년	6,408	1,399	0	2,139	9,946 (정부 주도 9,277, 민간 주도 669)

※ 자료에 제시한 수치는 누적 통계임.

나

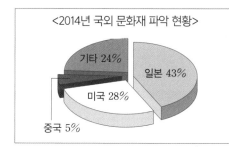

<2014년 국외 문화재 파악 현황>

기타 24%
일본 43%
미국 28%
중국 5%

그래프에서 국외 문화재 분포를 살펴보면 국외 문화재가 특정 국가에 편중되어 있다는 점에서 이를 확인할 수 있다. ……………… ①

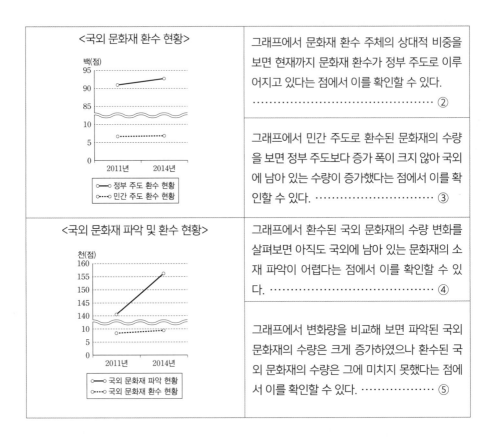

<국외 문화재 환수 현황> 백(점) 95 90 85 10 5 0 　　2011년　　2014년 ○━○ 정부 주도 환수 현황 ○┄┄○ 민간 주도 환수 현황	그래프에서 문화재 환수 주체의 상대적 비중을 보면 현재까지 문화재 환수가 정부 주도로 이루어지고 있다는 점에서 이를 확인할 수 있다. ················· ②
	그래프에서 민간 주도로 환수된 문화재의 수량을 보면 정부 주도보다 증가 폭이 크지 않아 국외에 남아 있는 수량이 증가했다는 점에서 이를 확인할 수 있다. ················· ③
<국외 문화재 파악 및 환수 현황> 천(점) 160 155 150 145 140 10 5 0 　　2011년　　2014년 ○━○ 국외 문화재 파악 현황 ○┄┄○ 국외 문화재 환수 현황	그래프에서 환수된 국외 문화재의 수량 변화를 살펴보면 아직도 국외에 남아 있는 문화재의 소재 파악이 어렵다는 점에서 이를 확인할 수 있다. ················· ④
	그래프에서 변화량을 비교해 보면 파악된 국외 문화재의 수량은 크게 증가하였으나 환수된 국외 문화재의 수량은 그에 미치지 못했다는 점에서 이를 확인할 수 있다. ················· ⑤

　 가는 문화재청의 통계 자료이고, 나는 이를 다양한 형태로 변환한 것이다. 문항에서는 가에서 나로 변환하는 과정에서 시각 자료의 형태가 적절한 것인지, 변환한 자료가 주장을 타당성 있게 뒷받침할 수 있는지에 대해 묻고 있다. 자료의 타당성을 평가하는 창의적인 문항이라고 할 수 있다. 그런데 여기에 사용된 가도 문화재청에서 발표한 원자료는 아니다. 문화재청에서 발표한 자료에는 2011년과 2014년만 있는 것이 아니며, 기타로 처리된 나라 이름들도 세부적으로 나와 있다. 그런 정보들을 모두 세세하게 기록하려면 불필요한 정보들이 넘치게 된다. 그래서 파악된 양은 늘고 있지만 환수된 양은 적다는 것, 일본과 미국, 중국에 제일 많이 있다는 것과 같이 문항에 필요한 정보만 남기고 다른 정보들은 생략하여 구성하였다.

　 사회적인 주제를 다룰 때에는 이처럼 공신력 있는 기관의 통계 자료를 사용하여 문항에 필요한 부분을 가공한다. 그런데 학생들의 생활과 밀접한 주제에 대해서는 관련된 통계가 없는 경우가 많다. 그런 경우에는 학생들이 자체적으로 설문 조사를 한 내용을 주장을 뒷받침하는 근거로 제시하여 언어 자료를 구성한다. 이때는 평가 요소에 따라 수치를 적절하게 조절하고, 수치에 대한 해석의 적절성을 평가하는 문항도 구성할 수 있다.

2.4. 매체 영역의 자료 선정과 가공 *매체는 매체다*

매체 영역에서 다루는 매체 언어는 책, TV, 전화, 영화, 컴퓨터, 인터넷, 사진 등의 매체를 통해 이루어지는 언어적 작용에 초점을 맞춘 개념으로, 소리, 시각적 이미지, 문자, 동영상 등 여러 양식을 복합적으로 사용하는 확장된 언어이다. 그런데 인쇄 매체를 이용하는 선다형 평가의 특성상 매체 영역은 시각 자료가 주가 되며, 청각이나 동영상 자료는 설명으로 대체할 수밖에 없다는 한계가 있다.

2.4.1. 매체의 특성을 보여 줄 수 있는 자료 선정과 가공 *매체는 매체답게*

매체의 표현 특성에 대해서는 기존의 화법, 작문 영역에서 부분적으로 다루어 왔다. 매체를 다루는 대표적인 방법은 다음과 같다.

2020학년도 수능 2번

가

다음은 위 발표에 활용된 매체 자료이다. 발표를 참고할 때, 발표 내용과 자료를 활용한 이유를 바르게 짝지은 것은?

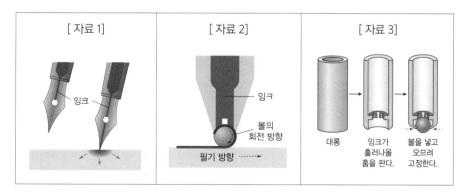

나

그럼 물이 표면부터 어는 현상의 원리를 설명하겠습니다.

(그래프를 보여 준다.)

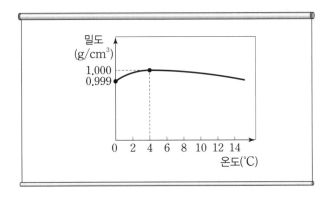

이 그래프는 온도에 따른 물의 밀도 변화를 보여 줍니다. 지난 과학 시간에 일반적으로 물질은 온도가 내려갈수록 밀도가 커진다는 것을 배웠는데, 기억나시죠? 그런데 이 그래프에서 보듯이 물은 4℃에서 0℃로 온도가 내려갈수록 밀도가 작아집니다. 물이 표면에서 차가운 공기를 만나서 물 표면의 온도가 4℃보다 낮아지면 위쪽 물의 밀도가 아래쪽 물의 밀도보다 작아지므로 밀도가 작은 물은 위쪽에, 밀도가 큰 물은 아래쪽에 머물게 됩니다. 이런 상태가 표면의 물이 0℃에 도달할 때까지 계속되어 물은 표면부터 얼게 되는 겁니다.

가는 언어 자료에서 '(자료 1을 보여 준다.)'와 같은 방식으로 처리된 부분에 들어갈 매체 자료를 문항에서 제시하고 있다. 문항에 사용된 [자료 1], [자료 2], [자료 3]은 발표의 보조 자료로서, 매체가 발표의 맥락에 맞게 사용되었는가를 평가하기 위해 사용된 것이다. **나**는 매체를 이용하여 설명하는 상황을 보여 주기 위해 언어 자료 안에 시각 자료를 사용한 것이다. 여기에 사용된 매체 자료는 언어 자료 안에 포함되어 있다는 것이 다를 뿐, 발표의 보조 자료로 사용되고 있다는 점에서는 **가**와 성격이 유사하다. **가**와 **나**에서는 모두 매체 자료를 이용한 효과적인 표현을 다루고 있지만, 매체 자료의 역할은 언어 자료의 보조적 수단에 그치고 있다. 매체를 평가의 독자적인 영역으로 다루고자 한다면 매체의 특성과 효과 등이 중심이 되어야 한다. 따라서 기존의 화법과 작문 영역에서 매체를 다루던 방식과는 다른 방향의 접근이 필요하다.

밥 한 번, 스마트폰 한 번

가족과의 식사 시간, 친구와의 대화 시간
사랑하는 사람을 앞에 두고
스마트폰에 시선을 빼앗긴 사람들
당신도 스마트폰을 보고 있지는 않나요?
스마트폰 사용량 전 세계 1위 대한민국

스마트폰 사용 만큼은 **구두쇠가 되어도 좋습니다**

kobaco
공익광고협의회

위의 자료[4]는 사람들이 익히 알고 있는 자린고비 이야기를 변주하여 현대 사회인들의 문제점을 독창적이고 참신한 방식으로 나타내고 있다. 또한 시각적 인상을 통해 감성적인 설득을 하는 매체의 특성을 잘 보여 주고 있다. 앞서 화법, 작문 영역에서 다룬 시각 자료가 언어적 설명을 보완하는 것이었다면, 이 자료는 시각 자료가 주가 되고 언어 자료가 메시지를 보완한다. 이러한 특성을 활용하면 매체 영역을 평가하는 좋은 자료를 제작할 수 있다.

2.4.2. 답의 근거가 드러나도록 가공하기 ↝ 내 여기 가난한 답의 단서들을 뿌려라

위와 같은 시각 자료만으로 자료를 구성할 경우 답이 열릴 수 있다. 매체 영역을 가공할 때의 핵심은 시각 자료를 다른 언어 자료들과 결합하여 답을 닫아 주는 것이다. 학생들이 매체 영역 시험을 처음 치른 2022학년도 6월 모의평가에서 매체 영역의 자료를 가공한 형태는 다음과 같다.

---

4) 한국방송광고진흥공사(www.kobaco.co.kr)에서 가져온 자료이다.

(가)

[장면 1]

진행자 : 더워지는 요즘, 판매량이 급증하고 있는 제품이 있습니다. 휴대용 선풍기인데요. 어떤 제품을 선택하는 것이 좋을까요? 박○○ 기자가 전해 드립니다.

[장면 2]

박 기자 : 휴대하기 간편하면서도 힘들지 않게 시원한 바람을 선사해 인기가 높은 휴대용 선풍기. 시중에 판매되는 휴대용 선풍기 종류만도 수백 개가 넘습니다. 그러면 소비자들은 어떤 기준으로 휴대용 선풍기를 선택하고 있을까요?

[장면 3]

이△△ : Ⓐ좋아하는 연예인이 광고하는 제품을 살까 하다가, 이왕이면 성능도 좋고 디자인도 맘에 드는 제품을 선택했어요.

[장면 4]

박 기자 : 대형 인터넷 쇼핑몰에서 소비자를 대상으로 Ⓑ휴대용 선풍기 구매 기준을 설문한 결과, 풍력, 배터리 용량과 같은 제품 성능이 1순위였습니다. 이어 디자인, 가격 등 다양한 응답이 뒤를 이었습니다. 그런데 휴대용 선풍기는 안전사고의 위험도 있는 만큼 안전성을 고려하여 제품을 선택해야 합니다.

[장면 5]

박 기자 : 그러면 Ⓒ안전성은 어떻게 확인할 수 있을까요? 먼저, KC 마크가 부착되어 있는지 살펴보아야 합니다. KC 마크는 안전성을 인증받은 제품에만 부착됩니다. 간혹 광고로는 안전 인증 여부를 확인하기 힘든 경우도 있으므로 실물을 보지 않고 구매하는 경우 소비자들의 주의가 필요합니다. 다음으로, 보호망의 간격이 촘촘하고 날이 부드러운 재질로 된 제품을 선택해야 손이 끼어 다치는 사고를 막을 수 있습니다.

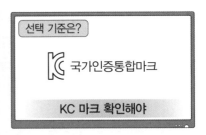

[장면 6]

박 기자 : 휴대용 선풍기 사고가 빈번한 여름철, 안전한 제품을 구매하기 위한 소비자들의 현명한 선택이 필요합니다.

(나)

<문항>

학습 활동   이미지, 문구 등을 활용한 표현 방법을 중심으로 잡지에 실린 두 개의 인쇄 광고
비교하기

자료

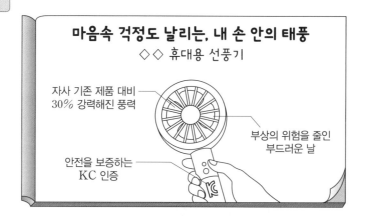

　　(가)에 사용된 시각 자료는 (가)가 동영상 매체라는 것을 보여 주기 위한 것으로 답에는 크게 영향을 미치는 요소는 아니다. (나)의 시각 자료는 언어 자료의 표현 효과를 보완하는 것이 아니라 본격적인 분석의 대상이 된다. 매체의 표현이 적절했는지에 대한 근거는 (가)의 Ⓐ, Ⓑ, Ⓒ 부분에 있기 때문에 답을 확정할 수 있으며, <문항>에 사용된 시각 자료와의 비교도 가능하다.

2.5. 문법 영역의 자료 선정과 가공 ~ 결과보다 과정을

문법 영역의 평가 요소들은 지식의 성격을 띤다. 학교 문법에서 다루는 지식들은 규정과 그에 따른 분류, 분류에 적용되는 사례와 예외 사례들이 대부분이다. 이러한 지식들은 다양한 문제의식을 반영하고 가장 합리적인 방안을 모색한 결과 도출해 낸 결과적 지식이라고 할 수 있다. 이렇게 지식이 나온 과정과 함께 지식을 이해한다면 그 지식은 새로운 지식이나 사고의 토대가 될 수 있다. 반면 결과적 지식 그 자체만 중요하게 생각한다면 지식을 외우고 있느냐 아니냐가 중요할 뿐 '왜?'라는 물음이나 사고력은 필요로 하지 않는다. 따라서 문법 영역에 필요한 언어 자료는 암기로 풀어야 하는 단순한 형태보다는 원리에 대한 탐구를 할 수 있도록 가공한 것이 바람직하다.

2.5.1. 탐구의 형태로 가공하기 ~ 암기보다 이해를
다음의 자료를 통해 문법 영역에서 필요한 자료가 어떤 것인지 생각해 보자.

가 A 고등학교 국어 평가 문항

1. 다음 중 음운 현상이 <u>다른</u> 하나는?

① 눈길[눈:낄]　　② 웃긴[욷낀]　　③ 국밥[국빱]　　④ 먹는[멍는]　　⑤ 있다[읻따]

나 2015학년도 수능 B형

11. <보기>의 표준 발음 자료를 탐구한 내용으로 적절하지 <u>않은</u> 것은?

─── < 보 기 > ───

표준 발음법 제8항　받침소리로는 'ㄱ, ㄴ, ㄷ, ㄹ, ㅁ, ㅂ, ㅇ'의 7개 자음만 발음한다.
해설　이 조항은 ⓐ받침 발음의 원칙을 규정한 것이다. 어말이나 자음 앞에서 모든 받침은 제시된 7개의 자음 중 하나로만 발음할 수 있을 뿐이다. 이 원칙을 지키기 위해 두 가지 음운 변동이 적용된다. 하나는 ㉠자음이 탈락되는 것이고 다른 하나는 ㉡자음이 다른 자음으로 교체되는 것이다.
표준 발음 자료
　읽다[익따], 옮는[옴:는], 닭지[닥찌], 읊기[읍끼], 밟는[밤:는]

① '읽다[익따]'는 ⓐ를 지키기 위해 ㉠이 적용되었다.

② '옮는[옴:는]'은 ⓐ를 지키기 위해 ㉠이 적용되었다.

③ '닭지[닥찌]'는 ⓐ를 지키기 위해 ㉡이 적용되었다.

④ '읊기[읍끼]'는 ⓐ를 지키기 위해 ㉠, ㉡이 모두 적용되었다.

⑤ '밟는[밤:는]'은 ⓐ를 지키기 위해 ㉠, ㉡이 모두 적용되었다.

가에 대해 대부분은 된소리되기가 일어나지 않은 ④번이 답이라고 생각하고 매우 쉬운 문제라고 생각을 한다. 그런데 A 고등학교가 사용하는 문법 교과서에는 음운 현상을 교체, 축약, 첨가, 탈락 네 가지로 나누고, 사잇소리 현상을 첨가 현상으로 분류를 해 놓았다. 교과서에서 그렇게 규정하고 분류해 놓았기 때문에 답은 ①번이다. 엄밀하게 따져 본다면 사잇소리 현상은 된소리되기가 일어나는 것이므로 문법 교과서에서 분류한 네 가지 음운 현상 중 교체에 해당된다. 첨가 현상이 된다는 견해는 합성어를 만들 때 중세 국어의 관형격 조사 'ㅅ'이 첨가된다는 것에 주목한 것이다. 이와 같이 아무런 근거도 제시하지 않고 교체나 첨가의 일반적 정의와 다른 사례로 문항을 구성한 것은 문항 오류에 가깝다. **가**에 필요한 것은 '눈길'에서 첨가 현상이 일어난다는 것이 아니라 '눈길'을 첨가 현상으로 보는 근거이다. 그 근거에 대해 이해한다면 같은 음운 조건이지만 '손바닥'에서는 된소리되기가 일어나지만 '손발'과 같은 대등 합성어에서는 된소리되기가 일어나지 않는 이유도 설명할 수 있게 된다.

나에서는 가장 핵심이 되는 말은 답지에 있는 'ⓐ를 지키기 위해'이다. 보통 학교 시험에서는 **가**와 같이 발음이 맞는지를 묻는 단순한 문항으로 만드는 경우가 많다. 그런 경우 지식의 확장도 없고, 학생들은 대부분 시험이 끝나면 잊어버리게 된다. 그렇지만 **나** 문항에서는 최종적인 음운 현상이 왜 나왔는지에 대해 탐구할 수 있게 함으로써 음운 현상에 대해 폭넓게 이해할 수 있도록 한다.

2.5.2. 문법 현상의 이유를 설명할 수 있도록 가공하기 *왜 그렇게 되는지를 물어야*

문법 지식은 규정으로 정한 것이 많기 때문에 무조건 외워야 하는 것으로 생각할 수 있다. 그러나 규정이라는 것도 우리말을 합리적으로 운용하기 위해 도출한 결과이며, 시간이 지나면 변할 수도 있는 것이다. 따라서 규정의 도출 과정이나 우리말의 통시적 변화를 이해하는 것은 지식을 확장할 수 있을 뿐만 아니라 규정에 없는 새로운 말을 분류하고 처리할 수 있는 능력을 키울 수 있다.

다음은 독서 지문의 형태로 문법 문항을 구성한 2019학년도 수능 문항으로, 규정의 도출 과정과 통시적 변화를 함께 엮어서 구성한 자료이다.

국어사적 사실이 현대 국어의 일관되지 않은 현상을 이해하는 데 도움이 되는 경우가 많다. 예를 들어 'ㄹ'로 끝나는 명사 '발', '솔', '이틀'이 '발가락', '소나무', '이튿날'과 같은 합성어들에서는 받침 'ㄹ'의 모습이 일관되지 않는데, 이를 이해하기 위해서는 이들 단어의 옛 모습을 알아야 한다.

'소나무'에서는 '발가락'에서와는 달리 받침 'ㄹ'이 탈락하였고, '이튿날'에서는 받침이 'ㄹ'이 아닌 'ㄷ'이다. 모두 'ㄹ' 받침의 명사가 결합한 합성어인데 왜 이러한 차이를 보이는 것일까? 현대 국어에는 받침 'ㄹ'이 'ㄷ'으로 바뀌거나, 명사와 명사가 결합할 때 'ㄹ'이 탈락하는 규칙이 없기 때문에 이러한 차이는 현대 국어의 규칙만으로는 설명할 수 없다.

'발가락'은 중세 국어에서 대부분 '밠 가락'으로 나타난다. 중세 국어에서 'ㅅ'은 관형격 조사로 사용되었으므로 '밠 가락'은 구로 파악된다. 이는 '밠 엄지 가락(엄지발가락)'과 같은 예를 통해 잘 알 수 있다. 이후 'ㅅ'은 점차 관형격 조사의 기능을 잃고 합성어 내부의 사이시옷으로만 흔적이 남았는데, 이에 따라 중세 국어 '밠 가락'은 현대 국어 '발가락[발까락]'이 되었다.

'소나무'는 중세 국어에서 명사 '솔'에 '나무'의 옛말인 '나모'가 결합하고 'ㄹ'이 탈락한 합성어 '소나모'로 나타난다. 중세 국어에서는 현대 국어와 달리 명사와 명사가 결합하여 합성어가 될 때 'ㄴ, ㄷ, ㅅ, ㅈ' 등으로 시작하는 명사 앞에서 받침 'ㄹ'이 탈락하는 규칙이 있었기 때문에 '솔'의 'ㄹ'이 탈락하였다.

'이튿날'은 중세 국어에서 자립 명사 '이틀'과 '날' 사이에 관형격 조사 'ㅅ'이 결합한 '이틄 날'로 많이 나타나는데, 이 'ㅅ'은 '이틄 밤', '이틄 길'에서의 'ㅅ'과 같은 것이다. 중세 국어에서 '이틄 날'은 '이틋 날'로도 나타났는데, 근대 국어로 오면서는 'ㄹ'이 탈락한 합성어 '이틋날'로 굳어지게 되었다. 이와 함께 'ㅅ'이 관형격 조사의 기능을 잃어 가고, 받침 'ㅅ'과 'ㄷ'의 발음이 구분되지 않게 되었다. 이에 따라 「한글 맞춤법」에서는 '이튿날'의 표기와 관련하여 "끝소리가 'ㄹ'인 말과 딴 말이 어울릴 적에 'ㄹ' 소리가 'ㄷ' 소리로 나는 것"으로 보아 이를 '이튿날'로 적도록 했다. 그러나 이때의 'ㄷ'은 'ㄹ'이 변한 것으로 설명되지 않으므로 중세 국어 '뭀 사룸'에서 온 '뭇사람'에서처럼 'ㅅ'으로 적는 것이 국어의 변화 과정을 고려한 관점에 부합한다고 할 수 있다.

이 자료의 앞부분에서는 우리말에서 흥미로운 탐구 주제를 제시하고 있으며, 각각의 사례들을 통해 현대의 음운 현상이 국어의 통시적 변화와 연결되어 있음을 제시하고 있다. 그러면서 현대의 규정이 국어의 변화 과정을 제대로 고려하지 못한 부분도 있다는 점을 이야기하고 있다. 이 자료는 제시된 사례 외에도 구조가 같은 다양한 합성어에 적용할 수 있으며, 중세 국어에 대한 이해도 할 수 있게 된다.

문법 문제에서는 하나의 <보기>나 설명으로 한 문항을 구성하는 것이 일반적인데, 위의 자료와 같이 규정이나 현상의 이유를 설명하는 형태의 자료는 2문항으로 구성할 수 있다. 문항도 탐구와 지식을 복합적으로 물을 수 있기 때문에 좋은 평가 자료가 된다.

연습 문제

1. 다음 글의 ㉮~㉰에 들어갈 적절한 사례를 추가하여 글을 완성해 봅시다.

정부의 예산과 조직이 늘어나면서 정부에서 시행하는 정책들은 과거와는 비교할 수 없을 정도로 많아졌고, 정책과 이해관계가 얽힌 개인이나 집단도 크게 늘었다. 그에 따라 새로운 정책을 수립하고 비효율적인 정책은 폐기하거나 수정할 필요성도 증대되고 있다. 이를 위해서는 시행된 정책이 원하는 목적이나 편익을 달성하였는지, 어떤 사람들에게 얼마만큼의 영향을 미쳤는지, 집행 과정이 잘 작동하고 있었는지 등의 질문에 대한 객관적인 측정과 분석을 하는 체계적인 활동이 필요한데, 이를 '정책 평가'라 한다.

일반적으로 정책 평가는 하나의 정책과 목표 달성도 사이의 인과 관계를 확립하는 것에 중점을 둔다. 그러므로 정책 평가를 위해서는 명확하게 규정된 정책 목표가 있어야 한다. 명확하게 규정된 정책 목표는 대개 보다 나은 방향으로의 이행만을 명시하는 질적 규정과 수치로 표현하는 양적 규정으로 구분이 된다. 예를 들어 [㉮   ]

질적으로 목표가 규정되었다는 것은 목표 달성 정도를 판단할 수 있을 만큼 변화의 방향이 명백하다는 것을 의미한다. 이때의 정책 평가는 특정 시점에서 바람직한 방향으로 '중요한' 변화가 야기되었는지를 검토함으로써 이루어진다. 즉 하나의 정책 대상 집단의 상태를 정책 실시 직전과 적당한 시점이 지난 후의 상태를 비교하여 정책의 유의미성을 판단한다. 이때는 정책 목표에 상응하는 평가 지표들을 개발해야 하는데, 평가 지표들을 개발할 때는 주관적이고 질적인 것까지 포함할 수 있다. 질적으로 목표가 규정된 정책을 평가할 때는 초기 상태의 지표들에 대한 값 A_1을 얻은 후 정책 실시 이후 지표들에 대한 값 A_2를 구한 후 A_2-A_1을 통해 판단을 할 수 있다.

양적으로 목표가 규정된 정책의 평가는 일반적으로 목표량 대비 실적을 통해 목표 달성도를 정량적으로 파악할 수 있다. 그런데 단순히 실적을 목표량으로 나눌 경우 실적에 영향을 미친 정책 이외의 요인들이 정책의 영향으로 간주될 수 있다. 그런 문제를 해결하기 위해서는 정책 프로그램이 시행되지 않은 상태에서도 나타날 수 있는 목표 상태 예측치를 실적과 계획 양 항목에서 뺀 후 비교하는 것이 타당한 방법이 된다. 정책 프로그램이 없었다고 가정했을 때의 목표 상태 예측치를 얻는 가장 확실한 방법은 정책 프로그램의 혜택을 받은 '실험 집단'과 유사한 조건에서 정책 프로그램의 혜택을 받지 못한 '비교 집단'을 비교해 보는 것이다. 이러한 분석은 변수들을 통제하는 데는 효과적이지만 언제나 가능한 것은 아니다. 동일한 정책 대상 집단 중에서 어떤 집단은 혜택을 받고, 어떤 집단은 혜택을 받지 못했다는 것은 윤리적 문제를 야기할 수 있기 때문이다.

정책 평가를 할 때 주의해야 할 점은 통제되지 못하는 다양한 변수들이 있는지에 대한 분석이 있어야 한다는 것이다. 특히 '허위 변수'나 '혼란 변수'가 개입되지 않았는지에 대해서도 세심하게 분석을 해야 한다. 허위 변수는 독립 변수 X와 종속 변수 Y가 관계가 없음에도 관계가 있는 것처럼 보이도록 만드는 숨어 있는 변수를 말한다. 예를 들어 [㉯   ]
혼란 변수는 독립 변수 X가 종속 변수 Y의 변화에 부분적으로 영향을 미칠 때, 뒤에 숨어 있으면서 X와 Y에 부분적으로 영향을 미치는 변수를 말한다. 예를 들어 [㉰   ]
이와 같은 변수들을 고려하지 않으면 정책의 효과를 과소평가하거나 과대평가하는 왜곡이 일어난다.

Tip

농촌 인구를 늘리기 위한 귀농 정책, 농촌 지역 무선 통신망 구축 사업(공모 사업)을 가정하고 그 사례를 이용하여 답을 작성해 봅시다.

2. 다음 언어 자료를 검토 의견을 반영하여 가공해 봅시다.

사회자: 청취자 여러분, 안녕하십니까? 지난 시간에 이어 과학 전문가 ○○○ 선생님을 모시고 우리 주변에서 만나게 되는 과학에 대한 이야기를 나눠 보겠습니다. 선생님, 오늘은 또 어떤 재미있는 과학 이야기를 해 주실 건가요?

전문가: 오늘 이야기할 것은 '펠레의 저주'입니다. 상식적으로 생각해 보자면 펠레의 말에 무슨 주술적인 힘이 있어서 펠레의 저주가 생겨난 것은 아닐 것입니다. 펠레의 저주는 확률과 관련된 문제로 오늘 제가 이야기할 '머피의 법칙'으로 설명할 수 있습니다.

사회자: 머피의 법칙이 어떻게 펠레의 저주와 연관이 될 수가 있지요?

전문가 : 우선 펠레의 저주와 관련된 중요한 사실이 있습니다. 바로 우승팀을 알아맞힐 확률이 그다지 높지 않다는 것입니다. 아무리 강한 팀이라 하더라도 우승 확률은 10% 정도밖에 되지 않기 때문에 맞히는 것이 대단한 것이지 틀리는 것이 불운한 것은 아닙니다. 확률이 10%라는 것은 10번 중에 한 번은 반드시 맞는다는 것을 의미하지는 않습니다. 18번째까지 틀리다가도 19, 20번째 맞힐 수도 있지요. 통계학자들은 이처럼 특정 사건이 불규칙하게 분포하는 현상을 '군집 현상'이라고 하는데, 이것은 규칙적으로 분포하는 것보다 더 자연스러운 현상입니다.

사회자 : 그러면 실생활에서 경험할 수 있는 유사한 사례가 있을까요?

전문가 : 마트 계산대에 줄을 섰을 때를 생각해 봅시다. 10개의 계산대가 있다고 할 때 내가 줄 선 계산대의 줄이 제일 먼저 줄어들 확률은 10분의 1밖에 되지 않으니, 여간 운이 좋지 않은 한 다른 줄이 먼저 줄어드는 것을 지켜볼 수밖에 없지요. 그런데도 제일 먼저 줄어드는 줄만 바라보니까 운이 없다고 생각되는 것이지요.

진행자 : 그렇군요. 그러면 여기서 잠깐 청취자들의 질문을 받고 계속하겠습니다.

──────── < 검토 의견 > ────────

1. '펠레의 저주'나 '머피의 법칙'의 개념에 대한 언급이 필요함.
2. '군집 현상'과 '머피의 법칙'의 연관성에 대해 너무 간략하게 처리하고 있음. 이 부분에 대한 추가적 내용이 필요함.
3. 사회자와 전문가의 상호 작용이 없고 전문가의 설명이 주를 이룸. 실제 라디오 방송처럼 사회자와 전문가가 이야기를 주고받는 방식의 구성이 필요함.

3. 다음 언어 자료에서 피평가자들이 작품의 내용을 파악할 수 있도록 정보를 추가해 봅시다.

계연의 시뻘겋게 상기한 얼굴은, 옥화와 그의 아버지가 그들을 지켜보고 있다는 것도 잊은 듯이 성기의 얼굴만 일심으로 바라보고 있었으나, 버드나무에 몸을 기댄 성기의 두 눈엔 다만 불꽃이 활활 타오를 뿐, 아무런 새로운 명령도 기적도 나타나지 않았다.

"오빠, 편히 사시오."

하고, 거의 울음이 다 된, 마지막 목소리를 남기고 돌아선 계연의 저만치 가고 있는 항라 적삼을, 고운 햇빛과 늘어진 버들가지와 산울림처럼 울려오는 뻐꾸기 울음 속에, 성기는 우두커니 지켜보고 있을 뿐이었다.

성기가 다시 자리에서 일어나게 된 것은 이듬해 우수(雨水)도 경칩(驚蟄)도 다 지나, 청명(淸明) 무렵의 비가 질금거릴 무렵이었다. 주막 앞에 늘어선 버들가지는 다시 실같이 푸르러지고 살구, 복숭아, 진달래 들이 골목 사이로 산기슭으로 울긋불긋 피고 지고 하는 날이었다.

아들의 미음상을 차려 들고 들어온 옥화는 성기가 미음 그릇을 비우는 것을 보자 이렇게 물었다.

"아직도, 너, 강원도 쪽으로 가 보고 싶냐?"

"……."

성기는 조용히 고개를 돌렸다.

"여기서 장가들어 나랑 같이 살겠냐?"

"……."

성기는 역시 고개를 돌렸다.

그해 아직 봄이 오기 전, 보는 사람마다, 성기의 회춘을 거의 다 단념하곤 하였을 때 옥화는, 이왕 죽고 말 것이라면, 어미의 맘속이나 알고 가라고, 그래, 그 체 장수 영감은, 서른여섯 해 전 남사당을 꾸며 와 이 화개 장터에 하룻밤을 놀고 갔다는 자기의 아버지임에 틀림이 없었다는 것과, 계연은 그 왼쪽 귓바퀴 위의 사마귀로 보아 자기의 동생임이 분명하더라는 것을, 통정하노라면서, 자기의 같은 왼쪽 귓바퀴 위의 검정 사마귀까지를 그에게 보여 주었다.

"나도 처음부터 영감이 '서른여섯 해 전'이라고 했을 때 가슴이 섬뜩하긴 했다. 그렇지만 설마 했지 그렇게 남의 간을 뒤집어 놀 줄이야 알았나. 하도 아슬해서 이튿날 악양으로

가 명도까지 불러 봤더니, 요것도 남의 속을 빤히 들여다나 보는 듯이 재잘대는구나, 차라리 망신을 했지.”

옥화는 잠깐 말을 그쳤다. 성기는 두 눈에 불을 켜듯 한 형형한 광채를 띠고, 그 어머니의 얼굴을 쳐다보고 있었다.

“차라리 몰랐으면 또 모르지만 한번 알고 나서야 인륜이 있는듸 어쩌겠냐.”

그리고 부디 어미 야속타고나 생각지 말라고, 옥화는 아들의 뼈만 남은 손을 눈물로 씻었다.

옥화의 이 마지막 하직같이 하는 통정 이야기에 의외로도 성기는 도로 힘을 얻은 모양이었다. 그 불타는 듯한 형형한 두 눈으로 천장을 한참 바라보고 있던 성기는 무슨 새로운 결심이나 하듯 입술을 지그시 깨물고 있었다.

아버지를 찾아 강원도 쪽으로 가 볼 생각도 없다, 집에서 장가들어 살림을 할 생각도 없다, 하는 아들에게 그러나, 옥화는 이제 전과 같이 고지식한 미련을 두는 것도 아니었다.

“그럼 어쩔라냐? 너 좋을 대로 해라.”

“……”

성기는 아무런 말도 없이 도로 자리에 드러누워 버렸다.

그러고 나서 한 달포나 넘어 지난 뒤였다.

성기가 좋아하는 여러 가지 산나물이 화갯골에서 연달아 자꾸 내려오는 이른 여름의 어느 장날 아침이었다. 두릅회에 막걸리 한 사발을 쭉 들이켜고 난 성기는 옥화더러,

“어머니, 나 엿판 하나만 맞춰 주.”

하였다.

“……”

옥화는 갑자기 무엇으로 머리를 얻어맞은 듯이 성기의 얼굴을 멍하니 바라보고 있었다.

그런 지도 다시 한 보름이나 지나, 뻐꾸기는 또다시 산울림처럼 건드러지게 울고, 늘어진 버들가지엔 햇빛이 젖어 흐르는 아침이었다. 새벽녘에 잠깐 가는 비가 지나가고, 날은 다시 유달리 맑게 갠 화개 장터 삼거리 길 위에서, 성기는 그 어머니와 하직을 하고 있었다. 갈아입은 옥양목 고의적삼에, 명주 수건까지 머리에 잘끈 동여매고 난 성기는, 새로 맞춘 새하얀 나무 엿판을 걸빵해서 느직하게 엉덩이 즈음에다 걸었다. 위 목판에는 새하얀 가락엿이 반나마 들어 있었고, 아래 목판에는 팔다 남은 이야기책 몇 권과 간단한 방물이 좀 들어

있었다.

    그의 발 앞에는, 물과 함께 갈려 길도 세 갈래로 나 있었으나, 화갯골 쪽엔 처음부터 등을 지고 있었고, 동남으로 난 길은 하동, 서남으로 난 길이 구례, 작년 이맘때도 지나 그녀가 울음 섞인 하직을 남기고 체 장수 영감과 함께 넘어간 산모퉁이 고갯길은 퍼붓는 햇빛 속에 지금도 환히 장터 위를 굽이돌아 구례 쪽을 향했으나, 성기는 한참 뒤, 몸을 돌렸다. 그리하여 그의 발은 구례 쪽을 등지고 하동 쪽을 향해 천천히 옮겨졌다.

    한 걸음, 한 걸음, 발을 옮겨 놓을수록 그의 마음은 한결 가벼워져, 멀리 버드나무 사이에서 그의 뒷모양을 바라보고 서 있을 어머니의 주막이 그의 시야에서 완전히 사라져 갈 무렵해서는, 육자배기 가락으로 제법 콧노래까지 흥얼거리며 가고 있는 것이었다.

– 김동리, 「역마」 –

 Tip

피평가자들이 인물들이 처한 상황을 이해할 수 있도록 앞부분의 줄거리를 추가하고, 어려운 어휘에 주석을 달아 봅시다.

V.

문두 작성

V.
문두 작성

개 요

V장에서는 국어과 선다형 평가 문항의 문두 작성을 다룬다. 먼저 문두의 개념을 풀어내고 문두가 어떤 모습인지 살펴보면서 문두의 역할과 요건에 대해 논의한다. 그다음, 선다형 평가 문항에 실제 사용된 문두의 쓰임새를 검토하면서 문두 작성의 일반적 방법을 제시할 것이다. 문두 작성에는 일관성이 필요한데, 각 상황에 맞는 전형적인 문두 작성 방법을 보이면서 긍정/부정 문두, 정답형/최선답형/합답형 문두, <보기>를 활용한 문두 등을 꼼꼼히 살핀다. 다음에는 행동 영역과 내용 영역에 따른 문두 작성법을 검토한다. 문두는 평가하고자 하는 내용이 무엇인지에 따라 혹은 언어 자료의 특성에 따라 달리 작성될 수 있다. 실제 문항에 사용된 문두의 모습들을 비판적으로 검토하면서 문두를 어떻게 작성하는 것이 좋을지를 고민해 본다. 이러한 논의들을 통해 심도 있는 문항 출제를 위해서는 문두 작성에 공을 들일 충분한 가치가 있다는 점을 보여 줄 것이다.

1. 문두는 왜 필요한가

문항을 일종의 물음이라면 문두는 문항에서 묻는 것 그 자체이다. 물음이 성립하지 않는다면 문항은 처음부터 다시 설계되어야 할 것이다. 그러므로 문두에는 무엇을 물을 것인지에 대한 고민과 어떻게 물을 것인지에 대한 고민을 함께 담아낼 수 있어야 한다. 정확하고 정교한 문두를 작성해야 하는 이유는 문두가 그러한 역할을 충실히 수행할 수 있을 때라야 비로소 학생의 능력을 온전히 평가할 수 있기 때문일 것이다. 여기에서는 문두의 개념을 바탕으로 문두가 문항에서 수행하는 역할과 문두가 갖춰야 할 요건들을 생각해 보겠다.

1.1. 문두의 개념 ∽ 몰라서 묻는 게 아니죠

문두는 문항에 사용되는 특수한 물음이다. 일상에서의 물음은 모르는 사람이 아는 사람에게 던지는 것이 일반적이다. 하지만 평가 상황에서의 문두는 그렇지 않다. 아는 사람이 모르는 사람에게 즉 평가자가 피평가자를 대상으로 어떤 특정한 바를 아는지 모르는지 확인할 때 또는 특정한 능력을 갖고 있는지를 평가할 때 사용하는 물음이 문두이다. 그러므로 문두는 평가 상황에서 특수하게 사용되는 물음이라고 할 수 있다.

선다형 문항의 문두는 언제나 의문문의 형식을 취한다. 단순화시켜 말하면 선다형 문두는 둘 중 하나이다. '~ 것은?'과 '~ 않은 것은?'. 이 의문 종결 표현이 선다형 문항에서 널리 쓰인다. 문두의 끝부분에서 언제나 동일한 형태로 종결되므로 문두의 일관성 내지 시험의 형식적 완결성에 도움이 된다.

문항의 평가 내용을 명료하게 드러내는 것이 문두이다. 평가 내용이 불명료한 문두는 평가 도구로 적합하지 않다. 가령 '다음 중 적절하지 않은 것은?'과 '<보기>는 보고서의 초고를 쓴 학생이 초고의 [A]를 보완하기 위해 수집한 자료이다. 자료 활용 방안으로 적절하지 않은 것은?'을 비교해 보자. 전자처럼 진술된 문두는 묻고자 하는 바가 무엇인지 모호하기 때문에 어떤 맥락에서 답지들을 판단해야 하는지 불분명하다. 그러므로 후자처럼 문두를 진술해야만 학생들이 답지를 판단하는 조건을 보다 명료하게 파악할 수 있다.

이러한 것들을 종합해 볼 때 문두의 개념을 대략 다음처럼 정의할 수 있다. 문두는 문항에서 평가 요소를 의문문으로 드러내는 특수한 물음이다. 문두를 발문(發問)이라고 지칭하는 경우도 있기는 하다. 이를테면 교수·학습 과정에서는 발문을 학습자들의 사고 활동을 유발해 주기 위한 문제 제기라고 정의하면서 수업 상황에서의 특수화된 물음을 주로 발문이라고 칭한다. 이러한 것과 구별하기 위해서 문항에 사용되는 물음을 지칭할 때는 발문이라는 용어보다는 문두라는 용어가 더 적합하다.

1.2. 문두의 역할 길잡이가 따로 없죠

문항에서 문두가 수행하는 역할을 세 가지 차원에서 살펴보자.

첫째, 문두는 문항을 해결하기 위한 절차를 제시한다. 이때 절차는 문항을 해결하기 위해 거쳐야 하는 순서나 방법을 의미한다. 만약 문항 해결의 절차가 문두에 드러나지 않는다면 학생들은 답지의 적절성 여부를 판단하기 어렵게 될 것이다.

2006학년도 9월 모의평가

9. '사이버 폭력의 원인과 대처 방안'에 대한 글을 쓰기 위해 메모를 작성한 후, 관련 자료 ㉠~㉤ 을 추가하여 개요를 완성하려고 한다. 자료 활용 및 개요 완성 방안으로 적절하지 않은 것은?

<메모>
＊사이버 폭력의 실태와 문제점 밝히기
＊사이버 폭력의 원인을 규명할 것
  – 익명성, 상업적 악용
＊대처 방안을 생각해 볼 것
  – 인터넷 실명제, 법적 처벌, 누리꾼의 자정
＊앞으로의 방향 제시

<개요>
1. 문제 제기
  가. 사이버 폭력의 실태
  나. 사이버 폭력의 문제점
2. 사이버 폭력의 원인
  가. 인터넷 공간의 익명성과 비대면성
  나. 인터넷 공간의 상업적 악용
  다. _____
3. 사이버 폭력에 대한 대처 방안
  가. 인터넷 실명제 실시
  나. _____
  다. 누리꾼의 자정 능력 제고
4. 올바른 사이버 문화 정립의 필요성

<자료>
㉠ 2004년도 사이버 폭력 신고 건수가 20만 건에 달했다.
㉡ 한 남성이 인터넷 공간에서의 비방과 사생활 침해에 못 이겨 직장을 그만두고 잠적하였다.
㉢ 최근 학교 폭력으로 문제가 된 청소년들의 사진과 개인 정보가 공개되어 누리꾼의 집중 공격을 받았다.
㉣ 인터넷상의 인권 침해 원인은 익명성과 함께 서로 얼굴을 맞대지 않는 특성, 즉 비대면성(非對面性)에 있으므로 익명성 해소만으로는 문제 해결이 어렵다는 분석이 제기되었다.
㉤ 사이버 폭력에 대한 법률적 처벌 근거는 이미 존재하나 제대로 적용되지 못하고 있다.

① 개요 '1-가'에서 사이버 폭력이 심각함을 부각하기 위하여 자료 ㉠을 활용한다.

② 개요 '1-나'에서 자료 ㉡을 활용하여, 사이버 폭력이 상대에게는 치명적인 결과를 초래할 수 있음을 보여 준다.

③ 자료 ㉢을 활용하여, '인터넷 공간에서의 인권 의식 부재'를 개요 '2-다' 항목으로 설정한다.

④ 개요 '3-가'에서 자료 ㉣을 활용하여, 인터넷 실명제를 실시해야 하는 근거로 제시한다.

⑤ 자료 ㉤을 활용하여, 개요 '3-나' 항목의 내용을 '법 조항의 엄격한 적용'으로 설정한다.

작문 영역에서는 글쓰기 과정에서의 자료 활용 방안이나 개요 작성의 적절성 여부를 묻는 문항이 자주 출제된다. 위 문항 역시 실제 작문 과정에서 있을 법한 모습을 토대로 자료 활용 및 개요 완성 방안을 묻고 있다. 즉 주제를 정하고 글에 담길 내용을 간략히 생성한 후, 이와 관련된 자료들을 수집하면서 개요를 작성하는 일련의 작문 과정을 문항으로 제작한 것이다. 학생들이 위 문항을 해결하기 위해서는 대략 다음과 같은 과정을 거칠 필요가 있다.

■ 주제 확인
■ <메모> 내용 파악
■ <자료> 내용 파악 및 개요 항목과의 관련성 추론
■ 답지에 제시된 자료 활용 및 개요 완성 방안의 적절성 판단

위 문두에서는 '사이버 폭력의 원인과 대처 방안'이라는 주제를 제시한 후 글을 쓰기 위해 메모를 작성했음을 알려 주고 있다. 그리고 이와 관련하여 글쓰기 자료 ㉠～㉤을 제시한 후, 이에 대한 활용 방안과 개요 완성 방안을 묻고 있다. 문항을 해결하기 위해서 학생들은 문두의 안내에 따라 위에서 언급한 과정을 거친 후 문항을 해결할 수 있다. 가령 문두에 나타난 정보를 토대로 답지 ⑤를 판단하는 과정을 살펴보자. 자료 ㉤을 활용하여, 개요 '3-나' 항목의 내용을 '법 조항의 엄격한 적용'으로 설정하는 것은 적절하다. <메모>에 제시된 대처 방안에 '법적 처벌'이라는 내용이 포함되어 있기 때문이다. 즉 <메모>에 근거하여 적절한 개요 완성 방안이 되는 것이다. 문두가 이러한 절차를 제시하지 않은 경우를 생각해 보자. 가령 문두가 '<메모>를 작성한 후'라는 절차를 제시하지 않았다고 가정해 보자. 그렇게 된다면 <개요> 완성 방안의 적절성 여부를 판단하는 근거나 절차를 알 수 없기 때문에 문항을 해결할 수 없을 것이다.

둘째, 문두는 문항에서 학생들이 해결해야 하는 과제를 제시한다. 이때 과제는 문항이 무엇을 묻고 있는지와 관련되어 있다. 만약 문두가 학생들이 해결해야 하는 과제를 제시하는 데 실패한다면 문항이 도대체 무엇을 묻고자 하는 것인지 알 수 없게 된다. 이렇게 된다면 문항의 난도가 높아 학생들이 정답을 찾지 못하게 되는 것이 아니라 문항의 물음이 불분명하여 정답을 찾지 못하게 되므로 결국 부적절한 문항이 될 가능성이 높다.

2022학년도 6월 모의평가(화법과 작문)

36. 다음은 동아리 부장이 강연자에게 보낸 전자 우편이다. 이를 바탕으로 세운 강연자의 계획 중 강연에 반영되지 <u>않은</u> 것은?

위 문항에서 학생이 해결해야 하는 과제는 강연자의 계획 중 강연에 반영되지 않은 내용을 찾는 것이다. 단, 강연자의 계획은 동아리 부장이 강연자에게 보낸 전자 우편을 바탕으로 수립되어야 한다. 따라서 학생은 이 과제를 파악하고 이를 해결해야만 정답을 찾을 수 있을 것이다.

이보다 짧은 한 문장의 문두이면서도 해결해야 하는 과제가 두 가지인 문두가 있을 수 있다. 다음 문항을 살펴보자.

2022학년도 6월 모의평가(언어와 매체)

40. 위 화면을 통해 매체의 특성을 이해한 학생의 반응으로 가장 적절한 것은?

① 기사를 누리 소통망[SNS]에 공유할 수 있으니, 기사 내용을 직접 수정할 수 있겠군.

② 기사에 대한 수용자들의 선호를 확인할 수 있으니, 기사에 제시된 정보의 신뢰도를 검증할 수 있겠군.

③ 기사와 연관된 다른 기사를 열람할 수 있으니, 수용자의 선택에 따라 정보를 추가로 확인할 수 있겠군.

④ 기사가 문자, 사진 등 복합 양식으로 구성되어 있으니, 시각과 청각을 결합하여 기사 내용을 이해할 수 있겠군.

⑤ 기사의 최초 작성 시간과 수정 시간이 명시되어 있으니, 다른 수용자들이 기사를 열람한 시간을 확인할 수 있겠군.

위 문항에서 학생이 해결해야 하는 과제는 두 가지이다. 얼핏 보기에는 제시된 자료(화면 – 지역 신문사의 웹 페이지)에서 매체의 특성만을 찾아도 정답을 고를 수 있을 것 같다. 하지만 문두의 후반부를 주목해 보면 한 가지 과제가 더 주어져 있다. 그 특성에 대한 '학생의 반응'이 적절해야 한다. 그러므로 매체의 특성과 그에 따른 반응이 서로 밀접한 관련이 있는지를 파악해야만 정답을 찾을 수 있을 것이다.

학생들이 해결해야 하는 과제는 문항의 평가 요소와 관련되어 있다. 위에서 언급한 36번 문항의 경우 '반영' 여부가 해결 과제이고, 이 과제가 곧 평가하고자 하는 내용이다. 문두가 해결 과제 즉 평가 요소를 제시하는 데 실패할 경우를 생각해 보자. 가령 40번 문항에서 '위 화면에 대한 학생의 반응으로 가장 적절한 것은?'이라고 하자. '학생의 반응'에 대한 조건이 부족하므로 주어진 답지에서 정답지를 특정하기가 어려워질 가능성이 높다. 즉 문두가 해결 과제를 명확히 제시하지 못한다면 이른바 무답 혹은 복답 시비가 일어나게 된다.

셋째, 문두는 문항이 성립하기 위한 평가 장면을 제시한다. 이때 평가 장면은 문항이 어떤 상황을 가정하고 있고, 그 상황이 어떤 장면 속에 놓여 있는지를 학생들에게 제시하는 역할을 한다. 만약 문두가 평가 장면을 제시하는 데 실패한다면 문항 성립의 기본적인 전제 조건을 알 수 없기 때문에 정답을 확정할 수 없게 된다.

2018학년도 6월 모의평가

[4~7] (가)는 학생들이 발명가를 대상으로 한 인터뷰이고, (나)는 이를 참고하여 '학생 1'이 '학습 활동' 과정에서 작성한 설명문의 초고이다. 물음에 답하시오.

(가)

학생 1 : 안녕하세요? 학생 발명가이신 선배님께 궁금한 게 많습니다. 먼저 발명이 무엇인지부터 말씀해 주세요.

발명가 : 네. 발명은 전에 없던 기술이나 물건을 새롭게 생각하여 만들어 내는 것이라고 할 수 있지요.

학생 2 : 새롭게 생각하여 전에 없던 기술이나 물건을 만든다는 게 쉽지 않은데요, 선배님의 발명품이 궁금해요.

발명가 : (발명품을 꺼내며) 네, 이걸 보여 드리죠. 설탕, 소금과 같은 양념을 담는 통들이 어디 있는지 찾지 못해 곤란한 때가 많았어요. 그래서 통의 뚜껑과 본체를 여러 개로 나눈다는 아이디어를 생각해 냈습니다. 통 하나에 여러 가지 양념을 담을 수 있게 말이죠.

학생 2 : 간단하면서도 유용하네요. 저도 발명을 하고 싶은데 아이디어가 잘 떠오르지 않아서 힘들어요. 도움이 될 만한 게 있다면 알려 주세요.

발명가 : 아이디어 창출 중심 모형이 도움이 될 것 같네요. 이것은 세 단계로 구성됩니다. 체험 단계에서는 발명의 주제가 되는 물건을 탐색하며 발명에 대한 호기심을 가져 보고, 인지 단계에서는 그 물건에 담긴 과학적 원리를 학습합니다. 이 두 단계를 통해 주제가 되는 물건에 대한 이해를 높입니다. 발명 단계에서는 그러한 이해를 바탕으로 물건을 개선할 아이디어를 창출합니다. 이때 도움을 얻기 위해 기존의 다른 발명품들을 참고할 수 있습니다.

학생 1 : 아직 이해가 잘 안 되는데요. 예를 들어 설명해 주실 수 있을까요?

발명가 : 좋습니다. (가방에서 필통을 꺼내며) 필기구로 말씀드리죠. 여기 연필, 볼펜, 자가 있지요? 필기구를 발명 주제로 정했다면, 체험 단계에서는 필기구만 골라 만지고 분해하며 호기심을 가져 봅니다.

학생 2 : 그럼 다음 단계에선 과학적 원리를 공부하겠군요.

발명가 : 네, 인지 단계에서는 필기구에 담긴 과학적 원리를 공부하지요. 다음으로 발명 단계에서는 필기구를 개선할 아이디어를 창출합니다. 아까 기존의 다른 발명품을 참고한다고 했는데요, 이를테면 자가 발전 기능이 있는 손전등에 전자기 유도 법칙이 이용됐다는 것을 참고할 수 있습니다. 참고한 내용을 통해 빛을 내는 볼펜이라는 아이디어를 생성할 수 있지요.

학생 1 : 그렇군요. 끝으로 미래의 발명가 후배들에게 한 말씀 부탁드려요.

발명가 : 주변 사물에 호기심을 갖고 개선할 점이 있는지 살펴보세요. 과학적 원리를 바탕으로 개선 방법을 찾다 보면 좋은 아이디어가 떠오를 것입니다.

학생 1, 2 : 네, 감사합니다.

[학습 활동]
　1. 정보 전달을 목적으로 발명 소식지에 글 쓰기
　2. 상호 평가를 통한 고쳐 쓰기

(나)
　학생들은 발명을 어려워한다. 그 이유는 새로운 아이디어를 떠올리기가 어렵기 때문이다. 이를 해결하기 위해 사용할 수 있는 것이 아이디어 창출 중심 모형이다. 이것은 아이디어를 떠올리는 데 어려움을 겪는 학생들에게 도움을 줄 수 있고, 그로 인해 쉽게 발명에 다가설 수 있게 한다. 그렇다면 아이디어 창출 중심 모형은 어떤 단계로 이루어질까?
　먼저 체험 단계에서는 발명에 대한 호기심을 유발한다. 예를 들어 자전거라는 발명 주제가 제시되면 자전거를 눈으로 살피고 손으로 만진다. 그리고 직접 자전거를 타 보이기도 하고, 자전거를 분해해 보이기도 하면서 탐색된다.

그 후 인지 단계에서는 자전거에 적용된 과학적 원리를 학습한다. 커브를 도는 쪽으로 자전거를 기울여야 하는 것은 원심력 때문이고, 울퉁불퉁한 길을 부드럽게 달릴 수 있는 것은 타이어의 탄성력 때문임을 알 수 있다. 이런 내용을 친구들과 이야기하면서 발명 주제인 자전거를 깊이 이해하게 된다. 이때 자전거를 탔던 즐거운 추억을 떠올려 감상문을 써 보는 것도 좋다.

마지막으로 발명 단계에서는 자전거에 대한 이해를 바탕으로 그것의 개선 방안을 생각한다. 즉 자전거가 아닌, 자동으로 공기가 채워지는 튜브를 참고해 물에 뜨는 자전거라는 아이디어를 창출할 수 있는 것이다. 개선 방안을 생각할 때는 기존의 다른 발명품을 참고할 수 있다.

----

5. 다음은 (가)에 참여한 '학생 1'이 (나)를 쓰기 위해 '학생 2'와 나눈 대화의 일부이다. (가)와 (나)를 고려할 때, ⓐ에 들어갈 말로 가장 적절한 것은?

> 학생 2 : 선배님의 말씀을 활용해서 글을 쓴다고 했잖아. 어떤 내용을 글에 포함할 거니?
> 학생 1 : 선배님은 _____ ⓐ _____

① 발명품을 만드는 데 어려움을 겪었다고 하셨지. 나도 발명 도중에 겪었던 어려움을 글에 포함해야겠어.
② 주변 사물에 호기심을 갖고 개선점을 찾아보라고 하셨지. 나는 개선이 필요한 주변 사물의 문제점을 글에 포함해야겠어.
③ 모형의 각 단계를 양념 담는 통으로 설명하셨지. 나는 다른 물건을 이용해 모형을 설명하는 내용을 글에 포함해야겠어.
④ 기존의 다른 발명품을 참고할 수 있다고 하셨지. 나도 기존의 다른 발명품을 참고하여 아이디어를 창출하는 내용을 글에 포함해야겠어.
⑤ 발명은 아이디어를 통해 새로운 물건을 만드는 것이라고 하셨지. 나도 창출한 아이디어를 이용하여 새로운 물건을 제작, 완성하는 과정을 글에 포함해야겠어.

위에서 알 수 있듯이 (가)와 (나)를 설명하는 다음과 같은 문장들이 있다.

> (가)는 학생들이 발명가를 대상으로 한 인터뷰이고, (나)는 이를 참고하여 '학생 1'이 '학습 활동' 과정에서 작성한 설명문의 초고이다. 물음에 답하시오.

이 문장들은 (가), (나)가 어떠한 성격의 언어 자료이며 각 문항들을 어떤 조건 속에서 이해해야 하는지에 대한 정보를 담고 있다. 문항이 성립하기 위한 기본 전제 조건을 담고 있는 이러한 지시문은 넓게 보아 문두에 포함된다고 볼 수 있다. 평가 내용을 의문문으로 드러내는 특수한 물음을 문두라고 할 때, 이 지시문은 평가 문항이 성립하기 위한 전제 조건을 담고 있기 때문이다.

언어 자료를 제시하기 전에만 이러한 지시문을 사용하는 것은 아니다. 문두 안에서도 이러한 지시문을 사용할 수 있다. 5번 문항을 다시 보자.

5. 다음은 (가)에 참여한 '학생 1'이 (나)를 쓰기 위해 '학생 2'와 나눈 대화의 일부이다. (가)와 (나)를 고려할 때, @에 들어갈 말로 가장 적절한 것은?

> 학생 2 : 선배님의 말씀을 활용해서 글을 쓴다고 했잖아. 어떤 내용을 글에 포함할 거니?
> 학생 1 : 선배님은 _____ @ _____

위 문항이 묻고 있는 것은 (가)에 언급된 '선배'의 말이 (나)에서 어떻게 활용되고 있느냐이다. 정답을 찾기 위해서는 (가)에서 '선배'가 그러한 말을 했는지 여부와 (나)에서 그 말이 활용되고 있는 모습을 판단해야 한다. 학생들이 이러한 점에 주목하여 답지를 판단하기 위해서는 문두에서 '다음'이라고 지시된 대화 장면이 어떤 맥락에서 나온 것인지에 대한 정보를 제공해야 한다. 즉 문항이 성립하기 위해서는 '다음'이 (가)의 대화를 나눈 이후이고, (나)를 작성하기 이전 상황에 이루어진 것이라는 전제가 필요하다. 5번 문항의 문두는 지시문을 사용하여 이러한 전제 조건을 제시하고 있다.

1.3. 문두의 요건 *바른 곳으로 안내하려면*

문두가 갖춰야 할 조건을 형식적 측면과 내용적 측면으로 나눈 후, 각 측면을 세 가지 요소로 살펴보겠다.

1.3.1. 형식적 측면 ⟋ 군살 없는 탄탄한 몸으로

형식적 측면의 첫째 요건은 문두를 의문문 형식으로 작성하는 것이다. 다음의 예를 보자.

▤ ~ 것은?
▤ ~ <u>않은</u> 것은?

2개 이상의 문장으로 작성된 문두일지라도 문두의 종결 부분은 대부분 '것은?'이다. 첫 번째 문장은 이 물음을 이끌어 내기 위한 평가 장면을 지시하는 역할을 한다. '것은?'의 형태를 취하는 문두의 종결 부분을 좀 더 확장해서 살펴보면 긍정 문두는 '적절한 것은?'과 '가장 적절한 것은?'이 가장 빈번히 사용되고 있다. 이 외에도 '가장 가까운 것은?', '옳은 것은?', '일치하는 것은?'이 드문드문 사용되고 있다. 부정 문두는 '적절하지 <u>않은</u> 것은?'이 압도적인 빈도를 보인다. 그리고 '어려운 것은?', '<u>아닌</u> 것은?', '반영되지 <u>않은</u> 것은?'이 가끔 사용되고 있다. 부정 문두의 부정 표현 부분에는 반드시 밑줄을 그어 표시한다. 학생들은 문항 해결에 집중하다 보면 긍정 문두인지 부정 문두인지를 잊은 채 답을 고르는 경향이 있다. 시각적 효과를 통해 이를 방지하기 위해서 부정 표현에는 반드시 밑줄을 긋는 것이 관례이다. 대학수학능력시험이나 학업성취도 평가 등이 모두 그러하다. 그런데 종종 학교 단위의 교내 시험 문항에서는 추가적으로 부정 표현을 진하게 표시하는 경우도 있다. 이러한 추가적 조치는 지나쳐 보이므로 부정 표현에는 밑줄을 긋는 것으로 충분하다.

형식적 측면의 둘째 요건은 문두를 간결하게 작성하는 것이다. 다음 문두를 살펴보자.

▤ ㉠ ~ ㉤에 대한 이해로 적절한 것은?
▤ 다음은 어느 기업의 광고 기획 초안이다. 윗글을 참고하여 초안을 분석한 학생의 반응으로 적절하지 <u>않은</u> 것은?

'~에 대한 이해로 적절한 것은?' 등이 빈번하게 사용되는 이유는 답지를 포괄할 수 있으면서 간결하게 표현할 수 있기 때문이다. 문두를 복잡하게 작성하면 문항이 묻고자 하는 내용을 학생들이 즉각적으로 파악하기 어렵게 된다. 예를 들어 '윗글을 쓴 학생에게 ㉠과 관련하여 <보기>를 바탕으로 조언할 때, 그 내용으로 가장 적절한 것은?'과 같은 문두는 학생들이 즉각적으로 파악하기 어려운 점이 있다. 앞서 언급한 예에 사용된 문두는 '<보기>를 바탕으로 ㉠에 대해 조언한 내용으로 가장 적절한 것은?'처럼 좀 더 간결하게 작성할 수 있다. 문두에는 문항을 해결하는 데 필수적인 내용만 포함하는 것이 적절한 것이다. 가끔 문두가 2개 이상의 문장으로 작성될 때도 있다. 가령 '다음은 어느 기업의 광고 기획 초안이다. 윗글을 참고하여 초안을 분석한 학생의 반응으로 적절하지 <u>않은</u> 것은?'은 2개의 문장으로 구성된 문두이다. 이 문두의 앞 문장은 문항 성립을 위해 특정한 상황이나 장면을 지시하고 있다. 이러한 문장 역시 간결하고 명확해야 한다. 애매하거나 모호한 문두는 정답을 확정하는 데 큰 장애가 될 수 있다. 따라서 문두는 중의적 표현이 없도록 정확하게 작성되어야 한다.

　형식적 측면의 셋째 요건은 최선답형, 정답형, 합답형 등 문두의 종류에 따라 일관된 형식으로 작성하는 것이다. 다음 문두를 살펴보자.

- ～으로 가장 적절한 것은?
- ～으로 적절한 것은?
- <보기>의 ㄱ～ㅁ 중 윗글에서 설명한 단어 형성 방법의 사례에 해당하는 것만을 있는 대로 고른 것은?
  ① ㄱ, ㄹ
  ② ㄷ, ㅁ
  ③ ㄱ, ㄴ, ㄷ
  ④ ㄴ, ㄷ, ㅁ
  ⑤ ㄴ, ㄹ, ㅁ
- 윗글을 참고할 때, <보기>의 A와 B에 들어갈 말을 올바르게 짝지은 것은?

	A	B
①	진양성	진음성
②	진양성	위음성
③	위양성	위음성
④	위음성	진음성
⑤	위음성	위양성

　최선답형 문두는 답지 중에서 가장 정답에 가까운 것을 찾는 문항에 사용한다. '가장 적절한 것은?'으로 종결되는 문두가 대표적이다. 이와 관련하여 '가장 옳은 것'이라고 작성하지는 않는다는 점을 이해할 필요가 있다. 적절함에는 정도의 차이가 있을 수 있지만 옳음에는 정도의 차이를 생각하기 어렵기 때문이다. 즉 옳거나 그른 것이지 가장 옳고 그다음으로 옳은 것이 있다고 보기는 어렵다. 또한 최선답형 문두는 긍정 문두로만 작성하고 부정 문두에는 사용하지 않는다. 이러한 점은 긍정 문두와 부정 문두의 사용법에서 자세히 다루겠다.

정답형 문두는 답지 중에서 정답에 해당하는 것을 찾는 문항에 사용한다. '~와 일치하는 것은?', '~로 적절한 것은?', '~로 옳은 것은?'이 대표적인데, '가장'이라는 표현을 사용하지 않는다.

합답형의 경우 기호화되어 제시되는 답지가 일관된 가짓수를 보이느냐에 따라 문두 작성 방법이 약간 달라진다. 위의 합답형 문두는 해당하는 것을 어떤 답지는 2개로 제시한 반면 어떤 답지는 3개로 제시하고 있다. 이처럼 답지마다 가짓수가 서로 다를 때는 '~에 해당하는 것만을 있는 대로 고른 것은?'의 형태로 문두를 작성한다. 만약 답지마다 가짓수가 서로 같을 때는 '~에 해당하는 것을 고른 것은?'의 형태로 작성한다.

적절한 내용을 서로 연결하거나 빈칸에 들어갈 내용을 차례대로 나열할 때는 '~을 올바르게 짝지은 것은?'의 형태로 작성한다. '짝지은 것'이라는 표현을 언제나 사용하는 것은 아니다. 가령 위 문두의 'A와 B에 들어갈 말을 올바르게 짝지은 것은?'은 'A와 B에 들어갈 말로 적절한 것은?'의 형태로 작성되어도 무방하다. 다만 '짝지은 것'의 형태를 더 자주 사용하고 있다고 볼 수 있다.

하나의 문제지 안에서 문항 종류가 동일함에도 불구하고 문두의 종결 형태가 다양하다면 학생들에게 불필요한 혼란을 초래할 수 있다. 따라서 일관성 차원에서 문두는 그 종류에 따라 일관된 형식을 지켜서 작성하는 것이 좋다.

1.3.2. 내용적 측면 ✏ 몰라서 묻는 게 아니죠

내용적 측면의 첫째 요건은 평가 요소가 명시적으로 드러나도록 작성하는 것이다. 다음 문두를 살펴보자.

2019학년도 수능

27. 윗글에 나타난 '서양 우주론'에 대한 설명으로 가장 적절한 것은?

위 문항의 문두는 평가 요소가 명료하게 드러난다. 즉 무엇을 묻는 것인지가 명료하다. 만약 문두를 '윗글에 대한 이해로 가장 적절한 것은?'으로 바꾸면 어떨까? '서양 우주론'에 대한 이해라는 초점이 사라져 평가 요소가 분명하게 드러나지 않게 된다. 정답에는 영향을 미치지 않을 수 있지만 무엇을 평가하려고 하는 것인지 문두를 통해서는 파악하기 어렵다.

내용적 측면의 둘째 요건은 정답을 찾는 조건이 드러나도록 작성하는 것이다. 다음 문두를 살펴보자.

2. <보기>는 토론 전에 실시한 반대 측의 협의 내용의 일부이다. '찬성 1'의 발언과 <보기>를 고려할 때, [A]에 들어갈 말로 가장 적절한 것은?

<보기>를 근거로 하여 정답을 확정할 수 있는 문항들은 <보기>를 참고하거나 바탕으로 하라는 단서를 언급하는 경우가 많다. 이처럼 답지들의 정오를 판단하는 준거나 조건들이 필요할 경우 문두에서 반드시 이를 언급한다. 위 문항에 사용된 문두와 '[A]에 들어갈 말로 가장 적절한 것은?'을 비교해 보자. 후자처럼 조건을 생략한 채 문두를 작성한다면 정답을 확정하기 매우 어려울 것이다. 그러므로 정답을 찾는 데 조건이 필요하다면 문두는 이러한 조건이 명시적으로 드러나도록 작성해야 한다.

내용적 측면의 셋째 요건은 언어 자료(또는 추가로 제시된 자료)와 묻고자 하는 평가 요소와의 관련성이 드러나도록 작성하는 것이다.

9. <보기>는 (나)를 수정·보완하기 위해 찾은 자료이다. 자료 활용 방안으로 적절하지 <u>않은</u> 것은?

특히 문항 성립을 위해 특정한 상황이나 장면을 설정할 때는 문두에서 이를 드러내야 한다. 위 문두의 앞 문장은 <보기>의 성격에 관한 내용을 담고 있다. (나)를 수정하거나 보완하기 위해 찾은 자료라는 것이다. 이는 문항 성립을 위해 특정한 상황을 가정한 것이다. 앞 문장을 삭제한 채로 문항이 제시된다면 학생들이 특정 상황이나 장면을 떠올리기 어려우므로 문항이 묻고자 하는 바를 파악하기가 매우 곤란할 것이다. 이처럼 문두는 언어 자료나 추가적으로 제시된 자료를 특정 상황이나 장면에 놓아둠으로써 학생들에게 문항이 평가하고자 하는 내용을 쉽게 전달할 필요가 있다.

2. 문두 작성의 일반적 방법

2.1. 긍정 문두와 부정 문두 작성법 ✍ 당신은 OK, 당신은 NO

문두의 종류를 다양한 기준으로 나눌 수 있겠지만 가장 대표적인 분류는 긍정 문두와 부정 문두가 될 것이다.

1개의 답지만이 옳은 설명이거나 적절한 설명이고, 나머지 4개의 답지는 그렇지 않은 설명일 때 긍정 문두를 사용한다. 반대로 부정 문두는 4개의 답지가 옳은 설명이거나 적절한 설명이고, 1개의 답지만이 그렇지 않은 설명일 때 사용한다. 긍정 문두와 부정 문두 중 어느 것을 사용할 것인지는 평가 요소에 따라 달라질 수 있다. 또한 부정 문두는 4개의 답지가 옳거나 적절한 설명이어야 하기 때문에 언어 자료의 내용 요소가 여러 개가 존재할 때 보다 사용이 용이하다. 옳거나 적절한 설명은 언어 자료 파악에 실마리를 제공할 수 있어서 다른 문항을 해결하는 데 단서가 될 수도 있다. 가령 4개의 문항으로 이루어진 일련의 세트 문항에서 3개의 문항이 부정 문두를 사용했다면, 문항끼리 서로 간섭을 일으키지 않는다는 전제 아래, 무려 12개의 서로 다른 답지가 옳거나 적절한 설명이 될 것이다. 언어 자료의 내용 요소가 매우 풍부하지 않고서는 이런 구성이 쉽지 않다.

긍정 문두와 부정 문두 중 어느 것을 사용하는 것이 더 적합한지를 다음 예를 통해 살펴보자.

2022학년도 9월 모의평가

[14~17] 다음 글을 읽고 물음에 답하시오.

- -

'메타버스(metaverse)'는 '초월'이라는 의미의 '메타(meta)'와 '세계'를 뜻하는 '유니버스(universe)'의 합성어로, 현실 세계와 가상 공간이 적극적으로 상호 작용하는 공간을 의미한다. 감각 전달 장치는 메타버스 속에서 사용자를 대신하는 아바타가 보고 만지는 것으로 설정된 감각을 사용자에게 전달하는 장치이다. 사용자는 이를 통하여 가상 공간을 현실감 있게 체험하면서 메타버스에 몰입하게 된다.

시각을 전달하는 장치인 HMD*는 사용자의 양쪽 눈에 가상 공간을 표현하는, 시차*가 있는 영상을 전달한다. 전달된 영상을 뇌에서 조합하는 과정에서 사용자는 공간과 물체의 입체감을 느낄 수 있다. 가상 공간에서 물체를 접촉하는 것처럼 사용자의 손에 감각 반응을 직접 전달하는 장치로는 가상 현실 장갑이 있다. 가상 현실 장갑은 가상 공간에서 아바타가 만지는 가상 물체의 크기, 형태, 온도 등을 사용자가 느낄 수 있도록 설계되어 있다. 이 외에도 가상 현실 장갑은 사용자의 손가락 및 팔의 움직임에 따라 아바타를 움직이게 할 수 있다.

한편 사용자의 움직임을 아바타에게 전달하는 공간 이동 장치를 이용하면, 사용자는 몰입도 높은 메타버스 체험을 할 수 있다. 공간 이동 장치인 가상 현실 트레드밀은 일정한 공간에 설치되어 360도 방향으로 사용자의 이동이 가능하도록 바닥의 움직임을 지원한다.

[A] 가상 현실 트레드밀과 함께 사용되는 모션 트래킹 시스템은 사용자의 동작에 따라 아바타가 동일하게 움직일 수 있도록 동기화하는 시스템으로, 동작 추적 센서, 관성 측정 센서, 압력 센서 등으로 구성된다. 동작 추적 센서는 사용자의 동작을 파악하며, 관성 측정 센서는 사용자의 이동 속도 변화율 및 회전 속도를 측정한다. 압력 센서는 서로 다른 물체 간에 작용하는 압력을 측정한다. 만약 바닥에 압력 센서가 부착된 신발을 사용자가 신고 뛰면, 압력 센서는 지면과 발바닥 사이의 압력을 감지하여 사용자가 뛰는 힘을 파악할 수 있다. 모션 트래킹 시스템이 사용자의 동작 정보를 컴퓨터에 전달하면, 컴퓨터는 사용자가 움직이는 방향과 속도에 ⓐ맞춰 트레드밀의 바닥을 제어한다. 이와 같이 사용자의 이동 동작에 따라 트레드밀의 움직임이 변경되기도 하지만, 아바타가 존재하는 가상 공간의 환경 변화에 따라 트레드밀 바닥의 진행 속도 및 방향, 기울기 등이 변경되기도 한다. 또한 사용자의 움직임이나 트레드밀의 작동 변화에 따라 HMD에 표시되는 가상 공간의 장면이 변경되어 사용자는 더욱 현실감 높은 체험을 할 수 있다.

＊HMD : 머리에 쓰는 3D 디스플레이의 한 종류.
＊시차 : 한 물체를 서로 다른 두 지점에서 보았을 때 방향의 차이.

----

14. 윗글의 내용과 일치하지 않는 것은?

　① 감각 전달 장치와 공간 이동 장치는 사용자가 메타버스에 몰입할 수 있게 한다.
　② 공간 이동 장치는 현실 세계 사용자의 움직임을 메타버스의 아바타에게 전달한다.
　③ HMD는 사용자가 시각을 통해 메타버스의 공간과 물체의 입체감을 느끼도록 한다.
　④ 감각 전달 장치는 아바타가 느끼는 것으로 설정된 감각을 사용자에게 전달하는 장치이다.
　⑤ 가상 현실 장갑을 착용하면 사용자와 아바타는 상호 간에 감각 반응을 주고받을 수 있다.

15. [A]에 대한 이해로 적절한 것은?

① 관성 측정 센서는 사용자의 이동 속도와 뛰는 힘을 측정할 수 있다.

② HMD에 표시되는 가상 공간 장면의 변경에 따라 HMD는 가상 현실 트레드밀을 제어한다.

③ 가상 공간에서 아바타가 경사로를 만나면 가상 현실 트레드밀 바닥의 기울기가 변경될 수 있다.

④ 모션 트래킹 시스템은 아바타의 동작에 따라 사용자가 동일하게 움직일 수 있도록 동기화한다.

⑤ 아바타가 이동 방향을 바꾸면 가상 현실 트레드밀 바닥의 진행 방향이 변경되어 사용자의 이동 방향이 바뀌게 된다.

16. 윗글을 바탕으로 <보기>를 이해한 내용으로 적절하지 <u>않은</u> 것은?

——— < 보 기 > ———

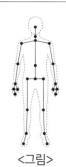

<그림>

　　동작 추적 센서의 하나인 키넥트 센서는 적외선 카메라와 RGB 카메라 등으로 구성된다. 적외선 카메라는 광원에서 발산된 적외선이 피사체의 표면에서 반사되어 수신되기까지 걸리는 시간을 측정하여, 피사체의 입체 정보를 포함하는 저해상도 단색 이미지를 제공한다. 반면 RGB 카메라는 피사체의 고해상도 컬러 이미지를 제공한다. 키넥트 센서는 저해상도 입체 이미지를 고해상도 컬러 이미지에 투영하여 사용자가 검출되는 경우, <그림>과 같이 신체 부위에 대응되는 25개의 연결점을 선으로 이은 3D 골격 이미지를 제공한다.

① 키넥트 센서는 가상 공간에 있는 물체들 간의 거리를 측정하여 입체감을 구현할 수 있다.

② 키넥트 센서가 확보한, 사용자의 춤추는 동작 정보를 바탕으로 아바타의 춤추는 동작이 구현될 수 있다.

③ 키넥트 센서와 관성 측정 센서를 이용하여 사용자의 걷는 자세 및 이동 속도 변화율을 파악할 수 있다.

④ 연결점의 수와 위치의 제약 때문에 사용자의 골격 이미지로는 사용자의 얼굴 표정 변화를 아바타에게 전달할 수 없다.

⑤ 적외선 카메라의 입체 이미지와 RGB 카메라의 컬러 이미지 정보로부터 생성된 골격 이미지가 사용자의 동작 정보를 파악하는 데 사용된다.

17. 문맥상 의미가 ⓐ와 가장 가까운 것은?

(답지 생략)

부정 문두를 사용하기 좋은 때는 언제인지 14번 문항과 16번 문항을 통해 살펴보겠다. 14번 문항은 부정 문두를 사용하여 각 문단에서 핵심 내용을 정확히 이해할 수 있는지를 묻고 있다. 언어 자료의 내용과 일치하는 답지가 4개 필요하다. ①은 1문단과 3문단, ②는 3문단, ③은 2문단, ④는 1문단에서 각각 일치하는 부분을 찾을 수 있다. 정답은 ⑤인데 2문단과 일치하는 내용이 아니다. 다양한 부분에서 핵심 내용을 추릴 수 있고 그것을 정확히 이해하고 있는지를 물을 때는 부정 문두를 사용하는 것이 좋다. 언어 자료에 대해 전반적으로 이해하고 있는지를 평가할 수 있기 때문이다. 한편 16번 문항도 부정 문두인데, 문두에서는 '윗글을 바탕으로'라는 조건을 제시했지만 주로 4문단의 내용을 바탕으로 <보기>를 이해하는 문항이다. 즉 4문단의 내용을 <보기>에 적용하여 판단하는 문항이다. 4문단의 내용 요소가 풍부하기 때문에 이를 바탕으로 <보기>의 사례에 적용할 것을 물을 수 있었을 것이다.

긍정 문두는 평가 요소가 서로 겹치거나 간섭되는 것을 피하기 어려울 때 사용하면 좋다. 15번 문항은 4문단만을 별도로 [A]로 묶어 출제했다. 그런데 16번 문항에서도 주로 4문단의 핵심 내용을 답지로 사용하고 있다. 15번 문항과 16번 문항이 연달아 부정 문두라면 4문단의 핵심 내용을 담은 적절한 답지가 8개 필요하다. 결국 어느 한 문항은 긍정 문두로 작성할 수밖에 없었을 것이다. 즉 [A]의 여러 내용이 16번 문항에서 사용될 예정이므로 15번 문항에서는 부정 문두를 사용하기가 매우 어려워지는 것이다.

부정 문두를 사용하기 좋은 때는 묻고자 하는 내용 요소가 언어 자료에 다양하게 있어서 답지에 적절한 진술을 여러 개 제시할 수 있을 경우이다. 이와 달리 긍정 문두는 묻고자 하는 내용 요소가 단일하거나 특정 부분에 대한 정확한 이해를 묻고자 할 때 사용하는 것이 적절하다.

2.2. 정답형과 최선답형 문항의 문두 작성법

'당신뿐이죠'와 '당신이 제일 나아요'

정답형 문두는 여러 개의 답지 중에서 하나의 진술만이 타당할 때 사용한다. 대표적인 예로는 '옳은 것'으로 종결되는 문두가 있다. 제시된 정답지 외에는 달리 진술하기 어렵다는 의미이다. 따라서 답지의 진술이 매우 정밀해야 한다. 정답지가 적절하다고 볼 수는 있지만 옳은 것인지는 잘 모르겠다는 식의 검토 의견이 나왔을 때, 이 문두의 정답지는 적절한 것을 넘어서서 자신이 옳을 수밖에 없는 답지임을 분명하게 드러내야 한다. 그래서 문학 영역에서는 사실상 사용하기 어려운 문두이고, 어휘나 문법 영역에서 제한적으로 사용될 수밖에 없다. 최근에는 독서 영역에서도 사용되는 경우가 거의 없는 것으로 보인다.

정답형 문두에는 '적절한 것'으로 종결되는 형태도 있다. '적절한 것은?'으로 종결되는 정답형 문두가 2021학년도 대학수학능력시험 국어 영역에서는 문법 영역에서 1회, 독서 영역에서 1회 사용되었다. 독서 영역에 사용된 문두를 보자.

2021학년도 수능

36. ㉠에 대한 추론으로 적절한 것은?

이 문두는 기술 분야의 언어 자료를 제시한 뒤 추론적 이해를 묻는 문항에 사용된 것이다. 이 분야의 언어 자료 특성상 정보들이 서로 논리적 연관성을 띤다. 따라서 특정 내용에 대해 추론을 한다면 그것은 논리적으로 도출될 수밖에 없는 성질의 것이다. 이런 까닭에 이 문두는 '가장 적절한 것'이 아닌 '적절한 것'을 사용하여 작성된 것이라고 볼 수 있다.

최선답형 문두는 답지 중에서 가장 적절한 답을 선택하게 할 때 사용한다. '가장 적절한 것'으로 종결되는 문두가 널리 쓰이고 있다. 그렇다면 최선답형의 긍정 문두에서 '가장 적절한 것'이 매우 자주 사용되는 데 반해, 최선답형의 부정 문두 '가장 적절하지 않은 것'을 사용할 수도 있지 않을까? 하지만 이러한 물음은 '가장 적절한 것'에 대한 오해에서 비롯된 것이다. 정답지가 가장 적절한 답지이고 오답지는 두 번째 혹은 세 번째로 적절한 답지라는 생각은 전적으로 오해이다. 답지들을 적절한 순서대로 줄 세울 수 있는 것이 아니기 때문이다. 다시 말하지만 '가장 적절한 것'을 묻는 문항에서 적절한 답지는 정답지 하나뿐이며 오답지들은 모두 적절하지 않다. 오답지는 물음에 대한 잘못된 응답인 것이다. 다만 오답지들이 적절한 내용을 일부 포함하고 있을 수도 있다. 쉽게 말해 오답지의 일부 진술은 적절하지만 나머지 진술은 적절하지 않은 것이다. 이에 반해 정답지의 진술들은 모두 어김없이 적절하다. 그러므로 오답지의 일부 진술은 적절하지만 일부 진술이 적절하지 않다면 '가장 적절한 것'이라는 문두로 작성할 수밖에 없다. 이러한 점을 이해한다면 '가장 적절하지 <u>않은</u> 것'이라는 문두가 성립할 수 없는 이유를 쉽게 알 수 있다. 즉 적절하지 않은 답지를 2개 이상 제시한 후 가장 적절하지 않은 것을 묻는 것은 성립할 수 없다. 왜냐하면 적절하지 않다는 점을 개수나 비중으로 따질 수 없기 때문이다.

이상의 논의를 요약하자면 다음과 같다. '옳은 것'이라고 물을 수 있는 문두는 매우 제한적이다. 하나의 진술만이 정답지로 성립할 수 있을 때 '옳은 것'이라는 표현이 들어간 문두를 작성할 수 있다. '적절한 것'이라는 문두 역시 제한적으로 사용된다. 지식적 성격이 강한 내용을 묻는 문항이나 논리적인 관계를 맺고 있는 내용을 묻는 문항에서 '적절한 것'이라는 표현이 들어간 문두를 작성할 수 있다. 앞의 것들에 반해 '가장 적절한 것'은 가장 널리 사용되고 있는 문두이다. 최선답형 문두인 '가장 적절한 것'은 긍정 문두로 물을 경우 맨 먼저 떠올릴 수 있는 문두 종결 표현이다. '가장 적절한 것'의 형태로 진술되는 최선답형 문두는 복답 시비로부터 상대적으로 자유롭고 활용되는 폭도 넓다. 다만 '옳은 것' 혹은 '적절한 것', '일치하는 것'으로 물을 수 있는데도 불구하고 '가장 적절한 것'을 관성적으로 사용하는 것은 아닌지에 대한 고민이 필요하다.

2.3. 합답형 문항의 문두 작성법 ⚲ 꼭 하나만 골라야 하는 건가요?

합답형은 선택지를 별도로 제시하고, 이 선택지들의 조합으로 답지를 구성하는 문항이다. 학생들은 선택지마다 옳은지 그른지를 가린 후 답지로 제시된 선택지 조합들 중에서 정답을 골라야 한다. 합답형 문항은 일반적으로 4~5개의 선택지를 제시하고 그것들을 2개 혹은 3개씩 묶어 답지로 제시한다. 이때 선택지의 조합을 일관되게 2개씩 제시하느냐 혹은 2개와 3개로 다양하게 제시하느냐에 따라 문두 작성 방법이 달라져야 한다. 그 이유를 간략히 제시한다면, 선택지의 가짓수가 서로 다를 경우 복답이 발생할 수 있기 때문이라고 할 수 있다. 선택지의 조합이 일관되게 2개씩인가 혹은 그렇지 않은가에 따라 문두가 달라져야 한다는 사실을 다음의 예를 통해 살펴보자.

2015학년도 수능 A형

11. 다음의 ⓐ에 해당하는 것을 ㉠~㉣ 중에서 고른 것은?

> **[모음의 변동]**
> 단모음으로 끝나는 어간과 단모음으로 시작하는 어미가 결합하면 모음의 변동이 자주 일어난다. 모음 변동의 결과 두 개의 단모음 중 하나가 없어지기도 하고, ⓐ<u>두 개의 단모음이 합쳐져 이중 모음이 되기도 하며</u>, 단모음 사이에 반모음이 첨가되기도 한다.

```
[모음 변동의 사례]
  ㉠ 기+어 → [기여]
  ㉡ 살피+어 → [살펴]
  ㉢ 배우+어 → [배워]
  ㉣ 나서+어 → [나서]
```

① ㉠, ㉡   ② ㉠, ㉢   ③ ㉡, ㉢
④ ㉡, ㉣   ⑤ ㉢, ㉣

위 문항에 제시된 답지를 보자. 모든 답지가 선택지 2개의 조합으로 이루어져 있다. 이럴 경우 '~ 중에서 고른 것', '해당하는 것을 고른 것' 등으로 문두를 작성한다. 선택지의 조합이 서로 다르기 때문에 논리적으로 정답은 1개만이 존재할 수 있다. 하지만 선택지의 조합이 서로 다를 경우는 그렇지 않다. 다음 예를 살펴보자.

2018학년도 9월 모의평가

4. (가)에 반영된 내용만을 <보기>에서 있는 대로 고른 것은?

> ─────── < 보 기 > ───────
> 자기소개서는 자신을 알리고자 하는 의도로 다른 사람에게 자신을 드러내는 글이다. 자기소개서에는 ㉠지원 동기, ㉡성장 배경 및 가정환경, ㉢성격의 장단점, ㉣지원 분야와 관련된 의미 있는 활동, ㉤지원자의 다짐 등의 내용이 포함될 수 있다.

① ㉠, ㉡   ② ㉠, ㉣   ③ ㉢, ㉤
④ ㉠, ㉣, ㉤   ⑤ ㉡, ㉢, ㉣

위 문항의 ①, ②, ③은 2개의 선택지 조합으로 이루어졌지만 ④, ⑤는 3개의 선택지 조합으로 묶여 있다. 즉 선택지 조합의 가짓수가 답지에서 서로 다르다. 이럴 경우에는 '~만을 …에서 있는 대로 고른 것'의 형식을 취한다. 결국 선택지 조합의 가짓수가 서로 동일한지 여부에 따라 문두의 표현이 달라진다는 것을 알 수 있다. 이렇게 달리 작성되는 이유를 다음에 제시된 4-1번 문항을 통해 이해해 보자.

4-1. (가)에 반영된 내용을 <보기>에서 고른 것은?

① ㉠, ㉡   ② ㉠, ㉣   ③ ㉢, ㉤

④ ㉠, ㉣, ㉤   ⑤ ㉡, ㉢, ㉣

만약 위에서 제시된 4번 문항의 문두를 4-1번 문두처럼 작성하면 어떻게 될까? 얼핏 보면 비슷하지만 사실은 큰 차이를 지닌다. 4-1번 문항의 정답이 ④라면 ②도 역시 정답이라는 주장이 가능하다. ㉠과 ㉣이 (가)에 반영된 내용이라는 것은 틀림없기 때문이다. 다시 말하면 '㉠, ㉡, ㉢, ㉣, ㉤ 중에서 ㉠, ㉣, ㉤이 반영되었다.'가 참이라면 '㉠, ㉡, ㉢, ㉣, ㉤ 중에서 ㉠, ㉣이 반영되었다.' 역시 참이라는 뜻이다. 그러므로 선택지의 가짓수가 서로 다를 경우에는 복답을 방지하기 위해 '~만을 …에서 있는 대로 고른 것'이라는 종결 형태로 작성하는 것이다.

덧붙여 말하면, 합답형 문항은 긍정 문두만을 사용한다. 대학수학능력시험의 경우 합답형은 언제나 긍정 문두이다. 그런데 학교 시험을 검토하다 보면 합답형인데도 부정 문두를 사용하는 경우가 종종 발견된다. 가령 '(가)에 반영되지 <u>않은</u> 내용만을 <보기>에서 있는 대로 고른 것은?'의 형태이다. 합답형 문항을 부정 문두로 작성하면 어떻게 될까? 우선 부정 문두는 '않은 것'의 형태로 종결된다는 일관된 흐름에서 벗어난다. 또한 고른다는 것은 어떤 대상이 존재한다는 것을 가정하는 행위인데, 반영되지 않은 것을 고른다는 것은 사고의 흐름상 자연스럽지 않다. 즉 있는 것을 있는 대로 고르는 것이 자연스러우며, 없는 것을 있는 대로 고르는 것은 자연스럽지 않다. 그러므로 합답형의 문두는 언제나 긍정 문두로 작성한다.

2.4. <보기>를 활용한 문항의 문두 작성법 1 ☞ *자, 서로를 알아 갈까요?*

<보기>를 제시하여 문항을 제작하는 경우가 있는데, 여기서는 다음과 같은 두 가지 방식의 문두를 살펴보겠다.

첫째, 언어 자료를 바탕으로 <보기>를 이해할 것을 요구하는 문두
둘째, <보기>를 바탕으로 언어 자료를 이해할 것을 요구하는 문두

이렇게 나뉘는 이유는 <보기>의 역할이 다르기 때문이다. '윗글을 바탕으로 <보기>를' 이해할 것을 요구하는 문두는 답지 판단의 준거가 언어 자료에 있다는 것을 알려 준다. 그리고 <보기>에는 언어 자료의 내용을 적용할 수 있는 구체적 사례가 제시되는 편이다. 다음 예를 살펴보자.

2021학년도 6월 모의평가

[29~33] 다음 글을 읽고 물음에 답하시오.

ICT 다국적 기업의 본사를 많이 보유한 국가에서도 해당 기업에 대한 법인세 징수는 문제가 된다. 그러나 그중 어떤 국가들은 ICT 다국적 기업의 활동이 해당 산업에서 자국이 주도권을 유지하는 데 중요하기 때문에라도 디지털세 도입에는 방어적이다.

[A]
ICT 산업을 주도하는 국가에서 더 중요한 문제는 ICT 지식 재산 보호의 국제적 강화일 수 있다. 이론적으로 봤을 때 지식 재산의 보호가 약할수록 유용한 지식 창출의 유인이 지해되어 지식의 진보가 정체되고, 지식 재산의 보호가 강할수록 해당 지식에 대한 접근을 막아 소수의 사람만이 혜택을 보게 된다. 전자로 발생한 손해를 유인 비용, 후자로 발생한 손해를 접근 비용이라고 한다면, 지식 재산 보호의 최적 수준은 두 비용의 합이 최소가 될 때일 것이다. 각국은 그 수준에서 자국의 지식 재산 보호 수준을 설정한다. 특허 보호 정도와 국민 소득의 관계를 보여 주는 한 연구에서는 국민 소득이 일정 수준 이상인 상태에서는 국민 소득이 증가할수록 특허 보호 정도가 강해지는 경향이 있지만, 가장 낮은 소득 수준을 벗어난 국가들은 그들보다 소득 수준이 낮은 국가들보다 오히려 특허 보호가 약한 것으로 나타났다. 이는 지식 재산 보호의 최적 수준에 대해서도 국가별 입장이 다름을 시사한다.

---

32. [A]를 적용하여 <보기>를 이해한 내용으로 적절하지 <u>않은</u> 것은?

─── < 보 기 > ───

S국은 현재 국민 소득이 가장 낮은 수준의 국가이고 ICT 산업에서 주도적인 국가가 아니다. S국의 특허 보호 정책은 지식 재산 보호 정책을 대표한다.

③ S국에서 현재의 특허 제도가 특허권을 과하게 보호한다고 판단한다면 지식 재산 보호 수준을 낮춰 접근 비용을 높이고 싶겠군.

위 문항은 언어 자료에서 제시된 내용을 <보기>에 적용하는 문항의 전형적인 문두를 보여 준다. 흔히 구체적 사례에 적용하기를 묻는 문항이라고 한다. <보기>의 역할은 언어 자료에서 설명한 내용을 적용할 수 있는 일종의 사례를 제시하는 것이다. 위 문항에서 <보기>는 'S국'의 사례를 제시하고 있다. 정답은 ③인데, 답지에서 진술하고 있는 '지식 재산 보호 수준을 낮춰 접근 비용을 높이고 싶'다는 것이 적절하지 않은 까닭은 [A]에서 확인할 수 있다. 이처럼 <보기>에 사례를 제시하고 언어 자료의 내용을 적용하여 문항을 해결하는 유형의 문두는 '윗글을 바탕으로 <보기>를'이라는 형태로 작성한다.

이와 달리 '<보기>를 바탕으로 윗글을' 이해할 것을 요구하는 문두는 답지 판단의 준거가 <보기>에 있다는 것을 알려 준다. <보기>에는 대체로 언어 자료를 심층적으로 이해할 수 있는 내용이 제시된다. 다음 예를 살펴보자.

2015학년도 6월 모의평가 A형

[43~45] 다음 글을 읽고 물음에 답하시오.

(다)

[A] ┌ 쓸쓸하게 황량한 밭 곁에	寂寞荒田側
└ 탐스러운 꽃이 여린 가지 누르고 있네.	繁花壓柔枝
[B] ┌ 향기는 매우(梅雨)* 지나 희미해지고	香經梅雨歇
└ 그림자는 맥풍(麥風)* 맞아 기우뚱하네.	影帶麥風欹
[C] ┌ 수레나 말 탄 사람 그 뉘가 보아 줄까?	車馬誰見賞
└ 벌이나 나비들만 엿볼 따름이네.	蜂蝶徒相窺
[D] ┌ 태어난 곳 비천하니 스스로 부끄럽고	自慚生地賤
└ 사람들이 내버려 두니 그저 한스럽네.	堪恨人棄遺

– 최치원, 「촉규화(蜀葵花)*」 –

*매우 : 매실이 누렇게 익을 무렵의 장맛비.
*맥풍 : 보리가 익어 가는 시절에 부는 바람.
*촉규화 : 접시꽃.

----

45. <보기>를 참고할 때, (다)에 대한 감상으로 적절하지 <u>않은</u> 것은?

> ──────── < 보 기 > ────────
>
> 　최치원의 「촉규화」는 삶의 현실이나 인식 태도를 사물에 투사하여 그 사물과 자아의 동일성을 이룬 한문 서정시의 하나이다. 최치원의 삶을 고려할 때, 그는 탁월한 능력을 갖추고 있었지만 출신상의 한계로 인해 세상에 크게 쓰이지 못한 채 평범한 사람들 속에서 살아야 할 때가 많았다. 최치원은 이 작품에서 자신의 목소리를 대변하는 '화자'를 통해 이와 같은 자신의 처지를 '촉규화'에 투사하여 표현하고 있다.

　② [B]에서 화자는 자신의 탁월한 능력을 조만간 펼칠 수 있을 것이라는 기대감을 표명하고 있어.

　위 문항은 <보기>에 제시된 내용을 참고하여 작품을 이해하는 문항의 전형적인 문두를 보여 준다. <보기>의 역할은 언어 자료를 이해하는 데 도움이 되는 일종의 배경지식을 제공하는 것이다. 위 문항에서 <보기>는 작가의 생애를 바탕으로 작품을 감상할 수 있음을 제시하고 있다. 정답은 ②인데, [B] 부분을 사실 차원에서 이해하면 촉규화의 향기가 옅어지고 그 그림자가 기우뚱하다는 내용일 뿐이다. <보기>의 정보가 없이 작품 자체만으로는 [B] 부분에서 화자가 자신의 능력을 펼칠 수 있으리라는 기대감을 품고 있는지 여부 자체를 논의하기 어려울 것이다. 이처럼 <보기>에 배경지식 등의 추가 정보를 제시하고 언어 자료를 이해하여 문항을 해결하는 유형의 문두는 '<보기>를 바탕으로 윗글을'이라는 형태로 작성한다.

2.5. <보기>를 활용한 문항의 문두 작성법 2　~도대체 어떤 상황이에요?

　앞서 논의한 <보기>를 활용한 문항에서는 문두가 <보기> 자체에 대해서는 별다른 언급을 하지 않는다. 이에 반해 <보기>가 어떠한 내용이나 성격을 띠는지를 문두에서 구체적으로 제시하는 경우가 있다. 문두에서 이러한 것을 밝히는 것은 평가 장면을 제시하기 위함이다. 즉 문두에서 <보기>의 내용이나 성격을 지시하여 평가 장면에 대한 정보를 제공하고 이를 통해 문항의 완결성을 꾀하는 것이다. 다음 예를 살펴보자.

※ (가)는 텔레비전 방송의 인터뷰이다.

- -

5. <보기 1>은 '지도사'가 받은 전자 우편의 내용이고, <보기 2>는 '지도사'가 인터뷰를 위해 준비한 자료이다. ㉠~㉢의 활용 계획 중 (가)에 드러나지 <u>않은</u> 것은?

─── < 보기 1 > ───

　　방송국입니다. 인터뷰 질문을 보내 드리니, 답변과 자료를 준비해 주세요. 추가 질문이 있으면 다시 연락드리겠습니다.

[질문 1] 산림 치유와 산림 치유 프로그램을 간단히 소개해 주시겠어요?

[질문 2] 산림 치유 프로그램의 긍정적 효과에 대해 소개해 주시겠어요?

[질문 3] 프로그램 운영 장소에 대한 정보를 알려 주시겠어요?

─── < 보기 2 > ───

㉠ [동영상]
◦ 내용 : '숲 명상' 참가자들이 숲에서 새소리 등 숲의 소리를 들으며 명상하는 장면(1분 분량)

㉡ [표]
산림 치유 프로그램 참가자 집단의 스트레스 점수 평균값 변화

참가자 집단	참가 전 점수 평균값	참가 후 점수 평균값
A 직업군	36.6점	12.4점
B 직업군	34.3점	10.8점

※ 32~49점 구간 : '스트레스 관련 질환 주의군'에 해당함.

㉢ [그림]

△ 산림 치유원 1개
● 치유의 숲 27개

① [질문 1]에 대한 답변 과정에서 ㉠을 제시하며, 실제 산림 치유 프로그램 활동을 간접 체험해 보도록 안내해야겠군.

② [질문 1]에 대한 답변 과정에서 ㉠을 제시하여, 영상과 소리를 통해 산림 치유 프로그램 활동을 생생하게 전달해야겠군.

③ [질문 2]에 대한 답변 과정에서 ㉡을 제시하여, 수치 변화로 알 수 있는 산림 치유 프로그램의 효과를 보여 줘야겠군.

④ [질문 2]에 대한 답변 과정에서 ⓛ을 제시하며, 많은 직장인이 스트레스 관련 질환 주의군에 속한다는 점을 언급해야겠군.

⑤ [질문 3]에 대한 답변 과정에서 ⓒ을 제시하며, 산림 치유 프로그램 운영 장소의 수와 분포에 대한 정보를 제공해야겠군.

위 문항의 <보기 1>은 일종의 인터뷰 계획이고, <보기 2>는 이를 위해 수집한 자료의 성격을 지닌다. 문두에서 <보기 1>과 <보기 2>가 각각 어떠한 성격이나 내용을 가지는지 명시적으로 밝히면서 평가 장면을 제시하고 있다. 만약 이러한 지시문을 사용하지 않는다면 학생들은 문항을 해결하기에 앞서 문항 자체를 이해하기 어려울 것이다. 따라서 <보기>나 자료를 2개 제시하는 경우에는 반드시 문두에 평가 장면을 지시하는 내용이 포함되어야 한다.

<보기>나 자료를 2개 제시할 경우, 흔히 <보기 1>에는 이론적인 내용을 제시하고 <보기 2>에는 구체적 사례나 상황을 제시하는 경우가 많다. 다음 예를 살펴보자.

<table><tr><td>2018학년도 9월 모의평가</td></tr></table>

6. <보기 2>는 면접 대상자의 사고 과정 중 일부이다. <보기 1>을 참고하여 [A]~[C]에 대한 질문 분석과 답변 전략을 연결한 것으로 가장 적절한 것은?

――――――――――― < 보기 1 > ―――――――――――

면접은 질문을 통해 면접 대상자의 지식, 성품, 능력 등을 평가하기 위한 공적 대화이다. 질문에 효과적으로 답변하기 위해 면접 대상자에게는 질문의 의도를 정확하게 분석하고, 그에 따라 적절한 답변 전략을 수립하기 위한 사고의 과정이 요구된다.

――――――――――― < 보기 2 > ―――――――――――

[질문 분석]
ⓐ 자기소개서에서 제시한 내용과 관련하여 추가적인 설명을 요구하는군.
ⓑ 지원 분야의 필요성에 대해 근거를 들어 답할 것을 요구하는군.
ⓒ 지원 분야와 관련한 상황을 제시하며 수행 능력을 확인하고자 하는군.

[답변 전략]

㉮ 자기소개서에서 언급한 내용을 제시된 상황에 적용하여 답변해야겠군.

㉯ 자기소개서에서 언급한 책의 내용을 바탕으로 자세하게 답변해야겠군.

㉰ 자기소개서에서 언급하지 않은 설문 조사 결과를 근거로 들어 답변해야겠군.

문두에서 <보기 2>에 관하여 '면접 대상자의 사고 과정 중 일부'라고 설명하면서 평가 장면을 제시하고 있다. 이 문항의 <보기 1>은 면접에 대한 일반론적 설명을 담고 있어서인지 <보기 1>에 대해서는 평가 장면을 지시하는 문장을 사용하지 않은 채, '<보기 1>을 참고하여'라고만 표현되어 있다.

한편, 2개의 <보기>를 제시하는 경우에만 평가 장면을 지시하는 문장을 작성하는 것은 아니다.

2022학년도 9월 모의평가

8. 다음은 어느 기업의 광고 기획 초안이다. 윗글을 참고하여 초안을 분석한 학생의 반응으로 적절하지 <u>않은</u> 것은?

'갑' 기업의 광고 기획 초안

◦ 대상 : 새로 출시하는 여드름 억제 비누

◦ 기획 근거 : 다수의 비누 판매 기업이 다양한 여드름 억제 비누를 판매 중이며, 우리 기업은 여드름 억제 비누 시장에 처음으로 진입하려는 상황이다. 우리 기업의 신제품은 새로운 성분이 함유되어 기존의 어떤 비누보다 여드름 억제 효과가 탁월하며, 국내에서 전량 생산할 계획이다.

현재 여드름 억제 비누 시장을 선도하는 경쟁사인 '을' 기업은 여드름 억제 비누로 이윤을 보고 있으며, 큰 비용을 들여 인기 드라마에 상품을 여러 차례 노출하는 전략으로 광고 중이다. 반면 우리 기업은 이번 광고로 상품에 대한 정보 검색을 많이 하는 소비 집단을 공략하고자 제품 정보를 강조하되, 광고 비용은 최소화하려 한다.

◦ 광고 개요 : 새로운 성분의 여드름 억제 효과를 강조하고, 일반인 광고 모델들이 우리 제품의 여드름 억제 효과를 체험한 것을 진술하는 모습을 담은 TV 광고

위 문항에서 알 수 있듯이 자료를 단독으로 제시하는 경우에도 평가 장면을 지시하는 문장을 사용할 수 있다. '윗글을 참고하여 <보기>를 분석한 학생의 반응으로 적절하지 <u>않은</u> 것은?'의 문두와 비교해 보자. 지시문을 사용하는 경우에 <보기>의 내용과 성격이 보다 분명해진다는 것을 알 수 있다.

2.6. 정형화된 문두에서 벗어나 다양하게 문두를 작성하는 방법

⤷ 한결같음은 지루함일 수도

최근의 대학수학능력시험이나 학업성취도 평가 국어 영역을 보면 긍정 문두를 사용할 때 최선답형 문두가 가장 많이 쓰이고 있다. 또한 그 최선답형 문두의 종결 표현은 '가장 적절한 것'의 형태로 고정되는 경향이 있다. 2021학년도 대학수학능력시험 국어 영역(45문항)의 긍정 문두 대부분은 '가장 적절한 것'이다. 17개의 긍정 문두 중에서 '가장 적절한 것'이 무려 15회 사용되고 있다. '적절한 것'은 단 2회만 사용되었다. 그리고 '옳은 것', '일치하는 것' 등의 문두는 찾을 수 없다. 즉 문두가 정형화된 양상을 보인다.

다음의 예를 통해 정형화된 문두의 문제점을 살펴보자.

2021학년도 수능

16. (가), (나)에 대한 설명으로 가장 적절한 것은?

① (가)는 18세기 중국에 대한 학자들의 견해를 제시하면서 그러한 견해의 형성 배경 및 견해 간의 차이를 설명하고 있다.

② (가)는 18세기 중국을 바라보는 사상적 관점을 제시하면서 각 관점이 지닌 역사적 의의와 한계를 서로 비교하고 있다.

③ (나)는 18세기 중국의 사회상을 제시하면서 다양한 사회상을 시대별 기준에 따라 분류하여 서술하고 있다.

④ (나)는 18세기 중국의 사상적 변화를 제시하면서 그러한 변화가 지니는 긍정적 측면과 부정적 측면을 분석하고 있다.

⑤ (가)와 (나)는 모두 18세기 중국의 현실을 제시하면서 그러한 현실이 다른 나라에 미친 영향을 예를 들어 설명하고 있다.

위 문항은 문두를 '(가)와 (나)의 서술 방식은?' 혹은 '(가)와 (나)의 내용 전개 방식은?'으로 작성해도 문항 성립이나 답지 제시에 별다른 영향이 없다. 오히려 문두에서 평가 요소를 분명하게 드러낼 수 있는 장점이 있다. 그에 반해 '(가), (나)에 대한 설명'이라는 표현은 평가 요소가 드러나지 않기 때문에 문두만 보아서는 답지가 어떤 내용을 담고 있을지 판단하기 어렵다. 서술 방식이나 내용 전개 방식이 아니라 (가), (나)에 대한 사실적 이해 혹은 추론적 이해에 관한 답지를 제시해도 문두가 성립하는 것이다. 그러므로 특별한 의도 없이 '~에 대한 설명(혹은 이해)으로 가장 적절한 것은?'의 문두를 사용하는 경향은 그다지 권장될 이유가 없어 보인다.

현재의 정형화된 긍정 문두에서 벗어나 좀 더 다양한 문두를 개발할 필요가 있다. 평가 요소를 분명하게 드러내는 문두가 평가에 더 적합하다고 볼 수 있기 때문이다. '가장 적절한 것'의 형태를 벗어나 평가 요소를 명시적으로 드러낼 수 있는 문두의 형태는 과거의 사례에서 찾아볼 수 있다. 과거에 제작된 문항들을 보면 긍정 문두의 종결 표현이 매우 다양하다는 것을 알 수 있다. 다음은 2001학년도 대학수학능력시험 언어 영역[5]에 사용된 긍정 문두이다.

- 일치하는 것
- 옳은 것
- 타당한 것
- 대응할 수 있는 것
- 잘 설명한 것, 잘 표현한 것
- 알맞은 것, 맞는 것, 해당하는 것
- 문제 삼고 있는 것, 주목한 것
- 유사한 것, 가까운 것
- 적용한 것
- 바르게 추정한 것, 바르게 지적한 것

요즘과 비교하면 매우 다양하다. 이들 문두를 보면 종결 표현 부분에서 문항의 평가 요소를 드러내기 위해 매우 고심했다는 것을 알 수 있다. 2011학년도 대학수학능력시험 언어 영역[6] 긍정 문두를 보자.

---

5) 당시에는 국어 영역이 아니라 언어 영역이었으며 60문항이었다.
6) 당시에는 국어 영역이 아니라 언어 영역이었으며 50문항이었다.

- 가까운 것, 일치하는 것
- 옳은 것
- 알 수 있는 것
- 예측한 것
- 반영한 것
- 충족한 것
- 해당하는 것

사실적 이해인지, 추론적 이해인지, 구체적 사례에 적용하기인지가 문두의 종결 부분만 보더라도 대체로 파악된다. 이렇게 문두를 작성하면 피평가자들이 문항의 평가 요소, 즉 문항이 무엇을 묻고자 하는 것인지를 쉽게 이해할 수 있다. 다양한 문두를 모색해 보는 일은 평가의 정밀성에 긍정적 영향을 끼칠 수 있기 때문에 출제 과정에서 적극 고려될 필요가 있다.

3. 행동 영역 차원에서 본 문두 작성법

3.1. 사실적 이해 문두 ✑ 정말 이해했어요?

사실적 이해 문두는 주로 내용을 정확히 파악하고 이해하는 문항, 정보 간의 관계를 파악하는 문항, 조직과 구조를 파악하는 문항 등에 사용한다.

2015학년도 6월 모의평가 A형

17. 윗글의 내용과 일치하지 <u>않는</u> 것은?

위의 예는 언어 자료의 핵심 내용을 정확히 이해하고 있는가를 묻는 전형적인 문두이다. 특히 답지의 진술과 언어 자료의 진술이 매우 유사할 때는 '일치'라는 표현을 사용하여 문두를 작성하는 것이 좋다. '일치'라는 표현의 의미가 잘 드러나기 때문이다. 이 외에도 '윗글의 설명과 부합하는 것은?'도 자주 사용된다. '일치'가 진술 자체의 유사성에 주목하는 문두라면 '부합'은 진술 내용의 유사성에 주목하는 문두에 가깝다. 쉽게 말해 '일치'라는 표현을 문두에 사용하면 언어 자료에서 진술된 문장을 거의 그대로 사용하여 답지를 진술한다. 그리고 '부합'이라는 표현을 문두에 사용하면 언어 자료에서 진술된 문장과 일치하지는 않지만 내용은 거의 유사한 문장을 사용하여 답지를 진술한다. 한편 '~에 대한 설명'을 긍정 문두나 부정 문두로 물을 수도 있다. 가령 '윗글에 대한 설명으로 적절하지 <u>않은</u> 것은?'과 같은 형태이다. 덧붙여 말하면 핵심 내용이나 세부 내용에 대한 사실적 이해는 부정 문두가 권장된다고 할 수 있다. 학생들이 언어 자료를 충실하게 읽도록 만드는 효과를 거둘 수 있기 때문이다.

2018학년도 6월 모의평가

19. 윗글의 '율곡'과 <보기>의 '플라톤'의 견해를 비교하여 이해한 것으로 가장 적절한 것은?

위의 예는 언어 자료에 담긴 정보 간의 관계를 파악할 수 있는지를 묻고 있는 사실적 이해 문두이다. 이러한 문항은 주로 정보들을 비교하는 경우가 많다. 이럴 경우 비교하는 대상이 무엇인지 명시적으로 드러내는 것이 적절하다. 위 19번 문항의 문두는 비교 대상이 '율곡'과 '플라톤'에 대한 것임을 분명하게 밝히고 있다. 언어 자료의 해당하는 부분에 밑줄을 긋고 기호를 사용하여 지시하는 방법도 흔히 사용된다. 이럴 경우 'ㄱ과 ㄴ에 대한 설명으로 가장 적절한 것은?'과 형태로 문두를 작성하는 것이 일반적이다.

22. 윗글의 내용 전개에 대한 설명으로 가장 적절한 것은?

① 귀납에 대한 흄의 평가를 병렬적으로 소개하고 있다.
② 귀납이 지닌 장단점을 연역과 비교하여 설명하고 있다.
③ 귀납의 위상이 격상되어 온 과정을 역사적으로 고찰하고 있다.
④ 귀납의 다양한 유형을 소개하고 각각의 특징을 상호 비교하고 있다.
⑤ 귀납에 내재된 논리적 한계와 그에 대한 해소 방안을 검토하고 있다.

위의 예는 글의 전개 방식을 묻고 있는 것도 사실적 이해 문두이다. 문두에 평가 요소가 명확하게 제시되어 있기 때문에 문두만 보더라도 무엇을 묻고자 하는 문항인지 쉽게 알 수 있다. 따라서 학생들이 문항을 풀 때 글의 전개 방식을 의식하며 읽을 수 있으므로 독해의 효율성이 높아질 수 있게 된다. 위 문항은 최선답형 문두를 사용하고 있는데, 사실적 이해의 특성상 최선답형이 아니라 정답형 문두를 적극 고려할 필요가 있어 보인다. 위 문항의 정답은 ⑤인데, '윗글의 내용 전개 방식은?'이라고 문두를 작성해도 정답에는 변함이 없다.

3.2. 추론적 이해 문두 🖝 *꼭 말한 것만 알아요?*

추론적 이해 문두는 주로 언어 자료에서 직접 명시되지 않은 정보를 추론하는 문항, 함축적이거나 문맥적인 의미를 추론하는 문항, 언어 자료에 나타난 특정 인물의 견해·주장·의도를 추론하는 문항 등에 사용한다.

[34~37] 다음 글을 읽고 물음에 답하시오.

　모델링과 렌더링을 반복하여 생성된 프레임들을 순서대로 표시하면 동영상이 된다. 프레임을 생성할 때, 모델링과 관련된 계산을 완료한 후 그 결과를 이용하여 렌더링을 위한 계산을 한다. 이 때 정점의 개수가 많을수록, 해상도가 높아 출력 화소의 수가 많을수록 연산 양이 많아져 연산 시간이 길어진다. 컴퓨터의 중앙처리장치(CPU)는 데이터 연산을 하나씩 순서대로 수행하기 때문에 과도한 양의 데이터가 집중되면 미처 연산되지 못한 데이터가 차례를 기다리는 병목 현상이 생겨 프레임이 완성되는 데 오랜 시간이 걸린다. CPU의 그래픽 처리 능력을 보완하기 위해 개발된 ㉠그래픽처리장치(GPU)는 연산을 비롯한 데이터 처리를 독립적으로 수행할 수 있는 장치인 코어를 수백에서 수천 개씩 탑재하고 있다. GPU의 각 코어는 그래픽 연산에 특화된 연산만을 할 수 있고 CPU의 코어에 비해서 저속으로 연산한다. 하지만 GPU는 동일한 연산을 여러 번 수행해야 하는 경우, 고속으로 출력 영상을 생성할 수 있다. 왜냐하면 GPU는 한 번의 연산에 쓰이는 데이터들을 순차적으로 각 코어에 전송한 후, 전체 코어에 하나의 연산 명령어를 전달하면, 각 코어는 모든 데이터를 동시에 연산하여 연산 시간이 짧아지기 때문이다.

---

36. ㉠에 대한 추론으로 적절한 것은?

① 동일한 개수의 정점 위치를 연산할 때, 동시에 연산을 수행하는 코어의 개수가 많아지면 총 연산 시간이 길어진다.

② 정점의 위치를 구하기 위한 10개의 연산을 10개의 코어에서 동시에 진행하려면, 10개의 연산 명령어가 필요하다.

③ 1개의 코어만 작동할 때, 정점의 위치를 구하기 위한 연산 시간은 1개의 코어를 가진 CPU의 연산 시간과 같다.

④ 정점 위치를 구하기 위한 각 데이터의 연산을 하나씩 순서대로 처리해야 한다면, 다수의 코어가 작동하는 경우 총 연산 시간은 1개의 코어만 작동하는 경우의 총 연산 시간과 같다.

⑤ 정점 위치를 구하기 위해 연산해야 할 10개의 데이터를 10개의 코어에서 처리할 경우, 모든 데이터를 모든 코어에 전송하는 시간은 1개의 데이터를 1개의 코어에 전송하는 시간과 같다.

위 문항은 문맥을 통해 추론하거나 정보 간의 관계를 바탕으로 추론하는 문두의 모습을 잘 보여 준다. 문두에 '추론'이라는 표현을 직접적으로 노출하였다. 이를 통해 학생들은 언어 자료에 명시되어 있지 않은 내용을 파악해야 함을 알 수 있다. 만약 문두를 'ㄱ에 대한 이해'로 작성했다면 어떨까? 문두를 통해서는 추론적 이해가 필요하다는 것을 학생들이 미처 알 수 없을 것이다. 많은 학생들이 언어 자료와 답지의 내용이 서로 일치하느냐를 우선적으로 판단할 것이지만 이러한 내용 일치 차원에서는 정답이 ③임을 알기 어렵다. 결국 학생들은 한참을 헤맨 끝에 이 문항의 정답을 찾기 위해서는 추론적 이해가 필요함을 뒤늦게 깨달을 것이다. 따라서 위 36번 문항처럼 '추론'이라는 단서를 직접 드러내어 문두를 작성하는 것이 더 자연스럽다.

2016학년도 수능 B형

44. (가)에 대한 이해로 가장 적절한 것은?

① '무거운 어깨를 털고'는 지상으로부터 벗어나기 위해 사물들이 몸부림치는 모습을 표현한 것이다.
② '노동의 시간을 즐기고'는 노동의 고단함을 잊기 위해 사물들이 경쾌하게 움직이는 모습을 표현한 것이다.
③ '즐거운 지상의 잔치'는 기존의 사물들이 새로 태어난 사물들을 반갑게 맞이하는 모습을 표현한 것이다.
④ '태양의 즐거운 울림'은 하늘의 태양이 지상에 있는 사물들과 서로 어울려 생기를 띠는 모습을 표현한 것이다.
⑤ '세상은 개벽을 한다'는 사물들이 새로운 형태로 변화하면서 혼란을 겪는 모습을 표현한 것이다.

위의 예처럼 문맥적 의미나 함축적 의미를 물을 때 사용하는 추론적 이해 문두로 '~에 대한 이해로 가장 적절한 것은?'의 형태를 들 수 있다. 특별한 단서나 조건은 제시되지 않는 편이다. 간결하게 '~에 대한 이해'라고 표현하는 경우가 가장 흔하지만 '~에 대한 설명'이라는 형태로 작성하는 경우도 있다. 가령 2020학년도 9월 모의평가 43번 문항에서는 현대 소설을 제시하면서 '문맥상 의미를 고려할 때, ㄱ ~ ㅁ에 대한 설명으로 적절하지 <u>않은</u> 것은?'이라고 문두를 작성하였다. '문맥상 의미를 고려'하라는 단서를 제시하기는 했지만 구절의 의미를 파악하는 것은 당연히 문맥을 고려하는 활동이므로 특별한 단서를 제공한 것이라고는 보기 어렵다. 구절의 의미를 파악하는 대부분의 문두들을 검토해 보면, '~에 대한 이해'와 '~에 대한 설명'의 쓰임새에 큰 차이가 있는 것은 아니다. 문항의 평가 요소와 관련하여 어떤 유의미한 차이가 있는지는 더 검토가 필요할 것으로 보인다.

37. '벤야민이 말한 근대 도시'를 이해한 내용으로 적절하지 <u>않은</u> 것은?

① 생산의 공간과 꿈꾸는 공간이 교차하는 공간이다.
② 소비 행위가 노동자에게 복합 체험을 가져다주는 공간이다.
③ 이질적인 것이 병치되고 뒤섞이며 빠르게 흘러가는 공간이다.
④ 새로운 테크놀로지의 도입을 통해 노동의 소외가 극복된 공간이다.
⑤ 집단 규율을 따라 노동하는 노동자도 내면세계를 가지고 있는 공간이다.

위의 예는 특정 인물의 견해·주장·의도를 추론하는 문항에 사용하는 문두의 전형적인 모습이다. 어떤 인물에 대해 파악해야 하는 것인지를 문두에 명시하고 있다. 위 문항에서는 인물을 언급하는 것에서 더 나아가 인물이 언급한 특정 대상까지를 문두에 포함하여 작성하였다. 이러한 차이는 평가 요소의 차이에서 비롯된 것이다. 위 문항의 답지는 특정 공간에 대한 인물의 견해를 담고 있으므로 문두에 '벤야민이 말한 근대 도시'라고 표현할 수 있었다. 만약 답지가 벤야민의 사상이나 견해에 대해 포괄적으로 다루고 있다면 문두는 '벤야민을 이해한 내용으로'의 형태가 되었을 것이다.

3.3. 감상·비판적 이해 문두 *그렇게 사람 마음을 몰라요?*

감상·비판적 이해 문두는 주로 언어 자료의 내용을 비판적으로 이해하고 그 내용의 타당성이나 적절성에 대해 평가하며 문학 작품을 감상하고 평가하는 능력을 묻는 문항에 사용한다.

24. ㉠에 나타난 역사가의 관점에서 [A]를 비판한 내용으로 가장 적절한 것은?

위의 예는 언어 자료의 내용을 비판적으로 이해하고 그 내용의 타당성이나 적절성에 대해 평가하는 비판적 이해 문두의 기본 형태를 보여 준다. 이러한 유형의 문두 특징은 비판의 준거가 되는 관점과 비판 대상을 문두에 명시하고 있다는 점이다. 그렇지 않으면 문항 성립이 어렵기 때문이다. 위 문항은 언어 자료의 특정 부분을 ㉠과 [A]로 지시하여 출제하였다. 그런데 <보기>를 사용하여 언어 자료를 비판적으로 이해할 수 있는지를 묻는 유형도 있다. 가령 '<보기>에 나타난 순자의 입장에서 윗글의 장자 사상을 비판한 내용으로 적절하지 <u>않은</u> 것은?'과 같은 형태이다. 이러한 경우에도 역시 어떤 입장에서 어떤 사상을 비판할 것인지를 문두에 명시한다는 점은 변하지 않는다.

2021학년도 6월 모의평가

38. 윗글에 대한 설명으로 가장 적절한 것은?

① '금강대'에서 '진헐대'로 이동하면서 자연에 대한 화자의 이중적 태도를 보여 주고 있다.
② '진헐대'와 '불정대'에서는 이미지의 대립을 통해 화자의 내적 갈등이 고조되고 있다.
③ '개심대'에서는 선경후정의 방식으로 화자가 바라본 풍경과 그에 대한 감흥이 서술되고 있다.
④ '화룡소'에서는 화자의 시선이 원경에서 근경으로 이동하며 대상의 특징을 묘사하고 있다.
⑤ '화룡소'에서 '불정대'까지의 이동 경로를 드러내지 않아 시상이 빠르게 전개되고 있다.

39. [A]를 이해한 내용으로 적절하지 <u>않은</u> 것은?

① 봉우리를 '부용'을 꽂고 '백옥'을 묶은 듯한 시각적 형상으로 묘사하여 대상의 아름다움을 표현하였다.
② 봉우리를 '백옥', '동명'과 같은 무생물에 빗대어 대상에서 느낄 수 있는 자연의 영속성을 표현하였다.
③ 봉우리를 '동명'을 박차고 '북극'을 받치는 듯한 모습에 빗대어 대상의 웅장한 느낌을 표현하였다.
④ '날거든 뛰디 마나 섯거든 솟디 마나'와 같이 행위를 부각하는 대구를 통해 봉우리의 역동적인 느낌을 표현하였다.
⑤ '고잣는 듯', '박차는 듯'과 같이 상태나 동작을 보여 주는 유사한 통사 구조의 나열을 통해 봉우리의 다채로운 면모를 표현하였다.

40. <보기>를 바탕으로 윗글을 감상한 내용으로 적절하지 <u>않은</u> 것은?

─────── < 보 기 > ───────

조선의 사대부들은 자연에 하늘의 이치[天理]가 구현된 것으로 보았으며, 그들 중 대부분은 자연의 미를 관념적으로 형상화하였다. 한편 「관동별곡」의 작가는 자연의 미를 현실에서 발견하여 사실감 있게 묘사함으로써 그들과의 차별성을 드러내었다. 또한 그는 자연을 바라보며 사회적 책무를 떠올리고 자연에 투사된 이상적 인간상을 모색하기도 하였다.

① '혈망봉'을 '천만겁'이 지나도록 굽히지 않는 존재로 본 것은, 작가가 지향하는 이상적 인간 상을 자연에 투사한 것이군.

② '개심대'에서 '뎌 긔운 흐터 내야 인걸을 만들'겠다는 의지를 드러낸 것은, 작가가 자연을 바라보며 자신의 사회적 책무를 인식하고 있음을 보여 주는군.

③ '중향성'을 바라보며 천지가 '자연이 되'었다고 본 것은, 자연의 미가 하늘의 이치가 구현된 인간 사회의 영향을 받는다고 생각하는 작가의 인식을 보여 주는군.

④ '불정대'에서 본 폭포의 아름다움을 '실'이나 '베'와 같은 구체적 사물을 활용하여 표현한 것은, 자연을 사실감 있게 나타내려는 작가의 태도를 반영한 것이군.

⑤ '불정대'에서 본 풍경을 중국의 '여산'과 비교하며 우리 자연의 아름다움을 강조한 것은, 관념이 아닌 현실에서 아름다움을 발견하는 작가의 차별성을 보여 주는군.

정철의 「관동별곡」을 언어 자료로 제시한 세트 문항들이다. 문두에서 평가 요소를 드러내는 부분만을 추출하면 다음과 같다.

- 윗글에 대한 설명
- [A]를 이해한 내용
- <보기>를 바탕으로 윗글을 감상한 내용

40번 문항에서만 '감상'이라는 표현을 사용하고 있고, 나머지 2문항은 간결하게 '설명'과 '이해한 내용'을 사용하여 문두를 작성하였다. 3문항 모두 문학 작품을 감상하는 능력을 묻고 있는데 세트 문항 특성상 문두를 다양하게 사용하기 위해서 문두의 표현을 달리 하고 있는 것으로 보인다. 학생들에게 무엇을 평가하고자 하는지를 명확하게 알려 주는 것이 문두의 역할임을 감안할 때 위 문항의 문두는 조금 더 명확하게 작성될 수도 있을 것이다. 예를 들어, 38번 문두는 '윗글의 화자에 대한 이해', 39번 문두는 '[A]의 표현상 특징'을 포함시켜 작성하는 것이 가능하다. 만약 이렇게 문두를 작성한다면 답지들도 조금씩 달리 기술될 필요가 있다. 38번 문항의 답지 ①, ②, ③은 화자의 정서나 태도에 관한 것이고 ④, ⑤는 표현상 특징에 관한 것이기 때문이다. 결국 문두를 어떻게 작성하느냐는 문항 제작의 설계와 깊은 관련이 있으며 다른 문항과의 중복이나 간섭을 피하는 것에도 영향을 미친다는 것을 알 수 있다.

3.4. 적용·창의 문두 ✍ 때와 장소에 맞는 말이어야죠

적용·창의 문두는 주로 개념과 원리를 새로운 맥락에 적용 또는 활용하는 능력, 말이나 글의 생산을 위해 내용을 생성·조직·표현·수정하는 능력을 묻는 문항에 사용한다.

2017학년도 수능

[37~42] 다음 글을 읽고 물음에 답하시오.

[가]
위험 공동체의 구성원이 납부하는 보험료와 지급받는 보험금은 그 위험 공동체의 사고 발생 확률을 근거로 산정된다. 특정 사고가 발생할 확률은 정확히 알 수 없지만 그동안 발생된 사고를 바탕으로 그 확률을 예측한다면 관찰 대상이 많아짐에 따라 실제 사고 발생 확률에 근접하게 된다. 본래 보험 가입의 목적은 금전적 이득을 취하는 데 있는 것이 아니라 장래의 경제적 손실을 보상받는 데 있으므로 위험 공동체의 구성원은 자신이 속한 위험 공동체의 위험에 상응하는 보험료를 납부하는 것이 공정할 것이다. 따라서 공정한 보험에서는 구성원 각자가 납부하는 보험료와 그가 지급받을 보험금에 대한 기댓값이 일치해야 하며 구성원 전체의 보험료 총액과 보험금 총액이 일치해야 한다. 이때 보험금에 대한 기댓값은 사고가 발생할 확률에 사고 발생 시 수령할 보험금을 곱한 값이다. 보험 금에 대한 보험료의 비율(보험료/보험금)을 보험료율이라 하는데, 보험료율이 사고 발생 확률보다 높으면 구성원 전체의 보험료 총액이 보험금 총액보다 더 많고, 그 반대의 경우에는 구성원 전체의 보험료 총액이 보험금 총액보다 더 적게 된다. 따라서 공정한 보험에서는 보험료율과 사고 발생 확률이 같아야 한다.

---

39. [가]를 바탕으로 <보기>의 상황을 이해한 내용으로 적절한 것은?

> ─── < 보 기 > ───
> 사고 발생 확률이 각각 0.1과 0.2로 고정되어 있는 위험 공동체 A와 B가 있다고 가정한다. A와 B에 모두 공정한 보험이 항상 적용된다고 할 때, 각 구성원이 납부할 보험료와 사고 발생 시 지급받을 보험금을 산정하려고 한다.
> 단, 동일한 위험 공동체의 구성원끼리는 납부하는 보험료가 같고, 지급받는 보험금이 같다. 보험료는 한꺼번에 모두 납부한다.

① A에서 보험료를 두 배로 높이면 보험금은 두 배가 되지만 보험금에 대한 기댓값은 변하지 않는다.

② B에서 보험금을 두 배로 높이면 보험료는 변하지 않지만 보험금에 대한 기댓값은 두 배가 된다.

③ A에 적용되는 보험료율과 B에 적용되는 보험료율은 서로 같다.

④ A와 B에서의 보험금이 서로 같다면 A에서의 보험료는 B에서의 보험료의 두 배이다.

⑤ A와 B에서의 보험료가 서로 같다면 A와 B에서의 보험금에 대한 기댓값은 서로 같다.

위 문항은 구체적 상황(사례)에 적용하기를 묻는 문두의 기본 형태를 잘 보여 주고 있다. 언어 자료는 일반적이고 추상적인 수준에서 서술되고, <보기>는 이러한 일반론을 구체적으로 보여 줄 수 있는 상황(사례)을 제시하고 있다. 이때 [가] 내용의 개념과 원리를 새로운 맥락인 <보기>에 적용할 수 있는지 물을 수 있다. 구체적 상황(사례)에 적용하기를 묻는 문두는 개념과 원리에 해당하는 부분을 명시하는 것이 중요하다. 그래서 위 문항의 문두는 '[가]를 바탕으로' 할 것을 명시한 다음 '<보기>의 상황을 이해'할 것을 요구하는 형식으로 작성되었다. 구체적 상황(사례)에 적용하기 문항은 문항 성립이나 정답 확정을 위해 특정 조건이 필요한 경우가 있다. 위 문항은 그러한 조건을 <보기>에 '단, 동일한 위험 공동체의 구성원끼리는 납부하는 보험료가 같고, 지급받는 보험금이 같다. 보험료는 한꺼번에 모두 납부한다.'라고 제시하고 있다.

2019학년도 수능

5. (나)를 바탕으로 할 때, (가)의 마지막 부분에 추가로 작성할 내용으로 가장 적절한 것은?

2017학년도 수능

8. ㉠을 바탕으로 초고의 마지막 문단을 완성하고자 한다. ㉡에 들어갈 내용으로 가장 적절한 것은?

위 문항처럼 '추가로 작성할 내용'이나 '들어갈 내용'은 작문 영역에서 자주 사용하는 창의 문두이다. 내용 생성이나 수정을 묻는 창의 문두의 특징 중 하나는 정답을 찾는 조건이 드러나도록 작성된다는 점이다. 빈칸에 들어갈 내용이 특정 조건이나 문맥에서 결정되기 때문에 이러한 단서가 문두에 제시된다. '(나)를 바탕으로 할 때', '㉠을 바탕으로'는 이러한 단서를 제시하는 부분에 해당한다. 창의 문두가 가진 특징으로는 최선답형이라는 것을 들 수 있다. 그 이유는 내용이 동일하더라도 그것을 서술하는 방식이나 드러내는 방법이 달라질 수 있기 때문이다. 즉 '옳은 것'이 성립하기 어렵기 때문에 '가장 적절한 것'의 종결 형태를 취한다고 볼 수 있다. 그리고 내용 생성을 묻는 문두의 경우 내용 생성의 위치는 주로 글의 마지막 부분이다. 언어 자료의 처음이나 중간 부분에 빈칸을 배치하기가 어렵기 때문이다. 마지막 부분이 아니라면 다른 문항의 선택지에 영향을 끼치거나 다른 문항의 정답을 확정하기가 쉽지 않다. 그래서 '마지막 부분'이나 '마지막 문단'임이 문두에서 명시적으로 드러난다.

3.5. 어휘·개념 문두 〰 내 말은 그게 아니에요

단어의 의미를 묻는 문항의 문두는 주로 사전적 의미를 묻는 문항, 문맥적 의미를 묻는 문항, 바꿔 쓰기에 적절한 것을 묻는 문항에 사용한다.

2016학년도 수능 B형

21. ⓐ ~ ⓔ의 사전적 의미로 적절하지 <u>않은</u> 것은?

(ⓐ 기반, ⓑ 거론, ⓒ 개입, ⓓ 국한, ⓔ 폄하)

① ⓐ : 기초가 되는 바탕. 또는 사물의 토대.
② ⓑ : 어떤 사항을 논제로 삼아 제기하거나 논의함.
③ ⓒ : 자신과 직접적 관계가 없는 일에 끼어듦.
④ ⓓ : 알맞게 이용하거나 어떤 상황에 맞추어 씀.
⑤ ⓔ : 어떤 대상이 지닌 가치를 깎아내림.

위의 예는 사전적 의미를 묻는 문항의 문두이다. 문두에 '사전적 의미'라는 표현을 명시적으로 드러낸다. 이 문두는 주로 부정 문두로 작성된다는 특징을 가지고 있다. 학생들에게 사전적 의미를 바르게 제시하는 것이 교육적으로 더 유의미하기 때문에 주로 부정 문두를 사용한다. 언어 자료에 사용된 한자어를 선택하여 표준국어대사전에 정의된 의미를 답지로 제시하기 때문에 문항 제작이 비교적 간단한 편이다. 하지만 읽기 활동의 실제에서 단어의 의미는 주로 문맥에 의해 결정되므로 대부분의 평가 문항들은 주로 문맥적 의미나 바꿔 쓰기를 묻고 있다.

21. 문맥상 ⓐ~ⓔ의 단어와 가장 가까운 의미로 쓰인 것은?

① ⓐ : 그가 열쇠를 방 안에 <u>두고</u> 문을 잠가 버렸다.
② ⓑ : 우리는 그 당시의 행복했던 기억을 <u>되살렸다</u>.
③ ⓒ : 협곡 사이에 구름다리가 멋지게 <u>걸쳐</u> 있었다.
④ ⓓ : 사소한 일에만 <u>매달리면</u> 중요한 것을 놓친다.
⑤ ⓔ : 형편이 <u>어려울수록</u> 모두가 힘을 합쳐야 한다.

위의 예는 문맥적 의미를 묻는 문항의 문두이다. '문맥상'이라는 단서와 '가장 가까운 의미'라는 표현을 통해 언어 자료에 제시된 ⓐ~ⓔ의 문맥적 의미와 가장 유사한 것을 답지에서 고를 것을 요구하고 있다. 문맥적 의미를 묻기 때문에 반드시 특정 문장 안에서 사용되고 있는 모습을 보여 주는 것이 특징이다.

21. 문맥상 ⓐ~ⓔ와 바꿔 쓰기에 가장 적절한 것은?

① ⓐ : 드러난
② ⓑ : 생각하지
③ ⓒ : 그치지
④ ⓓ : 따라갔다
⑤ ⓔ : 일어났다

위의 예는 바꿔 쓰기에 적절한 것을 묻는 문항의 문두이다. 이 유형 역시 문두에 '문맥상'이라는 단서와 '바꿔 쓰기'임을 명시적으로 드러낸다. 이 문항의 특징은 제시된 단어들이 일관되게 한자어이거나 순우리말이라는 점이다. 그래서 한자어를 순우리말로 바꾸거나, 반대로 순우리말을 한자어로 바꾸는 것이다. 달리 말하면 한자어를 다른 한자어로 바꾸거나 순우리말을 다른 순우리말로 바꾸지는 않는다.

4. 내용 영역 차원에서 본 문두 작성법

문두는 내용 영역의 특성이 드러나도록 작성할 수 있다. 하지만 어떤 내용 영역의 문두를 작성하든 두 가지 사항을 고려할 필요가 있다.

우선, 하나의 내용 영역 내에서 사실적 이해, 추론적 이해, 비판적 이해, 적용·창의, 어휘·개념 등이 고루 평가될 수 있도록 문두를 다양한 측면에서 구성한다. 행동 영역이 고루 배치되어야만 문두가 다양해지며, 각 문두가 평가하고자 하는 내용을 정확히 드러내야만 문두를 다양하게 구성할 수 있다. 이는 언어 자료의 선정이나 문항 설계와 연관되어 있다. 당연한 이야기이지만 행동 영역을 고루 배치하여 문항을 출제하기 위해서는 언어 자료 자체가 풍부한 출제 요소를 가지고 있어야 한다. 그리고 문항을 설계하는 단계에서부터 평가하고자 하는 내용을 명확히 수립할 필요가 있다. 그렇지 않다면 2개 혹은 3개의 문항이 서로 평가 내용이 유사하게 될 수도 있다. 만약 평가 내용이 서로 유사하다면 문항을 통합하고 다른 평가 내용으로 새롭게 출제해야 하는 번거로움이 따를 수 있다. 따라서 다양한 문두 구성은 문항 출제의 필수적인 요소이다.

다음으로 고려할 사항은 하나의 문제지 안에서 다양한 언어 자료를 사용하므로 각 언어 자료에 사용된 문두가 동일한 형태를 띠지 않도록 작성한다는 것이다. 즉 동일한 문두들이 각 언어 자료에서 반복하여 등장하는 것은 피해야 한다. 사실적 이해에 대해 평가한다고 하여 '윗글의 내용과 일치하는 것은?' 또는 '윗글에 대한 이해로 가장 적절한 것은?'이라는 문두가 각 언어 자료마다 출현하는 것은 곤란하다. 언어 자료에 따라 평가하고자 하는 내용이 조금씩 다르므로 각 언어 자료의 특성을 살릴 수 있도록 다양한 문두 작성을 고민할 필요가 있다.

4.1. 독서 영역 문두 *저 너머의 세상 읽어 내기*

4.1.1. 실제 모습과 문제점 *모호하거나 모자라거나 넘치거나*

다음의 예는 (가)와 (나)로 이루어진 주제 통합 성격의 글을 언어 자료로 제시한 후 출제한 독서 영역의 문항들이다. 다음의 예를 통해 독서 영역 문두의 실제 모습을 살피고 문두가 평가 내용을 보다 분명히 드러낼 필요가 있다는 점 등을 논의한다. 이러한 검토를 바탕으로 독서 영역 문두가 나아갈 방향을 모색해 본다.

[16~21] 다음 글을 읽고 물음에 답하시오.

----

16. (가), (나)에 대한 설명으로 가장 적절한 것은?

① (가)는 18세기 중국에 대한 학자들의 견해를 제시하면서 그러한 견해의 형성 배경 및 견해 간의 차이를 설명하고 있다.

② (가)는 18세기 중국을 바라보는 사상적 관점을 제시하면서 각 관점이 지닌 역사적 의의와 한계를 서로 비교하고 있다.

③ (나)는 18세기 중국의 사회상을 제시하면서 다양한 사회상을 시대별 기준에 따라 분류하여 서술하고 있다.

④ (나)는 18세기 중국의 사상적 변화를 제시하면서 그러한 변화가 지니는 긍정적 측면과 부정적 측면을 분석하고 있다.

⑤ (가)와 (나)는 모두 18세기 중국의 현실을 제시하면서 그러한 현실이 다른 나라에 미친 영향을 예를 들어 설명하고 있다.

17. (가)의 '박제가'와 '이덕무'에 대한 이해로 적절하지 <u>않은</u> 것은?

① 박제가는 청의 문물을 도입하는 것이 중화를 이루는 방도라고 간주하였다.

② 박제가는 자신이 파악한 청의 현실을 조선을 평가하는 기준이라고 생각하였다.

③ 이덕무는 청의 현실을 관찰하면서 이면에 있는 민생의 문제를 간과하지 않았다.

④ 이덕무는 청 문물의 효용성을 긍정하면서 청이 중화를 보존하고 있음을 인정하였다.

⑤ 박제가와 이덕무는 모두 중화 관념 자체에 대해서는 긍정적인 태도를 견지하였다.

18. 평등견에 대한 이해로 가장 적절한 것은?

① 조선의 풍토를 기준으로 삼아 청의 제도를 개선하자는 인식 태도이다.

② 조선의 고유한 삶의 방식을 청의 방식에 따라 개혁해야 한다는 인식 태도이다.

③ 청과 조선의 가치를 평등하게 인정하고 풍토로 인한 차이를 해소하려는 인식 태도이다.

④ 중국인의 외양이 변화된 모습을 명에 대한 의리 문제와 관련지어 파악하려는 인식 태도이다.

⑤ 청에 대한 배타적 태도를 지양하고 청과 구분되는 조선의 독자성을 유지하자는 인식 태도이다.

19. 문맥을 고려할 때 ㉠의 의미를 파악한 내용으로 가장 적절한 것은?

① 새로운 작물의 보급 증가가 경제적 번영으로 이어지는 상황을 가리키는 것이군.

② 신용 기관이 확대되고 교역의 질과 양이 급변하고 있는 상황을 가리키는 것이군.

③ 반란의 위험성 증가 등 인구 증가로 인한 문제점들이 나타나는 상황을 가리키는 것이군.

④ 이주나 농경 집약화 등 조정에서 추진한 정책들이 실패한 상황을 가리키는 것이군.

⑤ 사회적 유대의 약화로 인하여 관료 사회의 부정부패가 심화되는 상황을 가리키는 것이군.

20. <보기>는 (가)에 제시된 「북학의」의 일부이다. [A]와 (나)를 참고하여 <보기>에 대해 비판적 읽기를 수행한 학생의 반응으로 적절하지 <u>않은</u> 것은?

―――――― < 보 기 > ――――――

우리나라에서는 자기가 사는 지역에서 많이 나는 산물을 다른 데서 산출되는 필요한 물건과 교환하여 풍족하게 살려는 백성이 많으나 힘이 미치지 못한다. … 중국 사람은 가난하면 장사를 한다. 그렇더라도 정말 사람만 현명하면 원래 가진 풍류와 명망은 그대로다. 그래서 유생이 거리낌 없이 서점을 출입하고, 재상조차도 직접 융복사 앞 시장에 가서 골동품을 산다. … 우리나라는 해마다 은 수만 냥을 연경에 실어 보내 약재와 비단을 사 오는 반면, 우리나라 물건을 팔아 저들의 은으로 바꿔 오는 일은 없다. 은이란 천년이 지나도 없어지지 않는 물건이지만, 약은 사람에게 먹여 반나절이면 사라져 버리고 비단은 시신을 감싸서 묻으면 반년 만에 썩어 없어진다.

① <보기>에 제시된 중국인들의 상업에 대한 인식은 [A]에서 제시한 실용적인 입장에 부합하는 것이라 볼 수 있어.

② <보기>에 제시된 조선의 산물 유통에 대한 서술은 [A]에서 제시한 북학론의 당위성을 뒷받침하는 근거라 볼 수 있어.

③ <보기>에 제시된 중국인들의 상행위에 대한 서술은 (나)에 제시된 중국 국내 교역의 양상과 상충되지 않는다고 볼 수 있어.

④ <보기>에 제시된 은에 대한 평가는 (나)에 제시된 중국의 경제적 번영에 기여한 요소를 참고할 때, 은의 효용적 측면을 간과한 평가라 볼 수 있어.

⑤ <보기>에 제시된 중국의 관료에 대한 묘사는 (나)에 제시된 관료 사회의 모습을 참고할 때, 지배층의 전체 면모가 드러나지 않는 진술이라 볼 수 있어.

21. 문맥상 ⓐ ~ ⓔ와 바꿔 쓰기에 가장 적절한 것은?

(답지 생략)

이 세트 문항에 사용된 문두를 자세히 보면 다음과 같다.

- 16번 : 글의 내용 전개와 관련한 문항이므로 평가 요소를 보다 분명히 드러내어 작성하는 것도 가능하다. 현재 모습은 문두에서 단순히 '설명'이라고 표현하여 작성하였다. 이럴 경우 추론적 이해 문두나 비판적 이해 문두와의 차별성을 드러내기 어렵다.
- 17번, 18번 : 연달아 2문항 모두 '이해'라고 진술되었기 때문에 동일한 문두를 반복하여 사용하고 있다는 느낌을 준다. 뿐만 아니라 '이해'라고만 표현했기 때문에 문두에서는 평가하려는 행동 영역이 잘 드러나지 않는다.
- 19번 : 구절의 의미는 문맥을 고려하여 파악하는 것이 자연스럽기 때문에 '문맥을 고려할 때'라는 단서 없이 문두를 작성하는 것도 가능하다.
- 20번 : 복잡하지만 잘 설계된 문두를 보여 준다. 문두에서 '비판적 읽기'라고 진술하여 문항이 묻고자 하는 평가 요소가 비판적 이해임을 명시적으로 드러내고 있다. 문두에서 막연히 <보기>에 대해 이해한 내용이나 <보기>에 대한 반응이라고 진술하지 않고, '<보기>에 대해 비판적 읽기를 수행한 학생의 반응'이라고 명확하게 제시하였다.
- 21번 : 문맥적 의미와 관련하여 단어를 교체할 때 사용하는 전형적인 문두이다.

4.1.2. 개선 방향 〰 *관행이 전통은 아니죠*

만약 16번 문항부터 19번 문항까지의 문두를 이렇게 작성했다면 어떨까?

- 16번 : ·(가), (나)의 내용 전개 방식은?
  - ·내용 전개 방식을 고려할 때, (가)와 (나)에 대한 올바른 설명은?
- 17번 : (가)의 '박제가'와 '이덕무'에 대한 설명으로 적절하지 <u>않은</u> 것은?
- 18번 : (가)의 평등견 에 대한 이해로 가장 적절한 것은?
- 19번 : ·㉠의 의미에 대한 적절한 추론은?
  - ·㉠의 의미를 적절하게 추론한 것은?

16번 문항은 글의 전개 방식에 관한 문항이다. 그러므로 '내용 전개 방식'을 직접 묻는 형태로 문두를 작성하는 것이 가능하다. 문두에 평가 요소를 명시적으로 드러내는 것을 적극 고려할 필요가 있다. 학생들이 문항의 무엇을 평가하고자 하는지를 쉽게 이해할 수 있기 때문이다.

17번 문항은 사실적 이해를 묻는 문항에 가깝다. 실제 문두에서는 박제가와 이덕무에 대한 '이해'를 묻고 있는데, 사실적 이해를 묻는 문항임을 감안한다면 '설명'이라는 표현을 사용할 수 있을 것이다.

18번 문항은 추론적 이해를 묻는 문항에 가깝다. 17번 문항이 '설명'이라는 표현을 사용했으므로 여기서는 '이해'라는 표현을 유지할 수 있다. 실제 문항에서는 17번과 18번 문두 모두 '~에 대한 이해'라고 표현했는데 17번 문두에는 '설명'을, 18번 문두에서는 '이해'를 사용할 수 있다. 즉 사실적 이해와 추론적 이해라는 두 문항의 차이를 문두에 담아 작성할 수 있다. 또한 '평등견'이 (가)에 등장한다는 것을 명시적으로 밝혀 작성할 수 있다.

19번 문항이 추론적 이해를 평가하고자 하는 것임을 감안하여 '추론'이라는 표현을 문두에 명시적으로 드러내어 작성하는 것이 가능하다. 이럴 경우 학생들이 문두를 읽자마자 추론적 사고를 동원하여 문항을 해결해야 한다는 것을 알 수 있을 것이다.

독서 영역의 문두는 평가 요소를 더 분명하게 드러낼 수 있도록 작성될 필요가 있다. 그러기 위해서는 문두의 종결 형태를 특별한 의도 없이 '가장 적절한 것은?'과 '적절하지 않은 것은?'으로 제작하는 관행에 대해 되돌아볼 필요가 있다. 즉 문두의 종결 형태가 지금보다 다양해져야 한다. 그래야만 '~에 대한 이해'와 '~에 대한 설명'에서 벗어나서 평가 요소를 보다 분명히 담고 있는 문두로 나아갈 수 있을 것이다. 그리고 이를 위해서는 평가 전문가들이 문두의 종결 표현이 다양할 수 있다는 점에 대하여 보다 개방적인 태도로 접근해야 할 것이다.

4.2. 문학 영역 문두 *감수성만으로는 안 돼요*

4.2.1. 실제 모습과 문제점 *그 사람이 그 사람이기 쉽죠*

다음의 예는 장르를 복합하여 언어 자료 (가), (나), (다)를 제시한 후 출제한 문학 영역의 문항들이다. (가)는 김시습의 한시 「유객」, (나)는 김광욱의 연시조 「율리유곡」, (다)는 김용준의 수필 「조어삼매」이다. 이를 통해 우선 문학 영역 문두의 실제 모습을 살펴본다. 이 과정에서 문학 영역 문두가 몇 가지 관례를 답습하고 있다는 사실을 비판적으로 검토한다. 그리고 이러한 관례에서 벗어나 좀 더 다양한 방법으로 문두를 작성할 필요가 있다는 것을 논의한다.

[22~27] 다음 글을 읽고 물음에 답하시오.

----

22. (가)와 (나)의 공통점으로 가장 적절한 것은?

① 자연물의 속성에 주목하여 교훈적 의미를 전달하고 있다.

② 설의적 표현을 통해 추구하고자 하는 삶의 태도를 제시하고 있다.

③ 먼 경치에서부터 가까운 곳으로 시선을 옮기며 심리의 변화를 드러내고 있다.

④ 화자가 자신을 객관화하는 표현을 내세워 내적 갈등에 대한 공감을 유도하고 있다.

⑤ 계절을 드러내는 시어를 사용하여 시기에 부합하는 자연의 모습을 구체화하고 있다.

23. (나)에 대한 이해로 적절하지 <u>않은</u> 것은?

① <제1곡>에서는 지명에 주목하여 화자의 지향을 드러내고 있다.

② <제8곡>에서는 자연의 가치를 부각하여 화자가 즐기는 흥취를 강조하고 있다.

③ <제10곡>에서는 화자의 현재 상황에 대한 만족감을 바탕으로 자연물에 대한 연민을 드러내고 있다.

④ <제15곡>에서는 다양한 행위를 연속적으로 나열하여 화자가 누리는 생활의 일면을 제시하고 있다.

⑤ <제17곡>에서는 청자를 호명하며 즐거움을 함께하려는 화자의 마음을 전달하고 있다.

24. 문맥을 고려하여 ㉠~㉤에 대해 이해한 내용으로 적절하지 <u>않은</u> 것은?

① ㉠ : 생계를 유지하기 위한 생활과 대비되는 낚시의 의의를 드러내고 있다.

② ㉡ : 낚시 도구와 글쓴이의 관계를 설정하여 낚시에 몰입하는 태도를 표현하고 있다.

③ ㉢ : 낚시에 집중했던 글쓴이의 기다림과 기대에 부응하는 순간을 부각하고 있다.

④ ㉣ : 낚시의 대안으로 선택한 것으로서, 글쓴이에게 마음의 안정을 찾게 해 준 방법으로 제시되고 있다.

⑤ ㉤ : 낚시를 해 본 후 달라진 글쓴이의 마음가짐으로서, 은거했던 옛사람들에 기대어 자신의 심정을 드러내고 있다.

25. (나)와 (다)를 비교하여 이해한 내용으로 가장 적절한 것은?

① (나)의 '도연명'과 (다)의 '판교'는 각각 화자와 글쓴이가 행적을 따르고자 하는 인물이다.

② (나)의 '삼공'과 (다)의 '성격 파산자'는 모두 세속에서 높은 지위를 차지하고 있는 이들을 가리킨다.

③ (나)의 '세버들 가지'와 (다)의 '청수한 한 폭 대'는 각각 화자와 글쓴이가 자신과 동일시하는 대상이다.

④ (나)의 '고기'와 (다)의 '송사리'는 각각 화자와 글쓴이가 자신을 보잘것없는 존재로 비유한 표현이다.

⑤ (나)의 '시름'과 (다)의 '욕'은 각각 화자와 글쓴이가 자신을 억압하는 존재를 염두에 둔 표현이다.

26. [A]와 [B]에 대한 이해로 가장 적절한 것은?

① [A]에 나타난 글쓴이의 경이감은 [B]에서 인생에 대한 낙관적 기대로 확장된다.

② [A]에 나타난 글쓴이의 무력감은 [B]에서 과거의 삶에 대한 동경을 통해 해소된다.

③ [A]에 나타난 글쓴이의 실망감은 [B]에서 자신의 손상된 체면에 대한 한탄으로 이어진다.

④ [A]에 나타난 글쓴이의 상실감은 [B]에서 새로운 이상을 품도록 만드는 계기로 작용한다.

⑤ [A]에 나타난 글쓴이의 혐오감은 [B]에서 자신의 능력에 대한 겸손한 반성으로 전환된다.

27. <보기>를 바탕으로 (가)~(다)를 감상한 내용으로 적절하지 않은 것은? [3점]

───── < 보 기 > ─────

문학 작품에서 공간에 대한 인식을 형상화하는 방식은 다양하다. 공간에 대한 인식을 직접적으로 드러내는 표현을 사용하거나, 공간 내 특정 대상의 속성으로써 그 대상이 포함된 공간 전체를 표상하기도 한다. 또한 이러한 인식은 공간 간의 관계를 통해 표현되기도 한다. 이때 관계를 이루는 공간에는 작품에 명시된 공간은 물론 그 이면에 전제된 공간도 포함된다.

① (가)의 '신선 골짝'은 화자가 지향하는 공간으로서, 이에 대립되는 곳으로 '백 년 근심'이 유발된 공간이 이면에 전제된 것이라 할 수 있겠군.

② (나)의 '낡은 다리'는 '주가'와 '온 골'이라는 대비되는 속성을 지닌 두 공간의 경계를 표현하여, 양쪽 모두에 미련을 버리지 못한 화자의 상황을 상징하고 있겠군.

③ (나)에서 화자가 돌아온 곳은 '어지럽고 시끄런 문서'로 표상되는 공간과 대비되는 공간으로서, '이대도록 시원하랴'와 같은 반응을 자연스럽게 이끌어낸 것이겠군.

④ (다)에서 '푸른 물이 그득히 담긴 못가'는 글쓴이가 '삼매경'에 빠지기를 기대하는 곳으로, 글쓴이가 자신의 지향과 직결되는 공간을 직접적으로 드러낸 것이겠군.

⑤ (다)에서 '내 서재'는 '심사 틀리는 소식'을 피하기 위한 곳임에도 불구하고 '속에서 울화가 터져나온다'고 언급되었다는 점에서, 그 이면에는 새로운 공간에 대한 지향이 있음을 알 수 있겠군

위 문항에 사용된 문두를 자세히 보면 다음과 같다.

- 22번 : '공통점'이라고 간결하게 표현하였다. 시가 작품을 2편 이상 묶어 출제할 때는 '~의 공통점으로 가장 적절한 것은?'이라는 문두가 관행적으로 사용되고 있다. 주로 표현상 특징을 묻고 있기 때문에 최선답형의 문두를 사용할 필요가 없다.

- 23번, 24번, 25번, 26번 : 연달아 4문항이 공통적으로 '이해'라는 표현을 사용하여 문두를 작성하였다. 문두가 비슷하기 때문인지 답지들을 보면 문항의 평가 내용이 문항마다 서로 겹치는 느낌이 든다. 23번 답지는 화자의 태도나 정서에 관한 것들인데, 24번 답지 역시 화자의 인식이나 태도에 관련된 것들을 묻고 있다. 25번 문항에서도 4개의 답지에서 화자의 인식과 관련하여 서술하고 있다. 26번 문항은 글쓴이의 정서 변화와 관련하여 답지를 서술하고 있다.

- 27번 : 외적 준거를 바탕으로 작품을 감상할 것을 요구하는 문두의 전형적인 모습을 보여 주고 있다. 문학 영역에서 거의 모든 세트마다 사용되는 문두이다.

4.2.2. 개선 방향 그 사랑은 그 사랑이 아니죠
만약 22번 문항부터 26번 문항까지의 문두를 이렇게 작성했다면 어떨까?

- 22번 : • (가)와 (나)의 공통적인 표현상 특징은?
        • (가)와 (나)의 표현상 특징에서 드러나는 공통점은?
- 23번 : (나)의 화자에 대한 이해로 적절하지 않은 것은?
- 24번 : ㉠ ~ ㉤에 대한 설명으로 적절하지 않은 것은?
- 25번 : (나)와 (다)를 비교한 내용으로 적절한 것은?
- 26번 : [A]와 [B]에 나타난 글쓴이의 정서에 대한 이해로 가장 적절한 것은?

22번 문항은 표현상의 특징과 관련한 것들을 답지로 제시하고 있다. 그러므로 이러한 평가 요소를 문두에 명시적으로 드러내어 작성할 수 있다. 또한 이 문항은 굳이 최선답형 문두를 취할 이유가 없어 보인다. 그렇다면 문두의 종결 부분을 '표현상 특징은?' 또는 '공통점은?'과 같은 형태로 작성할 수 있을 것이다.

23번 문항은 화자에 대한 이해를 묻고 있으므로 이를 문두에 명시적으로 드러내어 작성할 수 있다.

24번 문항은 구절의 의미를 파악하는 문항이다. 실제 문두에서는 '㉠ ~ ㉤에 대해 이해한 내용'이라고 작성했는데, '㉠ ~ ㉤에 대한 설명'이라고 작성하는 것도 가능하다. 이럴 경우 '이해'라는 표현이 문두에서 반복적으로 등장하는 것을 피할 수 있다. '㉠ ~ ㉤에 대한 설명'이라고 문두를 작성하는 경우 답지 차원에서도 어색하지 않다.

25번 문항은 실제 문두에서는 최선답형 형태를 취했다. 답지 특성상 정답형 형태로 작성하는 것이 가능하다.

26번 문항은 답지에서 공통적으로 글쓴이의 정서를 다루고 있다. 그러므로 답지에 공통적으로 등장하는 '[A]에 나타난 글쓴이의' 부분을 문두에 제시할 수 있다. 그런 후 답지에서는 해당 부분을 제외한다. 가령 '③ [A]에 나타난 실망감은 [B]에서 손상된 체면에 대한 한탄으로 이어진다.'와 같은 형태로 제시될 수 있을 것이다.

위의 개선 방향에서 언급된 문두는 물론 하나의 예시일 뿐이며 이러한 문두가 더 효과적이고 정확한 것인지는 좀 더 면밀히 검토되어야 할 것이다. 다만 실제 문항에서는 '이해'라는 표현을 과다하게 사용하는 측면이 있다는 것을 지적하고 싶다. '이해'라는 표현을 특별한 의도 없이 관습적으로 사용하는 것은 재검토해야 한다. 문학 영역의 문두는 '이해'라는 포괄적 표현에서 벗어나 좀 더 다양한 문두 작성 방법을 고민할 필요가 있다.

4.3. 화법 영역 문두 ᎧᏥ 내뱉는다고 다 말은 아니에요

4.3.1. 실제 모습과 문제점 ᎧᏥ 더 갈 수 있는데 멈춰 버린 발걸음

다음의 예는 라디오 방송을 제시한 후 출제한 화법 영역의 문항들이다. 언어 자료로 제시된 라디오 방송은 진행자가 청취자의 사연을 읽은 후 이에 대해 상담을 해 주는 내용이다. 다음의 예를 통해 화법 영역 문두의 실제 모습을 살핀다. 이를 통해 독서 영역, 문학 영역보다는 평가하고자 하는 내용이 문두에 분명하게 드러난다는 것을 확인하면서 문두 작성에 좀 더 의식적인 노력이 필요하다는 것을 논의한다.

2019학년도 수능

[1~3] 다음은 라디오 방송이다. 물음에 답하시오.

----

1. 위 방송 진행자의 말하기 방식에 대한 설명으로 가장 적절한 것은?

① 사연 내용을 정리하고 사연 신청자의 마음에 공감하고 있다.
② 사연 신청자의 궁금증을 해소하고 다음 방송을 예고하고 있다.
③ 사연 내용을 선정하게 된 동기를 밝히고 청취자의 참여를 독려하고 있다.
④ 사연과 관련된 자신의 과거 경력을 소개하고 전문성을 부각하고 있다.
⑤ 사연에 대한 상담 중에 질문을 던지고 사연 속 상황을 다양한 관점에서 생각해 보도록 유도하고 있다.

2. 다음은 위 방송을 진행하기 위해 진행자가 세운 계획이다. 방송에 반영되지 않은 것은?

[오프닝] 방송의 취지를 드러내기 위해 '달빛' 이야기로 시작
[사연 소개 및 고민 진단]
  ◦ 사연 신청자가 보낸 사연 소개
  ◦ 내용의 이해를 돕기 위해 자존감이라는 용어의 의미 제시 ························· ㉠
  ◦ 자존감이 낮은 원인 중 일반적으로 알려진 원인을 제시하고 사연의 문제 상황에 적용 ························· ㉡
  ◦ 사연의 문제 상황을 설명하기 위해 유사한 문제 상황 제시 ························· ㉢
[방법 제시]
  ◦ '장점 말해 주기' 방법을 안내하고 효과 제시 ························· ㉣
  ◦ '감정 헤아려 주기' 방법을 예를 들어 소개하고 효과 제시 ························· ㉤
[클로징] 청취자 게시판에 관한 안내 및 인사말로 마무리

① ㉠   ② ㉡   ③ ㉢   ④ ㉣   ⑤ ㉤

3. 다음은 위 방송을 들은 청취자들이 게시판에 올린 댓글이다. 방송 내용을 고려하여 청취자들의 반응을 분석한 것으로 적절하지 <u>않은</u> 것은?

- 1번 : 말하기 방식에 대해 묻고자 한다는 것이 문두에 분명하게 드러난다. 하지만 최선답형이 아니라 정답형으로 문두를 작성해도 무방한 문항이다. 왜냐하면 오답에서는 말하기 방식 자체를 잘못 제시하고 있기 때문이다.
- 2번 : 평가 장면을 지시하는 문장을 사용하여 계획의 반영 여부를 묻고자 한다는 것이 문두에 분명하게 드러난다. 그런데 반영 여부만을 묻게 되면 문항이 단순해지는 약점이 있다. 문두는 문항 제작의 설계와도 연관된 문제인데, 반영 여부만을 묻기보다는 진행자의 계획이 방송에 어떻게 구현되고 있는지를 묻는 문항이 출제 가능해 보인다.
- 3번 : 평가 장면을 지시하는 문장을 사용하여 청취자들의 듣기에 대해 묻고자 한다는 것을 드러낸다. '청취자들의 반응을 분석한 것'이라고 표현하여 학생들이 어떤 점에 주목해야 하는지가 분명하게 드러난다.

4.3.2. 개선 방향 ✍ 안주는 안전이 아니죠
만약 1번과 2번 문항의 문두를 이렇게 작성했다면 어떨까?

- 1번 : 위 방송 진행자의 말하기 방식으로 적절한 것은?
- 2번 : 다음은 위 방송을 진행하기 위해 진행자가 세운 계획이다. 이를 참고할 때, ㉠~㉤에 대한 이해로 적절하지 <u>않은</u> 것은?

앞서 언급했듯이 1번 문항은 정답형 문두로 작성해도 정답을 고르는 데 큰 문제가 없다. 최선답형 문두가 더 안전한 문두, 즉 복답이나 무답 시비에서 벗어날 수 있는 문두라는 막연한 생각에서 벗어날 필요가 있다. 더 안전한 문두란 사실상 없다. 복답이나 무답 시비는 문두의 기교를 통해 벗어나는 것이 아니기 때문이다.

2번 문항의 경우 문두 작성과 문항 설계는 매우 밀접한 관계임을 보여 준다. '반영' 여부를 묻게 되면 학생들은 특정 내용을 찾을 수 있느냐만을 판단하면 된다. 따라서 출제자가 들이는 노력에 비해 문항이 단순해 보인다. 비슷한 설계를 유지하면서도 '반영'에서 '이해'로 바꾸어 문두를 작성하면 어떻게 될까? 가령 '다음은 위 방송을 진행하기 위해 진행자가 세운 계획이다. 이를 참고할 때, ㉠~㉤에 대한 이해로 적절하지 <u>않은</u> 것은?'처럼 문두를 작성했다고 가정해 보자. 문두를 이와 같이 작성하기 위해서는 방송 계획은 조금 더 단순하게 제시될 필요가 있고, ㉠~㉤은 방송 대본으로 제시된 언어 자료의 특정 부분에 밑줄을 그어 표시할 필요가 있다. 그리고 답지는 '① ㉠에서 자존감의 의미를 설명하며 청취자들이 쉽게 이해할 수 있도록 사연을 소개하고 있다는 것을 알 수 있군.'과 같은 형태로 작성될 수 있을 것이다. 학생들은 방송 진행 계획을 확인하면서 언어 자료 ㉠의 의미나 기능에 대해서도 이해해야 하기 때문에 '반영' 여부만을 묻는 단순한 형태에서 벗어날 수 있다. 결국 문두를 어떻게 작성할 것인가 하는 것에 대한 심층적인 고민을 통해 문항 설계가 더 고도화될 수 있으므로 문두 작성에 의식적인 노력이 필요하다.

4.4. 작문 영역 문두 *알아들을 수 있게 써야죠*

4.4.1. 실제 모습과 문제점 *수고로움이 제값을 받도록*

다음의 예는 대화를 제시한 후 이를 바탕으로 작문을 수행하는 모습을 언어 자료로 제시한 화법·작문 통합 문항들이다. (가)는 학생 1과 학생 2의 대화로 구성되어 있고, (나)는 학생 1의 초고이며 (다)는 학생 2의 초고이다. 다음의 예를 통해 작문 영역 문두의 실제 모습을 살핀다. 이를 통해 작문 영역의 문두가 정답을 찾는 데 필요한 조건이나 단서를 제공할 필요가 있는 경우 이를 어떻게 문두에서 구현할 것인가에 대해 고민할 필요가 있다는 것을 논의한다.

2022학년도 6월 모의평가(화법과 작문)

[38~42] (가)는 학생들의 대화이고, (나)와 (다)는 대화에 참여한 학생들이 작성한 초고이다. 물음에 답하시오.

----

38. 대화의 흐름을 고려할 때, ㉠~㉤에 대한 설명으로 적절하지 <u>않은</u> 것은?

   (화법 문항이므로 답지 생략)

39. [A]의 학생 1의 발화에 대한 설명으로 가장 적절한 것은?

   (화법 문항이므로 답지 생략)

40. (가)의 대화 내용이 (나), (다)에 각각 반영된 양상으로 적절하지 <u>않은</u> 것은?

① (가)에서 학생 2가 글감 선정의 이유에 대해 언급한 내용이 (나)의 1문단에 학생 다수가 문제 해결의 필요성을 느끼고 있음을 밝히는 내용으로 제시되었다.

② (가)에서 학생 2가 의류 수거함의 상태에 대해 언급한 내용이 (다)의 1문단에 문제 제기의 내용으로 제시되었다.

③ (가)에서 학생 1이 신문 기사에 대해 언급한 내용이 (나)의 3문단에 건의를 뒷받침하는 사례로 제시되었다.

④ (가)에서 학생 1이 시청의 영향력에 대해 언급한 내용이 (나)의 2문단에 건의 수용의 기대 효과로 제시되었다.

⑤ (가)에서 학생 1이 의류를 올바르게 배출하는 일의 장점에 대해 언급한 내용이 (다)의 2문단에 의류 수거함을 올바르게 이용해야 하는 이유로 제시되었다.

41. 작문 맥락을 고려할 때 (나), (다)에 대한 이해로 적절하지 <u>않은</u> 것은?

① 글의 유형 면에서, (나)는 구체적이고 실행 가능한 방안을 제시하며 공동체의 문제 해결을 요구하는 형식의 글이다.

② 작문 매체 면에서, (나)는 필자가 언급한 내용을 예상 독자가 확인할 수 있도록 글의 특정 정보가 다른 자료에 연결되게 하고 있다.

③ 예상 독자 면에서, (다)는 문제 해결의 당위성을 강조하기 위해 지역 공동체의 모든 구성원을 독자로 상정하고 있다.

④ 글의 주제 면에서, (다)는 공동의 실천으로 해결할 수 있는 문제 상황과 그 해결 방안을 중심 내용으로 제시하고 있다.

⑤ 작문 목적 면에서, (나)와 (다)는 예상되는 긍정적인 효과를 근거로 제시하며 예상 독자를 설득하고 있다.

42. <보기>를 점검 기준으로 할 때 ⓐ, ⓑ를 <u>고쳐 쓰기 위한 방안으로</u> 가장 적절한 것은?

─────── < 보 기 > ───────

㉮ 앞뒤 문장 간의 관계는 긴밀한가?
㉯ 주장을 뒷받침하는 논거인가?

① ㉮를 기준으로, ⓐ를 '여전히 다른 사람들이 입던 옷을 재사용하는 일을 꺼리는 사람들이 많기 때문이다'로 수정한다.

② ㉮를 기준으로, ⓑ를 '그러나 배출할 의류가 물에 젖었다면 반드시 말려야 한다'로 수정한다.

③ ㉮를 기준으로, ⓑ를 '의류와 가방, 담요 등은 가능하지만 솜이불과 베개, 신발 등은 넣어서는 안 된다'로 수정한다.

④ ㉯를 기준으로, ⓐ를 '왜냐하면 주변 친구들 중에는 의류 수거함에 쓰레기를 넣는 친구들이 없기 때문이다'로 수정한다.

⑤ ㉯를 기준으로, ⓑ를 '왜냐하면 이용자들이 재활용 가능 여부를 구분하는 일은 어렵기 때문이다'로 수정한다.

■ 40번 : 작문 계획이 단순히 글에 반영되었는지 여부를 묻는 문두보다는 복합적인 내용으로 답지를 구성할 수 있는 문두라고 생각된다. 하지만 이 문두는 (가)의 대화 내용을 번거롭게 찾아야 하는 수고로움을 전제로 한다는 점에서 문제가 있다. 피평가자들은 '학생 2가 글감 선정의 이유에 대해 언급한 내용', '의류 수거함의 상태에 대해 언급한 내용', '학생 1이 신문 기사에 대해 언급한 내용' 등을 (가)에서 일일이 찾는 수고를 들여야 한다. 이러한 수고는 작문 영역에 해당하는 능력을 평가하는 데 필수적인 요소라고 보기 어렵다. 게다가 정답을 판별하는 지점은 (가)의 내용과는 무관하다. (나)의 2문단에 건의 수용의 기대 효과가 전혀 제시되지 않고 있기 때문이다. 즉 (가)에서 해당 내용을 찾는 수고로움이 전혀 필요하지 않다. (가)를 읽지 않고서도 '(나)의 2문단에 건의 수용의 기대 효과'가 없다는 것만 알아낸다면 정답임을 알 수 있다.

■ 41번 : '작문 맥락을 고려할 때'라고 제시했으나 그 의미가 모호하여 정답을 찾는 데 별다른 기능을 수행하지 못하고 있다. 답지의 앞부분에 있는 '~ 면에서,'라는 단서에 주목하라는 의미인지 아니면 (나), (다)를 작성하게 된 맥락을 고려하라는 의미인지 분명하지 않다. 정답이 ③인데, 만약 전자의 의미라면 이미 답지에 작문 맥락을 제시하고 있으므로 문두에는 굳이 이러한 조건을 명시하지 않아도 충분하다. 만약 후자의 의미라면 '지역 공동체의 모든 구성원을 독자로 상정'하고 있지 않다는 것은 (가)의 학생 2의 발화를 통해 알 수 있다. 즉 답을 찾는 단서는 (가)의 대화에 제시되어 있다. 결국 문두의 '작문 맥락을 고려'하라는 표현은 정답을 찾는 데 유의미한 기능을 하지 못하고 있다.

■ 42번: <보기>를 참고하라는 식의 두루뭉술한 표현으로 작성하지 않고 '<보기>를 점검 기준으

로 할 때'라고 명시적으로 표현한 것은 적절하다. 이 문두의 문제점은 점검 기준을 2개 제시하며, ⓐ, ⓑ 2곳을 고쳐 쓰라고 설정한 데서 비롯한다. 문두로 보아서는 평가 요소가 2개인데, 답지는 1개에 대해서만 다루고 있는 것이다.

4.4.2. 개선 방향 ⟿ 불필요한 수고는 덜어 내고 제 몫을 하도록
만약 40번, 41번, 42번 문항의 문두를 이렇게 작성했다면 어떨까?

- 40번 : (가)의 ⓐ, ⓑ가 (나), (다)에 반영된 양상으로 가장 적절한 것은?
- 41번 : (가)에 나타난 작문 맥락을 고려할 때, (나), (다)에 대한 이해로 적절하지 <u>않은</u> 것은?
- 42번 : 문맥을 고려할 때 ⓐ, ⓑ를 고쳐 쓰기 위한 방안으로 가장 적절한 것은?

40번 문항은 (가)의 특정 부분을 ⓐ, ⓑ와 같은 기호로 처리한 후 긍정 문두로 작성하여, 해당 부분이 (나), (다)에 반영된 양상을 물을 수 있다. 즉 문항 설계 아이디어는 유지하되 (가)의 대화 내용 중에서 특정한 부분을 ⓐ, ⓑ로 지시하는 것이다. 그런 후 문두를 '(가)의 ⓐ, ⓑ가 (나), (다)에 각각 반영된 양상으로 가장 적절한 것은?'과 같은 형태로 작성한다면 (가)의 대화 내용을 번거롭게 찾아야 하는 수고로움을 줄일 수 있다.

41번 문항은 '(가)에 나타난 작문 맥락을 고려할 때'라고 작성할 수 있다. 단순히 '작문 맥락을 고려할 때'라고만 해서는 어떤 것에 주목해야 하는지를 피평가자들이 알기 어려울 수 있기 때문이다. 정답을 찾기 위한 단서를 조금 더 분명하게 드러내는 효과가 있을 것이다.

42번 문항은 문두로만 보면 2곳을 고쳐야 하는 것으로 이해할 수 있는데, 실제 답지에서는 어느 한 곳만의 수정 방안을 제시하고 있다. 문두가 좀 더 다듬어질 필요가 있을 것이다. 가령 문두를 '문맥을 고려할 때 ⓐ, ⓑ를 고쳐 쓰기 위한 방안으로 가장 적절한 것은?'이라고 작성한 후 <보기>의 내용을 답지에 포함시켜 진술하는 것이 가능하다. 이렇게 문두를 작성하면 문항이 평가하고자 하는 내용을 유지할 수 있으면서 더 간결해질 수 있다. 그리고 문항 설계와 관련된 것이지만 문두로만 보면 ⓐ, ⓑ를 모두 수정하는 방안을 답지로 제시하는 것이 적절하다.

이상의 논의를 통해 작문 영역의 문두는 정답을 찾는 조건을 명시적으로 드러내는 것이 중요하다는 것을 알 수 있다. 문항을 제작한 후 문두가 정답을 찾는 데 필요한 조건이나 단서를 제공하는 역할에 충실한지를 검토해야 한다. 만약 불충분하다면 문두를 다듬어 이러한 조건을 명시적으로 드러내는 것이 바람직하다.

4.5. 문법 영역 문두 ✎ 법 없이는 못 살아

4.5.1. 실제 모습과 문제점 ✎ 사례를 찾고 또 찾고

다음의 예는 문법 영역 문항들이다. 하나의 문제지 안에 연속적으로 제시된 문법 영역 문항들을 검토하며 문법 영역 문두의 실제 모습을 살핀다. 이를 통해 문법 영역에서 적용·창의 문두가 매우 빈번하게 사용된다는 것을 확인하고 문두를 다양하게 작성할 필요가 있다는 것을 논의한다.

2022학년도 9월 모의평가(언어와 매체)

[35~36] 다음 글을 읽고 물음에 답하시오.

'음절'은 발음의 단위이다. 음절의 특징을 이해하는 것은 국어 발음의 특징과 여러 가지 음운 변동 현상을 이해하기 위한 기초가 된다. 한글은 소리를 나타내는 문자이기 때문에 한글의 표기와 발음이 동일하다고 생각하기 쉽다. 하지만 한글 표기법에는 소리를 그대로 적는다는 원칙도 있지만 ㉠의미를 효과적으로 전달하기 위해 하나의 의미는 하나의 형태로 고정하여 적는다는 원칙도 있어서, ㉡표기가 실제 발음을 그대로 드러내지 않는 경우가 많다. 그런데 표기된 글자가 실제 발음과 다르더라도, 우리는 실제 발음이 아니라 ㉢표기된 글자 하나하나를 '음절'이라고 인식하는 관습이 있다. 끝말잇기도 이러한 관습을 규칙으로 하여 이루어지는 놀이이다. 그러나 발음의 특징을 이해하기 위해서는 표기가 아니라 발음을 기준으로 음절을 인식해야 한다.

발음을 기준으로 할 때 우리말의 음절은 네 가지 유형으로 나뉜다. 어떤 음절이든 자음과 모음의 결합 방식에 따라 ㉣'모음', '자음+모음', '모음+자음', '자음+모음+자음' 중 한 가지 유형에 해당한다. 각 음절 유형은 표기 형태에 그대로 나타나는 경우도 있지만, '축하[추카]'와 같이 ㉤표기 형태가 음절 유형을 그대로 나타내지 않는 경우도 있다.

[A] 그런데 우리말에는 음절의 구조에 제약이 존재한다. 우선 초성에는 'ㅇ'이 올 수 없다. 또한 종성에는 'ㄱ, ㄴ, ㄷ, ㄹ, ㅁ, ㅂ, ㅇ'만 올 수 있다는 제약이 있다. 그래서 종성 자리에 올 수 없는 자음이 놓여 발음할 수 없으면, 다른 자음으로 교체되는 음운 변동이 일어나 발음이 가능해진다. 그리고 종성에는 둘 이상의 자음이 올 수 없다는 제약이 있다. 종성 자리에 두 개의 자음이 놓이게 되면 둘 중 하나가 탈락하는 음운 변동이 일어난다. 한편 음절 구조 제약과 관계없이 일어나는 음운 변동도 있다. 예를 들어 '논일[논닐]'에서 'ㄴ'이 첨가되는 것은 음절 구조 제약과는 무관한 음운 변동이다.

----

35. ㉠~㉢을 이해한 내용으로 적절하지 <u>않은</u> 것은?

① ㉠에 따라 '싫증'은 싫다는 의미를 효과적으로 전달하기 위해 첫 글자의 형태를 고정하여 표기한 예이다.

② ㉡에 해당하는 예로 '북소리'와 '국물'을 들 수 있다.

③ ㉢에 따라 끝말잇기를 할 때, '나뭇잎' 뒤에 '잎새'를 연결할 수 있다.

④ ㉣의 구분에 따르면 '강'과 '복'은 같은 음절 유형에 해당하지만, '목'과 '못'은 서로 다른 음절 유형에 해당한다.

⑤ ㉤에 해당하는 예로 '북어'를, 해당하지 않는 예로 '강변'을 들 수 있다.

36. [A]를 바탕으로 할 때, <보기>의 ⓐ~ⓔ에 대한 설명으로 적절한 것은?

— < 보 기 > —

	표기	발음
ⓐ	굳이	[구지]
ⓑ	옷만	[온만]
ⓒ	물약	[물략]
ⓓ	값도	[갑또]
ⓔ	핥는	[할른]

① ⓐ : 음절 구조 제약과 관련된 교체가 한 번 일어난다.

② ⓑ : 음절 구조 제약과 관련된 교체가 한 번, 음절 구조 제약과 무관한 교체가 한 번 일어난다.

③ ⓒ : 음절 구조 제약과 무관한 첨가가 안 번, 음설 구조 제약과 관련된 교체가 한 번 일어난다.

④ ⓓ : 음절 구조 제약과 관련된 탈락이 한 번, 음절 구조 제약과 무관한 첨가가 한 번 일어난다.

⑤ ⓔ : 음절 구조 제약과 관련된 탈락이 한 번, 음절 구조 제약과 관련된 교체가 한 번 일어난다.

37. <보기>의 ㉮에 들어갈 말로 적절하지 <u>않은</u> 것은?

─────── < 보 기 > ───────

선생님 : 다음은 접사의 특징을 확인하기 위해 수집한 파생어들이에요. ㉠ ~ ㉤에서 각각 확
　　　　인되는 접사의 공통점을 설명해 보세요.

┌─────────────────────────────────────┐
│　㉠ 넓이, 믿음, 크기, 지우개　　　　　　　　　　　│
│　㉡ 끄덕이다, 출렁대다, 반짝거리다　　　　　　　│
│　㉢ 울보, 낚시꾼, 멋쟁이, 장난꾸러기　　　　　　│
│　㉣ 밀치다, 살리다, 입히다, 깨뜨리다　　　　　　│
│　㉤ 부채질, 풋나물, 휘감다, 빼앗기다　　　　　　│
└─────────────────────────────────────┘

학생 : 예, 접사가 ⌐ ㉮ ㄱ 는 공통점이 있습니다.

① ㉠에서는 용언에 결합하여 명사를 만든다
② ㉡에서는 부사에 결합하여 동사를 만든다
③ ㉢에서는 사람을 가리키는 의미의 단어를 만든다
④ ㉣에서는 주동사에 결합하여 사동사를 만든다
⑤ ㉤에서는 어근과 품사가 동일한 단어를 만든다

38. <학습 활동>의 ㉠에 들어갈 예로 적절한 것은?

39. <보기>의 ㉠ ~ ㉤에 해당하는 예로 적절하지 <u>않은</u> 것은?

■ 35번 : 문두는 '~에 대한 이해'의 형태를 띠고 있고, 답지들은 주로 ㉠ ~ ㉤에 해당하는 예를 제
　　　시하고 있다. 일반적으로 특정 구절에 대한 이해를 물을 경우 문맥적 의미나 추론적 의미와 관
　　　련한 것들이 많다. 답지로 보아, 문두를 달리 작성할 여지가 많아 보인다.
■ 36번 : 최선답형 문두로 작성하지 않고 정답형 문두로 작성되었다. 문법 영역 특성상 규칙과 관
　　　련된 것들이므로 최선답형 문두를 사용하지 않은 것으로 보인다.
■ 37번 : 구체적인 사례들 속에서 공통점을 추출할 수 있는가를 묻고 있다.
■ 38~39번 : 일반화된 설명을 제시한 후 구체적인 사례에 적용할 수 있는가를 묻고 있다.

4.5.2. 개선 방향 ~ 웅장로보다는 모자이크로

만약 35번, 36번 문항의 문두를 이렇게 작성했다면 어떨까?

- 35번 : ㉠ ~ ㉤에 대한 이해로 적절하지 않은 것은?
- 36번 : [A]를 참고하여 <보기>를 이해한 내용으로 옳은 것은?

35번 문항의 경우 '~에 대한 이해'와 같은 형태가 더 자주 사용된다. 현재의 문두와 큰 차이가 없으나 하나의 문제지 안에서 일관성을 갖추는 것이 더 바람직하다. 답지 일부를 수정한다는 전제 아래 문두를 '㉠ ~ ㉤에 해당하는 예로 바르지 않은 것은?'과 같은 형태로 작성하는 것도 가능할 것이다. 다수의 답지가 각 구절에 해당하는 예를 제시하고 있기 때문이다.

36번 문항은 '설명'보다는 '이해'라는 표현을 사용하여 문두를 작성하는 것이 가능하다. [A]에서 언급되고 있는 내용을 <보기>의 ⓐ ~ ⓔ에 적용하고 있기 때문이다. 실제 문두에서는 '바탕으로'라는 표현을 사용했는데, '참고하여'라는 표현도 사용 가능하다. 다만 '바탕'과 '참고'의 쓰임새가 구별되는지 혹은 구별할 필요가 있는지에 대해서는 추가적인 논의가 필요하다.

문법 영역의 문두는 문두의 유형이 매우 흡사하여 단조롭다는 느낌을 준다. 어떤 문법적 현상을 제시한 후 해당하는 예를 찾거나 혹은 여러 사례를 제시한 후 공통된 특징을 찾는 문두가 반복되고 있다. 문법 영역 역시 다른 영역과 마찬가지로 일련의 세트 구성 형태를 취하고 있으므로 문두를 다양하게 작성할 필요가 있다. 이는 곧 문항을 개발하는 아이디어와 연관된 것이다. 다양한 문두를 모색하는 일은 문법적 지식의 적용 여부뿐만 아니라 국어 생활을 성찰하는 태도나 국어 문화 소양을 평가할 수 있는 다양한 유형의 문항 개발로 이어질 수 있다.

4.6. 매체 영역 문두 ~ 화려함 속에 담긴 그것은?

4.6.1. 실제 모습과 문제점 ~ 신인 배우답지 않은 차림새

다음의 예는 매체 영역 문항들이다. 이를 통해 매체 영역 문두의 실제 모습을 살피고 매체 영역 문두가 화법이나 작문 영역의 문두와 유사한 형태로 작성되고 있으므로 매체 영역 문두를 다양하게 작성할 필요가 있다는 것을 논의한다.

[44~45] (가)는 웹툰 동아리 학생들이 제작진 채팅방에서 나눈 대화이고, (나)는 (가)의 회의를 바탕으로 제작한 웹툰이 실린 누리집의 일부이다. 물음에 답하시오.

- -

44. (가), (나)에 대한 이해로 적절하지 <u>않은</u> 것은?

① (가)는 웹툰 제작자가 웹툰을 제작하기 위해 사연 신청자의 요청을 반영할 수 있음을 보여 준다.

② (가)는 웹툰 제작자가 (나)의 댓글이나 별점을 통해 웹툰의 독자가 보인 반응을 확인할 수 있음을 보여 준다.

③ (나)는 웹툰의 독자가 댓글로 서로 공감하며 상호 작용하고 있음을 보여 준다.

④ (나)는 웹툰의 독자가 하이퍼링크를 통해 웹툰 제작자가 지정한 곳으로 이동할 수 있음을 보여 준다.

⑤ (나)는 웹툰의 독자가 이미지에 담긴 의미에 대해 웹툰 제작자에게 직접 묻고 답을 얻고 있음을 보여 준다.

45. (가)의 웹툰 제작 계획을 (나)에 반영한 내용으로 적절하지 <u>않은</u> 것은?

① 시간의 경과를 드러내기 위해 장면이 제시되는 방향을 고려하여 숫자를 세로로 배열해 날짜 변화를 표현했다.

② 한 인물이 겪는 두 가지 사건을 비교하기 위해 화면을 세로로 분할하여 인물의 행동 변화를 나란히 보여 주었다.

③ 멀어지는 친구 사이를 시각적으로 보여 주기 위해 인물들 사이에 여백을 두어 점차 간격이 벌어지게 그렸다.

④ 속마음을 분명하게 표현하기 위해 표정이나 몸짓으로 드러내는 것뿐만 아니라 글로도 적어 감정을 명시적으로 드러냈다.

⑤ 많은 독자들의 조언을 유도하기 위해 말풍선을 의도적으로 비우고 댓글 참여를 권유하는 문구를 제시했다.

■ 44번 : '(가), (나)에 대한 이해'를 부정 문두로 물었다. 답지의 내용으로 보아 이 문항은 매체의 소통 방식에 대하여 묻고자 한 것으로 보인다. '~에 대한 이해'는 거의 모든 내용 영역에서 자주

활용되는 문두 양식이지만 매체의 소통 방식을 문두에 드러내어 작성했다면 더 좋았을 것이다.

■ 45번 : 매체의 생산과 향유를 위한 계획이 (가)에 제시되어 있고, 이러한 계획이 (나)에 어떻게 반영되었는지를 묻고 있다. 이 문항에서는 계획의 반영 여부 자체를 묻는 것에서 벗어나기 위해 '반영한 내용'을 묻고 있다. 이 문두에서 검토할 만한 사항은 '반영한 내용'이라는 표현의 적절성이다. 왜냐하면 정답은 ②인데, 한 인물이 겪는 두 가지 사건이 아니기 때문이다. 즉 계획한 대로 반영하지 않거나 계획을 잘못 반영한 것이 아니라 (가)의 계획이 아니기 때문에 정답인 것이다. 그렇다면 문두는 (가)의 웹툰 제작 계획이 아닌 것을 물어야 하는 것이 아닐까? 정답이 정답인 이유를 생각해 보면 문두가 자연스럽다고 보기 어렵다.

4.6.2. 개선 방향 ⟿ 신인 배우는 신인 배우답게

44번, 45번 문항의 문두를 만약 이렇게 작성했다면 어떨까?

■ 44번: (가), (나)의 소통 방식에 대한 설명으로 적절하지 <u>않은</u> 것은?
■ 45번: 다음은 (나)의 웹툰 제작 계획이다. 반영되지 <u>않은</u> 것은?

44번 문항의 평가 내용을 문두에 명시적으로 드러내는 것이 적절하다. '～에 대한 이해' 혹은 '～에 대한 설명'을 별다른 의식 없이 문두로 작성하는 관례를 되돌아볼 필요가 있다. 이 문항의 경우 '(가), (나)의 소통 방식에 대한 설명으로 적절하지 <u>않은</u> 것은?'으로 문두를 작성할 수 있다. '이해' 대신 '설명'이라는 표현으로 작성한 이유는 답지가 서술하고 있는 내용들이 (가), (나)를 이해하는 차원이라기보다는 (가), (나)를 설명하는 차원이기 때문이다. '이해하다'의 사전적 정의가 '깨달아 알다. 또는 잘 알아서 받아들이다.'이고, '설명하다'의 사전적 정의는 '어떤 일이나 대상의 내용을 상대편이 잘 알 수 있도록 밝혀 말하다.'임을 감안할 때, '설명'이라는 용어를 사용하는 것이 더 적절해 보인다.

45번 문항은 정답인 ②가 (가)의 계획이 아니기 때문에 정답지를 새로 작성하지 않는다면 문두 작성이 쉽지 않아 보인다. 현재와 같은 상태의 정답지로는 '다음은 (나)의 웹툰 제작 계획이다. 반영되지 <u>않은</u> 것은?' 혹은 '(가)에서 찾을 수 있는 웹툰 제작 계획이 <u>아닌</u> 것은?'과 같은 형태에서 벗어나기 어려워 보인다.

매체 영역 문두를 검토해 보면 화법이나 작문 영역의 문두와 유사한 형태로 작성되고 있음을 알 수 있다. 계획의 반영 여부나 특정 부분에 대한 이해 혹은 설명을 묻고 있는 것이다. 매체 영역 고유의 특성을 드러낼 수 있는 문항과 문두가 필요하다.

연습 문제

[1~2] 다음 언어 자료를 읽고 문두를 작성해 봅시다.

지식의 본성을 다루는 학문인 인식론은 흔히 지식의 유형을 나누는 데에서 이야기를 시작한다. 지식의 유형은 '안다'는 말의 다양한 용례들이 보여 주는 의미 차이를 통해서 드러나기도 한다. 예컨대 '그는 자전거를 탈 줄 안다'와 '그는 이 사과가 둥글다는 것을 안다'에서 '안다'가 바로 그런 경우이다. 전자의 '안다'는 능력의 소유를 의미하는 것으로 '절차적 지식'이라고 부르고, 후자의 '안다'는 정보의 소유를 의미하는 것으로 '표상적 지식'이라고 부른다.

어떤 사람이 자전거에 대해서 많은 정보를 갖고 있다고 해서 자전거를 탈 수 있게 되는 것은 아니며, 자전거를 탈 줄 알기 위해서 반드시 자전거에 대해서 많은 정보를 갖고 있어야 하는 것도 아니다. 아무 정보 없이 그저 넘어지거나 다치거나 하는 과정을 거쳐 자전거를 탈 줄 알게 될 수도 있다. '자전거가 왼쪽으로 기울면 핸들을 왼쪽으로 틀어라'와 같은 정보를 이용해서 자전거 타는 법을 배운 사람이라도 자전거를 익숙하게 타게 된 후에는 그러한 정보를 전혀 의식하지 않고서도 자전거를 잘 탈 수 있다. 자전거 타기 같은 절차적 지식을 갖기 위해서는 훈련을 통하여 몸과 마음을 특정한 방식으로 조직화해야 한다. 그러나 특정한 정보를 마음에 떠올릴 필요는 없다.

반면, '이 사과는 둥글다'는 것을 알기 위해서는 둥근 사과의 이미지가 되었건 '이 사과는 둥글다'는 명제가 되었건 어떤 정보를 마음속에 떠올려야 한다. '마음속에 떠올린 정보'를 표상이라고 할 수 있으므로, 이러한 지식을 표상적 지식이라고 부른다. 그런데 어떤 표상적 지식을 새로 얻게 됨으로써 이전에 할 수 없었던 어떤 것을 하게 될지는 분명하지 않다. 이런 점에서 표상적 지식은 절차적 지식과 달리 특정한 일을 수행하는 능력과 직접 연결되어 있지 않다.

표상적 지식은 다시 여러 가지 기준에 따라 나눌 수 있는데, 그중에서도 '경험적 지식'과 '선험적 지식'으로 나누는 방법이 대표적이다. 경험적 지식이란 감각 경험에서 얻은 증거에 의존하는 지식으로, '그는 이 사과가 둥글다는 것을 안다'가 그 예이다. 물리적 사물들의 특정한 상태, 즉 사과의 둥근 상태가 감각 경험을 통해서 우리에게 입력되고, 인지 과정을 거쳐 하나의 표상적 지식이 이루어진 것이다. ㉠우리는 감각 경험을 통해 직접 만나는 개별적인 대상들로부터 귀납 추리를 통해 일반 법칙에 도달할 수 있다. ㉡따라서 자연 세계의 일반 법칙에 대한 지식도 경험적 지식이다.

한편, 같은 표상적 지식이라 할지라도 '2 + 3 = 5'를 아는 것은 '이 사과가 둥글다'를 아는 것과는 다르다. '2 + 3 = 5'라는 명제는 감각 경험의 사례들에 의해서 반박될 수 없는 진리이다. 예컨대 물 2리터에 알코올 3리터를 합한 용액이 5리터가 안 되는 것을 발견했다고 해서 이 명제가 거짓이 되지는 않는다. 이렇게 감각 경험의 증거에 의존하지 않는 지식이 선험적 지식이다. 그래서 어떤 철학자들은 인간에게 경험 이외에 지식을 산출하는 다른 인식 능력이 있다고 생각하며, 수학적 지식이 그것을 보여 주는 좋은 예가 된다고 믿는다.

1. <보기 1>은 윗글을 바탕으로 출제한 문항의 일부입니다. <보기 2>를 참고하여 <보기 1>에 들어갈 문두를 작성해 봅시다.

───── < 보기 1 > ─────

문두 : _____?

답지 : ① '앎[知]'이란 어떤 능력이나 정보의 소유를 의미한다.
    ② 절차적 지식은 다른 지식 유형의 기반이 된다.
    ③ 표상적 지식은 특정한 수행 능력으로 바로 이어지지는 않는다.
    ④ 경험적 지식은 표상적 지식의 일종이다.
    ⑤ 감각 경험의 사례를 근거로 선험적 지식을 무너뜨릴 수는 없다.

정답 : ②

───── < 보기 2 > ─────

∘ 부정 문두로 작성할 것.

∘ 자료의 내용을 정확히 파악하고 이해하는 문항에 사용하는 문두로 작성할 것.

∘ 문두에 '이해'라는 표현은 사용하지 말 것.

🔅 Tip

● 학생들이 핵심 내용이나 세부 내용을 충실하게 읽도록 하기 위해서는 긍정 문두보다 부정 문두가 더 적절합니다.

● 답지의 진술과 언어 자료의 진술이 매우 유사하다는 것에 주목하여 문두를 작성합시다.

2. ㉠과 ㉡을 모두 활용하여 <보기>에 제시된 정답을 이끌어 낼 수 있는 긍정 문두를 고르고, 그 이유를 서술해 봅시다.

─────── < 보 기 > ───────

문두 : _____?

답지 : ① 귀납 추리는 일반 법칙에 기초해 있다.

② 귀납 추리는 자연에 대한 지식을 확장해 준다.

③ 귀납 추리는 지식의 경험적 성격을 바꾸지 않는다.

④ 귀납 추리는 지식이 경험 세계를 넘어서도록 한다.

⑤ 귀납 추리의 결론은 전제로부터 필연적으로 도출되지 않는다.

정답 : ③

① ㉠과 ㉡으로 보아 알 수 있는 것은?
② ㉠에서 ㉡을 도출하기 위한 귀납 추리는?
③ ㉠, ㉡에 대한 이해로 가장 적절한 것은?
④ ㉠과 ㉡이 성립하기 위한 전제로 옳은 것은?
⑤ ㉠으로부터 ㉡을 도출하는 과정에서 필요한 전제는?

Tip

• <보기>에서 ③이 정답임에 유의합니다. ①, ②, ④, ⑤는 성립할 수 없습니다.

• 정답이 아닌 문두는 <보기>의 정답을 확정할 수 없습니다. 즉 <보기>의 문항은 복답이나 무답이 될 것입니다.

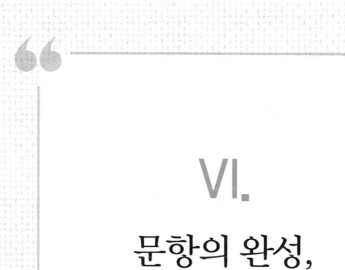

VI.

문항의 완성,
답지 제작

VI.
문항의 완성,
답지 제작

개 요

  답지는 평가 문항에 대한 학생들의 반응을 유도하여 최종적으로 결정짓는 역할을 한다. 이는 평가 목표의 달성 여부와 직결된다. 따라서 선다형 평가 문항의 적절성, 수준과 질 등을 결정하는 것이 답지 제작이라고 할 수 있다. 이런 탓에 어떤 문항에 대한 시시비비를 가리는 것이 주로 답지의 적절성 여부에 집중된다.

  답지 제작은 평가 문항 개발의 마지막 단계에 해당한다. 평가 목표와 평가 요소 결정, 그에 따른 문항 설계, 적합한 언어 자료 선정, 정확한 문두 작성이 차례대로 이루어지고 난 다음에야 수행하는 단계라는 뜻이다. 문항 개발의 과정은 그 흐름상 선조적이며, 마지막 단계인 답지 제작은 이전에 수행된 각 단계의 작업 결과 모두에 종속된다. 특히 바로 앞 단계에서 작성된 문두에 적합한 답지를 제작해야 한다는 점에서, 문두에 대한 종속성이 가장 크다고 할 수 있다. 답지 제작이 이전 단계의 작업 결과에 종속된다는 것이, 다른 단계에 비해 중요도가 낮다거나 창의성이 별로 필요하지 않다는 뜻은 아니다. 다른 단계보다 제약의 정도가 크다는, 즉 고려해야 할 요소가 많다는 의미일 뿐이다.

  답지 제작은 문항 개발의 마지막 단계이기 때문에 이전 단계에서 수행한 작업 전체를 점검하는 역할도 하게 된다. 이전 단계의 작업들이 적절하게 수행되었다면 답지 하나하나를 제작하는 능력이 가장 중요한 요소가 된다. 그러나 그렇지 않은 경우라면 이전 단계를 다시 점검하고 수정해야 한다. 어떤 단계에 부족하거나 잘못된 점이 있으면 채우거나 고쳐야 답지를 정확하게 제작할 수 있기 때문이다. 문두에 적합한 답지 다섯 개가 제작되지 않는 이유가 평가자의 '답지' 제작 능력에만 있는 것은 아니라는 뜻이다. 문항을 개발하는 과정에서 미처 인지하지 못했던, 혹은 의도적으로 눈길을 주지 않았던 이전 단계에서의 결함이 답지가 잘 제작되지 않은 이유인 경우도 많다. 이렇게 답지 제작을 하다가 이전 단계에서 수행한 작업을 수정하게 되는 것은, 문항 개발 과정 중 종속성이 가장 큰 답지 제작 단계가 거꾸로 이전 단계에 영향을 미친다는 의미이다. 이런 점에서 문항 개발의 각 단계는 일방향적이 아니라 쌍방향적이며 상호 영향을 주고받는 관계이다.

1. 답지 제작의 원칙

1.1. 문두에 충실하게 ✎ 두말하면 잔소리죠

답지를 제작하는 과정에서 가장 우선시해야 할 대원칙은 '문두에 철저히 종속시키기'이다. 묻는 것에 어울리는 내용으로, 즉 문두를 통해 피평가자에게 제기한 물음에 합당한 답지를 제작해 제시해야 한다. 예를 들어 '윗글의 내용과 일치하는 것은?'이라는 문두에는 언어 자료에 대한 사실적 이해에 해당하는 답지만을 제시해야지 추론적 이해에 해당하는 답지 등을 제시하면 안 된다는 것이다.

문항은 형태적으로 보면 크게 <보기>가 있는 문항과 없는 문항으로 나눌 수 있다. <보기>가 있는 문항은 문두에 <보기>를 활용하라는 조건을 제시하기 마련이다. 따라서 문두에 충실해야 하는 답지의 입장에서는 이 조건 또한 고려해야 한다. 문항에 <보기>가 있느냐 없느냐에 따라 답지를 제작하는 과정이 조금 달라질 수밖에 없다는 뜻이다.

1.1.1. <보기>가 없는 문항의 답지 제작 ✎ 볼 것도 없어요

<보기>가 없는 문항은 <보기>의 내용을 파악할 필요가 없다. 그리고 문항을 해결할 때 <보기>를 어떤 식으로 활용하라는 등의 요건이 없다. 따라서 답지를 제작할 때는 문두의 문장에 담긴 요구 자체에만 충실하면 된다.

2020학년도 EBS 수능특강 독서 108~110쪽

[01~04] 다음 글을 읽고 물음에 답하시오.

인류의 정치 체제는 부족 및 부족 연맹에서 폴리스, 봉건 영주제, 종교 공동체, 도시 및 도시 연맹, 왕조, 국민 국가, 연방과 연합, 제국 등에 이르기까지 매우 다양하게 존재해 왔다. 그중 근대 국가는 자본주의와 더불어 성장해 온 근대 특유의 제도로서 인류가 경험했던 다양한 형태의 정치 체제 가운데 하나이다. 근대 국가가 탄생하기 이전까지 정치는 지역적, 공동체적 혹은 도시적인 것으로 인식되었지만, ②근대 국가가 성립되면서 정치는 곧 국가에 관련된 것이라는 인식이 자리

잡게 되었다. 또 근대 국가는 국가와 관련한 모든 요소들을 중앙 집권화, 위계화하였으며 스스로를 배타적인 정치체로 만들었다.

①17세기 중반에 체결된 베스트팔렌 조약으로 인해, 가톨릭교회의 영향력 아래 유럽을 지배하던 신성 로마 제국이 사실상 붕괴되면서 주권 국가의 개념이 생겨났다. 이후 주권 국가는 근대 정치 체제를 대표하는 전형이 되었다. 주권 국가의 형태로 발전해 온 근대 국가는 대내적으로 특정한 영토와 그에 속한 사람들에 대한 배타적인 지배권을 가지고 독특한 형태의 기구들을 발전시켰다. 그리고 대외적으로는 해당 영토 내에서 유일한 주권체로 인정받았으며, 모든 국가는 평등하다고 간주되었다. 한편 이러한 근대 국가는 절대주의 국가에서 점차 국민 국가로 변형되어 갔다. ③절대주의 국가와 국민 국가는 특정한 지리적 영토나 공간에 대한 독점적 태도를 의미하는 영토성을 갖는다는 점에서 유사하지만 주권의 관점에서는 커다란 차이가 존재한다. 절대주의 국가의 주권이 군주에게 있었다면 국민 국가의 주권은 국민에게 있기 때문이다.

베링턴 무어는 ⑤주권이 군주에서 국민으로 이양되는 경로를 민주주의, 파시즘, 공산주의로 유형화하여 파악하였는데, 국민 주권이 형식적인 것이든 실질적인 것이든 18세기에서 20세기 초반에 이르기까지 유럽은 국민 국가화 과정을 거치게 되었다. 그리고 이러한 변화는 제국주의 시기를 거쳐 전 세계로 확산되었고, 제2차 세계 대전 이후에는 본격적인 국민 국가의 시대가 꽃피게 되었다. 오늘날의 국가는 그 규모와 형태의 차이에도 불구하고 모두 국민 국가로 간주된다. ④'국제 연합(UN)'에서도 국가의 규모와 형태에 관계없이 모든 국가를 형식적으로나마 동등한 권리를 지닌 국민 국가로 간주한다.

<후략>

----

02. 윗글의 내용과 일치하지 않는 것은?

① 17세기 베스트팔렌 조약은 유럽에서 주권 국가의 개념이 생기게 된 계기이다.

② 근대 국가의 성립으로 정치는 곧 국가에 관련된 것이라는 의식이 자리 잡게 되었다.

③ 절대주의 국가와 국민 국가는 모두 국가가 영토성을 가지고 있다는 점에서 공통적이다.

④ '국제 연합(UN)'에서는 형식적일지라도 모든 국가를 동등한 권리를 가진 것으로 인정한다.

⑤ 제국주의 시기에는 전 세계적으로 국민의 주권이 군주에게로 이양되는 경향이 두드러졌다.

문두를 통해 이 문항이 사실적 이해에 해당하는 것임을 확인할 수 있다. <보기>는 없다. 답지를 제작할 때 별도로 고려해야 할 조건은 없으므로 문두에만 충실하면 된다. 전술한 바와 같이, 사실적 이해를 물었으면 사실적 이해에 해당하는 답지만을 제시해야 한다. 언어 자료의 ①~⑤는 답지 ①~⑤의 근거에 해당하는 부분을 표시한 것이다. 언어 자료와 답지의 ①~⑤를 비교해 보면, 답지의 ①~④는 언어 자료의 ①~④에서 점선으로 밑줄 그은 부분은 생략하고 실선으로 밑줄 그은 부분을 표현만 조금씩 바꾸어 그대로 구성했음을 알 수 있다. 답지의 ⑤는 언어 자료의 ⑤에 제시된 '주권이 군주에서 국민으로 이양'의 내용을 뒤집어 '주권이 국민에서 군주로 이양'으로 바꿈으로써 정답지를 만든 것이다. 여기에서 중요한 것은 정답지와 오답지를 어떻게 만드는가가 아니다. 철저하게 문두에서 물은 것에 대한 대답으로서의 자격이 있는 것만으로 답지를 구성해야 한다는 점이 중요하다. 답지의 ⑤는 언어 자료의 내용과 '일치하지 않'으나 사실적 이해에 부합하는 답지라는 점에서는 다른 답지들과 '일치한다'.

1.1.2. <보기>가 있는 문항의 답지 제작 *잘 봐야 해요*

<보기>를 활용한 문항의 경우에는 답지를 제작하는 과정이 <보기>가 없는 문항과 다를 수밖에 없다. <보기>를 활용할 때 문두 자체에서 요구하는 요건이 있기 때문에, 답지를 제작할 때 그것을 반영해야 하는 까닭이다. 다음 문항을 보자.

2020학년도 9월 모의평가

[35~37] 다음 글을 읽고 물음에 답하시오

(가)
호르 호르르 호르르르 가을 아침 / 취어진* 청명을 마시며 거닐면
㉠ 수풀이 호르르 벌레가 호르르르
청명은 내 머릿속 가슴속을 젖어 들어 / 발끝 손끝으로 새어 나가나니

온 살결 터럭 끝은 모두 눈이요 입이라
나는 수풀의 정을 알 수 있고 / 벌레의 예지를 알 수 있다
그리하여 나도 이 아침 청명의 / 가장 고웁지 못한 노래꾼이 된다

수풀과 벌레는 자고 깨인 어린애라

밤새워 빨고도 이슬은 남았다

남았거든 나를 주라 / 나는 이 청명에도 주리나니

방에 문을 달고 벽을 향해 숨 쉬지 않았느뇨

ⓛ <u>햇발이 처음 쏟아오아</u>

<u>청명은 갑자기 으리으리한 관을 쓴다</u>

그때에 토록 하고 동백 한 알은 빠지나니

오! 그 빛남 그 고요함

간밤에 하늘을 쫓긴 별살의 흐름이 저러했다

온 소리의 앞 소리요 / 온 빛깔의 비롯이라

ⓒ <u>이 청명에 포근 취어진 내 마음</u>

<u>감각의 낯익은 고향을 찾았노라</u>

평생 못 떠날 내 집을 들었노라

– 김영랑, 「청명」 –

* 취어진 : 계절의 정취에 젖어 든.

(나)

뒷동산 청솔잎을 빗질해주던 바람이

무어라 무어라 하는 솔나무의 속삭임을 듣고

ⓔ <u>푸른 햇살 요동치는 강변으로 달려갔다</u> 하자.

달려가선, 거기 미루나무에게 전하니

알았다 알았다는 듯 나무는 잎새를 흔들어

강물 위에 짤랑짤랑 구슬알을 쏟아냈다 하자.

그 의중 알아챈 바람이 이젠 그 누구보단

앞들 보리밭에서 물결치듯 김을 매다

이마의 구슬땀 씻어올리는 여인에게 전하니,

여인이야 이윽고 아픈 허리를 곧게 펴곤

눈앞 가득 일어서는 마을의 정자나무를 향해

고개를 끄덕끄덕, 무언가 일별을 보냈다 하자.

ⓓ아무려면 어떤가, 산과 강과 들과 마음이

한 초록으로 짙어가는 오월도 청청한 날에,

소쩍새는 또 바람결에 제 한 목청 다 싣는 날에.

– 고재종, 「초록 바람의 전언」 –

---

37. <보기>를 참고하여 (가)와 (나)를 감상한 내용으로 적절하지 <u>않은</u> 것은? [3점]

< 보 기 >

　　자연은 시인에게 상상력의 주요한 원천이 되어 왔다. 그중 생태학적 상상력은 생태계 구성원 간의 관계에 주목한다. 생태학적 상상력은 모든 생태계 구성원을 평등한 존재로 보는 데에서 출발하여, 서로 교감·소통하며 유대감을 느끼는 관계로, 나아가 영향을 주고받는 순환의 관계로 인식한다. 생태학적 상상력을 통해 시인은 자연의 근원적 가치와, 인간과 자연의 조화로운 관계를 드러내며 궁극적으로는 이들을 하나의 생태 공동체로 형상화한다.

① (가)에서 화자가 '온 살결 터럭 끝'을 '눈'과 '입'으로 삼아 자연을 대하는 것은 인간과 자연 간의 교감을, (나)에서 '바람'이 '뒷동산 청솔잎을 빗질'하는 것은 자연과 자연 간의 교감을 드러내는군.

② (가)에서 화자가 '수풀의 정'과 '벌레의 예지'를 '알 수 있다'고 하는 것과 (나)에서 '솔나무'가 '무어라' 하고 '미루나무'가 '알았다'고 하는 것은 구성원들이 서로 소통하는 조화로운 생태계의 모습을 보여 주는군.

③ (가)에서 화자가 '수풀'과 '벌레'의 소리를 듣고 '나도' 청명함의 '노래꾼이 된다'고 하는 것과 (나)에서 '솔나무의 속삭임'을 '바람'이 '미루나무'에게 전하고 이를 '여인'도 '정자나무'에게 전하는 것은 자연과 인간 간의 유대감을 드러내는군.

④ (가)에서 화자가 '동백 한 알'이 떨어지는 모습에서 '하늘'의 '별살'을 떠올린 것과 (나)에서 화자가 '잎새'의 흔들림에서 반짝이는 '구슬알'을 떠올린 것은 생명의 탄생을 계기로 순환하는 생태계의 질서를 보여 주는군.

⑤ (가)에서 자연을 '온 소리의 앞 소리'와 '온 빛깔의 비롯'이라고 표현한 것은 근원적 존재로서의 자연의 가치를, (나)에서 '오월'에 '산'과 '마을'이 '한 초록으로 짙어' 간다고 표현한 것은 인간과 자연이 하나가 되어 가는 생태 공동체를 형상화하는군.

이렇게 <보기>가 있는 문항의 답지를 제작할 때는 답지가 갖추어야 할 요건을 먼저 결정하는 것이 좋다. 우선 이 문항의 문두에는 '<보기>를 참고하여'라는 조건이 붙어 있다. 이는 답지를 제작할 때 <보기>를 참고한 내용을 반영해야 한다는 뜻이다. 그리고 '모든' 답지에 반영하는 것이 원칙이다. <보기>의 내용을 반영하지 않은 답지는 문두에 충실하지 않은 것이기 때문이다. 그리고 다음으로 당연히 '(가)와 (나)를 감상한 내용'도 포함되어야 한다. 이렇게 갖추어야 할 요건을 정한 다음에 답지의 내용을 채우게 되는데, 이런 문항의 답지는 <보기>의 내용과 (가), (나)를 감상한 내용을 어떻게 잘 연결하느냐에 따라 성패와 수준이 결정된다.

<보기>는 자연이 시인에게 상상력의 주요한 원천이 된다는 점을 제시하고, 그중에서도 '생태학적 상상력'을 통해 시인들이 무엇을 어떻게 형상화하는지 대해 설명하고 있다. <보기>에서는 생태학적 상상력이 생태계 구성원 간의 관계에 주목한다는 것을 핵심 명제로 제시했다. 따라서 답지 ①에서는 <보기>의 '서로 교감'을, ②에서는 '서로 소통'하는 '조화로운' 모습을, ③에서는 '유대감'을, ④에서는 '순환'을, ⑤에서는 '생태 공동체'를 핵심어로 하여 각 시에서 생태계 구성원 간의 관계를 어떻게 형상화했는지 설명하는 방식으로 답지를 제작하였다. '(가)와 (나)를 감상한 내용'을 물은 것이기 때문에 (가)와 (나) 시의 구체적 시어 또는 시구와 연결하며 답지를 구성한 것은 물론이다. 이 답지들의 적절성 여부는 <보기>의 내용을 (가), (나)와 연결하여 감상한 것이 적절한가에 달려 있다.

이렇게 <보기>를 답지에 반영해야 하는 문항은, 답지를 제작하는 과정에서 <보기>도 여러 차례 고치게 된다. 문항 설계 과정과 문두 및 <보기> 제작 과정을 치밀하게 수행해도, 답지를 제작하다 보면 <보기>에서 부족한 점이나 고치고 싶은 점을 발견하게 된다. 원래 문항 설계의 취지와 어긋나지 않고 사실에 부합한다면, <보기>를 고치는 것은 문제가 되지 않는다. <보기>를 절대 건드리지 않고 답지만 만지작거리다 보면 오히려 답지가 이상해지기도 한다. 답지는 문항 제작의 마지막 단계이기 때문에 평가 목표를 달성하고 문항의 완성도를 높이기 위해서는 앞 단계의 그 어떤 것도 수정할 수 있다.

1.1.3. 문두에 충실하지 않은 답지 제작 ← 너도 손해, 나도 손해죠

이렇게 문두에 충실한 답지와 달리 그렇지 않은 답지도 있다. 문두에 충실하지 않은 답지, 즉 피평가자에게 제기한 물음에 합당하지 않은 답지는 문항을 통해 평가하고자 하는 피평가자의 능력을 타당하게 평가할 수 없게 된다. 즉 피평가자의 능력을 정확히 평가하기 위해서는 문항 설계에 따라 작성된 문두만큼이나 정확한 답지를 제작해야 한다.

다음 문항을 보자.

[13~17] 다음 글을 읽고 물음에 답하시오.

(가) 현대 과학 기술의 변화와 발전은 산업이나 경제뿐만 아니라, 인간의 삶의 방식과 그 삶에 의미를 부여하는 방식에도 영향을 끼치고 있다. 인공 지능이나 사물 인터넷 등의 등장으로 인간은 타인이나 인간이 아닌 존재와 관계를 맺고 상호 작용하는 방식의 변화를 겪고 있으며, 인간이 인간을 인식하는 양상도 달라지면서 인간의 삶에 의미를 부여하는 관점에도 변화가 일어나고 있다. 과거와 동일한 관점에서 삶의 방식에 대해 생각할 수 없다는 것은 '인간'의 의미를 재정의할 필요가 있음을 시사한다. 이러한 필요에 의해 등장한 개념이 '포스트휴먼'이다. 포스트휴먼은 '인간'이 생물학적으로 존재한다는 개념과 대비되는 것으로, 인간의 신체에 기술 문명과 같은 영역을 더하여 포함한 개념으로 이해할 수 있다. '포스트휴머니즘'은 포스트휴먼에 대한 담론으로, 기존 휴머니즘의 핵심 전제들을 비판적으로 검토함으로써 과학 기술이 발전한 미래 사회에 적합한 휴머니즘을 탐색하려는 입장을 취한다.

휴머니즘은 이원론적 구분을 바탕으로 인간과 인간이 아닌 존재들과의 대비를 통해 인간을 정의하였다. 휴머니즘에 의하면 인간은 이성적으로 행동하는 자율적 행위자이고, 만물의 척도이며 세계의 중심이다. 따라서 인간이 아닌 생명체와 자연은 인간의 필요와 욕구에 의해 마음대로 처분할 수 있는 수동적인 대상에 불과하다. 이렇게 주체적인 역할을 해야 하는 인간에게 가장 중요한 규범적 가치는 인간 스스로에 대한 자기의식을 바탕으로 개인의 선택에 대해 추구할 수 있는 자유이다. 근대 이후에 등장한 인간의 존엄성, 도덕성, 윤리 등의 규범적 개념에 대한 이해는 대부분 자기 결정권을 통해 독립적이고 이성적인 보편적 인간상을 추구하려는 견해로부터 발생했다고 볼 수 있다. 여기서 인간의 정신이나 이성, 혹은 생각하는 능력은 육체적인 영역과는 구별되어 인간의 본질을 구성하는 핵심 요소이며, 인간을 인간이 아닌 생명체나 존재와 구분 짓는 결정적인 기준이 된다.

반면에 포스트휴머니즘은 휴머니즘이 이해하는 인간의 본질에 도전해 인간과 인간이 아닌 존재들의 경계를 탐색하고 둘 사이의 관계를 재설정함으로써 '인간', '기계', '생명'을 새롭게 이해하고자 한다. 이를 통해 ②'인간' 개념에 내재된 다양한 위계를 해체하고, 인간과 인간의 관계뿐만 아니라 ①인간과 인간이 아닌 존재 사이의 관계에서도 조화로운 공생을 시도한다. 포스트휴머니즘의 관점에서 인간은 자신의 신념이나 가치 판단에 따라 행동한다는 점에서 자율성을 지녔지만, 주변 환경과 과학 기술의 영향으로부터 자유롭지 못하다. 인간이 아닌 존재들은 인간과 동일한 자율성을 지닌 것은 아니지만, 수행해야 하는 역할을 인간에게 묻지 않고 수행할 수 있다는 점에서는 자율적이다. 따라서 ④인간과 인간이 아닌 존재들은 상호 의존하며 살아가면서 함께 발전하고 진화하는 존재이고, 인간은 모든 형태의 생명체 및 과학 기술적 존재와 연결되어 교차하며 상호 작용이 가능한 네트워크를 형성하고 연결하는 역할을 하는 것이다.

⑤포스트휴머니즘의 관점에서 인간은 다른 형태의 생명이나 존재와 분리되는 예외적이고 독립적인 존재가 아니다. 또한 인간이 아닌 존재들을 인간이 지배하거나 통제할 수 있는 권리가 있다는 기존의 생각도 부정한다. 인간은 다양한 형태의 생명체 및 과학 기술적 존재와 상호 작용하며 관계를 맺어 감으로써 인간과 관련된 세계의 의미를 형성할 수 있는 것이다. 이러한 점에서 ③포스트휴머니즘은 올바른 관계 맺음을 위한 방향을 모색해야 하는 과제를 안고 있다.

(나) 유학에서는, 타인과의 관계가 전제된 상태에 타인의 입장에서 타인의 이익을 함께 기뻐하는 이타적 인간형을 의미하는 '성인'이라는 개념을 통해 올바른 관계 맺음을 실현하고자 한다. 하곡 정제두에 의해 정립된 하곡학은 이러한 입장을 잘 보여 주는데, 하곡학에서는 유학 사상인 주자학과 양명학의 입장을 변용하여 올바른 관계 맺음을 주장한다. <중략>

하곡학에서는 서로 다른 마음이나 행동을 절충하고 받아들이는 습합과 마음을 확장시킬 수 있는 가능성에 초점을 맞추고, 올바른 관계 맺음을 위해 마음의 수양을 강조한다. 마음은 원래 천명과 하나이기 때문에 도덕적으로 행동할 수 있는 모든 이치가 마음에 습합되어 있다. 따라서 만물의 이치나 도덕적 행동의 기준과 원칙은 마음속에 들어 있다. 그렇다고 단순히 마음에만 머무르는 것을 의미하는 것은 아니다. 만물의 이치나 도덕적 행동의 기준과 원칙을 지키는 것을 선하다고 보고 사람의 마음에 주어진 선한 정감*을 확충하여 선한 마음을 만들고자 했던 맹자의 생각을 바탕으로, 모든 이치를 습합하고 있는 마음을 통해 개인 간의 관계와 사회적 관계의 올바른 관계 맺음으로 확장시킬 수 있음을 말하는 것이다. 하곡학에서는 이 과정을 확충의 관계 맺음이라 하는데, 이때 확충은 사욕이 침범하지 못하도록 마음을 선한 정감으로 채우는 것과 채운 마음의 영향이 미치는 대상을 넓히라는 의미로 해석될 수 있다. 확충의 관계 맺음 과정을 거치면 개인의 마음은 천하의 하나가 되는 단계에 이르고, 이를 통해 개인은 '올바른 관계 맺음'을 할 수 있게 된다.

<후략>

* 정감 : 이성적인 사고와는 반대되는 개념으로, 즉각적인 행동을 하게 하는 근거를 의미함.

15. <보기>는 학생의 독서 활동 과정이다. Ⓐ 단계에서 학생이 추론한 내용으로 적절하지 <u>않은</u> 것은?

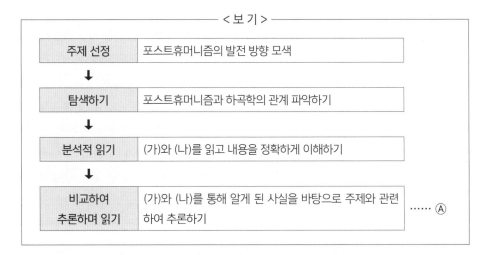

① 하곡학은 감응을 통해 각 존재와의 관계 맺음을 강조하고 있다. 이와 유사하게 포스트휴머니 즘은 인간과 인간이 아닌 존재들 사이의 공생을 시도한다.

② 하곡학은 인간을 인간이 아닌 존재보다 우위에 두는 위계적 사고에서 완전히 벗어나지 못하고 있다. 이와 달리 포스트휴머니즘은 인간 개념에 내재된 다양한 위계를 해체한다.

③ 하곡학은 모든 이치가 습합되어 있는 마음의 수양을 통해 만물이 한 몸처럼 될 수 있음을 제시한다. 이를 바탕으로 포스트휴머니즘에서 지향할 올바른 관계 맺음의 방향을 모색할 수 있다.

④ 두 글은 인간과 인간이 아닌 존재와의 관계 맺음을 통해 형성할 수 있는 조화로움에 대한 내용을 제시하였다. 이를 통해 인간과 인간이 아닌 존재들 간의 상호 작용이 중요함을 알 수 있다.

⑤ 두 글은 인간이 다른 존재들과 맺는 관계성을 바탕으로 세계의 의미를 형성하는 것에 관한 내용을 제시하였다. 이를 통해 존재들의 독립성을 인정하는 것이 올바른 관계를 확장시켜 나가는 전제가 됨을 알 수 있다.

위 문항의 문두를 보면, 평가자가 피평가자의 '추론적 이해' 능력을 평가하고자 한다는 것을 알수 있다. 추론은 말 그대로 이미 알려진 정보를 근거로 삼아 다른 판단을 이끌어 내는 것이다. 그렇다면 이 문항의 답지는 언어 자료를 통해 이미 알게 된 정보를 근거로 삼아 다른 판단을 이끌어 내는 내용으로 구성되어야 한다.

문두에 따르면 이 문항의 답지는 Ⓐ 단계에서 추론한 내용, 즉 '포스트휴머니즘의 발전 방향 모색'에 관해 추론한 내용으로 이루어져야 한다. 그런데 답지의 내용을 확인해 보면, ①~⑤ 모두 추론적 이해가 아닌 사실적 이해에 해당하는 내용으로 이루어져 있음을 알 수 있다. 언어 자료의 ①~⑤는 답지 ①~⑤의 근거에 해당하는 부분을 표시한 것이다. 답지의 ①~④와 언어 자료의 ①~④가 표현 자체가 같거나 약간의 변형만 한 정도에 불과하다. ⑤만 언어 자료에 '독립적인 존재가 아니'라고 제시되어 있는 것을, 답지에서 '독립성을 인정'이라고 그 내용을 뒤집어 부정 문두의 정답지를 만들고 있는 것이다. 즉 이 문항의 답지에는 '언어 자료를 통해 이미 알게 된 정보'만 담겨 있을 뿐, '그것을 근거로 다른 판단을 이끌어 내는 내용'은 없다. 문두에 충실해야 한다는 답지 제작의 대원칙에 어긋나게 답지를 제작한 것이다. 답지를 이렇게 제작하면 평가자가 문항을 설계하고 문두를 작성하면서 목표로 했던, '피평가자의 추론적 이해 능력 평가'는 불가능해진다.

문두에 충실하지 않게 제작된 답지는 의도했던 평가 목표를 달성하지 못하게 되기도 하지만, 사실 피평가자에게도 혼란을 일으켜 결국은 손해를 보게 할 수 있다. 앞의 문항을 예로 들면, 피평가자가 문두를 읽고 추론적 이해에 초점을 맞추어 답지의 정오를 판단하려 하는데 추론적 이해에 해당하는 답지가 하나도 없다고 생각하게 되면, 해당 문항을 어떻게 풀어야 하는지 처음부터 다시 영점 조정을 해야 한다. 그만큼의 사고 과정에 혼란을 야기하고 시간을 빼앗게 되는 것이다. 평가의 목표를 달성하기 위해서도, 피평가자에게 피해를 주지 않기 위해서도 문두에 충실한 답지를 제작해야 한다.

1.2. 비슷하나 다르게 ✑ 초록은 동색이나 풀색과 녹색이죠

문두에 충실한 답지를 제작하면서 답지는 '비슷하나 다르게' 만드는 것이 좋다. 이때 '비슷한' 것은 문장의 형식이고 '다른' 것은 내용이다. 문장의 형식은 평서문, 의문문 등 종결 표현에 따른 문장의 유형 차원부터, 문장의 구조, 길이, 문장에 포함되는 정보나 내용 요소의 개수 등을 아울러 이르는 말이다. 문장의 형식이 비슷하면서도 내용이 달라야 하는 이유는, 답지는 하나의 문두에 관한 다섯 가지의 대답이기 때문이다. 비슷하면 좋은 것과 달라야 하는 것은 다음과 같이 정리할 수 있다.

비슷하면 좋은 것 : 문장의 형식	달라야 하는 것 : 문장의 내용
문장의 유형 문장의 구조 문장의 길이 내용 요소의 개수	문장에 담기는 내용

문항은 피평가자의 특정 능력을 평가하고자 하는 것이므로, 답지 다섯 개의 정오를 판단할 때 답지마다 문장의 형식이 달라져서 피평가자의 사고의 흐름이나 판단의 기준점에 혼동을 주어서는 안 된다. 예를 들어, 언어 자료를 비판적으로 이해하는 능력을 평가하기 위한 문항을 설계했다면, 답지에 대한 정오 판단을 통해 피평가자의 비판적 이해 능력을 평가할 수 있어야 한다. 이를 위해서는 답지의 문장 형식이 최대한 비슷한 것이 좋다. 그렇지 않으면 피평가자들이 답지마다 형식을 파악하고 기준점을 조절하며 판단을 내려야 한다. 이렇게 되면 비판적 이해 능력 이외의 다른 요소가 개입될 여지가 커진다. 형식의 변화를 알아채는 능력, 그에 따라 답지의 정오를 판단하는 기준점을 조절하는 능력 등이 개입하게 된다는 것이다. 결국 문항을 설계할 때 목표하고 의도했던 바를 이루지 못할 가능성이 커진다.

'비슷하나 다른' 답지를 제작하는 목적은 명확하다. 어떤 답지의 '비슷한' 형식이 아니라 그 형식에 각각 '다르게' 담겨 있는 내용에 따라 그 답지의 정오가 결정되게 하려는 것이다.

1.2.1. 문장의 유형 정통도 있고 퓨전도 있죠

답지의 문장 유형은 문두에 달려 있다. 답지 문장의 종결 어미도 마찬가지이다. 답지는 문두에 충실해야 하는 것이 당연하기 때문이다. '비슷하나 다른' 답지를 제작하기 위해서 우선 하나의 문항에 대한 답지 다섯 개 모두를 평서문이면 평서문, 의문문이면 의문문으로 작성하는 것이 일반적이다. 특별한 경우가 아니라면 동일한 문장의 유형이어야 한다는 것은 기본적인 사항이다.

1.2.1.1. 압도적 비율의 평서문 답지

먼저 답지를 제작한다고 생각하면 대체로 종결 어미 '-다'로 끝나는 평서문의 답지를 떠올리기 마련이다. 답지는 문두라는 물음에 답을 하는 것이기 때문에 평서문으로 끝나는 것은 매우 자연스럽다. 실제로 답지 문장의 종결 형태 중에서 압도적으로 높은 비율을 차지하는 답지이기도 하다.

21. 윗글을 통해 알 수 있는 것은?

① 연역 논증은 결론에서 지식의 확장이 일어난다.
② 귀납 논증은 전제가 참이면 결론은 항상 참이다.
③ 치밀하게 관찰한 후 도출된 귀납의 결론은 확실히 참이다.
④ 과학적 지식은 새로운 지식이라는 점에서 연역의 결과이다.
⑤ 전제에 없는 새로운 지식이 귀납의 논리적인 문제를 낳는다.

11. [A]를 읽고 알 수 있는, 수소를 얻는 방법에 대한 설명으로 적절하지 <u>않은</u> 것은?

① 물을 전기 분해하는 것은 가장 쉽게 수소를 얻을 수 있는 방법이다.
② 태양광을 활용하여 수소를 얻는 방법은 효율성이 낮다는 한계가 있다.
③ 수산화 나트륨 수용액을 전기 분해하면 양극과 음극 모두에서 수소를 얻을 수 있다.
④ 전기 분해를 통해 수소를 얻을 때는 전해질을 활용하여 전류가 잘 흐를 수 있도록 한다.
⑤ 전기 분해를 통해 수소를 얻는 방법은 전기를 만드는 과정에서 환경 오염이 발생할 수도 있다.

　가와 나는 각종 시험의 평가지에 가장 많이 쓰이는 문장 유형인 종결 어미 '-다'를 이용한 평서문이다. '-다'로 끝나는 답지는 일반적으로 단정적인 표현이 가능할 때 쓴다. 문두가 언어 자료에 대한 사실적 이해를 묻고 있거나, 평가자가 답지에 담은 내용이 이론의 여지없이 확실하다고 판단할 때 쓴다는 뜻이다. 그러나 모든 평서문으로 쓰는 답지가 종결 어미 '-다'로 끝나지는 않는다. 다른 행동 영역의 문항이거나 답지에 담은 내용을 단정하기 어려운 경우, 그리고 문두에서 요구하는 답지의 형식 등에 따라 종결 어미는 얼마든지 달라질 수 있다.

　평서문이면서 종결 어미로 '-다'가 아닌 '-군'을 쓰는 답지들도 있다. '-군'의 사전적 뜻풀이가 '화자가 새롭게 알게 된 사실에 주목함을 나타내는 종결 어미'이니만큼, 독자가 언어 자료나 <보기> 등을 통해 어떠한 사실을 새롭게 알게 되거나 깨달은 것으로 상황을 가정하는 문항의 답지에 쓰인다. 일반적으로 문법의 탐구형 문항이나 독자의 감상이나 이해를 묻는 문항에 이용되는데, 어느 영역의 문항에서나 쓰일 수 있다. 다음은 모두 동일한 시험에 출제되었던 문항들이다. 동일한 시험의 다양한 영역에서 '-군'으로 종결되는 답지가 등장한다는 점을 확인해 보자.

16. <보기>의 중세 국어 자료에 나타나는 특징을 탐구한 내용으로 적절하지 <u>않은</u> 것은?

─── < 보 기 > ───

중세 국어 : 뒤헤는 모딘 도족 알픽 는 어드본 길헤 업던 번게를 하놀히 불기시니

　현대어 역 : 뒤에는 모진 도적 앞에는 어두운 길에 없던 번개를 하늘이 밝히시니

중세 국어 : 뒤헤는 모딘 즁싱 알픽 는 기픈 모새 열븐 어르믈 하놀히 구티시니

　현대어 역 : 뒤에는 모진 짐승 앞에는 깊은 못에 엷은 얼음을 하늘이 굳히시니

① '모딘'이 현대 국어의 '모진'에 대응하는 것을 보니 구개음화 현상이 나타나지 않았군.

② '업던'이 현대 국어의 '없던'에 대응하는 것을 보니 이어적기를 하였군.

③ '하놀히'를 보니 현대 국어에 쓰이지 않는 모음 'ㆍ'가 쓰였군.

④ '모새'가 현대 국어의 '못에'에 대응하는 것을 보니 모음조화가 지켜졌군.

⑤ '열븐'을 보니 현대 국어에 쓰이지 않는 자음 'ㅸ'이 쓰였군.

32. <보기>를 참고하여 (가), (나)를 감상한 내용으로 적절하지 <u>않은</u> 것은? [3점]

─── < 보 기 > ───

　　김영랑의 「모란이 피기까지는」과 김종길의 「고고」는 대상이 지닌 특정 속성을 통해 화자가 경험한 아름다움을 드러낸다. 「모란이 피기까지는」에서는 봄이라는 계절에 소멸을 앞둔 대상을 통해, 「고고」에서는 겨울날 대상의 고고함이 드러나는 순간을 통해 대상의 아름다움이 경험되고 있다. 한편, 전자는 대상 자체보다는 대상에서 촉발된 주관적 정서의 표현에, 후자는 정서의 직접적 표현보다는 대상 자체의 묘사에 중점을 두고 있다.

① (가)에서는 아름다움을 경험하는 주체를 직접 노출하여 정서를 표현하고 있군.

② (가)에서는 한정된 시간 동안 존속하는 속성이 대상의 아름다움을 강화하고 있군.

③ (나)에서는 대상의 높이가 고고한 아름다움을 결정하는 유일한 조건이군.

④ (나)는 대상의 고고한 아름다움이 드러나는 순간과 그렇지 않은 때의 모습을 대비하고 있군.

⑤ (가)와 (나)는 각각 특정한 계절적 배경을 통해 대상의 아름다움을 표현하고 있군.

25. <보기>를 바탕으로 할 때, 윗글에 나타난 김정희의 예술 세계에 대해 이해한 내용으로 적절하지 않은 것은? [3점]

< 보 기 >

　예술 작품의 내용은 형식에 담긴다. 그러므로 감상자의 입장에서 보면 형식으로써 내용을 알게 된다고 할 수 있고, 내용과 형식이 꼭 맞게 이루어진 예술 작품에서 감동을 받는다. 따라서 형식에 대한 파악은 예술 작품을 이해하는 데 핵심적인 요소가 된다. 예술 작품의 형식은 그것이 속한 문화 속에서 형성되어 온 것이다. 이 형식을 이해하고 능숙하게 익히는 것은 작가에게도 매우 중요한 일이다. 예술 창작이란 아무것도 없는 것에서 어떤 사물을 창조하는 것이 아니라, 문화적 축적 속에서 새롭게 의미를 찾아 형식화하는 것이기 때문이다. 결국 전통의 계승과 혁신의 문제는 예술에서도 오래된 주제이다.

---

① 전형적인 방식으로 「석란」을 그린 것은 당시 문인화의 전통을 수용한 것이겠군.
② 추사체라는 필법을 새롭게 창안했다는 것은 전통의 답습에 머무르지 않았음을 의미하는군.
③ 「부작란도」에서 참모습을 얻었다고 한 것은 의미가 그에 걸맞은 형식을 만난 것이라 할 수 있겠군.
④ 시와 서예와 그림 모두에 능숙했다는 것은 여러 가지 표현 양식을 이해하고 익힌 것이라 할 수 있겠군.
⑤ 「부작란도」에서 자신만의 감정을 드러내는 세계를 창출했다는 것은 축적된 문화로부터 멀어지려 한 것이라 할 수 있겠군.

　이 문항들은 위에서부터 차례로 문법(**가**), 문학(**나**), 독서(**다**) 영역의 문항들이다. **가**는 <보기>를 통해 탐구한 결과를, **나**는 <보기>를 참고하여 언어 자료를 감상한 결과를, **다**는 <보기>를 바탕으로 언어 자료를 이해한 결과를 답지로 제작한 것이다. 이때 탐구, 감상, 이해하는 주체는 피평가자이다. **가**는 <보기>에 제시된 언어 자료에서 피평가자가 '새롭게 알게 된' 문법의 규칙을 제시하는 형식을 띤 문항이다. **나**와 **다**는 각각 <보기>를 통해 추가로 제시된 정보를 이용하여 피평가자가 언어 자료에 관한 감상이나 이해를 심화하는, 즉 '새롭게 알게 된 사실'을 제시하는 형식을 띤 문항이다. 그래서 '-군'으로 종결하는 문장으로 답지를 제작한 것이다. 문두에 따라 답지의 형식이 결정되었다고 볼 수 있다.
　나와 **다**의 답지가 보여 주는 문장 종결의 차이에서 확인할 수 있는 바와 같이, 답지의 내용을 단정적으로 진술하기 곤란할 경우 **대**처럼 선어말 어미 '-겠-'을 붙이기도 한다. 이는 **나**의 <보기>는 언어 자료로 제시된 작품 자체에 관한 내용이고, **대**의 <보기>는 김정희의 예술에 관한 내용이 아니라 예술 일반에 관한 것이라는 차이에서 비롯된다. **대**의 경우가 <보기>와 언어 자료의 거리가 더 먼 만큼 '-겠-'을 이용하여 단정적 진술이 주는 부담을 완화한 것이다.

그래서 선어말 어미 '-겠-'과 종결 어미 '-군'를 결합한 '-겠군'은 추론적 이해를 평가하는 문항이나 피평가자의 반응이나 감상을 묻는 형태의 문항에 흔히 쓰인다. 다음의 문항들이 이러한 경우의 예에 해당한다.

가 2020학년도 수능

[11~12] 다음 글을 읽고 물음에 답하시오.

다의어란 두 가지 이상의 의미를 가진 단어를 말한다. 다의어에서 기본이 되는 핵심 의미를 중심 의미라고 하고, 중심 의미에서 확장된 의미를 주변 의미라고 한다. 중심 의미는 일반적으로 주변 의미보다 언어 습득의 시기가 빠르며 사용 빈도가 높다. 그러면 다의어의 특징에 대해 좀 더 알아보자.

첫째, 주변 의미로 사용되었을 때는 문법적 제약이 나타나기도 한다. 예를 들면 '한 살을 먹다'는 가능하지만 '한 살이 먹히다'나 '한 살을 먹이다'는 어법에 맞지 않는다. 또한 '손'이 '노동력'의 의미로 쓰일 때는 '부족하다, 남다' 등 몇 개의 용언과만 함께 쓰여 중심 의미로 쓰일 때보다 결합하는 용언의 수가 적다.

둘째, 주변 의미는 기존의 의미가 확장되어 생긴 것으로서, 새로 생긴 의미는 기존의 의미보다 추상성이 강화되는 경향이 있다. '손'의 중심 의미가 확장되어 '손이 부족하다', '손에 넣다'처럼 각각 '노동력', '권한이나 범위'로 쓰이는 것이 그 예이다.

셋째, 다의어의 의미들은 서로 관련성을 갖는다.

줄 **명**
① 새끼 따위와 같이 무엇을 묶거나 동이는 데에 쓸 수 있는 가늘고 긴 물건.
   예) 줄로 묶었다.
② 길이로 죽 벌이거나 늘여 있는 것. 예) 아이들이 줄을 섰다.
③ 사회생활에서의 관계나 인연. 예) 내 친구는 그쪽 사람들과 줄이 닿는다.

예를 들어 '줄'의 중심 의미는 위의 ①인데 길게 연결되어 있는 모양이 유사하여 ②의 의미를 갖게 되었다. 또한 연결이라는 속성이나 기능이 유사하여 ③의 뜻도 지니게 되었다. 이때 ②와 ③은 '줄'의 주변 의미이다.

그런데 ㉠다의어의 의미들이 서로 대립적 관계를 맺는 경우가 있다. 예를 들어 '앞'은 '향하고 있는 쪽이나 곳'이 중심 의미인데 '앞 세대의 입장', '앞으로 다가올 일'에서는 각각 '이미 지나간 시간'과 '장차 올 시간'을 가리킨다. 이것은 시간의 축에서 과거나 미래 중 어느 방향을 바라보는지에 따른 차이로서 이들 사이의 의미적 관련성은 유지된다.

---

11. 윗글을 참고하여 추론한 내용으로 적절하지 <u>않은</u> 것은?

① 대부분의 아이들이 '별'의 의미 중 '군인의 계급장'이라는 의미보다 '천체의 일부'라는 의미를 먼저 배우겠군.

② '앉다'의 의미 중 '착석하다'의 의미로 쓰이는 빈도가 '요직에 앉다'처럼 '직위나 자리를 차지하다'의 의미로 쓰이는 빈도보다 더 높겠군.

③ '결론에 이르다'와 '포기하기에는 아직 이르다'에서 '이르다'의 의미들은 서로 관련성이 없으니, 이 두 의미는 중심 의미와 주변 의미의 관계로 볼 수 없겠군.

④ '팽이를 돌리다'는 어법에 맞는데 '침이 생기다'라는 의미의 '돌다'는 '군침을 돌리다'로 쓰이지 않으니, '군침이 돌다'의 '돌다'는 주변 의미로 사용된 것이겠군.

⑤ 사람의 감각 기관을 뜻하는 '눈'의 의미가 '눈이 나빠져서 안경의 도수를 올렸다'에서의 '눈'의 의미로 확장되었으니, '눈'의 확장된 의미는 기존 의미보다 더 구체적이겠군.

📖 2021학년도 수능

8. <보기>는 윗글의 주제와 관련한 동서양 학자들의 견해이다. 윗글을 읽은 학생이 <보기>에 대해 보인 반응으로 적절하지 <u>않은</u> 것은? [3점]

―――――< 보 기 >―――――
㉮ 만약 인과 관계가 직접 관찰될 수 없다면, 물리적 속성의 변화와 전달과 같은 관찰 가능한 현상을 탐구하는 것이 인과 개념을 과학적으로 규명하는 올바른 경로이다.

㉯ 인과 관계란 서로 다른 대상들이 물리적 성질들을 서로 주고받는 관계일 수밖에 없다. 그러한 두 대상은 시공간적으로 연결되어 있어야만 한다.

㉰ 덕이 잘 닦인 치세에서는 재이를 찾아볼 수 없었고, 세상의 변고는 모두 난세의 때에 출현했으니, 하늘과 인간이 서로 통하는 관계임을 알 수 있다.

㉱ 홍수가 자주 발생하는 강 하류 지방의 지방관은 반드시 실정을 한 것이고, 홍수가 발생하지 않는 산악 지방의 지방관은 반드시 청렴한가? 실제로는 그렇지 않다.

① 흄의 문제 제기와 ㉮로부터, 과정 이론이 인과 개념을 과학적으로 규명하려는 시도의 하나임을 이끌어낼 수 있겠군.

② 인과 관계를 대상 간의 물리적 상호 작용으로 국한하는 ㉯의 입장은 대상 간의 감응을 기반으로 한 동중서의 재이론이 보여 준 입장과 부합하겠군.

③ 치세와 난세의 차이를 재이의 출현 여부로 설명하는 ㉰에 대해 동중서와 주희는 모두 재이론에 입각하여 수용 가능한 견해라는 입장을 취하겠군.

④ 덕이 물리적 세계 바깥의 현상에 해당한다면, 덕과 세상의 변화 사이에 인과 관계가 있다고 본 ㉰는 새먼의 이론에 입각하여 설명되기 어렵겠군.

⑤ 지방관의 실정에서 도입된 표지가 홍수로 이어지는 과정으로 전달될 수 없다면, 새먼은 실정이 홍수의 원인이 아니라는 점에서 ㉱에 동의하겠군.

가는 윗글을 참고하여 추론한 내용에 관해 판단하기를 요구한 문항이고, **나**는 학생들이 <보기>에 대해 보인 반응에 관해 판단하기를 요구한 문항이다. 어찌 보면 추론이나 문학 작품 감상은 그 특성상 어떤 추론이나 감상으로 제시된 내용이 꼭 그러하다고 단정할 수 없는 면이 있으므로 '-겠군'을 사용하여 단정의 부담을 줄이려고 하는 것이 당연하다고 볼 수 있다. 또한 피평가자의 반응 또한 피평가자가 단정적으로 말하는 것이 어색한 면도 있고, 답지로 제시된 것 이외에 다른 반응이 아예 불가능한 것이 아니기 때문에 '-겠군'을 이용한다고 볼 수 있다. 그래서 위의 두 문항 모두 답지를 '-겠군'으로 종결함으로써 단정적인 진술을 피한 것이다. '-겠군'은 선어말 어미 '-겠-'이 지닌 의미에 따라, 주체의 의지를 나타내거나 가능성 또는 능력을 나타내는 답지를 제작할 필요가 있을 때에도 쓰인다. 그리고 '-겠군'이 아닌 '-겠어'를 쓰기도 하는데, 이 둘은 어감의 차이가 있을 뿐 의미상 큰 차이는 없다.

1.2.1.2. 가끔 나타나는 의문문, 청유문 등의 답지

모두 답지가 평서문은 아니다. 이미 말한 바와 같이 문두에 따라 답지가 결정되기 때문이다. 문두에서 요구하는 바에 따라 때로는 의문문으로, 때로는 청유문으로 답을 해야 하는 경우가 생긴다. 답지가 의문문으로 종결된 다음의 문항들을 보자.

개 2014학년도 예비 시행 A형

2. 위 발표에 대한 학생들의 상호 평가 과정에서 내용을 보완하기 위해 제기한 질문 중 적절하지 <u>않은</u> 것은?

① 발표자께서 제시한 통계 자료의 출처를 제시한다면 신뢰성을 높일 수 있지 않을까요?

② 욕을 하는 여러 가지 이유 중 특별히 스트레스에 주목한 까닭을 설명해 주어야 하지 않을까요?

③ 여가 활동의 여건을 마련해 준다는 것만으로는 좀 막연합니다. 좀 더 구체적인 방안은 없을까요?

④ 청소년의 욕설 사용 문제를 해결할 책임을 청소년에게만 돌린다고 해서 문제가 해결될 수 있을까요?

⑤ 욕설 습득 경로를 차단해야 한다고 하셨는데, 그렇다면 그 경로부터 파악해야 하지 않을까요?

나 2021학년도 9월 모의평가

9. <보기>는 [A]의 초고이다. <보기>를 [A]로 고쳐 쓸 때 반영한 친구의 조언으로 가장 적절한 것은?

─── < 보 기 > ───

지금까지 인포그래픽에 대해 살펴보았다. 인포그래픽의 여러 특성에 비추어 볼 때 앞으로 인포그래픽이 활용되는 분야는 더욱 늘어날 것이다.

① 예상 독자가 탐구해야 할 문제가 포함되도록 써 보는 게 어때?

② 예상 독자가 얻을 수 있는 효용이 드러나도록 써 보는 게 어때?

③ 글의 내용에 대해 균형 잡힌 관점이 드러나도록 써 보는 게 어때?

④ 글의 도입에서 제기한 문제에 대한 답이 포함되도록 써 보는 게 어때?

⑤ 글의 내용을 설명한 순서대로 요약한 내용이 포함되도록 써 보는 게 어때?

34. 윗글에서 답을 찾을 수 있는 질문에 해당하지 <u>않는</u> 것은?

① 병원성 세균은 어떤 작용 기제로 사람을 감염시킬까?
② 알코올 화합물은 병원성 세균의 살균에 효과가 있을까?
③ 바이러스와 세균의 표면 구조는 어떤 차이가 있을까?
④ 병원성 바이러스 감염 예방을 위한 방역에 사용되는 물질에는 무엇이 있을까?
⑤ 항미생물 화학제가 병원체에 대해 광범위한 살균 효과를 나타내는 이유는 무엇일까?

위 문항들의 문두를 보면 ㉮는 '제기한 질문', ㉯는 '친구의 조언', ㉰는 '답을 찾을 수 있는 질문'이라는 표현이 담겨 있다. ㉮와 ㉰는 문두만 봐도 의문문으로 답지를 제작할 수밖에 없다는 것을 알 수 있다. 문두가 답지의 문장 형식을 제한하는 경우이다.

그런데 ㉯는 조금 다르다. 문두를 보면, 초고를 완성한 학생에게 친구가 한 조언 중 반영한 것이 무엇인지 묻는 문항이다. 반드시 의문형으로 종결해야 할 필요는 없다. 친구의 조언이면 된다. 이런 경우 어떤 문장 유형을 쓸 것인지는 평가자의 주관적 판단이나 기호에 따른다. ㉯의 '어때?'를 평서문 종결인 '좋겠어.'로 바꾸어도 아무런 문제가 없다는 데에서 이를 확인할 수 있다. 피평가자가 의문문을 이용해 부드럽게, 권유하는 방식으로 조언을 하는 친구를 상정했기 때문에 이처럼 종결한 것이다.

이렇게 의문문으로 종결하는 답지는 학생들이 직접 어떤 활동을 한다고 상황을 설정하는 화법이나 작문 영역에서 많이 쓴다. 그러나 ㉰처럼 독서나 문학 영역 등 다른 영역에도 쓸 수 있다.

10. 다음은 교지 편집장이 이메일로 보내온 수정 요청 사항이다. 이를 고려하여 학생이 자신의 글을 고쳐 쓰기 위해 세운 계획으로 적절하지 <u>않은</u> 것은?

원고 수정 요청 사항
∘ 글의 내용에 어울리는 제목을 선정할 것.
∘ 글의 내용 이해에 도움이 되는 시각 자료를 추가할 것.
∘ 직접 찾아가 본 공간 디자인 작품의 위치 정보를 제공할 것.
∘ 꿈을 이루기 위해 현재 노력하고 있는 내용을 추가할 것.
∘ 진학 계획을 수립하는 데 도움이 될 만한 내용을 안내할 것.

① 글에 언급한 공간 디자이너의 역할과 나의 꿈을 연결하는 제목을 제시하자.

② 피아노 계단을 이용하는 사람들의 모습이 담긴 사진을 첨부하자.

③ 우리 주변에서 환경과 어울리도록 새롭게 디자인할 필요가 있는 공간의 위치 정보를 소개하자.

④ 공간 디자이너에게 요구되는 능력을 키우기 위해 관련 영역의 책을 읽고 있다는 내용을 추가하자.

⑤ 진학 계획을 세울 때 도움을 얻었던 인터넷 사이트를 안내하자.

📑 2021학년도 6월 모의평가

3. 위 연설을 듣고 그 취지에 공감한 학생이 ㉠에 주목하여 친구들을 설득할 말로 가장 적절한 것은?

① 연안 생태계의 복구에 무심했던 나를 반성했어. 일회용품 사용을 자제하여 연안 생태계를 되살리자.

② 블루카본이 지구 온난화의 원인임을 알았어. 북극곰을 위해 연안 생태계 보호의 중요성을 홍보하자.

③ 북극곰의 모습에서 우리의 미래를 보는 것 같았어. 북극곰을 살리기 위해 산림 조성이 시급함을 알리자.

④ 우리도 북극곰처럼 위기에 처할 수 있어. 이제 연안 생태계의 가치를 알고 이를 보호하기 위해 관심을 갖자.

⑤ 북극곰과 공생하려면 나무 한 그루가 의미 있다는 것을 알았어. 이산화탄소를 줄이기 위해 작은 일부터 실천하자.

가와 **나**의 답지는 청유문으로 종결되어 있다. **가**의 문항은 학생이 자신의 글을 고쳐 쓰기 위해 계획한 것 중 적절한 것을 선택하도록 요구하고 있다. 수정 요청을 받은 학생이 그 요청을 접한 후 글의 각 부분을 어떻게 고칠지 계획하고 그것을 독백처럼 스스로 말하는 방식의 답지이다. 그래서 종결 어미 '-자'를 이용하여 자신이 자신에게 어떤 방식으로 고치자고 권하는 형태로 답지를 제작한 것이다. **나**의 문항은 연설을 들은 후 학생들을 설득할 말 중 적절한 것을 선택하도록 요구하고 있다. 친구들을 설득하여 행동의 변화에까지 이르게 하기 위해 청유문으로 답지를 제작한 것이다.

이 외에도 명사(형)으로 종결하는 답지, 완성되지 않은 문장으로 종결하는 답지 등이 가끔 쓰이기도 한다. 가끔 쓰이는 답지도 문두에 충실하게 답지를 제작하려는 노력이라는 점을 잊어서는 안 된다.

1.2.1.3. 다른 유형의 문장이 섞여 있는 답지

앞에서 답지마다 문장의 형식이 달라져서 피평가자의 사고의 흐름이나 판단의 기준점에 혼동을 주어서는 안 된다고 하였다. 그러나 문항 설계상 어떤 상황을 설정했는가, 평가하고자 하는 피평가자의 능력이 무엇인가에 따라 문장의 유형이 달라질 수도 있다.

2014학년도 9월 모의평가 B형

7. <보기 2>의 'I. 서론'의 도입부에 해당하는 글을 <조건>에 따라 쓴 것으로 가장 적절한 것은?

[3점]

> ──── < 조 건 > ────
>
> ◦ 도시 농업 참여자들의 소감을 인용할 것.
> ◦ 주제와 관련한 문제의식을 드러낼 것.

① 도시 농업이 조용한 혁명을 일으키고 있다. 도시 농업은 사람들에게 어떤 영향을 미치는 것일까? 도시 농업의 기능을 살펴보고 활성화 방안을 논의해 보자.

② 과거에는 상상하기 힘들었던 도시 농부들이 전국 각지에서 생겨나고 있다. 도시 농부가 되려는 도시민이 많아지는 이유는 무엇일까? 그리고 그들이 겪는 어려움은 무엇일까?

③ 텃밭을 가꾸어 거둔 농작물을 이웃과 나눠 먹으면서 이웃과 사이가 좋아졌다는 도시민들이 많아지고 있다. 도시 농업이 국내 도시 지역 공동체 형성에 기여하고 있는 것이다.

④ 도심지 텃밭에서 농작물을 키워 보니 여가 선용에 도움이 된다는 사람들이 늘고 있다. 하지만 국내 도시 농업은 아직 걸음마 수준이다. 도시 농업을 활성화하려면 어떻게 해야 할까?

⑤ 도시 곳곳에 푸른 텃밭이 늘어나고 있다. 텃밭을 가꾸며 여가를 즐기고 도시 농부로서의 행복을 누린다는 도시민이 증가하는 것이다. 텃밭 가꾸기를 배우며 도시 농업의 즐거움을 만나 보자.

위 문항은 작문 영역의 문항으로, 학생들이 실제로 특정 부분의 글을 쓴다면 어떻게 쓰는 것이 적절한지를 선택하는 문항이다. 이 문두는 특정한 문장 유형으로 쓸 것을 요구하지 않고, '서론의 도입부'에 '주제와 관련한 문제의식을 드러'내어 쓸 것을 요구하였다. 이런 경우에는 꼭 하나의 문장 유형으로 통일할 필요는 없다. '학생들이 쓴다면'이라는 전제가 바탕이 된 것이기 때문이다. 그런 상황과 담을 내용에 최대한 자연스러운 다양한 문장 유형을 쓸 수 있는 것이다. 물론 문두의 요구에 어굿나지 않는 범위에서 말이다. 위 문항의 경우 각 답지의 마지막 문장을 보면 청유문, 의문문, 평서문이 모두 사용된 것을 확인할 수 있다. 이렇게 하나의 문항의 답지에 여러 가지 문장 유형을 뒤섞어 쓰는 것은 주로 화법이나 작문 영역의 답지를 제작할 때 나타난다. 학생들이 직접 말하거나 쓰는 상황이라고 가정을 한 상태에서는 이러한 답지가 자연스럽기 때문이다.

1.2.2. 문장의 구조 ⟋ 디자인은 같아도 사이즈가 달라요

일반적으로 답지는 동일한 문장 유형이면서 유사한 문장 구조를 이용하는 것이 좋다. 유사한 문장 구조를 이용하는 것은, 답지들에 동일한 자격을 부여하는 것이고 이는 답지들이 공정한 경쟁을 할 수 있도록 하는 기본적인 조건이다. 동일한 유형이면서 유사한 구조의 문장을 이용하면 피평가자들이 각 답지의 정오를 판단할 때 답지의 내용에만 집중할 수 있다는 장점이 있다. 답지마다 문장의 유형과 구조가 다르면 피평가자들 입장에서는 답지마다 사고의 흐름을 바꿔 가며 판단해야 한다. 동일한 유형에 유사한 구조의 문장을 이용하면 피평가자가 판단해야 하는 정보나 내용 요소의 개수가 거의 같아진다는 장점도 있다. 답지마다 피평가자들이 판단해야 하는 정보나 내용 요소의 개수가 다르다는 것은, 피평가자들이 동원해야 하는 능력, 사고의 흐름, 판단의 기준점이 달라져야 한다는 뜻이다. 선택받기 위해 혹은 선택받지 않기 위해 태어난 답지 입장에서 보면 공정하지 못한 경쟁이다.

1.2.2.1. 판단할 내용 요소의 개수가 같은 답지

대부분의 답지들은 동일한 문장 유형에 유사한 문장 구조이면서, 답지에 담긴 내용에 대해 피평가자가 판단해야 하는 내용 요소의 개수가 같다. 다음 문항을 보자.

2021학년도 EBS 수능특강 문학 76~77쪽

01. (가)에 대한 설명으로 적절하지 <u>않은</u> 것은?

① 자연물의 매개를 통해 시의 정조(情調)를 드러내고 있다.
② 색채 대비를 통해 시적 화자의 정서 변화를 표현하고 있다.
③ 원경에서 근경으로 시선 이동을 통해 시상을 전개하고 있다.
④ 계절적 배경을 드러내는 시어를 통해 시적 분위기를 제시하고 있다.
⑤ 유사한 음절 수의 반복적 배열을 통해 시에 리듬감을 부여하고 있다.

위의 문항을 보면 답지 다섯 개의 문장 구조가 유사하다는 것을 확인할 수 있다. 모두 'A를 통해 B(하)고 있다.'의 구조로 이루어진 문장이다. A라는 방법을 이용하여 B라는 효과를 거두고 있다는 내용의 답지로, 피평가자들은 이 답지가 맞는지 틀리는지를 판단할 때 (가)에 대해 다음의 세 가지를 판단해야 한다.

첫째, (가)에 A의 방법을 이용한 부분이 있는가?
둘째, (가)에 B의 효과가 드러난 부분이 있는가?
셋째, B의 효과는 A를 통해 생긴 것이 분명한가?

이 문항은 피평가자가 다섯 개의 답지 각각에서 판단해야 하는 가짓수가 다음과 같이 동일하다.

	A(이용한 방법)	B(거둔 효과)	A와 B의 관계	가짓수
①	자연물의 매개	시의 정조를 드러냄.		
②	색채 대비	정서 변화를 표현함.	A를 통해 B가 생겼는가?	3개
③	원경에서 근경으로 시선 이동	시상을 전개함.		
④	계절적 배경을 드러내는 시어	시적 분위기를 제시함.		
⑤	유사한 음절 수의 반복적 배열	리듬감을 부여함.		

이렇게 유사한 문장 구조를 이용하면서 그 안에 담기는 내용을 다르게 구성함으로써 '비슷하나 다른' 답지를 만드는 것이다.

이렇게 비슷한 문장 구조를 이용하면서 변주를 하기도 한다. 변주를 하는 대표적인 방법은 어휘를 다르게 쓰는 것으로, 같은 언어 자료에 관한 한 문항의 답지에서 어휘가 중복되는 경우는 별로 없다. 문항의 특성상 불가피한 경우가 아니라면 한 문항 내에서 어휘를 중복하여 쓰는 것을 피한다는 것이다. 특히 언어 자료의 '내용'과 관련된 어휘가 그러하다. 위 문항은 '통해'를 다섯 개의 답지 모두에서 사용하고 있지만 이는 내용과 관련된 어휘가 아니다. 그런데 서술어는 모두 다르다. 서술어는 앞에 오는 문장 성분에 어울리는 어휘를 쓰는 것이 제1원칙이다. 그런데 그런 서술어가 꼭 하나만 있는 것은 아니다. 예를 들어 ①, ②, ④는 모두 동일한 서술어를 사용해도 의미 전달에 별 문제가 없다. 이처럼 꼭 따라야 하는 것은 아니지만 가급적 같은 서술어를 쓰지 않는 것이 일반적이다. 같은 서술어를 쓸 수밖에 없는 상황이라면 2개/3개를 묶어서 각각 같은 서술어를 쓰기도 하고, 문항의 의도에 따라 답지 다섯 개의 서술어를 완전히 같게 하기도 한다. 다음은 답지 중 3개/2개를 묶어 각각 같은 서술어를 쓴 예이다.

2. (물음) 강연자가 청중과의 소통을 점검·조정하는 방식으로 적절한 것은?

① 영상 자료를 보여 주면서 매체의 전달 효과를 점검하고 있다.
② 질문을 던지고 답변을 유도하면서 청중의 이해를 점검하고 있다.
③ 청중과 공유했던 경험을 말하며 청중의 배경지식을 점검하고 있다.
④ 청중의 요청을 받아들여 발화의 성량과 어조를 조정하고 있다.
⑤ 강연의 목적을 강조하며 청중 간의 의견 대립을 조정하고 있다.

위의 문항도 'A(-면서/-며/-여) B하고 있다'로 답지의 문장 구조가 유사하다. 그리고 각 답지에서 피평가자가 판단해야 할 내용 요소의 개수도 동일하다. 그런데 답지의 서술어가 3개는 '점검하고 있다.'이고 2개는 '조정하고 있다.'이다. 이처럼 답지를 3개 / 2개 정도로 묶어서 똑같은 서술어를 쓰는 것은, 하나의 답지만 다른 서술어를 쓰는 것을 피하기 위해서이다. 답지 한 개만 표현이 다를 경우, 피평가자에게 정답의 단서가 되거나 단서로 오인될 수 있기 때문이다.

1.2.2.2. 판단할 내용 요소의 개수가 다른 답지

외형상으로는 문장의 구조가 유사하고 서술어를 달리 썼거나 같게 썼지만, 앞에서 말한 답지들과 달리 각 답지에서 판단해야 하는 내용 요소의 개수가 다른 경우가 있다. 다음 문항을 보자.

15. <보기>를 참고하여 (가)와 (나)를 이해한 내용으로 적절하지 않은 것은? [3점]

─────< 보 기 >─────

한글 고소설 「박씨전」이 신이한 능력을 지닌 여성을 허구적으로 보여 줌으로써 여성 독자들의 소망에 부응했다면, 한문 야담 「조보」는 현실적이면서 비범한 능력을 지녔던 실재의 여성을 제시함으로써 식자층 남성 독자들의 관심을 끌었다. '박씨'는 남성보다 우월한 능력을 지녔지만 결국 전통적인 부인의 삶에 만족하고, '그녀'도 탁월한 혜안을 지녔지만 서모로서의 삶에 만족한다. 두 작품은 잠재된 능력을 인정받지 못하여 남성에게 종속된 존재로 간주되었던 여성상을 탈피하여 새로운 여성상을 모색했다. 그러나 「박씨전」은 새로운 여성상에 대한 자유로운 상상에, 「조보」는 새로운 여성상에 대한 사회적 제한에 치중했다. 두 작품은 서로 주목하는 바를 달리하여 새로운 여성상을 형상화했다는 점에서 고소설과 야담의 상호 보완성을 잘 보여 준다.

① (가)에서 '공'이나 '노복'이 짐작하지 못하는 지략을 발휘한 '박씨'의 모습에서, 고소설의 여성 독자가 소망하였던 여성상을 확인할 수 있다.

② (나)에서 '그녀'가 '우하형'의 성공을 위해 노력하는 모습에서, 비범한 능력을 지녔지만 그 능력을 가정의 융성으로만 발휘하였던 실재 여성의 모습이 구현되었음을 확인할 수 있다.

③ (가)에서 '박씨'의 말을 '공'이 따르고, (나)에서는 '그녀'의 말을 '우하형'이 따르는 데에서, 남성에 종속되지 않는 새로운 여성상이 추구되고 있음을 확인할 수 있다.

④ (가)의 '박씨'는 신이한 능력을, (나)의 '그녀'는 남다른 수완을 지녔다는 점에서, 당대 여성의 사회적 제한에 대해 여성 독자가 남성 독자보다 현실적으로 인식하고 있음을 확인할 수 있다.

⑤ (가)에서 보국 충신이 될 만한 '박씨'가 유자유손을 원한다고 말하고, (나)에서 집안에 공로가 많았던 '그녀'가 '큰며느리'에게 가정을 맡기는 데에서, 전통적 부인의 삶과 서모의 삶이 형상화되었음을 확인할 수 있다.

이 문항은 답지 다섯 개의 문장 구조가 비슷하면서도 다르다. 모두 겹문장이면서 'A에서 B를 확인할 수 있다.'의 구조라는 점에서 비슷하고, 서술어는 완전히 같게 한 경우이다. 답지 다섯 개 모두의 서술부를 '확인할 수 있다.'로 동일하게 맞추었는데, 이는 <보기>에 제시한 내용에 해당하는 요소가 있는지를 (가)와 (나)라는 두 언어 자료에서 '확인할 수 있는가'를 평가하고자 했기 때문이다.

그런데 이 답지들의 경우, 'A를 판단 근거로 하여 B를 확인할 수 있다'는 점에서는 동일한 구조이나 ①, ②와 ③, ④, ⑤에 담긴 내용 요소의 개수가 다르다. 즉 A에 해당하는 내용 요소가 ①은 '(가)에서', ②는 '(나)에서'로 하나씩인데 ③, ④, ⑤는 '(가)에서'와 '(나)에서'로 두 개씩이다. 이 문항처럼 (가)와 (나)라는 두 개의 언어 자료에 관한 문항을 제작할 경우, 다섯 개의 답지가 모두 (가), (나)의 내용을 모두 포함하고 있는 것이 이상적이다. 답지 다섯 개 모두를 (가)와 (나) 두 언어 자료 사이에서 공통점과 차이점을 발견하여 구성하면 최상이라는 것이다. 하지만 언어 자료에 포함된 정보의 양, 두 언어 자료 간 접점의 개수 등이라는 현실적 어려움으로 인해, 이 문항처럼 하나의 언어 자료에 관한 답지와 두 개의 언어 자료에 관한 답지를 2개/3개 혹은 3개/2개 정도로 제작하는 것이 일반적이다. 단 이 조합을 1개/4개, 4개/1개로 구성하는 것은 앞에서 말한 바와 같이 답지 입장에서 보면 공정하지 못하기도 하고, 피평가자에게 정답이나 오답의 단서가 될 수 있으므로 피해야 한다. 그리고 (가), (나) 각각의 언어 자료를 언급하는 횟수, 즉 각 언어 자료가 답지에 출현하는 횟

수도 거의 같도록 구성하는 것이 일반적이다. 언어 자료와 답지에 동일한 위상과 자격을 부여하는 방법이기 때문이다.

1.2.3. 문장의 길이   ☞ 도토리 키재기인데 돌연변이도 있죠

답지를 비슷하게 만들 때 고려해야 하는 또 하나의 요소는 '길이'이다. 답지의 길이가 모두 같기는 어렵지만 가급적 비슷해야 한다. 어느 하나의 답지가 지나치게 길거나 짧을 경우, 피평가자들은 정답이나 오답의 단서라고 착각할 수 있고 이는 평가의 목적을 달성하는 데 장애가 될 수 있다.

1.2.3.1. 길이가 거의 비슷한 답지

답지의 문장 형식과 구조, 포함되는 내용 요소의 개수 등이 비슷하면 길이 또한 자연스럽게 비슷해진다. 따라서 답지의 길이를 최대한 비슷해지도록 할 필요가 있다.

2014학년도 9월 모의평가 B형

24. 윗글의 내용 전개 방식에 대한 설명으로 가장 적절한 것은?

① 구체적인 사례를 제시하고 그와 관련되는 해결 방안과 한계를 설명하였다.
② 대립하는 원칙들 사이에 발생하는 문제를 검토하여 대안을 제시하였다.
③ 여러 유사한 개념들을 분석하고 해석하면서 하나의 이론 아래 통합하였다.
④ 이론적으로 설정한 가설에 대하여 현실적인 사례를 들어 가며 논증하였다.
⑤ 문제 상황이 일어나게 된 근본 원인을 분석하여 일관된 해결책을 정립하였다.

위 문항은 답지의 길이가 거의 비슷하다. 문장의 형식과 구조, 포함되는 내용 요소의 개수가 거의 같아서 답지의 길이도 최대한 비슷하게 만들 수 있는 경우이다. 답지는 길이 순서대로 배열하는 것이 원칙이다. 일반적으로 가장 짧은 답지를 ①에, 가장 긴 답지를 ⑤에 배치한다. 물론 언제나 길이 순서에 따라서 답지를 배열하는 것은 아니다.

1.2.3.2. 길이가 비슷하기 어려운 답지

문장의 길이가 별로 비슷하지 않고 답지의 배열이 길이 순서가 아닌 경우도 있다. 다음과 같은 경우이다.

12. [A]를 바탕으로 <보기>의 '자료'를 탐구한 '탐구 내용'으로 적절하지 않은 것은? [3점]

─── < 보 기 > ───

[탐구 목표]

현대 국어의 인칭 대명사 '누구'의 형성에 대해 이해한다.

[자료]

(가) 중세 국어 : 15세기 국어

• 누를 니르더뇨 (누구를 이르던가?)

• 네 스승이 누고 (네 스승이 누구인가?)

• ᄂᆞ몬 누구 (남은 누구인가?)

(나) 근대 국어

• 이 벗은 누고고 (이 벗은 누구인가?)

• 져 혼 벗은 누구고 (저 한 벗은 누구인가?)

(다) 현대 국어

• 누구를 찾으세요?

• 누구에게 말했어요?

┌─────────────────────────────────────┐
│ [탐구 내용]   │
│   │
└─────────────────────────────────────┘

[탐구 결과]

미지칭의 인칭 대명사에 의문문을 만드는 보조사 '고/구'가 결합했던 형태인 '누고', '누구'는 시간이 지나면서 점점 굳어져 새로운 단어가 되었는데, 오늘날에는 '누구'만 남게 되었다.

① (가)에서 미지칭의 인칭 대명사의 형태는 '누', '누고', '누구'이다.

② (나)에서 미지칭의 인칭 대명사의 형태는 '누고', '누구'이다.

③ (다)에서 미지칭의 인칭 대명사의 형태는 '누구'이다.

④ (가)에서 (나)로의 변화를 보니, '누고', '누구'는 체언과 보조사가 결합한 형태였다가 새로운 단어가 되었다.

⑤ (나)에서 (다)로의 변화를 보니, 현대 국어에서는 미지칭의 인칭 대명사로 '누고'는 쓰이지 않고 '누구'만이 쓰이고 있다.

위 문항은 문법 문제로 답지의 길이가 별로 비슷하지 않다. 가장 짧은 ③과 가장 긴 ⑤의 경우 상당한 차이가 난다. 답지를 제작할 때 답지의 길이를 비슷하게 하는 게 좋지만, 가장 중요한 것은 '정확한 진술'이기 때문이다. 답지 ①, ②, ③을 보자. '자료에서 미지칭의 인칭 대명사의 형태'까지는 동일하다. 그 뒤에는 각 자료에 있는 미지칭의 인칭 대명사가 무엇인지 제시하는 형식이다. (가)~(다)에 각각 3개, 2개, 1개가 있다고 제시했으므로 답지의 길이가 다른 것이다. 이때 길이를 맞추기 위해 (가), (나)에서 미지칭의 인칭 대명사를 하나씩만 제시하는 것은 안 된다. 정답에 시비가 붙을 수 있고 복답으로 판정되기 쉽기 때문이다. 길이보다 우선하는 것은 정확성이다. ④, ⑤는 자료 두 개를 엮어서 제작하다 보니 ①, ②, ③에 비해 길이가 길어진 것이다.

제시된 자료의 관계나 연관성 등을 피평가자가 파악할 수 있는지를 평가하고자 한다면, 길이 때문에 자료를 엮어서 답지를 제작하는 것을 피할 필요는 없다. 이런 경우 답지 배열은 길이가 아니라 자료에 표시된 기호의 순서에 따른다. 독서나 문학을 언어 자료로 이용한 문항 중에서 내용 파악과 관련된 문항의 경우에는, 언어 자료에 정보가 노출된 순서에 따라 답지를 배열한다. 길이 순서대로 답지를 배열하지 않는 까닭은 딱 하나이다. 피평가자가 문항을 풀 때 더 편리하게 풀 수 있도록, 덜 헷갈릴 수 있도록 하는 것이다.

1.3. 간섭이 없게 — 겹치기 출연은 피해요

이렇게 '비슷하나 다른' 답지를 제작할 때 반드시 유의해야 할 점이 하나 있다. 바로 '간섭'이다. 간섭은 하나의 문항 내에서 답지 사이에 발생하는 간섭이 있고, 같은 언어 자료에 관한 문항 사이에 발생하는 간섭이 있다. 답지 사이의 간섭이든 문항 사이의 간섭이든 '간섭'은 같은 내용 요소를 진술했다는 의미이며, 평가 요소가 겹쳤다는 의미이기도 하다. 내용 요소에 해당하는 어휘를 중복해서 사용하면 답지로서의 기능을 상실하는 답지가 생기기 쉽다. 같은 어휘를 사용한 답지들이 모순, 포함 등의 관계에 놓이게 되어 기능을 상실하게 되는 것이다.

1.3.1. 답지 사이의 간섭 — 가깝고도 멀어야 해요

우선 하나의 문항 내에 제시된 답지 사이에 발생하는 간섭이 있다. 이 간섭은 '비슷하나 다른' 답지를 제작해야 하는데, '다른'에 해당하는 것까지 비슷하게 됨으로써 발생한다. 한 문항의 답지인 ①~⑤ 사이에서 간섭이 생기는 경우이다. 다음 문항을 보자.

[9~18] 다음 글을 읽고 물음에 답하시오.

<전략>

"너 이 자식, 왜 또 이래, 응?

"배가 좀 아파서유!"

하고 풀 우에 슬며시 쓰러지니까 장인님은 약이 올랐다. 저도 논에서 철벙철벙 둑으로 올라오드니 잡은 참 내 멱살을 웅켜잡고 뺨을 치는 것이 아닌가…….

"이 자식아, 일허다 말면 누굴 망해 놀 셈속이냐, 이 대가릴 까놀 자식?"

우리 장인님은 약이 오르면 이렇게 손버릇이 아주 못됐다. 또, 사위에게 이 자식 저 자식 하는 ㉮이놈의 장인님은 어디 있느냐. 오작해야 우리 동리에서 누구 물론하고 그에게 욕을 안 먹는 사람은 명이 짜르다 한다. 조고만 아이들까지도 그를 돌라 세 놓고 '욕필이(번 이름이 봉필이니까), 욕필이' 하고 손가락질을 할 만치 두루 인심을 잃었다. 허나, 인심을 정말 잃었다면 욕보다 읍의 배참봉 댁 마름으로 더 잃었다. 번이 마름이란 욕 잘하고, 사람 잘 치고, 그리고 생김 생기길 호박개 같애야 쓰는 거지만, 장인님은 외양이 똑 됐다. 작인이 닭 마리나 좀 보내지 않는다든가 애벌논 때 품을 좀 안 준다든가 하면 그해 가을에는 영락없이 땅이 뚝뚝 떨어진다. 그러면 미리부터 돈도 먹이고 술도 먹이고 안달재신으로 돌아치든 놈이 그 땅을 슬쩍 돌라안는다. 이 바람에 장인님 집 빈 외양간에는 눈깔 커다란 황소 한 놈이 절로 엉금엉금 기어들고, 동리 사람은 그 욕을 다 먹어 가면서도 그래도 굽실굽실하는 게 아닌가…….

그러나 내겐 장인님이 감히 큰소리할 계제가 못 된다.

뒷생각은 못 하고 뺨 한 개를 딱 때려 놓고는 장인님은 무색해서 덤덤이 쓴침만 삼킨다. 난 그 속을 퍽 잘 안다. 조금 있으면 갈도 꺾어야 하고, 모도 내야 하고, 한창 바쁜 때인데 나 일 안 하고 우리 집으로 그냥 가면 고만이니까. 작년 이맘때도 트집을 좀 하니까 늦잠 잔다구 돌멩이를 집어 던져서 자는 놈의 발목을 삐게 해 놨다. 사날씩이나 건숭 '끙, 끙.' 앓았드니 종당에는 거반 울상이 되지 않았는가…….

"얘, 그만 일어나 일 좀 해라. 그래야 올 갈에 벼 살되면 너 장가들지 않니?"

그래 귀가 번쩍 띠여서 그날로 일어나서 남이 이틀 품 들일 논을 혼자 삶어 놓으니까 장인님도 눈깔이 커다랗게 놀랐다. 그럼 정말로 가을에 와서 혼인을 시켜 줘야 온 경오가 옳지 않겠나. 벼섬을 척척 들여쌓아도 다른 소리는 없고 물동이를 이고 들어오는 점순이를 담배통으로 가르치며,

"이 자식아, 미처 커야지. 조걸 데리구 무슨 혼인을 한다구 그러니, 온!"

하고 남 낯짝만 붉게 해 주고 고만이다. 골김에 그저 ④<u>이놈의 장인님</u> 하고 댓돌에다 메꽂고 우리 고향으로 내뺄까 하다가 꾹꾹 참고 말았다.

참말이지 난 이 꼴 하고는 집으로 차마 못 간다. 장가를 들러 갔다가 오작 못났어야 그대로 쫓겨 왔느냐고 손가락질을 받을 테니까…….

논둑에서 벌떡 일어나 한풀 죽은 장인님 앞으로 다가스며,

"난 갈 테야유. 그동안 사경 쳐 내슈, 뭐."

"너, 사위로 왔지 어디 머슴 살러 왔니?"

"그러면 얼찐 성렐 해 줘야 안 하지유. 밤낮 부려만 먹구 해 준다, 해 준다…….

"글쎄, 내가 안 하는 거냐, 그년이 안 크니까…….

하고 어름어름 담배만 담으면서 늘 하는 소리를 또 늘어놓는다.

<후략>

– 김유정, 「봄·봄」

----

10. ㉮, ㉯의 표현에 관해 탐구하여 발표한 것으로 적절하지 <u>않은</u> 것은?

① 가영 : 다른 부분에서는 이런 표현을 쓰지 않은 것으로 보아 '나'가 언제나 부정적인 감정을 가지고 '장인'을 대한 것은 아닌 것 같아.

② 나영 : 혼자 생각한 것이면 분노의 감정이 두드러졌을 텐데, 천연덕스럽게 겉으로 드러냈기 때문에 해학적인 분위기를 만들고 있는 것 같아.

③ 다영 : 낮춤 표현과 높임 표현을 동시에 사용함으로써 '나'의 '장인'에게 예의를 지키려는 마음과 '장인'에게 불만스러운 마음을 동시에 드러내고 있는 것 같아.

④ 라영 : 높임 표현을 동시에 쓰긴 했지만 낮춤 표현을 쓰면 안 되는 '장인'에게 결국은 낮춤 표현을 쓴 것이므로 '나'의 '장인'에 대한 반발감에 초점이 있는 것 같아.

⑤ 마영 : 일반적으로는 사위가 장인에게 쓰지 않는 표현이므로 '나'의 '장인'에 대한 감정이 격해진 것을 나타내어 곧 어떤 사건이 일어날 것이라는 점을 암시하고 있는 것 같아.

위 문항의 경우 ①, ⑤에는 '표현'이라는 어휘를, ③, ④는 '높임 표현'과 '낮춤 표현'이라는 용어를 반복하여 사용하고 있다. '표현'은 국어 시험에서 흔히 쓸 수 있는 일반적인 어휘이고 언어 자료의

내용에 해당하는 경우가 별로 없으므로 중복하여 쓴다고 문제가 되지 않는다. 그러나 ③, ④에 쓰인 '높임 표현'과 '낮춤 표현'은 특정 경우에 쓰는 용어이다. 문두에서 언어 자료의 '㉮, ㉯의 표현에 관해'라고 한정했기 때문에 피평가자들이 이 문항을 풀 때 언어 자료에서 판단의 근거로 삼아야 하는 지점은 이미 동일하다. 그런 상황에서 동일한 용어를 반복하며 답지를 제작하다 보니, ③과 ④의 의미상 차이가 크지 않다는 것을 확인할 수 있다. ④의 '낮춤 표현'은 그 내용상 ③의 '높임 표현'과 함께 설명될 수밖에 없다. 그리고 ④의 '반발감'은 ③의 '불만스러운 마음'에 해당한다. 그래서 결국 ③과 ④는 서로 간섭하는 답지가 된 것이다. 그뿐만이 아니다. 답지 ①의 '부정적인 감정', 답지 ②의 '분노의 감정' 또한 ③, ④에 제시된 감정과 별로 다르지 않다. 위와 같은 문학 작품에서 ㉮, ㉯에 담긴 '나'의 감정이 '불만'이기는 하나 '분노'나 '반발'은 아니라고, 혹은 그 반대의 경우라고 단정하기는 매우 어렵다. '부정적'은 그 범위가 매우 넓어 '불만, 분노, 반발'을 모두 포괄할 수 있다. 특정한 상황이나 장면에서 느끼는 감정의 범위를 단정하기도 어렵고 그 감정 표현을 배타적으로 설정하는 것도 불가능하다. 즉, 이러한 감정을 표현하는 어휘를 너무 세밀하게 나누어 쓰려고 하면 수많은 이의 제기와 복수 정답 시비에 이르게 된다. 따라서 감정을 표현하는 어휘는 언어 자료에서 충분한 근거를 들어 설명하고, 상대방도 그 설명을 '충분히' 납득할 수 있는 정도가 아니라면 세밀하게 구분 짓지 않는 것이 낫다. 이렇게 보면 문두에 담긴 요구 사항에 따라 파악한 ㉮, ㉯에 담긴 '나'의 감정은, 답지 ①~④에서 모두 동일한 셈이다. 결국 좁게는 두 개, 넓게는 네 개의 답지가 간섭 관계에 놓인 것이다. 물론 각 답지의 다른 요소들에서 다른 답지들과 구별되는 요소가 있긴 하지만, ①, ③, ④, ⑤가 결국 '나'의 감정에 초점을 맞춘 탓에 그 변별력이 크지 않다.

이러한 문항은 피평가자가 각 답지의 옳고 그름을 제대로 판단해서 풀지 못하고, 비슷비슷한 답지들 사이에서 헷갈리면서 풀 공산이 크다. 실력이 아닌 운이 작용할 가능성이 큰 문항이라는 뜻이다. 두 답지가 간섭 관계에 있으면 둘 중 하나는 제 기능을 못하기 때문에 오지선다가 아니라 사지선다가 되어 버린다. 그래서 특히 '내용'과 관련된 어휘를 중복하여 쓰는 것을 피해야 한다. 한 문항 내의 답지들은 나란히 있으므로 답지 사이의 거리는 가깝다. 하지만 그 내용은 서로 멀리 있어야 한다.

1.3.2. 문항 사이의 간섭 ✐ 떨어져 있다고 방심하면 안 돼요

다음으로 서로 다른 문항이지만 서로 간섭을 일으키는 경우도 있다. 문항과 문항이 멀리 떨어져 있다고 하여 간섭이 없을 것이라고 방심하면 안 된다. 이 또한 어휘를 중복하여 쓰는 경우에 생기기 쉽다. 그 어휘가 용어라면 더욱 그러하다. 같은 어휘를 쓰는 경우는 대체로 같은 내용 요소를, 같은 지점을 근거로 하여 판단할 것을 묻기 때문이다. 따라서 동일한 어휘는 한 문항 내에서만이 아니라 같은 언어 자료를 이용한 세트 문항 전체에서 피하는 것이 좋다. 물론 언어 자료의 종류나 문항 설계상 특정 어휘를 반복하여 쓸 수밖에 없는 경우는 이에 해당하지 않는다. 다음의 문항을 보자.

14. <보기>를 바탕으로 윗글에 대해 이해한 것으로 적절하지 않은 것은?

─── < 보 기 > ───

　　김유정은 한국 문학사상 최초로 토착적 해학(humor)을 형상화하였다. 일제 강점기의 농민 문학은 주로 고통스러운 농촌 현실에 초점을 맞추어 형상화하면서 그 속에서 힘겨워하거나 그로부터 벗어나기 위해 노력하는 인물들을 그리는 경향을 띠었다. 그러나 김유정은 이와 달리 농민 문학으로서 계몽적 이상주의나 감상적인 현실 중시로 흐르지 않고, 당시의 농촌 생활과 풍속을 깊숙이 파고들어 그 내면적인 감정의 흐름과 본질적인 인간상을 잘 보여 주었다.

① 주로 '나'의 말이나 몸짓, 상황에 대한 판단을 통해서 토착적 해학을 형상화하고 있음을 확인할 수 있다.
② '나'가 돈 한 푼 안 받고 삼 년 칠 개월 동안 일을 하고 있는 데에서 고통스러운 농촌 현실에서 힘겨워하는 인물을 그리고 있음을 확인할 수 있다.
③ 마름인 '장인'의 횡포에 고통받는 소작인들의 모습을 비극적으로 그리지 않은 데에서 여타의 농민 문학과 다르다는 것을 확인할 수 있다.
④ '나'가 데릴사위로 머슴을 살고 있다는 사실, '나'와 '점순이'가 내외하는 장면 등에서 당시의 풍속을 보여 주었다는 것을 확인할 수 있다.
⑤ '나'의 '점순이'에 대한 마음, '나'와 '점순이'와의 대화를 통해 인간의 내면적인 감정의 흐름을 보여 주었다는 것을 확인할 수 있다.

　　이 문항은 앞의 1.3.1.에서 제시한 「봄·봄」을 언어 자료로 한 문항 10번(**가**)과 같은 세트에 있는 문항 14번이다. **가**와 **나** 두 문항의 답지를 보면, **가**의 ②와 **나**의 ① 모두에 '해학'이라는 용어가 사용되었다. **가**의 ②에서 해학적인 분위기를 만든다고 판단의 근거로 삼은 것이 '나'의 말인데, **나**의 ①도 '나'의 말이나 몸짓, 상황에 대한 판단을 통해서 해학을 형상화한다는 내용이다. '몸짓'과 '상황에 대한 판단'이라는 새로운 요소가 등장하기는 했으나 '말'을 배제한 것은 아니므로, 결국 **가**의 ②와 **나**의 ① 둘 다 '나'의 말을 통해 해학적인 분위기를 만들거나 해학을 형상화하고 있는 것이다. 다시 말하면, **가**의 ②와 **나**의 ①은 같은 내용이어서 **가**와 **나** 사이에 간섭이 생긴 것이다. 이 두 문항 사이의 간섭은, 같은 언어 자료를 이용한 세트 문항에서 '해학'이라는 용어를 중복하여 써서 생긴 것이다.

'해학'이라는 용어를 써서 간섭이 생긴 것은 언어 자료의 발췌와도 연관이 깊다. 김유정의 「봄·봄」이 1인칭 주인공 시점이기는 하지만, 이 작품이 지닌 해학성이 '나'에게서만 비롯되는 것은 아니다. 구장님과 장인님, 점순이 각각이 하는 역할과 이들이 어우러지는 장면들을 통해 형상화되는 것이다. 그런데 언어 자료로 발췌한 부분에는 주인공이 혼잣말을 하듯이 하소연하는 장면만 제시되어 있다. 즉 발췌된 언어 자료에는 '나'가 아닌 다른 인물의 해학을 형상화하는 장면이 없다. 이런 상태에서 '해학'을 답지의 내용 요소로 삼으면 '나'의 말이나 행동을 판단의 근거로 삼을 수밖에 없기 때문에 간섭이 필연적으로 일어나게 된다.

정리하자면, 서로 다른 문항의 답지에 같은 용어를 썼다고 하여 반드시 간섭이 생기는 것은 아니다. 그렇지만 그럴 가능성은 매우 높기 때문에 하나의 세트 문항에서 같은 '용어'의 사용은 피하는 것이 좋다.

이렇게 문항 사이의 간섭이 생기는 답지를 만들면, 심한 경우 두 문항의 정오에 대한 판단이 연동되는 문제가 생긴다. **가**의 ②가 옳은 진술이면 **나**의 ①도 옳은 것이 된다. 반대의 경우도 마찬가지이다. 두 문항 모두 '적절하지 않은 것'을 선택하는 부정 문두이기 때문에, **가**의 ②가 정답이면 **나**의 ①도 정답이 된다. 두 문항 모두 긍정 문두인 경우여도 **가**의 ②가 정답이면 **나**의 ①도 정답이 된다. 그리고 **가**의 ②가 정답이 아니면 **나**의 ①도 자동으로 정답이 아닌 게 된다. 정오에 대한 판단이 연동되지 않더라도 최소한 한 문항의 답지가 다른 문항을 푸는 데 단서는 된다. 하나는 긍정 문두이고 다른 하나가 부정 문두라면, 답지 하나는 이미 판단이 내려진 것이 되어 사지선다로 바뀐다. 문항 간의 간섭이 일어나지 않도록 각별히 유의해야 하는 이유이다. 한 세트의 문항에서 같은 내용 요소를 중복하여 쓰지 말아야 하는 이유이기도 하다. 이를 위해 한 세트의 문항에서 같은 내용 요소, 같은 어휘를 중복하여 쓰지 않아야 한다.

2. 답지 제작의 과정과 방법

답지를 제작하는 과정은 문두에 따라 조금씩 다를 수 있다. 일반적으로 우선 언어 자료의 내용과 부합하는 답지를 만들고 긍정 문두는 네 개를, 부정 문두는 한 개를 부합하지 않는 답지로 바꾸는 것이 좋다. 그래야 답지를 제대로 썼는지를 확인할 때나 다른 답지들과의 관계를 살펴볼 때 헷갈리지 않을 수 있다.

2.1. 정답지 제작 ✒ 맛있게 만들어 봐요

정답지를 먼저 확정한 후 오답지를 만드는 것이 일반적인 순서이다. 정답지를 먼저 확정해야 정답지와 적절한 거리를 두며 오답지를 만들 수 있기 때문이다. 확정한 정답을 기준으로 하여 간섭이나 중복을 피하고, 거리를 조절하며 매력도가 다른 오답지를 만든다는 뜻이다. 정답지를 확정하지 못하여 나중에 수정하게 되면 덩달아 오답지도 모두 수정해야 하는 문제가 생긴다. 모든 답지를 수정하다 보면 머릿속이 엉켜서 간섭이 발생하거나 복답, 무답이 되는 경우도 생길 수도 있다. 그래서 '똘똘한 정답지' 한 개를 먼저 만드는 것이 우선이다.

물론 문두가 긍정 문두인가 부정 문두인가에 따라 정답에 해당하는 진술이 달라진다. 긍정 문두라면 언어 자료의 내용과 부합하는 답지가 정답지이고, 부정 문두라면 부합하지 않는 답지가 정답지가 되기 때문이다.

2.1.1. 문두의 요구 사항 파악 ✒ 주문한 대로 만들어야죠

답지를 제작하는 방법 중 첫 단계는 문두에서 요구하는 바를 정확히 파악하는 것이다. 문두에서 요구하는 바를 모두 담은 것이 바로 정답지이기 때문이다. 문두는 형태를 기준으로 <보기>를 이용하는 것과 그렇지 않은 것으로 나눌 수 있다. 이에 따라 정답지 제작의 과정도 조금 달라진다. 일반적으로 <보기> 등을 활용하지 않은 문항은 문두에서 요구하는 바가 단일하여 표현상으로는 간단명료하다. 다음의 경우를 보자.

[6~8] 다음을 읽고 물음에 답하시오.

(가) 고등학생의 작문 과제 수행 일지
- 예상 독자 : 학교 신문을 읽을 학교 친구들 ·· ㉠
- 글을 쓰게 된 배경 : 카페인을 과다 섭취하면 부작용이 있음에도 불구하고 학교 친구들이 커피를 자주 마시고 있음. ·· ㉡
- 글을 쓰는 목적 : 카페인 섭취에 대한 정확한 정보를 바탕으로 친구들이 카페인을 과다 섭취하지 않게 설득함. ·· ㉢
- 기타 유의할 사항 : 선생님께서 글쓰기에 대해 평소에 강조하시는 점 중 다음 사항은 이번 글에서 꼭 반영하고자 함.
  1. 문단의 화제가 명료하게 드러나야 함. ·· ㉣
  2. 상황이 구체적으로 진술되어야 함. ·· ㉤

(나) 학생의 초고
  카페인은 비교적 안전한 물질로, 적당량을 섭취하면 졸음이 가시고 피로감이 덜해지는 등의 효과가 있다. 그러나 허용량을 초과하여 섭취하면 불면증, 신경과민 등 각종 부작용을 일으킬 수 있다. 특히 청소년은 부작용이 성인보다 심하게 나타날 수 있으므로 카페인 섭취에 유의해야 한다.
  청소년의 하루 카페인 섭취 허용량은 어느 정도일까? 식품의약품안전처에서는 하루 카페인 섭취량이 체중 1 kg당 2.5 mg을 넘지 않도록 권하고 있다. 체중 50 kg인 청소년의 경우 카페인 섭취량이 하루에 125 mg을 넘지 않도록 하라는 것이다.
  그렇다면 125 mg은 어떤 식품을 얼마나 먹으면 섭취하게 되는 양일까? 식품의약품안전처의 조사에 따르면 청소년들이 카페인을 주로 섭취하게 되는 식품은 탄산음료(에너지 음료, 콜라 등)와 커피류이다. 이들 식품의 카페인 평균 함유량을 살펴보면, 에너지 음료 한 캔(250 mℓ)에는 62.5 mg, 콜라 한 캔(250 mℓ)에는 23 mg, 커피 한 캔(175 mℓ)에는 84.4 mg이 들어 있다. 체중이 50 kg인 청소년이 하루에 에너지 음료 두 캔을 마시면 식품의약품안전처의 섭취 허용량에 이르게 되는 셈이다.
  [A] 그런데 탄산음료나 커피류뿐만 아니라 청소년이 즐겨 먹는 초콜릿이나 과자, 사탕 등에도 카페인이 들어 있다는 점에 유의해야 한다. 초콜릿 30 g짜리 한 개에는 16 mg의 카페인이 들어 있어서 체중이 50 kg인 청소년이 커피 한 캔과 콜라 한 캔을 마시고 초콜릿 두 개를 먹으면 섭

취 허용량을 초과하게 된다. 청소년들이 일상생활에서 무심코 간식을 먹고 음료를 마시다가 자신도 모르는 사이에 카페인의 하루 섭취 허용량을 넘길 수 있다는 것이다.

[B]

<문두> 6. (가)를 바탕으로 글을 쓰기 위해 세운 계획으로 (나)에 반영되지 <u>않은</u> 것은?[7]

이 문항은 작문을 하는 단계에 따라 계획을 세우고 실제 작문을 하는 상황을 가정한 문항이다. 이 문항을 설계할 때 설정한 상황은, 한 학생이 (가)의 과제 수행 일지를 바탕으로 글쓰기 계획을 세우고 (나)의 초고를 쓴 것이다. 그런데 언어 자료에 글쓰기 계획은 제시되어 있지 않다. 문두를 보면 (가)를 기준으로 삼아 (나)를 통해 이 '글쓰기 계획'을 떠올려야 한다. 즉, 문두의 요구 사항은 답지에 '(가)를 바탕으로 한 글쓰기 계획을 담으라'는 것이다. 그리고 부정 문두이므로 4개의 답지는 (가)를 기준으로 볼 때 적절하면서 (나)에 반영되어 있는 것이어야 하고, 1개의 답지는 그렇지 않은 것이면 된다. 앞에서 말한 바와 같이 우선 답지 5개를 모두 적절한 내용으로 쓴다는 생각으로 시작하는 것이 좋다.

2.1.2. 답지에 들어갈 요소 결정 ✐ 재료를 결정해야죠

문두에서 요구하는 바를 파악했으면 그에 따라 답지를 제작하기 시작해야 한다. 답지는 문두에 종속되는 것이므로 문두에 따라 답지에 들어갈 요소를 결정해야 한다. 문두가 '(가)를 바탕으로'라는 조건을 제시하고 있으므로 각 답지에는 (가)를 바탕으로 한 요소가 포함되어 있어야 한다. (가)에는 '예상 독자, 글을 쓰게 된 배경, 글을 쓰는 목적, 기타 유의할 사항'의 네 가지 항목이 제시되어 있다. 5개의 답지를 만들어야 하는데 '바탕으로' 할 항목이 4개밖에 없는 것 같지만, '기타 유의할 사항'에 2개의 하위 항목이 있어서 총 항목의 개수는 5개로 답지의 개수가 일치한다. 이때 답지에 '예상 독자' 등 각 항목의 제목을 쓰기는 어렵다. 항목 앞에 ∘가 붙어 있는 것이 네 개밖에 없어서, '기타 유의할 사항'의 하위에 있는 항목 두 가지의 제목을 쓰려면, '기타 유의할 사항의 1', '기타 유의할

---

7) 이후의 내용에서 문두에 따른 답지 제작 과정을 보여 줄 예정이어서 답지는 제시하지 않는다.

사항의 2'의 방식으로 쓸 수밖에 없다. 그리고 각 항목의 제목을 답지에 그대로 쓰는 것은 답지의 문장을 만드는 데 오히려 어려움을 준다. 말하자면 ①은 '(가)에서 예상 독자를 학교 신문을 읽을 학교 친구들로 설정했으므로~'의 방식으로 답지의 문장을 시작하고, 그 뒤에 (나)를 통해 떠올린 글쓰기 계획을 추가해야 하는데 이런 경우 문장이 불필요하게 길어진다. 그래서 이런 경우에는 위와 같이 ㉠~㉤처럼 기호를 붙여서 답지를 제작하는 것이 좋다.

기호를 이용하여 (가)를 바탕으로 한 요소를 답지에 포함하기로 했으면 다음으로 (나)와 관련된 것을 포함해야 한다. 문두에 따르면 (나)는 글쓰기 계획이 반영된 결과물이므로, (나)에서 확인할 수 있는 것을 이용하여 (나)를 쓰기 전에 수립한 글쓰기 계획을 역추리하여 답지를 구성해야 한다. 이때 (나)가 (가)를 바탕으로 한 글쓰기 계획이 어떻게 반영되었는지에 관한 판단의 근거로만 기능한다는 점에 유의해야 한다. (나)는 일련의 글쓰기 수행 과정의 결과물로 제시된 것일 뿐, 문두에서 (나)를 이용하여 글을 쓰는 것 혹은 고치라는 것을 요구한 것이 아니기 때문이다. 답지를 제작할 때 (나)와 관련된 것을 답지에 포함할 때, (나)에서 확인해 보니 반영되었다고 진술할 글쓰기 계획을 어떤 수준에서 진술할 것인가를 결정해야 한다. (나)의 특정한 구절을 거의 인용하는 수준으로 글쓰기 계획을 진술할 것인가, 전체적인 글의 흐름을 파악하고 (가)와 관련된 부분을 어느 정도 일반화한 표현으로 진술할 것인가를 결정해야 한다는 뜻이다. 그런데 글은 글을 쓰기 전에 세웠던 계획이 구체화된 것이다. 거꾸로 얘기하면 계획은 실제 글보다 추상적이라는 뜻이기도 하다. 그렇다면 특정한 구절을 거의 인용하는 수준으로 진술하는 방식보다는 일반화한 표현으로 진술하는 것이 나을 것이다. 이런 유형의 문항에서 특정한 구절을 거의 인용하는 수준으로 답지를 진술하면, '글쓰기 계획'이라기보다는 '표현 전략'에 관한 문제가 될 수도 있다.

2.1.3. 문장의 형식 결정 *어떤 그릇에 담을지 결정해요*

답지를 구성할 요소를 어느 정도로 결정했으니 다음으로 문장의 형식을 어떻게 할지를 결정할 차례이다. 우선 문두를 보았을 때 다음과 같은 구조를 지닌 겹문장의, 종결 어미 '-다.'를 이용한 평서문으로 쓰는 것이 적절하다.

| [(가)의 기호]을 / 를 | + ~ 하여 / 위해 | + [(나)에 반영된 사항을 일반화한 진술] | + [서술부] |

문두를 보면 글쓰기 계획 반영 여부에 관한 판단이므로 의문문 등으로 쓰는 것이 적절하지 않고, 문항 구성이 학생들의 탐구 활동의 결과나 추가로 제시된 언어 자료를 통해 감상이나 이해를 심화하는 것이 아니므로 '-다.'로 종결하는 평서문으로 답지를 쓰는 것이 적절하다고 판단한 것이다. 그

리고 문두의 요구 사항인 '(가)를 바탕으로'에 따라 [(가)의 기호]을 / 를 + ~하여 / 위해 와, '글을 쓰기 위해 세운 계획으로 (나)에 반영'에 따라 + [(나)에 반영된 사항을 일반화한 진술] + [서술부] 를 결합하는 구조의 문장으로 답지를 제작하려는 것이다.

2.1.4. 문장에 담을 내용 요소 결합 ⟋ 어떻게 조리할지 결정해요

이렇게 되면 답지의 전체적인 틀은 모두 갖춘 셈이다. 이제 이 틀에 맞게 내용 요소를 결합하는 단계가 남아 있다. (나)에서 ㉠~㉤의 기호로 지시한 항목들이 반영된 부분들을 찾아보아야 한다. 우선은 정확하지 않더라도 (나)에서 ㉠~㉤에 해당하는 것 같은 내용을 찾아 정리한다. 위 문항을 정리해 보면 대략 아래와 같이 된다.

기호	(나)에서 글쓰기 계획이 반영된 것 같은 부분
㉠	• 카페인 관련 청소년 중심의 정보 - 부작용, 섭취 허용량, 섭취 경로, 함유 식품
㉡	• 과다 섭취 - 커피 한 캔과 콜라 한 캔을 마시고 초콜릿 두 개를 먹으면 섭취 허용량을 초과함.
㉢	• 정확한 정보와 설득 - 식약처에서는 하루 카페인 섭취량이 체중 1 kg당 2.5 mg을 넘지 않도록 권고함. - 에너지 음료 한 캔(250 mℓ)에는 62.5 mg, 콜라 한 캔(250 mℓ)에는 23 mg, 커피 한 캔(175 mℓ)에는 84.4 mg, 초콜릿 한 개(30 g)에는 16 mg의 카페인이 함유됨. - 카페인을 과다 섭취하지 않도록 유의해야 함.
㉣	• 각 문단의 화제 - 1문단 : 청소년은 부작용이 성인보다 심하게 나타날 수 있으니 카페인 섭취에 유의 - 2문단 : 청소년의 하루 카페인 섭취 허용량 - 3문단 : 청소년의 하루 카페인 섭취 허용량에 도달하게 되는 식품의 종류와 양 - 4문단 : 청소년들이 카페인 섭취에 유의하려 할 때 조심해야 할 점
㉤	• 구체적 상황 - 체중 50 kg인 청소년의 경우 카페인 섭취 허용량이 하루에 125 mg 이하임. - 청소년이 하루에 에너지 음료 두 캔을 마시면 식약처의 섭취 허용량에 이름. - 초콜릿 30 g짜리 한 개에는 16 mg의 카페인이 들어 있어서 체중이 50 kg인 청소년이 커피 한 캔과 콜라 한 캔을 마시고 초콜릿 두 개를 먹으면 섭취 허용량을 초과함.

<표 1>

정해진 양식이 있는 것이 아니므로 평가자가 보기 편한 방식으로 정리하면 된다. 이렇게 정리하다 보면 정확히 맞아떨어지는 것 같은 항목이 나올 수도 있고 그렇지 않을 수도 있다. 즉, <표 1>의 오른쪽 '(나)에서 글쓰기 계획이 반영된 것 같은 부분'을 채우면서 정확하지 않다는 판단이 드는 칸이 있을 수 있다는 뜻이다. 그런 것이 없으면 5개 모두를 옳은 답지로 쓴 후 1개를 옳지 않은 답지로 쓰면 된다. 그런데 정확하지 않다는 판단이 드는 것이 있다면, 바로 그것을 옳지 않은 답지로 즉 정답지로 삼아야 한다. 이 문항의 경우, ㉡에 해당하는 칸을 채울 때 정확하지 않다는 판단이 들 것이다. 다른 항목은 모두 잘 맞는 내용인 것 같은데 ㉡에 해당하는 내용을 (나)에서 딱히 찾을 수 없다. <표 1>에는 '학교 친구들이 커피를 자주 마시고 있음'과 가장 가까운, 청소년들이 카페인을 섭취하는 것처럼 씌어 있는 부분을 찾아 적은 것이다. 그러나 억지로 칸을 채웠을 뿐 정확하지 않다. ㉡을 바탕으로 하여 세운 글쓰기 계획이 (나)에 반영되어 있지 않은 것이다. 그렇다면 ㉡을 정답지로, 즉 적절하지 않은 답지로 삼으면 된다.

이제 정답지를 만들어 보자. 앞에서 결정한 문장의 구조는 다음과 같다.

[(가)의 기호]을 / 를	+ ~ 하여 / 위해	+ [(나)에 반영된 사항을 일반화한 진술]	+ [서술부]

여기에서 [(가)의 기호]을 / 를 에는 '㉡'을 쓰면 된다. + ~ 하여 / 위해 는 답지를 제작하는 과정에서 매우 많이 달라질 수 있다. ㉡에 무게 중심을 두면 '배경'이라는 항목의 제목이나 '학교 친구들이 커피를 자주 마시고 있음'이라는 상황에 어울리게 쓰면 된다.

+ [(나)에 반영된 사항을 일반화한 진술] + [서술부] 에 무게 중심을 두면, ㉡이 이 부분을 위한 목적이나 수단으로서 하는 역할을 드러내는 의미로 쓰면 된다. <표 1>을 정리하면서 ㉡에 해당하는 (나)의 내용이 딱히 없다는 점을 확인했기 때문에 글쓰기 계획의 반영 여부를 (나)의 특정 부분에 근거하여 판단할 수 없다. 이는 달리 말하면 + [(나)에 반영된 사항을 일반화한 진술] 을 채울 수 없다는 뜻이다. 그렇다면 이 자리는 (나)에서 정확하지는 않으나 그나마 비슷하다고 골라 놓은 내용을 ㉡과 가까운 내용으로, ㉡에 어울리는 내용으로 만들어 채워야 한다. (나)에 기댈 수 없으니 (가)에라도 기대는 모양을 취해야 한다는 뜻이다. (나)에는 언급된 적이 없고 ㉡과도 거리가 먼 내용으로 이 자리를 채우면 다른 답지의 정오를 판단할 때 겪는 여러 차례의 사고 과정이 필요하지 않다. 피평가자의 입장에서는, '그냥 ㉡과도 안 맞고 (나)에도 없으니 적절하지 않은 답지'가 되는 것이다. 이른바 자신이 답이라고 '깃발을 펄럭이고 있는', '손 들고 있는' 답지로서, 그동안의 과정을 모두 쓸모없는 것으로 만들어 버리는 허무함을 낳는다. (가)와 (나)의 연결 지점을 정리했던 <표 1>을 근거로 다음과 같은 답지 초안을 만들 수 있다.

> ◦ ⓛ을 (   ) 커피 한 캔과 콜라 한 캔을 마시고 초콜릿 두 개를 먹으면 섭취 허용량을
> 초과 (   )

　다음으로 <표 1>의 오른쪽 칸을 차지했던 '커피 한 캔과 콜라 한 캔을 마시고 초콜릿을 두 개'가 글쓰기 계획이 반영된 것이라고 여기고 이를 일반화한 진술로 바꾸어 보자. (나)에서 '커피 한 캔과 콜라 한 캔을 마시고 초콜릿을 두 개'는 청소년이 무심코 그리고 아주 쉽게 카페인을 과다 섭취하게 되는 경우를 표현한 것이다. ⓛ도 핵심이 '카페인 과다 섭취'이므로 둘의 연결 지점은 바로 '과다 섭취'이다. ⓛ에 그나마 비슷하다고 골라 놓은 내용을 ⓛ과 가깝고 어울리는 내용으로 만들 수 있는 것이 바로 '카페인 과다 섭취'인 것이다. 예상 독자는 학교 친구들이고 그에 따라 (나)도 청소년의 카페인 섭취에 관한 것이므로 다음과 같이 정리할 수 있다.

> ◦ ⓛ을 (   ) 청소년의 카페인 과다 섭취 (   )

　이제는 (   ) 안을 어떤 표현으로 채워야, 문두에 적절하나 내용적으로는 적절하지 않은 답지가 만들어질지 고민해야 한다. 이제부터는 (   )을 쓰고 고치는 과정을 반복하게 된다. 이 답지가 정답지가 되도록 (   )을 채울 때, 즉 문두대로 '적절하지 않은' 것이 되도록 만들 때 '적절함'과의 거리를 얼마나 둘 것이냐가 관건이 된다. 그 거리에 따라 (   )을 채울 적절하지 않은 요소, 적절하지 않도록 만드는 장치의 개수가 달라지기 때문이다. 우선 '적절함'과 거리를 멀리 띄우고 싶지 않은 욕심에 아래와 같이 만들 수 있다.

> ◦ ⓛ을 (드러내기 위해) 청소년의 카페인 과다 섭취 (실태를 제시한다.)

　ⓛ에 '학교 친구들이 커피를 자주 마시고 있음'이 포함되어 있는데 이를 '학교 친구들의 카페인 섭취 실태'라고 할 수 있다, (나)에 제시된, '청소년이 커피 한 캔과 콜라 한 캔을 마시고 초콜릿 두 개'만 먹어도 카페인 하루 섭취 허용량을 초과하게 된다는 내용을 청소년의 카페인 과다 섭취 실태로 착각하기를 바라면서 만든 답지이다. 그 뒤의 서술어는 '실태'와 어울리는 동사 중에 고르면 된다. 단, 글쓰기 계획이 반영된 '결과'에 대한 판단이 아니라 '글쓰기 계획'에 해당하는 내용이어야 함을 잊어서는 안 된다. 평가자는 '실태'에 어울리는 서술어로 '제시하다'를 고르고, 답지는 반영되기 이전 단계의 계획에 해당하는 것이므로 현재형 시제를 이용하여 '제시한다'로 적었다.

+[(나)에 반영된 사항을 일반화한 진술] + [서술부] 를 이렇게 만들고 나면 'ⓛ을'의 뒤에 있는 ~하여 / 위해 에 쓸 표현의 범위가 좁아진다. [서술부] 가 ~하여 / 위해 보다 시간적으로 앞서므로 ~하여 / 위해 는 ⓛ을 반영하기 위한 방법에 해당하는 표현을 쓰면 된다. 그에 따라 여기에서는 '드러내기 위해'를 선택하였다. 그런데 문항을 검토하는 과정에서 (나)의 [A] 부분을 실태로 볼 수 있다는 생각이 들 수도 있다. 다른 출제자와의 상호 검토 과정에서, '그렇게 볼 여지가 전혀 없는 건 아니지 않은가?' 정도의 의견이 계속 평가자의 머릿속에 남을 수도 있다. 그렇다면 '적절함'과 거리를 더 멀리 띄우면 된다. 이 답지를 정답지로 만든 것인데 정답지가 아니라고 한다면 이 문항은 '무답'인 문항이 되기 때문이다. (나)의 [A] 부분을 청소년의 카페인 과다 섭취 실태로 볼 수도 있다는 점 때문에 거리를 더 두기로 했다면 '실태'를 바꾸거나 서술부를 바꾸는 수밖에 없다. 그런데 '실태'를 바꾸면 ⓛ과의 거리가 멀어지고 이는 이 답지의 기본 틀을 부수는 셈이 된다. 결국 서술부를 다음과 같이 바꾸었다.

> ° ⓛ을 드러내기 위해 청소년의 카페인 과다 섭취 <u>실태로 글을 시작한다.</u>

(나)에서 청소년의 카페인 과다 섭취 실태로 볼 수도 있는 부분이 [A]이므로 서술부를 '글을 시작한다'로 바꿈으로써 이전의 답지보다 '적절함'과의 거리를 더 멀리한 것이다. '적절함'과의 거리가 멀어진 만큼 '무답'과의 거리도 멀어졌다고 생각하면 된다.

2.1.5. <보기>가 있는 문항의 경우 *같으면서도 다르죠*

다음으로 <보기>를 활용한 문항의 답지를 제작하는 과정을 살펴보자. 기본적인 방법은 <보기>가 없는 문항과 비슷하다. 그러나 앞서 말한 바와 같이, <보기>를 활용할 때 문두 자체에서 요구하는 요건이 있기 때문에, 답지를 제작할 때 그것을 반영해야 한다. 다음의 문항을 보자.

2022학년도 EBS 수능특강 독서 65~67쪽

[01~05] 다음 글을 읽고 물음에 답하시오.

<전략>

롤스는 정의의 핵심이 절차적 공정성에 있다고 보았다. 한 사회 내에서 사회 구성원들이 자신의 사회를 운영해 나갈 법과 제도를 합의한다고 할 때, 이 법과 제도가 정의로운 것인지 아닌지는 그것이 정해지는 절차적 공정성에 달려 있다는 것이다. 롤스는 절차적 공정성에 대

해 설명하기 위해 사회 구성원들이 법과 제도의 토대가 되는 사회 운영 원리를 합의하는 이른바 원초적 상황을 가정한다. 원초적 상황에서는 무지의 장막이라는 특수한 정보 차단 장치가 있어서 이 상황에 참여한 사람들은 자신이 처한 사회적 지위나 자신의 선호에 관한 정보를 알 수 없다. 이때 참여자들이 합리적이라면 자신이 어떤 사회적 조건에 처해 있는지를 모르기 때문에 자신이 최악의 상황에 빠지게 될 수 있음을 고려하게 될 것이고, 타고난 능력이나 처해진 환경, 계층적 조건 등에 의해 좌우되지 않는, 불편부당한 정의의 원칙을 마련하게 될 것이다. 이 때문에 원초적 상황에서는 자연스럽게 절차적 공정성이 확보된 원칙이 마련되고 최악의 상황에 처한 사람들에게 가장 유리한 사회 제도를 선택하게 됨으로써 사회적 안전망이 ⓐ 생기게 된다.

<후략>

---

03. [A]를 바탕으로 <보기>의 질문에 답한 내용으로 가장 적절한 것은?

> ─── < 보 기 > ───
> 교실에 30명의 학생이 앉아 있다. 이 중 복도 쪽에 앉아 있는 어떤 학생이 판서가 안 보인다는 이유로 창가의 커튼을 쳐 달라고 말했다. 창가 쪽에 있는 어떤 학생은 커튼을 치면 햇볕을 쬘 수 없다며 커튼을 치지 않겠다고 말했다. 이렇게 교실 내 자리 결정과 관련하여 갈등이 빈번한 상황이라면 롤스는 어떻게 문제를 해결하는 것이 정의에 부합한다고 말할까?

① 학생 모두가 지켜보는 가운데 무작위 추첨을 하여 학생 30명의 자리를 다시 정한다.
② 30명의 학생 모두에게 어떤 자리를 선호하는지를 조사하여 이를 최대한 반영해 주도록 한다.
③ 자리 선정 방식에 대해 학생들이 다양한 갈등 상황을 검토한 뒤 갈등이 가장 적게 발생하는 방향으로 합의한다.
④ 교실 내에서 일어날 수 있는 다양한 갈등 상황을 검토한 뒤 갈등이 가장 적게 발생하는 방향으로 합의한다.
⑤ 자신이 어떤 자리에 앉게 될지 모른다는 것을 전제로 가장 나쁜 조건의 자리가 어디인지 정하고 그 자리에 앉는 학생을 유리하게 하는 방향으로 원칙을 정한다.

이 문항의 문두에 충실한 답지가 되기 위해서는 답지 다섯 개 모두가 다음의 요건을 갖추어야 한다.

첫째, [A]를 바탕으로 할 것
    (= <보기>에 언급되지 않은 내용 요소도 포함할 것)
둘째, <보기>의 마지막 문장에 제시된, 질문에 대한 답의 형식에 해당할 것
    (= 문제를 해결하는 방식을 제시하는 형식을 취할 것)

간단하면서도 당연히 갖추어야 할 요건이다. 답지를 제작할 때, 이처럼 우선 답지가 갖추어야 할 요건을 생각하여 확정한 후에 그에 따라 답지를 제작해야 한다. 그래야 각 답지를 보고 피평가자가 판단해야 하는 개수가 비슷해진다. 그리고 그렇게 해야 답지 제작이 더 수월하고 체계를 갖추게 된다. 이때 확정하는 것은 갖추어야 할 '요건'이기 때문에 내용을 크게 신경 쓸 필요는 없다. 예를 들어 위의 첫째를 갖추어야 할 요건으로 확정할 때, [A]를 바탕으로 다섯 개의 내용을 추출할 수 있는가를 고민할 필요는 없다는 것이다. 언어 자료의 내용과 부합하지 않은 답지는, 이 문항의 경우 적절하지 않은 답지는 <보기>에 언급되지 않은 요소를 넣음으로써 [A]를 바탕으로 한 것처럼 보이게 할 수 있다는 뜻이다.

이 문항의 경우 '적절한 것'을 물었기 때문에 정답지 하나를 만드는 것은 어렵지 않다. 그러나 요건 둘을 모두 갖추면서도 매력적인 오답지를 만드는 것은 어렵다. 요건 둘 중 하나를 누락시킴으로써 오답이 되는 답지는 평가자에게나 피평가자에게나 너무 허무한 답지이다. 요건 둘을 갖추면서도 허무한 답지가 아닌, 매력적인 오답지를 만드는 것이 답지 제작의 진짜 실력이다. 이러한 요건 누락 여부를 정답 판단의 근거로 삼지 않는다는 것은, 내용의 적절성을 답지의 근거로 삼아야 한다는 뜻이다.

답지에 포함시킬 내용을 결정하기 위해서는 우선 [A]의 핵심을 간추려야 한다. 문두가 '[A]를 바탕으로'이기 때문이다. [A]의 핵심 내용은 간추려 보면 다음과 같다.

ㄱ. 롤스는 정의의 핵심이 절차적 공정성에 있다고 보았다.
ㄴ. 무지의 장막이 있는 원초적 상황에서는 불편부당한 정의의 원칙이 마련될 것이다.
ㄷ. 절차적 공정성이 확보된 원칙이 마련되고, 최악의 상황에 처한 사람들에게 가장 유리한 사회 제도를 선택하게 된다.(이런 것이 정의로운 제도이다.)

이렇게 특정 문단을 바탕으로 정오답 여부를 판단하게 할 때는 지엽적인 부분을 근거로 삼으면 안 된다. 이런 유형의 문항 구성은 해당 문단의 핵심 내용을 잘 파악했는지를 평가 요소로 삼아야

하기 때문에 그러하다. 따라서 이 문항의 경우 ㄱ~ㄷ처럼 핵심 내용에 해당하는 것 중 하나 이상을 정오답의 판단 근거로 삼아 답지를 제작해야 한다.

이 문항은 판단의 근거로 삼기를 요구한 문단에 핵심 정보의 양이 많지 않다. <보기>를 통해 제시한 상황의 쟁점도 하나이다. 이런 경우 부정 문두로 제작하면 옳은 내용의 오답지 4개를 만들어 낼 수 없다. 그래서 긍정 문두로 문항을 제작한 것이다. 근거로 삼아야 하는 문단의 핵심 정보량이 많지 않고 제시된 상황도 쟁점이 단일한 경우에, ㄱ과 같은 추상적 진술문만 근거로 정오를 판단하도록 답지를 제작하는 것은 쉽지 않다. 답지를 제작하더라도 정오가 분명하지 않을 가능성이 높다. 추상성이 야기하는 해석의 다양성, 오독의 가능성 때문이다. 따라서 이 문항처럼 구체적 상황에 대한 반응을 요구할 경우, 구체적 절차가 담긴 내용을 근거로 삼도록 답지를 제작하는 것이 좋다. 그래야 피평가자가 정오를 판단하기 위한 길의 입구를 찾을 수 있고, 자신이 들어선 길이 옳은 길인지 그른 길인지를 판단할 수 있기 때문이다. 결국 ㄱ만을 근거로 답지를 제작하려는 시도는 적절하지 않다는 것이다.

ㄱ과 ㄴ 각각을 서로 다른 답지의 정오를 판단하는 근거로 삼는 것도 불가능하다. ㄱ만을 근거로 한 답지 제작이 적절하지 않다는 사실에 더해 ㄱ과 ㄴ이 사실상 같기 때문이다. [A]를 보면 ㄴ을 통해 ㄱ이 구체화되므로, ㄴ을 근거로 삼는 것과 ㄱ을 근거로 삼는 것이 결국 같다. 따라서 ㄴ 없이 ㄱ만 근거로 하여 답지를 제작하려는 시도는 결국 실패로 돌아가기 마련이다. 설사 힘들게 힘들게 두 개의 답지를 제작하더라도 결국은 피평가자가 답지의 정오를 판단하는 지점이 같은 답지가 된다. 정오를 판단하는 지점이 같은 답지는 서로 다른 답지가 아니라 같은 답지이다. 이런 답지가 있는 문항은 복답 판정을 받거나, 오지선다가 아니라 사지선다 혹은 삼지 선다라는 비아냥을 듣게 된다. 수행해야 할 변별 기능을 상실하는 것이다.

그렇다면 정답지를 제작할 때 ㄴ 또는 ㄷ을 판단 근거로 삼거나 ㄴ과 ㄷ을 동시에 판단 근거로 삼으면 된다. 그런데 ㄴ은 ㄷ이 도출되기 위한 전제에 해당하므로 ㄷ을 근거로 삼으면 저절로 ㄴ도 포괄하게 된다. 따라서 ㄴ 또는 ㄷ을 정답지의 근거로 삼는 선택이 남는다.

이상과 같은 과정을 거쳐 ㄴ과 ㄷ 둘 중에 어떤 것을 정답지의 근거로 삼을 것인가는 <보기>에 담긴 상황에 달려 있다. 앞서 말한 바와 같이 <보기>의 상황은 쟁점이 하나이고, 마지막의 질문은 이에 대한 '해결 방안'을 롤스의 입장에서 생각해 보라는 것이다. 문두는 이 질문에 대한 답을 요구하고 있다. 따라서 정답지는 '해결 방안'을 제시해야 한다. 그렇다면 ㄴ은 정답지의 근거가 될 수 없다. ㄴ은 갈등 상황을 해결하기 위해 지녀야 하는 태도, 원칙 마련에 그치기 때문이다. ㄷ에는 ㄴ을 전제로 '최악의 상황에 처한 사람들에게 가장 유리한 사회 제도를 선택'하는 구체적인 해결 방안이 제시되어 있다. 따라서 이 문항의 정답지는 ㄷ을 근거로 삼을 수밖에 없다. 전술한 바와 같이 ㄷ은 ㄴ을 전제로 하기 때문에 정답지에 ㄴ의 내용이 포함되는 것은 자연스럽다.

이 문항은 긍정 문두의 문항이므로 옳은 내용의 정답지 하나를 우선적으로 만드는 것이 순서다. '똑똑한 한 놈'부터 만드는 것이다. <보기>에서 제기한, 문두에서 답하도록 요구한 것은 교실 내 '자리 결정'에 대한 해결 방안이다. 그렇다면 답지의 마지막 서술부는 자리 결정 방안을 내용으로 해야 한다. 앞에서 살펴본 바와 같이 ㄷ은 '절차적 공정성이 확보된 원칙이 마련되고, 최악의 상황에 처한 사람들에게 가장 유리한 사회 제도를 선택'하는 방안을 제시하였다. 이를 <보기>의 상황에 대입하여 거칠게나마 답지를 써 보는 것이 좋다. 한 번에 완전한 수준과 문장의 답지는 쓸 수는 없다. 담고 싶은 바를 거칠게나마 쓴 후, 고치고 다듬고 꾸미는 것이다.

거칠게 쓴 결과는, '절차적 공정성이 확보된 원칙을 마련하고 가장 나쁜 자리에 앉는 학생에게 가장 유리한 방안으로 정한다.'쯤이 될 것이다. 이때 '가장 나쁜 자리는 어디인가'와 '가장 유리한 방안은 무엇인가'를 구체화하려는 고민을 해서는 안 된다. '[A]를 바탕으로'라는 문두의 조건 때문이다. [A]에서는 '최악의 상황'과 '가장 유리한 사회 제도'를 더 구체적으로 설명한 내용이 없다. 그래서 '최악의 상황'(가장 나쁜 자리)과 '가장 유리한 사회 제도'(가장 유리한 방안)를 구체화하려는 시도는, 문제를 추리 또는 상상의 영역으로 끌고 가는 것이 된다. 추리 또는 상상을 바탕으로 답지를 제작하면 답지가 '활짝 열린다.' 답지가 활짝 열렸다는 것은 그 답지가 옳은지 그른지를 확정할 수 없다는 뜻이다. 학교 시험의 경우라면 재시험으로 안내하는 길잡이 문제가 된다. 결국 '가장 나쁜 자리에 앉는 학생에게 가장 유리한 방안으로 정한다.'는, 이 정도의 추상성을 유지할 수밖에 없다.

이제 거칠게 썼던 답지에서 '절차적 공정성이 확보된 원칙을 마련하고'를 <보기>의 상황에 대입하여 수정하는 일이 남았다. 그런데 '절차적 공정성이 확보된 원칙을 마련'하는 구체적 방안은 ㄷ의 전제인 ㄴ에 담겨 있다. 바로 '원초적 상황'을 가정하여 원칙을 마련하는 것이다. 이를 <보기>의 상황에 적용하면, 교실의 학생 모두가 자신이 '가장 나쁜 자리'에 앉게 될 수 있음을 고려하여 원칙을 정하는 것을 뜻한다. 이상을 정리하면, '교실의 학생 모두가 자신이 가장 나쁜 자리에 앉게 될 수 있음을 고려하여, 가장 나쁜 자리에 앉는 학생에게 가장 유리한 방안으로 정한다.' 정도의 정답지가 완성된다. 이후는 윤문 차원의 일이다. 윤문을 거친 후 정답지로서의 ⑤가 탄생한다.

2.2. 오답지 제작 ◝ 맛있지는 않아도 맛있을 거 같아야죠

정답지를 완성했으면 다음으로는 오답지를 만들 차례이다. 부정 문두의 오답지이므로 내용상으로는 적절한 답지 4개를 만들어야 한다. 문장의 형식도 결정했고 그 문장에 담을 내용 요소도 정리했으므로 정답지를 만들 때와 거의 같은 과정을 밟으면 된다.

2.2.1. 문장에 담을 내용 요소 결합 ⟋ 조리를 조금 달리했을 뿐이에요

2.1.1.에서 2.1.4.까지를 거쳐 정답지를 만들었던 카페인 관련 문항의 오답지를 만드는 과정을 살펴보자. 오답지를 만들 때는 이 문항의 답지에서 사용하기로 한, 정답지를 만들 때 사용한 다음의 문장 형식을 다시 이용한다.

[(가)의 기호]을 / 를	+ ~하여 / 위해	+ [(나)에 반영된 사항을 일반화한 진술]	+ [서술부]

그리고 <표 1>의 내용을 근거로 오답지의 초안들을 만든다. 이를 정리하면 다음과 같이 할 수 있다.

①	㉠을 ( ) 카페인 관련 청소년 중심의 정보 ( )
③	㉢을 ( ) 식약처 자료와 구체적인 수치 자료 ( )
④	㉣을 ( ) 청소년은 부작용이 성인보다 심하게 나타날 수 있으니 카페인 섭취에 유의 / 청소년의 하루 카페인 섭취 허용량 / 청소년의 하루 카페인 섭취 허용량에 도달하게 되는 식품의 종류와 양 / 청소년들이 카페인 섭취에 유의하려 할 때 조심해야 할 점 ( )
⑤	㉤을 ( ) 체중 50㎏인 청소년의 경우 카페인 섭취 허용량이 하루에 125㎎ 이하 / 청소년이 하루에 에너지 음료 두 캔을 마시면 식약처의 섭취 허용량에 이름. / 체중이 50㎏인 청소년이 커피 한 캔과 콜라 한 캔을 마시고 초콜릿 두 개를 먹으면 섭취 허용량을 초과 ( )

초안은 어디까지나 초안이다. 정해진 양식과 기준이 없으므로 평가자가 보기 편하게 만들면 된다. 이제는 [(나)에 반영된 사항을 일반화한 진술]에 해당하는 부분의 내용을 작성하면 된다. 이 문항의 오답지는 '적절한 것'이기 때문에 정답지를 제작할 때 고민했던 지점은 고민할 필요가 없다. 즉 글쓰기 계획의 반영 여부를 (나)의 특정 부분에 근거하여 판단할 수 있기 때문에 어떻게 적절하지 않은 것을 만들지, (나)에서 골라 놓은 내용이 정확하지 않은 까닭에 최대한 (가)과 가까운 내용으로 채워야 한다든지의 고민은 안 해도 된다.

답지 ①을 먼저 만들어 보자. ㉠은 '예상 독자'다. 작문 교육과정에 의해 글을 쓸 때는 '예상 독자를 고려하여' 쓰라고 가르친다. '예상 독자'라는 말 뒤에는 당연하다는 듯이 '고려하여'가 따라다닌다. 그래서 ①번 답의 ~하여 / 위해 에는 크게 고민하지 않고 '고려하여'를 쓰면 된다. 다음은 <표 1>에 정리했던 바를 일반화한 진술로 바꾸는 단계이다. (나)가 카페인 과다 섭취에 유의하자는 주제로 쓴 글인데 그중에서도 '카페인 관련 청소년 중심의 정보'를 중점적으로 다루고 있다. 모든 문단에서 '청소년'이라는 단어가 등장하는 데에서도 이를 확인할 수 있다. ㉠에서 예상 독자를 '학교 신문을 읽을 학교 친구들'로 설정했는데, '학교 친구들'도 청소년이므로 ㉠과 (나)의 연결은 자연스럽다. 이러한 과정을 거쳐 답지를 다음과 같이 다듬을 수 있다.

①	㉠을 (고려하여) 카페인 관련 청소년 중심의 정보를 (제공한다.)

서술어로는 일단 '제공한다.'를 썼다. '정보를'이라는 목적어와 자연스럽게 어울리는 동사를 떠올리고 나서 글쓰기 계획 단계임을 고려하여 어떤 것이 가장 적절할지 고민하여 결정하면 된다. 그런데 위 답지의 문장을 읽어 보니 어색하다. <표 1>을 정리할 때 (나)를 보고 든 생각을 메모하는 방식으로 정리하다 보니 명사가 나열되어 있어서 그렇다. 그리고 (나) 전체가 '카페인'에 관한 내용이기 때문에 이런 경우에는 문장이 어색하지 않으면 답지에 굳이 '카페인'을 쓰지 않는 것이 낫다. 답지 다섯 개 모두에 '카페인'이 등장할 수도 있는데 답지는 정확하면서도 간결한 것이 좋기 때문이다. 명사가 나열된 점을 해결하기 위해 '청소년을 중심으로 한 정보를' 또는 '청소년에 초점을 맞추어 정보를' 정도로 수정하기로 한다. 이렇게 범위를 좁히면, 평가자의 의도가 분명히 드러난 것, 피평가자가 더 이해하기 쉬운 것을 선택해야 한다. 사실 '중심으로 한 정보'라는 말은 해석이 분명하지 않다. '청소년과 관련된 정보를' 정도가 더 낫다. 후보 중에서 더 마음에 드는 것을 고르면 된다. 그리고 서술어는, 정보를 글로 나타내어 보이는 것이므로 '제공하다'보다 '제시하다'가 더 어울린다. 이런 원칙으로 다시 답지를 써 보면 아래와 같이 된다.

①	㉠을 (고려하여) 청소년에 초점을 맞추어 정보를 (제시한다.)

나머지 답지들도 이러한 방식으로 제작하면 된다. ③은 '식약처 자료와 구체적인 수치 자료'를 '신뢰할 수 있는 자료'로 일반화하였다. ㉢이 '정확한 정보로 설득'하는 것인데, 국가 기관의 자료와 구체적인 수치가 제시된 자료는 정확하고 신뢰할 만한 정보라 할 수 있으므로 ㉢과 (나)의 연결은 자연스럽다. 신뢰할 수 있는 자료는 정확성을 높이고 설득력을 높이기 위해 제시하는 것이다. 그리고 ㉢은 이 글을 쓰기 위한 '목적'으로 이 글의 존재 이유이기도 하므로 다음과 같이 답지를 제작할 수 있다.

③	ⓒ을 효과적으로 달성하기 위해 신뢰할 수 있는 자료를 찾아 제시한다.

④는 고민이 필요하다. 'ⓓ이 문단의 화제가 명료하게 드러나야 함'인데, <표 1>에서 정리한 각 문단의 화제 제시 방식을 아우를 수 있는 표현이 있는가가 문제가 되기 때문이다. 1, 4문단은 당위의 표현으로, 2, 3문단은 의문형 표현으로 화제를 제시하고 있다. 이제는 선택의 문제이다. 그런데 2, 3문단 각각이 질문을 던지는 의문형 표현을 이용하여 화제를 두괄식으로 제시하고 있다는 점이 특징적으로 보인다. 그리고 독자에게 궁금증을 불러일으킴으로써 학교 친구들이 이 글을 계속 읽을 가능성도 높이는 것 같다고 판단할 수도 있다. 그렇다면 '의문형 표현' 혹은 '질문을 하는 방식'으로 답지를 만들면 된다. 물론 당위의 표현이 선명하게 화제를 제시하고 있으므로 1, 4문단으로 답지를 만들겠다면 그렇게 만들어도 된다. 이와 같은 판단을 통해 다음과 같이 답지를 제작할 수 있다.

④	ⓓ을 반영하기 위해 일부 문단은 질문의 방식을 통해 화제를 드러낸다.

ⓓ과 ⓔ의 상위 항목인 '기타 유의할 점'을 보면 ⓓ과 ⓔ을 '꼭 반영하고자 함'이라고 되어 있다. 이에 따라 'ⓓ을 반영하기 위해'로 썼다. 그리고 의문형 표현 혹은 질문하는 방식은 2, 3문단에만 이용했으므로 '일부 문단'이라고 표현한 것이다. 마지막으로 2, 3문단은 의문형 표현을 통해 화제를 제시하고 해당 문단 안에 그에 대한 답을 제시하는 구조로 이루어져 있어서, 즉 '질문-응답'의 구조여서 '의문형 표현' 대신에 '질문의 방식'을 선택하여 답지를 제작한 것이다.

⑤는 ⓔ이 '상황이 구체적으로 진술되어야 함'인데 <표 1>에서, 상황이 구체적으로 제시되어 있다고 정리한 것들을 [(나)에 반영된 사항을 일반화한 진술]로 어떻게 표현할 것인가가 관건이다. 그런데 정리한 것들을 잘 보면, '상황'이라고 할 수 있는 것과 그렇지 않은 것이 있다. 즉 구체적이기는 하나 '상황'이 아닌 것이 있다. '체중 50㎏인 청소년의 경우 카페인 섭취 허용량이 하루에 125㎎ 이하'는 구체적이기는 하나 상황은 아니므로 제외한다. 나머지 두 가지는 청소년들이 얼마나 쉽게 하루 카페인 섭취 허용량에 이르거나 초과할 수 있는지를 구체적인 상황을 설정하여 예로 든 것이다. 그렇다면 이 두 가지를 아울러 표현하면 된다. 그리고 ⓔ은 ⓓ과 함께 '기타 유의할 점'의 하위 항목이기 때문에 바로 뒤에는 '반영하기 위해'를 쓰면 된다. 이상의 과정을 거쳐 다음과 같이 답지를 제작할 수 있다.

⑤	ⓔ을 반영하기 위해 독자들이 경험할 수 있는 상황을 예로 제시한다.

어떤 화제에 관해 서술하면서 상황을 구체적으로 진술해야 하는 이유는 독자의 이해를 돕기 위해서이다. 그리고 이 글의 독자는 청소년이며 예로 든 구체적 상황도 카페인을 섭취하는 사람이 청소년인 경우이다. 또한 그 상황을 통해 독자에게 말하고 싶은 바는, '너희들도 카페인 섭취 허용량에 이르거나 허용량을 초과하기 쉽다.'이다. 그래서 [(나)에 반영된 사항을 일반화한 진술] 부분을 '독자들이 경험할 수 있는 상황'이라고 작성하였다. 그리고 그 구체적인 상황을 예로 든 것이므로 서술부는 '예로 제시한다'라고 썼다. '예'라는 단어는 '들다'나 '제시하다'가 자연스러우므로 둘 중 하나를 선택하면 된다. 이상의 과정을 거쳐 오답지 제작을 완료할 수 있다.

다음으로 정답지 제작 방법에서 보았던 2.1.5.의 <보기>가 있는 문항의 오답지를 만드는 방법을 간단히 살펴보자. 해당 문항은 긍정 문두의 문항이었으므로 '적절하지 않은 것' 네 개를 만들어야 한다. 오답지를 만들 때도 정답지 제작 방법에서 언급했던, 답지가 갖추어야 할 요소는 모두 갖추도록 해야 한다. <보기>에서 언급하지 않은 요소를 포함하고, 문제를 해결하는 방식을 제시하는 형식을 취해야 한다는 것이다. 오답지의 공간은 넓다. 정답지가 꼭 갖추어야 할 내용 요소를 갖출 필요가 없기 때문이다. 이 문항은 정답지의 '원초적 상황에서 결정한 원칙에 따라 정의로운 제도 마련' 자리에 '원초적 상황에서 결정한 원칙에 따라 정의로운 제도 마련'과 상관이 없는 것을 넣어 만들면 된다. 그에 따라 그 자리에 ①은 '무작위 추첨을 통한 결정', ②는 '선호도 조사 결과를 반영한 결정', ③은 '다수결에 따른 자리 선정 방식 결정', ④는 '갈등 최소화 방안으로 합의'를 둠으로써 오답지를 만들었다고 할 수 있다.

모든 문장이 그래야 하지만 평가 문항에 쓰는 문장은 더더욱 정확해야 한다. 선다형 평가에서 피평가자는 자신의 능력을 최종적으로 답지에 대한 판단을 통해 보이게 된다. 그래서 답지의 문장은 더 정확해야 한다. 그래야 평가 목표를 달성할 수 있을 뿐만 아니라, 복답 또는 무답 등의 시비에서도 벗어날 수 있다.

2.2.2. 매력적인 오답 만들기 〜 적절한 거리두기가 필요해요

어찌 보면 오답지를 만드는 것은 어렵지 않다. 긍정 문두의 경우 '적절하지 않은 것' 네 개를, 부정 문두의 경우 '적절한 것' 네 개를 만드는 것이 그리 어렵지는 않다는 것이다. 긍정 문두라면 언어 자료나 문두와 상관없는 내용으로 쓰면 되고, 부정 문두라면 언어 자료의 표현을 그대로 가져다 쓰거나 하면 되기 때문이다. 그런데 이런 답지는 허무하다. 평가자와 피평가자 모두에게 허무한 답지이다. 오답지를 만드는 어려움은 오답을 '매력적'으로 만드는 데 있다. 오답지를 매력적으로 만든다는 것은, 정답지와의 경쟁력을 갖춘 오답지를 만든다는 뜻이다. 정답지와는 전혀 경쟁이 되지 않는, 피평가자가 보자마자 답이 아니라고 판단할 수 있는 오답지를 만들어서는 안 된다는 뜻이기도 하다. 다음의 문항을 보자.

[19~24] 다음을 읽고 물음에 답하시오.

새로운 바이러스가 출현했을 때 사람들이 바이러스에 감염되었는지를 어떻게 확인하여 진단할 수 있을까? 새로운 바이러스는 기존에 발현했던 바이러스와 유전자가 매우 흡사하다. 그래서 신종 바이러스 감염병에 걸렸는지를 확인하는 데에는 검체로부터 채취한 바이러스를 기존 바이러스들과 세밀하게 비교하여 기존 바이러스에 해당하는 종류를 제외해 나가는 소거법 이 바이러스 출현 초기에는 주로 활용된다. 하지만 소거법은 신종 바이러스 의심 환자의 검체로부터 채취한 유전자를 기존 바이러스 유전자와 일일이 대조해야 하므로 최종 확인까지 많은 시간이 걸린다. 이때 사용되는 방법이 PCR 검사 이다. 신종 바이러스의 유전자 정보가 공개되면, 기존의 다른 바이러스와 비교하지 않고도 감염 여부를 파악할 수 있는 비교 대상이 생겨 빠른 진단이 가능하게 되기 때문이다.

PCR은 중합 효소 연쇄 반응(Polymerase Chain Reaction)의 약어로, DNA의 원하는 부분을 복제 및 증폭시키는 분자 생물학적 기술이다. PCR은 특정 표적 유전 물질을 증폭시키는 것으로 미량의 DNA 용액에서 특정 DNA 단편만을 선택적으로 증폭시킬 수 있다. PCR을 위하여 필요한 물질은 주형 DNA, 프라이머, DNA 중합 효소, dNTP 등이다. 주형 DNA는 검체로부터 채취한 바이러스 DNA로서 증폭시키고자 하는 바이러스의 유전 물질이며, 프라이머는 PCR 과정에서 DNA 복제의 출발점이 되는 짧은 유전자를 말한다. dNTP는 당, 인산, 염기로 이루어진 물질로, 이것들이 PCR 과정에서 풀린 단일 가닥의 DNA에 결합하여 다시 이중 나선형의 DNA를 형성하게 된다. 이때 결합이 이루어지도록 촉매 작용을 하는 것이 DNA 중합 효소이다.

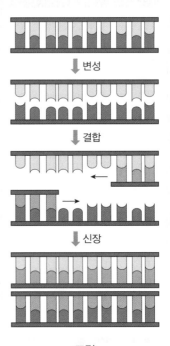

<그림>

PCR 과정은 <그림>과 같이 변성, 결합, 신장의 세 단계로 이루어진다. DNA는 두 개의 단일 가닥이 수소 결합으로 한 개의 이중 나선 구조를 이루고 있다. 그런데 수소 결합은 열에 약하여 섭씨 95도 정도의 높은 온도로 가열하면 수소 결합이 끊어져 하나의 DNA는 두 개의 단일 가닥으로 분리된다. 변성 단계에서는 검체에서 채취한 주형 DNA의 이중 나선 구조가 풀려서 두 개의 단일 가닥으로 분리된다. 결합 단계에서는 섭씨 55~60도 정도에서 프라이머가 단일 가닥 DNA의 특

정 부분에 각각 결합하게 된다. 프라이머는 통상 20~30개의 염기로 디자인하여 만드는데 특정 바이러스의 DNA에 있는 특정 부분에 결합한다. 신장 단계는 섭씨 72도 정도의 온도에서 이루어지며, 결합 단계에서 프라이머가 붙은 다음 위치부터 dNTP가 단일 가닥 DNA의 염기에 결합하여 이중 나선 DNA가 형성되도록 한다. 이때 DNA 중합 효소는 dNTP가 잘 결합하도록 촉매 작용을 한다. 이렇게 변성, 결합, 신장으로 PCR의 1회 사이클이 이루어지며 PCR은 이론적으로 1회 사이클에서 DNA의 개수를 2배로 증가시키므로 이것을 수십 회 반복하면 DNA는 엄청난 숫자로 늘어나게 된다.

PCR을 해 보면 증폭 산물의 양이 처음에는 지수 함수적으로 급격하게 증가하나 증폭 산물이 어느 한계를 넘으면 더 이상 증폭되지 않는다. 이를 플라토 효과라 하는데 이는 계속적인 사이클에 의한 프라이머와 DNA 중합 효소의 열적 변성 등 여러 요인의 영향이다. 그러나 플라토 효과가 일어나기 전에 PCR 과정을 통해서 쉽게 DNA를 수백만 배로 증폭할 수 있다. PCR 증폭 과정 후에는 PCR 증폭 과정에서 생긴 필요 없는 침전물 등을 제거한다. 이후, DNA는 음전하를 띠므로 전기장을 이용하여 DNA를 분리해 낸다. 이와 같은 과정을 PCR의 후처리 공정이라 한다. 마지막으로 분리된 DNA를 형광 물질과 결합시킨 후 여기에 자외선을 조사하여 형광 강도를 측정함으로써 의심 환자의 감염 여부를 판단하게 된다.

이러한 PCR 과정, 후처리 공정, 형광 강도 측정 등 진단을 시행하는 데 필요한 시간은 약 4~6시간 정도이다. 하지만 바이러스에 의한 전염병 확산이 급속히 이루어지는 경우에는 더욱더 빠른 진단이 필요하다. 이에 최근 각광을 받고 사용되는 방법이 실시간 PCR이다. 실시간 PCR은 후처리 공정이 필요하지 않아 2시간 이내에 빠른 진단이 가능하다는 장점과 더불어 검체로부터 채취한 샘플 안 바이러스의 주형 DNA 양을 알 수 있다는 부가적인 장점이 있다. 실시간 PCR에서는 PCR 과정 중에 형광 물질에 자외선을 조사하여 DNA가 얼마나 증폭되었는지를 알 수 있다. 사이클이 증가함에 따라 검출 한계 이상의 DNA가 복제되었을 때에는 일정 수준 이상의 형광이 측정되므로 형광을 관찰하여 감염 여부를 실시간으로 알 수 있는 것이다.

여러 농도로 희석하여 만든 각각의 표준 샘플에 대해 실시간 PCR을 실시하면 표준 샘플의 초기 주형 DNA의 농도가 클수록 더 작은 증폭 사이클 횟수에서 기기가 검출할 수 있는 최소의 DNA 농도에 빠르게 도달하게 된다. 형광 현상을 이용해서 기기가 검출할 수 있는 최소의 DNA 농도에 도달하는 사이클 횟수를 역치 사이클(Ct. threshold cycle)이라 하는데, 이때 표준 샘플의 농도에 로그(log)를 취한 값과 역치 사이클은 일정한 관계를 갖게 된다. 따라서 검체로부터 채취한 샘플의 증폭 과정에서 역치 사이클을 구하면 검체의 초기 주형 DNA의 농도를 알 수 있다.

PCR과 실시간 PCR은 현재 생물학에서 광범위하게 사용되는 기술이다. 또한 근래 과학 수사나 친자 감별 등에 자주 이용되는 DNA 지문 분석(DNA fingerprinting) 역시 PCR과 실시간 PCR의 원리에 기반한다. 생물학에서는 여러 유전병을 판별하기 위해서 인간 유전학에서 이용되며, 오래된 고생물이나 멸종 생물의 희소 DNA를 증폭하기 위해서도 이용된다.

----

19. 소거법과 PCR 검사에 대한 설명으로 적절하지 않은 것은?

① 신종 바이러스의 유전자 정보가 공개되지 않은 상황이라면 소거법은 이용할 수 있으나 PCR 검사는 이용할 수 없다.

② 소거법은 신종 바이러스가 발현된 초기에 바이러스의 정체를 파악하는 데 이용하고 PCR 검사는 감염 여부를 판단하는 데 이용한다.

③ 소거법은 검체로부터 채취한 바이러스가 비교 대상과 일치하지 않는 경우에, PCR 검사는 일치하는 경우에 신종 바이러스 감염으로 판단한다.

④ 소거법이 기존의 바이러스가 아닌 새로운 바이러스에 감염되었는지 여부를 판단한다면, PCR 검사는 새로 등장한 특정 바이러스에 감염되었는지 여부를 판단한다.

⑤ 소거법은 어떤 바이러스의 유전자를 기존 바이러스의 유전자와 일일이 비교하는 반면에, PCR 검사는 새로 발견된 바이러스의 유전자와만 비교하기 때문에 소요 시간에 차이가 생긴다.

정답이 ②인 위 문항에 대한 반응을 분석한 결과, 변별도는 0.68로 매우 높았으나 정답률은 30%에 불과했다. 답지별 반응은 다음과 같이 산출되었다.

답지 번호	①	②	③	④	⑤	합계
선택한 학생 수(명)	26	46	51	22	8	153
비율(%)	17.0	30.1	33.3	14.4	5.2	100

이 문항이 변별도가 높으면서도 정답률이 낮은 이유는 정답인 ②와 경쟁을 한, 너무 매력적인 오답인 ③이 존재했기 때문이다. 정답인 ②보다 오히려 더 많은 학생들이 ③을 선택했다. 그리고 ①과 ④를 선택한 학생의 비율도 그리 낮은 편은 아니다. 그럼 피평가자들은 왜 ③이 정답이라고, 즉 적절하지 않다고 판단했을까?

정답인 ②가 적절하지 않은 이유 첫 번째는 소거법도 신종 바이러스에 감염되었는지 판단하는 데 이용되기 때문이다. 언어 자료를 바탕으로 보면 소거법도 신종 바이러스가 발현된 초기에 그 바이러스에 감염되었는지를 확인하는 방법 중 하나로 제시되어 있다. 소거법도 검체로부터 채취한 바이러스를 기존 바이러스들과 비교하여 기존 바이러스에 해당하는 종류를 제외해 나감으로써 '감염병에 걸렸는지를 확인'하는 방법인 것이다. 적절하지 않은 이유 두 번째는 소거법으로 신종 바이러스의 정체를 알기는 어렵기 때문이다. 언어 자료에 따르면 기존 바이러스와의 일치 여부를 확인하여 일치하는 바이러스가 없으면 신종 바이러스 감염병에 걸렸다고 판단한다. 신종 바이러스에 걸렸다고 판단할 뿐 검체로부터 채취한 바이러스의 정체를 알기는 어렵다는 뜻이다. 피평가자들은 신종 바이러스 감염병에 걸렸다고 판단한다는 것은 그 정체도 알 수 있는 것이라고 생각하여 '정체를 파악하는 데 이용된다'고 한 ②가 적절한 진술이라고 생각한 것이다.

피평가자들이 정답보다 더 많이 ③을 선택한 것은 피평가자들이 소거법에 대한 설명이 적절하지 않다고 생각했기 때문이다. 즉 '소거법은 검체로부터 채취한 바이러스가 비교 대상과 일치하지 않는 경우에 신종 바이러스 감염으로 판단한다.'라는 진술이 적절하지 않다고 판단한 것이다. 언어 자료에 따르면, 검체로부터 채취한 바이러스를 기존 바이러스들과 비교해 기존 바이러스에 해당하는 종류가 아니면 신종 바이러스에 감염되었다고 판단하는 것이므로 이 진술은 적절하다. 그런데 언어 자료의 대부분을 차지하고 있는 PCR은 비교 대상과 일치할 때 신종 바이러스 감염으로 판단한다. 언어 자료를 꼼꼼하게 읽지 못했을 뿐만 아니라, 소거법과 PCR의 감염 여부 판정 기준이 다르다는 점이 피평가자들에게 혼동을 불러일으킨 것이다. 즉 소거법은 비교 대상과 불일치 시에, PCR은 일치 시에 신종 바이러스 감염으로 판단한다는 내용이 야기한 혼동도 피평가자들이 ③을 고른 이유가 될 수 있다는 것이다.

답지 ③에 비해 ⑤는 불과 5.2%, 153명 중 5명만이 선택한 답지이다. 언어 자료에 '소거법은 신종 바이러스 의심 환자의 검체로부터 채취한 유전자를 기존 바이러스 유전자와 일일이 대조해야 하므로 최종 확인까지 많은 시간이 걸린다'라는 문장이, 'PCR은 신종 바이러스의 유전자 정보가 공개되면, 기존의 다른 바이러스와 비교하지 않고도 감염 여부를 파악할 수 있는 비교 대상이 생겨 빠른 진단이 가능'이라는 문장이 있다. 이 두 문장을 각 문장에서 일부를 삭제하고 거의 그대로 합치면 ⑤의 답지가 제작된다. 언어 자료의 일부를 거의 그대로 옮겨 놓은 답지라 피평가자들이 정오를 판단하기가 쉬웠던 것이 5.2%만이 선택한 이유일 것이다.

이처럼 정답과 너무 멀지도 않고 너무 가깝지도 않은 자리에 있는, 적절하게 거리를 둔 오답이 매력적인 오답이다. 허무해서도 안 되고 정답이어서도 안 되는 자리에 놓인 것이 오답지이다. 즉 '오답 같지 않은 오답, 그러나 오답'이어야 하는 것이다. 매력도는 정답지와의 거리에 따라 결정되며 답지마다 차이를 둘 수 있다. 매력도를 0~10 사이의 숫자로 측정한다고 할 때, 숫자가 클수록 매력도가 높은 오답지이며 사실 매력도가 0만 아니면 된다. 매력도가 매우 높은 오답지가 정답지와 경쟁을 하면 피평가자는 그 문항을 매우 어렵다고 느낀다. 하지만 이 경우, 복답 가능성을 늘 조심해야 한다. 복답 시비는 없으면서, 허무하지도 않으면서, 매력적이어야 하는 것이 오답의 운명이다.

답지의 늪에서 헤엄치기

■ 답지 제작하는 또 다른 방법은? ⌒ 너무 많죠

답지를 제작하는 방법은 매우 많다. 물론 방법을 알고 있다고 해서 공장에서 공산품을 찍어 내듯이 만들어지지는 않는다. 늘 창조적인 고민을 부여잡고 수많은 고뇌와 고통을 겪은 산물이다. 그러나 도움이 될 수 있는 방법은 있다. 독서 영역에서 언어 자료를 가공하여 답지를 제작하는 경우를 예로 들어 보자. 답지를 만드는 방법을 분류해 보면, 절대적은 기준은 아니지만 다음과 같이 정리해 볼 수 있다.

언어 자료 이용 방법	세부 방법
㉮ 거의 똑같이 쓰는 경우	1. 언어 자료의 문장을 그대로 가져다 쓰기 2. 언어 자료의 문장에서 중간 부분을 생략하여 쓰기
㉯ 표현을 바꾸어 쓰는 경우	1. 언어 자료와 내용은 같으나 표현을 바꿔 쓰기 2. 언어 자료의 표현을 압축·간결화하기 3. 언어 자료의 표현을 길게 풀어 쓰기
㉰ 내용을 결합하여 쓰는 경우	1. 한 문단 내 정보들을 결합하기 2. 두 문단 이상에 흩어져 있는 정보들을 결합하기

위의 표에서 ㉮의 경우가 평가자 입장에서는 답지를 가장 쉽게 만드는 방법이고, 피평가자 입장에서는 답지의 정오 판단을 가장 쉽게 할 수 있는 경우이다. 피평가자 입장에서는 ㉯, ㉰를 통해 만든 답지가 ㉮를 통해 만든 답지보다 정오 판단이 상대적으로 어렵다. 다음의 경우를 보자.

㉮ 2013학년도 6월 모의평가 19번

기원전 5세기, 헤로도토스는 페르시아 전쟁에 대한 책을 쓰면서 『역사(Historiai)』라는 제목을 붙였다. 제목의 어원이 되는 'histor'는 원래 '목격자', '증인'이라는 뜻의 법정 용어였다.

↳ **답지 : 역사의 어원이 되는 'histor'라는 단어는 재판 과정에서 증인을 지칭할 때 쓰였다.**

어떤 물체가 점탄성이라는 성질을 가지고 있다고 했을 때, 점탄성이란 무엇일까? 점탄성을 이해하기 위해 점성을 가진 물체와 탄성을 가진 물체의 특징을 알아보자. 용수철에 힘을 가하여 잡아당기면 용수철은 즉각적으로 늘어나며 용수철에 가한 힘을 제거하면 바로 원래의 형태로 되돌아가는데, 이는 용수철이 탄성을 가지고 있기 때문이다. 이와 같이 용수철은 힘과 변형의 관계가 즉각적으로 형성되는 '즉각성'을 가지고 있다. 반면 꿀을 평평한 판 위에 올려놓으면 꿀은 중력에 의해 서서히 흐르는 변형을 하게 되는데, 이는 꿀이 흐름에 저항하는 성질인 점성을 가지고 있기 때문이다. 즉 꿀은 힘과 변형의 관계가 시간에 따라 변하는 '시간 지연성'을 가지고 있다.

어떤 물체가 힘과 변형의 관계에서 탄성체가 가지고 있는 '즉각성'과 점성체가 가지고 있는 '시간 지연성'을 모두 가지고 있을 때 점탄성을 가지고 있다고 하고, 그 물체를 점탄성체라 한다. 이러한 점탄성을 잘 보여 주는 물리적 현상으로 응력 완화와 크리프를 들 수 있다. 응력 완화는 변형된 상태가 고정되어 있을 때, 물체가 받는 힘인 응력이 시간에 따라 감소하는 현상이다. 그리고 크리프는 응력이 고정되어 있을 때 변형이 서서히 증가하는 현상이다.

응력 완화를 이해하기 위해 고무줄에 힘을 주어 특정 길이만큼 당긴 후 이 길이를 유지하는 경우를 생각해 보자. 외부에서 힘을 주면 고무줄은 즉각적으로 늘어나게 된다. 힘과 변형의 관계가 탄성의 특성인 '즉각성'을 보여 주는 것이다. 그런데 이때 늘어난 고무줄의 길이를 그대로 고정해 놓으면, 시간이 지남에 따라 겉보기에는 아무 변화가 없지만 고무줄의 분자들의 배열 구조가 점차 변하며 응력이 서서히 감소하게 된다. 이는 점성의 특성인 '시간 지연성'을 보여 주는 것이다. 이처럼 점탄성체의 변형이 그대로 유지될 때, 응력이 시간에 따라 서서히 감소하는 현상이 응력 완화이다.

이제는 고무줄에 추를 매달아 고무줄이 일정한 응력을 받도록 하는 경우를 살펴보자. 고무줄은 순간적으로 일정 길이만큼 늘어난다. 이는 탄성체가 가지고 있는 특성을 보여 준다. 그러나 이후에는 시간이 지남에 따라 점성체와 같이 분자들의 위치가 점차 변하며 고무줄이 서서히 늘어나게 되는데, 이러한 현상이 크리프이다. 오랜 세월이 지나면 유리창 유리의 아랫부분이 두꺼워지는 것도 이와 같은 현상이다.

<후략>

답지 : 유리창의 유리 아랫부분이 두꺼워지는 것은 '시간 지연성'과 관련이 있다.

카는 위의 표에서 ㉯-1에 해당하며, 나는 ㉰-2에 해당한다. 카의 답지는 언어 자료에 음영 표시가 된 부분과 크게 다르지 않다. 언어 자료의 '법정 용어'라는 표현을 '재판 과정에서 ~ 지칭'

으로 바꾼 것뿐이다. ■는 언어 자료의 음영 표시가 있는 부분 세 곳을 연결하여 답지를 만든 경우이다.

답지를 만드는 방법은 문항이 무엇을 묻느냐에 따라 얼마든지 달라질 수 있다. 평가자에게 익숙한 형식, 평가자가 많이 접했던 형식으로만 답지를 제작할 수 있는 것은 아니다. '답지 제작의 원칙'에만 충실하면 이전에 본 적이 없던 형식으로도 제작할 수 있는 것이 답지이다.

■ 답지 제작할 때 피해야 할 것은? ⟍ 잔재주 부리기죠

답지를 제작하는 것은 상당히 힘든 일이다. 그러다 보니 종종 '잔재주 부리기'의 유혹에 이끌려 갈 때도 있다. 평가의 목적과 무관하게 비본질적인 요소로 답지의 난도를 높이려 할 때 쓰는 방법, 별로 가치 없는 진술이지만 답지의 모양을 갖추기 위해 쓰는 방법을 '잔재주'라 한 것이다. '잔재주'를 부리면 편하다. 그러나 별로 떳떳하지 못한 방법이라는 것, 잘못하면 복답 혹은 무답 시비가 있을 수 있다는 것을 평가자 본인이 제일 잘 안다.

'잔재주'를 통해 난도를 높이려고 할 때 사용하는 대표적인 방법이 조회 수를 많게 하는 것이다. '조회 수'란 답지의 정오를 판단하기 위해 언어 자료의 이곳저곳을 찾아보는 횟수를 뜻한다. 답지 한 개의 정오를 판단할 때 언어 자료의 서너 곳을 조회하게 하면, 피평가자는 한 문항을 풀기 위해 결국 스무 번 가까이 언어 자료의 구석구석을 뒤지며 비교해 보아야 한다. 평가 목표 중에서 피평가자가 언어 자료의 구석구석을 제대로 뒤질 수 있는가를 평가하는 것은 없다. 평가 목표에 합당한 언어 자료, 문두, 답지를 통해 정정당당하게 난도를 조절해야 한다. 평가자로서 피해야 할 방법 중 하나이다.

별로 의미 없고 가치 없는 진술을 포함하여 답지의 모양을 간신히 갖추는 방법도 피하는 것이 좋다. 반어법이 쓰인 시를 언어 자료로 삼아 표현상의 특징에 관한 문항을 출제를 할 때를 가정해 보자. 답지의 앞부분으로 '반어법을 사용하여~'까지는 썼으나 더 이상 답지에 적을 내용이 없는 경우가 있다. 그래서 이런 답지를 쓴다. '반어법을 사용하여 화자의 정서를 드러내고 있다.' 의미 있는 답지라 하기 어렵다. 시에 쓰인 표현 방법 중에서 화자의 정서를 드러내는 데 기여하지 않는 것이 있는가? 사실 '이 시는 반어법을 사용하고 있다.'라고 답지를 써야 하는데 이런 식의 답지는 잘 쓰지 않는다. '어떤 표현 방법을 사용하여 어떤 효과를 거두었다.'라는 방식이 가장 보편적으로 쓰인다. 자리만 차지하고 별 의미 없는 진술을 답지에 포함시키는 것도 평가자로서 피해야 할 방법 중 하나이다.

다음으로 판단의 기준이 주관적인 정도 부사어(구)를 쓰는 것이다. '빈번하게', '자주', '속도감 있게' 등은 그 기준이 주관적이며 상대적이다. 평가자가 '빈번하다'고 생각한 소설 속 인물의 행위가, 피평가자에게는 그렇지 않을 수 있다는 것이다. 다음을 보자.

가 2014학년도 6월 모의평가 B형 41번

③ 빈번한 장면 전환을 통해 인물들 사이의 긴장감을 고조하고 있다.

나 2015학년도 9월 모의평가 A형 34번

② 인물 간의 대화를 빈번히 제시하여 갈등을 해소시키고 있다.

가에서 장면 전환을 몇 번 하면 '빈번하다'고 할 수 있을지 스스로 답해 보자. **나**에서는 대화를 몇 번, 얼마나 자주 제시하면 '빈번히'라고 할 수 있는가도 스스로 답해 보자. 그리고 스스로 찾아낸 각각의 답에 대해 다른 사람이 흔쾌히 동의할 수 있는가 생각해 보자. 혹은 거꾸로 그런 이야기를 들었을 때 자신은 동의할 수 있는가 생각해 보자. 아마도 아닐 것이다. 자신도 흔쾌히 동의하기 어려운, 자신은 동의하더라도 남들은 동의하지 않을 가능성이 높은 표현을 답지에 써서는 안 된다. 이런 경우는 복답이나 무답 시비에 휘말리기 쉽다. 그리고 그 시비의 소용돌이 속에서 빠져나오기 어렵다.

■ 간섭을 피하려면? *취소선이나 형광펜 기능을 써요!*

답지 사이의, 문항 사이의 간섭을 피하려면 답지의 정오를 판단할 때 언어 자료에서 근거로 삼는 지점을 다르게 해야 한다. 언어 자료에 담긴 여러 정보 중에서 어떤 것을 답지로 썼는지 또는 쓰지 않았는지를 표시하면, 답지의 판단 지점이 겹치는지를 확인하기 좋다. 답지를 만들면서 언어 자료에서 출제할 수 있는 정보를 하나씩 제거해 나가는 방법이기도 하다. 아래아한글 문서 편집기를 쓰는 평가자라면 취소선(취소선)이나 형광펜(**형광펜**) 기능을 이용할 수 있다. 다음은 답지 ①의 판단 근거가 되는 지점을 취소선으로 표시한 예이다.

[30~34] 다음 글을 읽고 물음에 답하시오.

<전략>

충전지는 최대 용량까지 충전하는 것이 효율적이며 이러한 상태를 만충전이라 한다. 최대 용량을 넘어서 충전하는 과충전이나 방전 하한 전압 이하까지 방전시키는 과방전으로 인해 충전지의 수명이 줄어들기 때문에 충전 양을 측정·관리하는 것이 중요하다. 특히 과충전 시에는 발열로 인해 누액이나 폭발의 위험이 있다. 니켈 충전지의 일종인 니켈카드뮴 충전지는 다른 충전지와 달리 메모리 효과가 있어서 일부만 방전한 후 충전하는 것을 반복하면 충·방전할 수 있는 용량이 줄어든다.

<후략>

---

30. 이 글의 내용과 일치하는 것은?

① 과충전은 충전지의 수명에 영향을 끼치지 않는다.
② 방전 시 충전지의 단자 전압은 공칭 전압보다 낮을 수 있다.
③ 정전압 회로에서는 입력되는 전압이 변하면 출력되는 전압이 변한다.
④ 전극의 물질을 바꾸어도 충전지의 평균적인 단자 전압은 변하지 않는다.
⑤ 니켈카드뮴 충전지는 일부만 방전한 후 충전하기를 반복해도 방전할 수 있는 용량이 줄어들지 않는다.

활자화하기 어려운 답지 제작의 암묵지가 여러분의 내면에 쌓이기를 기원합니다.

연습 문제

[1~3] 다음 언어 자료를 바탕으로 하여 문두에 적합한 답지를 제작해 봅시다.

날씨가 제법 싸늘해지기 시작한 어느 가을날 해 질 녘 그 사내가 문득 교도소 길목을 조그맣게 걸어 나왔다. 그것은 여간 희한한 일이 아니었다. 근래엔 좀처럼 볼 수 없던 일이었다.

교도소는 도시의 서북쪽 일각, 벚나무와 오리나무들이 무질서하게 조림된 공원 숲의 아래쪽에 있었다. 그리고 그 무질서한 인조림이 끝나고 있는 공원 입구께에서 2백 미터 남짓한 교도소 길목이 꺾여 들고 있었다. 공원 입구선 교도소 길목과 높고 음침스런 소내 건물들을 제 손바닥 들여다보듯 한눈에 모두 내려다볼 수 있었다. 교도소 길목을 오르내리는 것이면 강아지 한 마리도 움직임이 빤했다.

[중략 줄거리] 오랜 복역을 마치고 출감한 한 사내가 공원에서 노숙하며 자신을 데리러 올 아들을 기다린다. 그는 공원에 떨어진 동전을 주워 옥중 동료들을 위해 새를 사 방생해 주기도 한다. 그러던 중 사내는 날개 속 깃을 잘라 놓고 새를 되잡아 파는 새장수의 비밀을 알게 된다.

그러던 어느 날 밤, 사내에겐 또 한 가지 이상스런 일이 일어났다.

사내는 이날 밤도 그 공원 숲 벤치 위에서 추운 새우잠을 견디고 있었는데, 자정을 한 시 간쯤이나 지난 무렵이었을까, 예의 전짓불 빛이 다시 공원 숲속을 훑어대기 시작했다.

이번엔 물론 꿈이 아니었다. 실제로 빛줄기를 앞세운 밤새 사냥이 시작된 것이었다. 사내는 벌써부터 까닭을 알 수 없는 두려움 때문에 자신도 모르게 사지가 움츠러들고 있었다.

하지만 이번엔 다행스럽게도 전번 날 밤과는 사정이 훨씬 달랐다.

빛줄기가 아직 사내를 찾아내지 못하고 있었다. 아니, 이날 밤은 그 밤새 사냥꾼이 제 편에서 미리 사내의 잠자리를 피해 주고 있었는지도 알 수 없는 노릇이었다.

불빛은 좀처럼 사내 쪽으로 다가들 기미를 안 보이고 있었다. 사내와는 한참 거리가 떨어진 숲들만 이리저리 분주하게 휘저어 대고 있었다. 불빛을 맞은 밤새들이 낙엽처럼 어둠 속을 휘날리고 있을 뿐이었다. / 불빛은 거의 걱정을 할 필요가 없는 거 같았다.

하지만 이미 졸음기가 말끔 달아나 버린 사내는 모른 체하고 다시 잠을 청할 수도 없었다. 그는 이윽고 야전잠바 옷깃을 들추고 천천히 벤치 위로 몸을 일으켜 앉았다. 그러고는 차분한 손짓으로 야전잠바 주머니 속을 뒤져 꽁초 한 대를 찾아 물었다.

사내가 그 야전잠바 옷깃으로 불빛을 기리며 입에 문 꽁초에다 막 성냥불을 그어 붙이려던 순간이었다.

후루룩-! / 어둠 속 어느 방향으론가부터 느닷없이 사내의 잠바 깃 속으로 날아와 박혀 드는 것이 있었다. 담뱃불을 붙이려다 말고 사내는 자신도 모르게 흠칫 놀라 손에 든 성냥불부터 날쌔게 꺼 없앴다. 그러고는 그의 가슴께 깃 속으로 박혀 든 물체를 재빨리 더듬어냈다.

사내는 이내 물체의 정체를 알 수 있었다. 다름 아니라 그것은 방금 숲속의 불빛에 쫓겨온 한 마리의 새였다.

<중략>

사내는 제풀에 고개를 한번 세차게 흔들었다.

가슴 속 녀석이 응답을 해 오듯 발가락을 몇 차례 꼼지락거렸다. 그 바람에 잠시 발길을 멈추고 녀석의 발짓을 느끼고 있던 사내의 얼굴엔 만족스런 웃음기가 번지고 있었다.

"그래 어쨌든 잘했지. 떠나온 건 잘했어."

사내는 다시 발길을 떼 옮기며 말하기 시작했다.

"녀석도 아마 잘했다고 할 게야. 글쎄, 이렇게 내가 제 발로 녀석을 찾아 나섰기에 망정이지 하마터면 우리도 거기서 겨울을 지낼 뻔했질 않았나 말이다."

그리고 사내는 뭔가 더욱 은밀하고 소중스런 자신만의 비밀을 즐기듯 몽롱스런 눈길로 중얼거리고 있었다.

"너도 곧 알게 될 게다. 우리가 함께 남쪽으로 길을 나서길 얼마나 잘했는가를 말이다. 남쪽은 훨씬 북쪽하곤 다르다. 겨울에도 대숲이 푸른 곳이니까. 넌 아마 대숲이 있는 곳이면 겨울도 그만일 테지. 내 너를 그런 대숲이 있는 곳으로 데려다줄 테다. 녀석의 집 뒤꼍에도 그런 대숲은 얼마든지 많을 테니까. 암 대숲이야 많구 말구…… 넌 그럼 그 대숲으로 가거라. 그리고 거기서 겨울 나려무나……."

사내의 얼굴은 이제 황홀한 꿈속을 헤매고 있는 사람의 그것처럼 밝고 행복하게 빛나고 있었다. / 그는 계속해서 걸으며 중얼대고 있었다.

"넌 아마 그래야 할 게다. 가엾게도 작은 것이 날개를 너무 상했으니까. 이 겨울은 그 대숲에서 날개가 다시 길어 나길 기다려야 할 게야. 내년에 다시 날이 풀리면 네 하늘을 맘껏 날을 수가 있을 때까진 말이다. 그야 너만 좋다면 녀석의 집에서 이 겨울을 너와 함께 지내 줄 수도 있지만, 그건 아무래도 네 맘은 아닐 테니까……."

– 이청준, 「잔인한 도시」 –

1. 윗글의 서술상 특징으로 가장 적절한 것은?

① ⌇⌇⌇
② ⌇⌇⌇
③ ⌇⌇⌇
④ ⌇⌇⌇
⑤ ⌇⌇⌇

> **Tip**
>
> - 발췌한 부분에서 발견할 수 있는 서술상 특징을 파악하고 그것을 정답지로 만들어야 합니다. '나'와 '새'만 등장하는 장면이라는 점, '나'와 '새'를 통해 작가가 말하고자 하는 바가 무엇인지에 주목합시다.
> - 소설의 서술상 특징으로 제시할 수 있는 답지들을 적어 보고 경쟁력이 있으나 정답이 아닌 것들로 오답지를 만듭니다.

2. 윗글의 소설적 장치에 대한 설명으로 적절하지 <u>않은</u> 것은?

(각 답지에 주어진 소설적 장치를 이용하여 답지를 제작해 봅시다.)

① '사내', '사냥꾼'
② '대숲', '공원'
③ '가을', '겨울'
④ '남쪽', '북쪽'
⑤ '전짓불 빛', '성냥불'

> **Tip**
>
> - 작가가 이용한 소설적 장치가 하는 기능을 생각해 보고, 각 답지에 짝지어 놓은 표현들의 공통점 혹은 차이점을 담아 한 줄의 문장으로 표현해 봅시다.
> - 답지 다섯 개를 모두 적절한 진술로 제작한 후, 하나를 골라 적절하지 않은 진술로 바꾸면 됩니다. 단, 적절하지 않은 진술로 바꾸었을 때 너무 허무한 답지가 되지 않는 것으로 고르는 것이 좋습니다.

3. 윗글과 <보기>를 참고하여 작품의 내용을 한 장의 <그림>으로 그리려고 한다. <그림>에 대한 의견으로 적절하지 <u>않은</u> 것은?

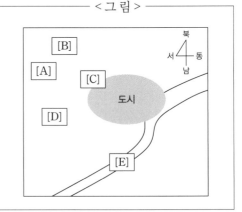

────── < 보기 > ──────

　　그는 마침 그 낙조를 서두르고 있는 공원 숲 쪽의 저녁 해를 향해 교도소 길목을 걸어 나오고 있었으므로 그의 그림자가 등 뒤로 길게 끌리고 있었는데, 사내의 좀 구부정한 걸음걸이는 마치 사내 자신이 아니라 그 그림자를 방금 교도소로부터 끌어내어 어깨에 짊어지고 그 길을 무겁게 걸어 나오고 있는 것처럼 보였다.

① _____

② _____

③ _____

④ _____

⑤ _____

◦̣◦ Tip

● <보기>와 <그림>을 제시했고 문두에서 '윗글과 <보기>를 참고하여' <그림>을 그리려고 한다고 했으므로 우선 <보기>의 내용을 잘 파악해야 합니다. 그러고 나서 <그림>으로 그릴 때에 대한 판단을 합니다.

● 문두를 보면 '의견'의 적절성을 묻는 것임을 알 수 있습니다. 이런 경우에는 종결 어미로 '-다'를 쓰는 것보다 '-군' 혹은 '-같아'를 쓰는 것이 일반적입니다. '의견'은 다양할 수 있으므로 단정적인 진술보다는 여지를 두는 진술로 쓰는 것이 좋습니다.

● 그림에 [A]~[E] 표시가 있습니다. 이런 경우 답지에 적어도 한 번씩은 이용해야 합니다. 기호로 지정을 해 놓고 이용하지 않으면 안 됩니다. 가급적 이용하는 횟수 또한 비슷해야 합니다.

VII.

문항 검토와
평가 결과 분석 및 활용

VII.
문항 검토와
평가 결과 분석 및 활용

개 요

    문항을 검토하고 평가 결과를 분석하는 작업은 평가 도구의 타당성을 높이고 평가 결과의 효율적인 환류를 위해 반드시 거쳐야 할 과정이다. 교사는 평가를 시행하기에 앞서, 출제한 문항이 학생들의 성취도를 평가하기에 타당한지, 출제 의도를 적절하게 구현하고 있는지, 복답이나 무답 시비에 걸릴 만한 결정적인 오류는 없는지 여러 번 확인하는 절차를 거쳐야 한다. 출제자 본인이 자신의 문항을 검토하는 과정도 필요하지만 보다 객관적인 검토를 시행하기 위해서는 상호 검토, 교차 검토의 과정을 거치는 것이 좋다. 그리고 검토 결과 오류가 발견되면 이를 적절히 반영하여 문항의 완성도를 높여야 한다. 평가 문항의 완성도가 높을수록 애초에 계획했던 평가 의도를 제대로 구현할 수 있고 정확한 평가 결과를 도출할 수 있기 때문이다.

    평가를 시행한 후에는 대개 평가 목적에 따라 평가 결과를 분석하고 그 결과를 학생들에게 피드백하는 과정을 거치게 된다. 이때 분석 결과를 적절히 활용하면 이후 교수·학습의 중요한 개선 방향을 마련할 수 있을 뿐만 아니라 차기 문항 출제의 반면교사로 삼을 수 있다. 일차적으로 정확한 평가를 통해 평가 결과를 얻어 내는 데 평가의 목적이 있겠으나 이를 토대로 교사가 자신의 교육 활동을 성찰하고 차기 교육 활동의 준거를 마련한다면 평가 결과가 교육 활동 개선으로 환류되는 효과를 기대할 수 있다. 평가의 대상은 학생이기도 하나 교사 자신일 수도 있다는 점, 평가 결과가 이후 교수·학습의 토대를 마련해 준다는 점에서 교육 평가는 평가의 장이며 동시에 교육의 장이 된다.

1. 문항 검토의 필요성과 방법

평가 도구로서 좋은 문항이란 어떤 문항인가에 대한 대답은 다양할 수 있다. 그러나 평가 목표가 정확히 구현된 문항, 학생들의 학업 능력을 정확히 평가할 수 있는 문항이 좋은 문항이라는 점에 대해서는 이견이 없을 것이다. 그런데 선다형 문항은 다양한 형식적 제약으로 인해 평가 목표를 정확히 구현하는 데 적지 않은 어려움이 따른다. 서·논술형 문항과 달리, 문두와 몇몇 개의 답지라는 정해진 틀 안에서 평가 의도를 치밀하고 적절하게 구현해야 하기 때문이다. 선다형 문항의 검토가 중요한 이유도 이러한 문항 출제의 어려움과 맥이 닿아 있다. 따라서 학생들의 능력을 제대로 평가하고 평가의 목적을 정확히 달성하기 위해서는 출제한 문항의 완성도를 최대한 높여야 한다.

문항의 완성도를 높이기 위한 첫걸음은 평가자의 평가 목표와 평가 의도가 적절히 구현되었는가를 다양한 관점과 각도에서 검토하고 확인받는 것이다. 학교 시험은 대개 동일 교과 내 공동 출제, 공동 검토를 원칙으로 한다. 이는 평가 도구의 객관성, 타당성을 담보하기 위한 제도적 장치이다. 공동 출제 외에 공동 검토를 원칙으로 내세운다는 것은 문항의 객관성과 신뢰성을 높이는 데 검토 과정이 그만큼 중요한 역할을 담당한다는 의미이기도 하다. 실제 학교 현장에서 공동 출제는 공동 검토를 통해 실현된다. 현실적으로 동일 교과 내 전 교사가 모든 문항을 처음부터 공동 출제하는 것은 어렵다. 대개는 각 교사가 자신이 담당한 영역에서 일차적으로 문항을 설계하고 설계한 문항에 대해 공동 검토 과정을 거치면서 다양한 오류 가능성에 대한 검토 의견을 수합하고 타당한 의견은 적극적으로 수용하여 문항의 완성도를 높여 간다. 이 과정에서 간혹 문항에 대한 검토 의견을 불쾌하게 여기거나 대수롭지 않게 여겨 간과하는 경우가 있는데, 아무리 뛰어난 출제자라 하더라도 집단지성의 탁월함을 넘어서지는 못한다는 점을 잊지 말아야 한다.

1.1. 문항 검토의 주안점 *미워도 다시 한번*

문항을 검토할 때는 무엇보다 평가 대상이 학생이라는 점을 고려하여 학생의 입장에서 정답을 도출하는 과정에서 오해할 여지는 없는지 다각도로 확인해 보아야 한다. 표현의 측면에서 교사의 평가 목표가 적절하게 구현되었는지 점검해 보고 역으로 이해의 측면에서 학생들이 교사의 평가 목표를 파악하는 데 어려움은 없을지 미리 살펴보는 것이 좋다. 예를 들어 문두에서 묻고자 하는 지점이 명확히 드러나지 않은 경우나 답지의 의미가 애매한 경우, 학생들은 교사의 평가 목표나 의도를 파악하지 못하여 정답 도출에 어려움을 느낄 수 있다. 이 경우 평가 목표와는 무관하게 평가 결과가 도출될 우려가 있고 이는 결과적으로 평가에 대한 신뢰성 하락으로 이어지게 된다. 이러한 문제를 예방하기 위해, 문항을 검토할 때는 평가 목표의 적확한 구현, 학생들의 이의 제기 가능성, 무답이나 복답 가능성 등을 염두에 두고 문항의 적절성을 면밀히 분석해 볼 필요가 있다. 다음 사례를 통해 문항 검토의 주안점을 구체적으로 살펴보자.

1.1.1. 평가 목표의 적확한 구현 ✏ 유사품에 주의하세요

문항을 검토할 때에는 우선 교사의 평가 의도가 문항에 적절히 구현되어 평가 목표에 맞게 학생들의 언어 능력을 제대로 평가할 수 있을 것인가를 따져 보아야 한다. 평가 목표가 문항에 구체적으로 드러나지 않으면 학생들은 문제 해결의 단서를 찾는 데 어려움을 느끼고 결국 엉뚱한 방향으로 정답을 도출하기에 이른다. 문두의 질문이 평가 의도와 일치하지 않거나 지나치게 광범위하면 답지에 대한 정오 판단이 어렵게 된다. 답지의 진술이 모호하여 의미 파악이 어려운 경우에도 평가 목표와는 무관한 평가 요소가 개입될 수 있다. 또한 다양한 해석이나 감상의 가능성이 열려 있는 언어 자료를 활용하면 문항의 정답을 한정하기가 곤란해 복답 시비에 휘말릴 수 있다. 비판적·추론적 이해, 창의적 감상 능력 등을 묻는 문항은 문두와 답지, 외적 준거 등을 활용해 비판의 기준이나 추론의 방향, 감상의 준거 등을 한정해 주지 않으면 뜻하지 않은 이의 제기에 시달릴 수도 있다.

문제는, 이러한 오류들이 정작 문항을 출제한 평가자의 눈에는 잘 보이지 않는다는 점이다. 평가자는 자신이 의도한 평가의 방향을 누구보다 정확하게 인식하고 있기에 문항이 말해 주지 않아도 출제 의도에 따라 정답을 도출하는 데 큰 어려움이 없다. 그러나 문항을 통해 평가자의 출제 의도를 파악해야 하는 학생 입장은 다르다. 평가 목표가 문항에 적절히 구현되지 않으면 학생들은 문항 해결의 준거를 세울 수 없어 정답 도출에 애를 먹는다. 검토 과정이 중요한 이유도 바로 여기에 있다. 객관적인 시선으로 문항을 검토하다 보면 출제자의 눈에 보이지 않았던 오류들이 발견된다. 이러한 오류들은 평가자의 시선이 아닌, 학생의 시선으로 문두를 이해하고 정답을 도출하는 검토 과정에서 더 잘 보이기 마련이다.

문항 검토 시 이와 같은 오류가 발견된다면 여러 장치를 활용해 평가 목표가 명확하게 드러나는 방향으로 문항을 수정해야 한다. 학생들이 자의적인 기준에 따라 작품을 감상함으로써 결과적으로 평가 목표와는 다른 요소를 평가하게 되는 우를 범하지 않도록 문제 해결의 방향을 구체적으로 안내해야 한다. 특히 문두는 문항에서 정답을 도출하기 위한 안내판 같은 역할을 하므로 중요한 기능을 담당한다.

다음 두 문항의 비교를 통해 문항 출제 시 평가 목표의 적확한 구현 여부를 면밀히 검토해 보고 문두를 가다듬는 작업이 왜 중요한지 살펴보도록 하자.

2021학년도 수능 44번 문항 및 문항 변형(44-1번)⁸⁾

[43~45] 다음 글을 읽고 물음에 답하시오

(나)

　왜 그곳이 자꾸 안 잊히는지 몰라 / 가름젱이 사래 긴 우리 밭 그 건너의 논실 이센 밭

　가장자리에 키 작은 탱자 울타리가 쳐진. / 훗날 나 중학생이 되어

　아침마다 콩밭 이슬을 무릎으로 적시며 / 그곳을 지나다녔지

　수수알이 ㉠꽝꽝 여무는 가을이었을까

　깨꽃이 하얗게 부서지는 햇빛 밝은 여름날이었을까

　아랫냇가 굽이치던 물길이 옆구리를 들이받아 / 벌건 황토가 드러난 그곳

　허리 굵은 논실댁과 그의 딸 영자 영숙이 순임이가

　밭 사이로 일어섰다 앉았다 하며 커다란 웃음들을 웃고

　나 그 아래 냇가에 소고삐를 풀어놓고 / 어항을 놓고 있었던가 가재를 쫓고 있었던가

　나를 부르는 소리 같기도 하고 / ㉡솨르르 솨르르 무엇이 물살을 헤짓는 소리 같기도 하여

　고개를 들면 아, ㉢청청히 푸르던 하늘 / 갑자기 무섬증이 들어 언덕 위로 달려 오르면

　들꽃 싸아한 향기 속에 두런두런 논실댁의 목소리와

　㉣까르르 까르르 밭 가장자리로 울려 퍼지던

　영자 영숙이 순임이의 청랑한 웃음소리 / 나 그곳에 오래 앉아

　푸른 하늘 아래 가을 들이 ㉤또랑또랑 익는 냄새며

　 잔돌에 호미 달그락거리는 소리 들었다

　 왜 그곳이 자꾸 안 잊히는지 몰라 / 소를 몰고 돌아오다가

　 혹은 객지로 나가다가 들어오다가

　 무엇이 나를 부르는 것 같아 / 나 오래 그곳에 서 있곤 했다

- 이시영, 「마음의 고향 2 - 그 언덕」 -

----

8) 44-1번 문항은 44번 문항을 재구성한 것이다.

44. ㉠~㉤의 의미를 고려하여 (나)를 감상한 내용으로 적절하지 <u>않은</u> 것은?

① ㉠을 활용하여 유년의 화자가 경험한 가을이 단단한 결실을 맺는 시간임을 부각하고 있군.

② ㉡을 활용하여 냇가에서 놀던 유년의 화자가 누군가 자신을 부르는 소리를 물소리로 느낀 경험을 부각하고 있군.

③ ㉢을 활용하여 유년의 화자에게 순간적 감동을 느끼게 한 맑고 푸른 하늘의 색채를 부각하고 있군.

④ ㉣을 활용하여 무섬증에 언덕을 달려 오른 유년의 화자에게 또렷하게 인식된 이웃들의 밝은 웃음을 부각하고 있군.

⑤ ㉤을 활용하여 유년의 화자가 곡식이 익어 가는 들녘의 인상을 선명하게 지각한 경험을 부각하고 있군.

44번 문항 변형

44-1. (나)를 감상한 내용으로 적절하지 <u>않은</u> 것은?

① 유년의 화자가 경험한 가을이 단단한 결실을 맺는 시간임을 부각하고 있군.

② 냇가에서 놀던 유년의 화자가 누군가 자신을 부르는 소리를 물소리로 느낀 경험을 부각하고 있군.

③ 유년의 화자에게 순간적 감동을 느끼게 한 맑고 푸른 하늘의 색채를 부각하고 있군.

④ 무섬증에 언덕을 달려 오른 유년의 화자에게 또렷하게 인식된 이웃들의 밝은 웃음을 부각하고 있군.

⑤ 유년의 화자가 곡식이 익어 가는 들녘의 인상을 선명하게 지각한 경험을 부각하고 있군.

44번 문항과 44-1번 문항은 모두 작품 감상의 적절성을 묻는 문항으로 문학 영역에서 흔히 볼 수 있는 유형에 속한다. 얼핏 보면 두 문항 사이에 큰 차이점이 없는 것 같기도 하다. 44번 문항은 44-1번 문항과 달리 밑줄 친 ㉠~㉤ 정도의 내용이 추가되었을 뿐이다. 하지만 문두에 근거하여 답지의 정오를 판별하는 과정에 이르면 이 작은 차이가 정답을 도출하는 과정에서 중요한 단서로 작용함을 알 수 있다. 우선 44-1번 문항을 살펴보자. 답지 ①~⑤는 모두 '부각하고 있다'라는 서술어로 끝을 맺고 있는데, 감상의 대상이나 지점을 한정하고 있지 않아 이에 대한 정오 판단이 쉽지 않다. 예를 들어 답지 ③ '유년의 화자에게 순간적 감동을 느끼게 한 맑고 푸른 하늘의 색채를 부각하고 있군.'은

'ⓒ 청청히'에 한정해서 작품을 감상하지 않으면 적절성 여부를 판단하기 어렵다. 작품에서 '하늘'은 '청청히 푸르던 하늘'의 이미지도 있지만 '푸른 하늘 아래 가을 들이 또랑또랑 익는 냄새'의 이미지도 있기 때문이다. 만약 답지 ③의 진술을 전자의 이미지에 적용한다면 맞는 설명이 되지만 후자의 이미지에 적용한다면 틀린 설명이 된다. 이와 달리 44번 문항은 문두에서 'ⓐ ~ ⓔ의 의미를 고려하여' 작품을 감상할 것을 요구하고 있으므로 학생들은 밑줄 친 시어의 의미에 주목하여 해당 답지의 정오를 판단하면 된다. 이처럼 문항을 검토할 때에는 문항에 출제 의도가 정확히 구현되어 묻는 지점을 명확히 드러내고 답지 판단의 근거를 한정해 주고 있는지 면밀히 검토해 보아야 한다.

1.1.2. 이의 제기 가능성 최소화 〰️ 아이들의 눈높이에 맞춰 주세요

선다형 문항은 평가의 장에서 평가의 도구이기도 하지만 교사와 학생 간의 소통을 매개하는 매개체이기도 하다. 교사는 자신의 평가 의도를 문항에 구현하고 학생은 문항을 통해 교사의 평가 의도를 파악하게 된다. 그런데 이 과정에서 교사의 평가 의도가 학생들에게 제대로 전달되지 않고 왜곡되거나 변형되는 문제가 발생하기도 한다. 그리고 문항을 매개로 하는 의사소통에 어려움을 겪은 학생들은 간혹 이의 제기를 통해 자신의 오해를 드러내기도 한다. 그러므로 문항을 검토하거나 수정할 때에는 문제 풀이 과정에서 예상되는 해석의 다양성이나 이의 제기의 가능성을 최소화할 필요가 있다. 특히, 문학 영역은 작품이 지닌 함축성으로 인해 언어 자료 자체에 대한 다양한 해석의 가능성이 존재하기 마련이다. 문학 작품의 감상을 특정한 방향으로 한정하고자 할 때는 <보기> 등의 외적 준거를 적절히 활용하는 것도 효과적인 방법이 될 수 있다. 이는 문항의 타당도와 신뢰도를 높일 뿐만 아니라 정답 확정의 논리적 근거를 제공해 주는 중요한 요소가 되기도 한다. 다음 사례를 통해 문항 검토 시 이의 제기 가능성을 최소화하는 방안이 왜 필요한지 살펴보도록 하자.

2021학년도 수능

[38~42] 다음 글을 읽고 물음에 답하시오.

(가)

이 몸 삼기실 제 님을 조차 삼기시니 / 흔싱 연분(緣分)이며 하놀 모를 일이런가

나 흐나 졈어 잇고 님 흐나 날 괴시니 / 이 무음 이 스랑 견졸 디 노여 업다

평싱(平生)애 원(願)호요디 흔디 녜쟈 호얏더니 / 늙거야 므스 일로 외오 두고 그리는고

엇그제 님을 뫼셔 광한뎐(廣寒殿)의 올낫더니 / 그 더디 엇디ᄒᆞ야 하계(下界)예 ᄂᆞ려오니
올 저긔 비슨 머리 헛틀언 디 삼 년일쇠 / 연지분(臙脂粉) 잇닌마ᄂᆞᆫ 눌 위ᄒᆞ야 고이 ᄒᆞᆯ고
ᄆᆞᄋᆞᆷ의 미친 실음 텹텹(疊疊)이 ᄡᅡ혀 이셔 / 짓ᄂᆞ니 한숨이오 디ᄂᆞ니 눈믈이라
인ᄉᆡᆼ(人生)은 유흔(有限)ᄒᆞᆫ디 시롬도 그지업다
무심(無心)ᄒᆞᆫ 셰월(歲月)은 믈 흐ᄅᆞᆺ 흐ᄂᆞᆫ고야
염냥(炎凉)이 ᄲᅢ롤 아라 가ᄂᆞᆫ 듯 고텨 오니 / 듯거니 보거니 늣길 일도 하도 할샤
동풍이 건듯 부러 적셜(積雪)을 헤텨 내니 / 창(窓) 밧긔 심근 미화(梅花) 두세 가지 피여셰라
ᄀᆞᆺ득 닝담(冷淡)ᄒᆞᆫ디 암향(暗香)은 므ᄉᆞ 일고
황혼의 ᄃᆞᆯ이 조차 벼마티 빗최니 / 늣기ᄂᆞᆫ 듯 반기ᄂᆞᆫ 듯 님이신가 아니신가
뎌 미화 것거 내여 님 겨신 ᄃᆡ 보내오져 / 님이 너를 보고 엇더타 너기실고

– 정철, 「사미인곡」 –

- -

39. <보기>를 바탕으로 (가)를 감상한 내용으로 적절하지 <u>않은</u> 것은?

─── < 보 기 > ───

　　(가)에는 천상의 시간과 지상의 시간이 모두 나타난다. 천상에서는 지상과 달리 생로병사의 과정 없이 끝없는 사랑이 지속된다. 이러한 시간적 질서는 지상에 내려온 화자를 힘겹게 하는데, 이 과정에서 화자는 지상의 물리적 시간을 심리적으로 변형하여 자신의 심경을 드러낸다.

① 임과의 '연분'을 '하ᄂᆞᆯ'과 연결 짓는 것은, 임과의 사랑이 천상의 시간 질서처럼 끝없이 이어지기를 바라는 마음이 반영된 것이라 볼 수 있겠어.

② '졈어 잇고'와 '늙거야'를 통해 화자가 천상의 시간에서 벗어나 지상의 시간으로 편입되었음을 알 수 있겠어.

③ '삼 년' 전을 '엇그제'로 인식하는 것에서, 임과 함께한 기억이 아직도 선명하게 남아 있어 지상의 물리적 시간이 심리적으로 압축되어 나타나고 있음을 알 수 있겠어.

④ '인ᄉᆡᆼ은 유흔'과 '무심ᄒᆞᆫ 셰월'을 통해 지상의 시간적 질서에 따라 소망을 이룰 수 있는 시간이 줄고 있는 것에 대한 불안한 마음을 엿볼 수 있겠어.

⑤ '염냥'이 '가ᄂᆞᆫ 듯 고텨' 온다는 인식에서, 임과의 관계 단절에 따른 절망감으로 인해 지상의 물리적 시간이 심리적으로 지연되어 나타나고 있음을 알 수 있겠어.

이 문항은 정철의 「사미인곡」에 대한 감상 능력을 평가하는 문항이다. 「사미인곡」은 정철의 대표작으로 다수의 문학 교과서에 실린 작품이며 학생들에게 익히 알려진 고전 시가이다. 작품의 친숙도가 비교적 높아 해석상의 어려움이 크지 않았을 것이다. 외적 준거를 활용하여 작품을 감상하도록 설계된 문항이므로 학생들은 문두의 요구대로 <보기>의 시간적 질서 개념을 작품 감상에 적용하여 정답을 도출하면 된다. 그런데 이 문항에 대해 A 학생은 다음과 같은 의문을 제기하였다.

[A 학생] 선생님, 작품에서 화자는 '올 저긔 비슨 머리 헛틀언 디 삼 년일쇠'라고 했어요. 그렇다면 화자는 '삼 년 전'에 임과 헤어진 게 되는데, '삼 년' 전을 '엇그제'로 인식했다는 답지 ③의 진술도 잘못된 것이 아닌가요?

위에서 제기한 질문의 핵심은 '엇그제'의 시기가 '삼 년 전'보다 더 오래된 때이므로 답지 ③의 진술도 적절하지 않다는 것이다. 그러나 이는 '<보기>의 관점에서' 작품을 감상하라는 문두의 조건을 간과한 결과이다. <보기>에서 화자는 지상의 물리적 시간을 심리적으로 변형하여 자신의 심경을 드러낸다고 하였으므로 '삼 년' 전을 '엇그제'로 인식하는 것은 지상의 시간에 대한 화자의 심리적 변형으로 볼 수 있다. 만약 <보기>와 같은 외적 준거가 없었다면 A 학생의 이의 제기는 일견 타당하다고 수용되었을 것이고 이는 결과적으로 복답 시비를 불러올 수도 있었을 것이다.

이처럼 언어 자료가 다양한 해석의 가능성을 지니는 경우에는 정답을 한정하는 데 어려움이 따를 수 있다. 검토 과정에서 이의 제기 가능성이 조금이라도 엿보인다면 문항에 외적 준거나 조건 등을 추가하여 오해의 여지를 없애야 한다. 만약 세 명의 검토자 중 한 명이라도 이의 제기 가능성을 제시했다면 그 문항은 이미 33%의 오독 가능성을 지니고 있는 것이다. 그러므로 문항을 수정할 때는 검토 과정에서 제기된 의문점들을 최대한 해소할 수 있는 방향으로 다듬어야 한다. 검토 의견을 반영한 문항 수정은 문항 출제보다 더 번거로울 수 있지만 그만큼 더 중요한 작업이기도 하다.

1.1.3. 무답, 복답 가능성 해소 〰 *꺼진 불도 다시 한번*

선다형 문항은 주어진 답지 중에서 정답지를 고르도록 하는 형식을 취한다. 무답 문항은 주어진 답지 중에 정답지가 없는 경우를 말하고, 복답 문항은 의도하지 않았으나 정답지가 복수인 경우를 가리킨다. 무답이나 복답은 문항 자체의 오류를 반증하는 것이므로 결과적으로 평가의 타당도와 신뢰도를 떨어뜨린다. 학교에서 무답 문항을 출제하는 경우 보통 모두 정답으로 처리하거나 재시험을 치르게 되는데 어떤 경우든 평가의 신뢰도는 하락하게 된다. 긍정 문두의 문항일 경우에는 정답지의 진술이 적확하지 않으면 답 없는 문항, 즉 무답 문항으로 처리해야 하는 불상사가 발생하므로 더욱 유의해야 한다. 부정 문두의 문항일 경우에는 오답지의 매력도를 과하게 높이는 과정에서 복답 시비를 불러 일으킬 수 있으므로 언어 자료에 근거하여 오답지가 오답이 되는 이유를 명확히 제시할 수 있어야 한다.

간혹 문항의 무답이나 복답을 인정하지 않으려는 교사와 이의 제기 주장을 굽히지 않는 학생 사이에서 마찰이 생기기도 하는데, 이는 문항의 완성도가 그만큼 부족하다는 것을 보여 주는 것이다. 그러므로 문항을 검토할 때에는 무답이나 복답 가능성을 항상 염두에 두고 언어 자료나 답지의 표현 중 두 가지 이상의 의미로 해석되는 구절은 없는지, 논란을 일으킬 만한 표현이나 내용은 없는지 면밀히 따져 보아야 한다.

다음의 두 문항은 복수 정답을 인정한 사례이다. 이를 통해 문항 검토 시 유의할 점에 대해 살펴보자.

`2014년 3월 고 3 학력평가 B형`

[37 ~ 40] 다음 글을 읽고 물음에 답하시오.

관찰사(觀察使)가 각 고을을 돌아다니며 관곡을 조사하다가 정선 고을에 와서 축난 것을 보고 크게 골을 내며

"어떤 놈의 양반이 이렇게 했단 말이냐."

하고 양반을 잡아 가두라고 하였다. 군수는 그 양반이 워낙 가난해서 관곡을 갚을 길이 없음을 불쌍히 여겨 차마 가둘 수는 없고, 그렇다고 해서 무슨 딴 방도가 있는 것도 아니고 해서 퍽 곤란한 처지였다. 양반은 밤낮으로 울기만 하면서 어찌할 바를 몰랐다. 그 아내는,

"평생 글 읽기만 좋아하더니 관곡을 갚는 데는 전혀 소용이 없구려. 허구한 날 양반, 양반 하더니 그 양반이라는 것이 한 푼어치도 못 되는구려." 했다.

마침 그 마을에 있는 부자 한 사람이 집안끼리 상의하기를

"양반은 비록 가난하지만 늘 존경을 받는데, 우리는 비록 부자라 하지만 늘 천대만 받고 말 한 번 타지도 못할뿐더러 양반만 보면 굽실거리고 뜰 아래서 엎드려 절하고 코가 땅에 닿게 무릎으로 기어 다니니 이런 모욕이 어디 있단 말이요. 마침 양반이 가난해서 관곡을 갚을 도리가 없으므로 형편이 난처하게 되어 양반이란 신분마저 간직할 수 없게 된 모양이니 이것을 우리가 사서 가지도록 합시다."

말을 마친 후 부자는 양반을 찾아가서 빌린 곡식을 대신 갚아 주겠다고 청했다. 양반은 크게 기뻐하며 이를 허락했다. 그리고 부자는 곡식을 대신 갚아 주었다.

군수는 그 양반을 위로할 겸 또한 관곡을 갚은 내력을 들을 겸 그를 찾아갔다. 그런데 양반은 벙거지를 쓰고 소매가 없는 짧은 옷을 입은 채 뜰 아래에 엎드려 '소인, 소인' 하면서 감히 군수를 우러러보지도 못하고 있었다.

군수는 뛰어 내려가 붙들고,

"아니 왜 이렇게 못난 짓을 하시오."

양반은 더욱 두려워하며 머리를 수그리고 엎드려서,

"황송합니다. 실은 소인이 감히 스스로 욕되고 못난 짓을 하는 것이 아닙니다. 양반을 팔아서 관곡을 갚은 것입니다. 그러므로 마을에 사는 부자가 양반입니다. 소인이 어찌 감히 양반인 체하고 자신을 높일 수 있겠습니까." 하는 것이었다.

군수는 이 말을 듣고 탄식하여 말하였다.

"그 부자야말로 군자며 양반이로군. 부자이면서도 인색하지 않으니 의가 있고, 사람의 어려움을 급하게 여겨 구하였으니 그것은 어진 것이요, 낮은 것을 미워하고 높은 것을 사모하니 슬기로운 일입니다. 이는 참으로 양반이외다. 비록 그렇지만 개인끼리 사고팔고 했을 뿐 증서를 만들어 주지 않으면 그 다음에 소송거리가 되기 쉽습니다. 그러니 나와 당신이 고을 사람을 모아 놓고 증서를 만들어서 군수인 나도 거기다 도장을 찍으리다."

<중략>

이렇게 증서에다 쓰고 성주(城主)인 정선 군수가 이름을 쓰고 좌수(座首)와 별감(別監)이 모두 서명을 했다. 이렇게 한 후 통인(通引)이 여기저기 도장을 찍는데 그 소리는 마치 큰 북을 치는 듯하고 모양은 북두칠성이 길게 늘어서 있는 것 같았다. 이것을 호장(戶長)이 다 읽자 부자는 한참 동안 슬픈 표정으로 있다가 말했다.

"양반이란 것이 겨우 이것뿐이란 말이오. 내가 알기로 양반은 신선과 같다고 하여 많은 곡식을 주고 산 것인데 너무도 억울합니다. 더 좀 이롭게 고쳐 주시기 바랍니다."

그래서 다시 증서를 고쳐 쓰기로 했다.

"하늘이 백성을 냄에 있어 그 백성의 종류는 네 가지가 있는데, 네 가지 중에서 가장 귀한 자는 선비인데 이를 양반이라고 하여 모든 점에 이로운 것이 많다. 농사나 장사를 하지 않아도 살 수 있고 조금만 공부하면 크게는 문과에 오르고 작아도 진사는 할 수 있다. 문과의 홍패라고 하는 것은 두 자밖에 안 되지만 무엇이든 할 수 있어 돈자루라고 할 수 있다. 진사는 나이 삼십에 첫 벼슬을 해도 이름이 나고 다른 훌륭한 벼슬을 또 할 수 있다. 귀는 일산 밑 바람으로 희어지고 배는 종놈의 대답 소리에 저절로 불러진다. 방에는 노리개로 기생이나 두고 마당에는 학을 먹일 것이다. 궁한 선비가 되어서 시골에 가 살아도 자기 뜻대로 할 수 있으니 이웃집 소가 있으면 내 논밭을 먼저 갈게 하고 마을 사람들을 불러 내 밭 김을 먼저 매게 하는데 어느 놈이든지 감히 말을 듣지 않으면 코로 잿물을 먹이고 상투를 붙들어 매고 수염을 자르는 등 갖은 형벌을 해도 원망을 할 수 없는 것이다."

부자는 이러한 내용을 듣다가 질겁을 하고,

"아이구 맹랑합니다그려. 나를 도적놈으로 만들 셈이란 말이요."

하면서 머리를 설레설레 젓고는 한평생 다시는 양반이란 말을 입 밖에 내지 않았다.

– 박지원, 「양반전」 –

---

38. 윗글에 대한 이해로 적절하지 <u>않은</u> 것은?

① 정선 양반은 나라에서 곡식을 꾸어다 먹고 갚지 못했다.
② 군수는 정선 양반의 처지를 동정하여 그를 잡아 가두지 못했다.
③ 군수는 정선 양반이 양반 신분을 판 것을 위로하기 위해 그를 찾아갔다.
④ 군수는 부자가 양반을 도와주었다는 것에 대해 의로운 행위라 칭송했다.
⑤ 군수는 부자의 요구에 따라 증서에 격식을 갖춰서 서명을 했다.

언어 자료로 제시된 박지원의 「양반전」은 고전 소설 중 학생들에게 친숙도가 높은 작품이며 내용의 사실적 이해를 묻는 문항이어서 난도는 그리 높지 않아 보인다. 다만 답지의 진술 층위가 다소 구체적이어서 정답을 추려 내려면 언어 자료를 꼼꼼히 읽어야 한다. 군수의 대사 중 '비록 그렇지만 개인끼리 사고팔고 했을 뿐 증서를 만들어 주지 않으면 그 다음에 소송거리가 되기 쉽습니다. 그러니 나와 당신이 고을 사람을 모아 놓고 증서를 만들어서 군수인 나도 거기다 도장을 찍으리다.'라는 부분에 비추어 보면 군수가 부자의 요구에 따라 서명했다는 내용의 ⑤번 답지가 부적절함을 알 수 있다. 문제는 ③번 답지이다. '군수는 정선 양반이 양반 신분을 판 것을 위로하기 위해 그를 찾아갔다.'에 대한 판단이 선뜻 쉽지 않다. 관련 내용을 언어 자료에서 찾아보면 '군수는 그 양반을 위로할 겸 또한 관곡을 갚은 내력을 들을 겸 그를 찾아갔다.'를 근거로 삼을 수 있다. 이 문장에는 두 개의 정보가 병렬되어 있다. '군수는 그 양반을 위로하기 위해 그를 찾아갔다.'와 '군수는 관곡을 갚은 내력을 듣기 위해 그를 찾아갔다.'이다. 전자의 정보에 중점을 두면 ③번 답지의 군수는 양반을 '위로

하기 위해' 찾아갔다는 진술은 적절하다. 그런데 후자의 정보를 고려하면 ③번 답지의 '양반 신분을 판 것'을 위로하기 위해 찾아갔다는 진술은 적절하지 않을 수 있다. 관곡을 갚은 내력을 듣기 위해 양반을 찾아갔다는 것은 군수가 '관곡을 갚은 내력'을 몰랐다는 전제를 함의하기 때문이다. 이어지는 장면에서 군수가 놀라고 양반이 황송해하는 부분을 고려한다면 이와 같은 해석은 충분히 가능하다. 결국 위 문항은 ③번 또는 ⑤번으로 복수 정답 처리됐다. 이처럼 문학 영역의 문항에서는 작품의 중의적인 감상이나 해석으로 인해 복수 정답 처리되는 경우가 간혹 발생하므로 검토자는 검토 과정에서 작품에 대한 선입견이나 배경지식을 배제하고 처음 언어 자료를 대하는 마음가짐으로 문항을 살펴보는 자세가 필요하다.

다음은 복수 정답으로 처리한 문법 문항의 사례이다.

2016년 3월 고 3 학력평가

12. 밑줄 친 말 가운데 <보기>의 [A]의 사례로 추가하기에 적절하지 <u>않은</u> 것은?

< 보 기 >

합성어의 품사는 합성어를 구성하는 어근의 품사와 관계없이 새로운 품사가 되기도 하지만, [A] 일차적으로 직접 구성 성분* 분석을 했을 때 맨 끝 구성 성분의 품사에 따라 결정되는 경우가 많다. 그 사례는 아래와 같다.

단어	직접 구성 성분 분석	단어의 품사
큰집	큰(형용사) + 집(명사)	명사
본받다	본(명사) + 받다(동사)	동사
⋮	⋮	⋮

* **직접 구성 성분** : 어떤 언어 단위를 층위를 두고 분석할 때 일차적으로 분석되어 나오는 성분.

---

① 입학했던 때가 엊그제 같은데 <u>어느새</u> 3학년이구나.
② 그는 농구는 몰라도 축구 실력<u>만큼</u>은 남달랐다.
③ 아침에 <u>늦잠</u>이 들어 하마터면 지각할 뻔했다.
④ 길을 가는데 <u>낯선</u> 사람이 알은척을 했다.
⑤ <u>하루빨리</u> 여름방학이 왔으면 좋겠다.

위 문항은 합성어의 품사를 파악하도록 하는 문법 문항으로 <보기>를 활용한 탐구 활동형 문항이다. <보기>의 [A]에서는 합성어를 일차적으로 직접 구성 성분 분석했을 때 마지막 어근의 품사에 따라 합성어의 품사가 결정되는 경우를 설명하고 있다. 답지 ①의 '어느새'는 관형사 '어느'와 명사 '새'가 결합되어 부사 '어느새'가 되었으므로 [A]의 사례에 해당하지 않는다. 논란을 일으킨 것은 답지 ③번이다. '늦잠'을 파생어로 볼 것인지, 합성어로 볼 것인지에 따라 복답 논란을 일으킬 수 있는 문제였다.

학력평가 해설에서는 '늦잠'을 [A]의 사례로 보았다. "'늦잠'은 명사로, '늦-(형용사 어간)'과 '잠(명사)' 중 뒤의 어근인 '잠'의 품사를 따른 것"이라고 설명하였다. 즉 '늦-'을 '형용사 어간'으로 간주하여 '늦잠'을 합성어로 규정한 것이다. 그런데 표준국어대사전에서는 다음과 같이 '늦-'을 '늦은'이나 '늦게'의 뜻을 더하는 접두사로 규정하고 있다.

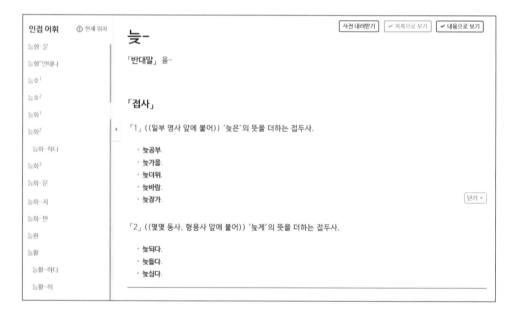

'늦-'을 형용사 어간으로 보느냐 접두사로 보느냐에 따라 '늦잠'은 합성어가 될 수도 있고 파생어가 될 수도 있다. 이에 대한 국립국어원의 답변은 다음과 같이 두 가지 견해가 공존하고 있다는 것을 밝혀 주고 있다.[9]

---

9) https://www.korean.go.kr/front/onlineQna/onlineQnaView.do?mn_id=216&qna_seq=199582

참여

온라인가나다 　 −

　온라인가나다

　상담 사례 모음

국민신문고 　 +

110 화상 수어 상담

온라인가나다 상세보기

늪잠

작성자 ○○○ | 등록일 2020. 10. 27. | 조회수 1,234

표준 국어 대사전에 따르면 '늦잠'은 접사 '늦-'이 결합한 구조이므로 파생어로 볼 수 있는데 '늦-(형용사 어간)'과 '잠(명사)'의 결합으로 보면 합성어로 볼 수 있지 않나요?

비밀번호 [　　　　　] [삭제]

[답변]단어 형성

답변자 온라인 가나다 | 답변일 2020. 10. 28.

안녕하십니까?
단어 형성 해석에는 견해차가 있을 수 있으며, 문의하신 '늦잠'에 대하여는 제시하신 두 가지 견해가 공존하는 것으로 압니다.

　　문두에서는 '[A]의 사례로 추가하기에 적절하지 <u>않은</u> 것'을 묻고 있으므로 '늦잠'을 파생어로 간주할 경우 답지 ③도 정답에 해당한다. 결국 12번 문항은 ①과 ③을 모두 복수 정답으로 인정하였다.

　　이처럼 문법 관련 내용은 다양한 해석상의 이견이 존재하고 시대가 흐름에 따라 규칙이나 규정도 바뀌게 되므로 이에 대한 확인이 필수적이다. 문법 교과서가 국정 교과서로 출판되었던 시기에는 교과서 자체가 학교 문법의 기준이 되고 문항 출제의 근거가 되었으나 검정 교과서로 출판된 이후에는 이마저도 어렵게 되었다. 교육과정이 바뀜에 따라 교과서에서 다루는 문법 영역의 범주와 내용이 달라지기도 하고 동일 교육과정 내에서도 공통 국어와 문법 관련 선택 과목에서 다루는 내용의 깊이가 달라지기도 한다. 또한 동일한 언어 현상에 대해 교과서마다 해석과 관점의 차이가 존재하기도 하며 적용되는 규칙이나 기준이 수시로 바뀌기도 한다. 그러므로 당연하다고 여겨지는 문법 현상에 대해서도 검토 과정에서 해석의 이견이나 최신 자료 수집 등을 통한 면밀한 확인 작업이 이루어져야 한다.

1.2. 문항 검토와 수정 *그래도 다시 더 한번*

문항의 완성도를 높이기 위한 문항 검토는 문항을 출제하는 과정이나 일차 출제를 완료한 이후에도 언제든 지속적으로 이루어져야 한다. 맞춤법, 띄어쓰기, 오탈자 등을 점검하고 고쳐 쓰는 작업 역시 문항 검토와 수정 시 필수적으로 고려할 요소이다. 여기에서는 편의상 책의 목차에 따라 문항 설계, 언어 자료, 문두, 답지 항목 순으로 검토 순서를 정하고 체크리스트에 따라 검토를 진행한 후 수정 전과 수정 후를 비교해 보는 기회를 갖고자 한다. 실제 출제 과정에서는 답지를 수정하기 위해 언어 자료를 고쳐 쓰는 일도 있고 문두를 검토하는 과정에서 문항 설계를 다시 하는 일도 비일비재하지만 문항 출제 순서에 따라 검토를 진행할 경우 검토 과정과 수정에 들이는 시간과 품을 줄일 수 있다.

다음의 세트 문항을 대상으로 문항의 검토와 수정 방안을 살펴보자.

> **2020학년도 EBS 수능특강 독서(73~75쪽) 언어 자료 및 문항 재구성**

[01~03] 다음 글을 읽고 물음에 답하시오.

인공 지능의 발달로 언젠가는 우리와 똑같이 행동하는 로봇이 출현할 것이라고 예측할 수 있다. 그러면 인간과 똑같이 행동하는 로봇은 과연 인간처럼 생각한다고 말해도 될까? 아니면 인간의 행동을 그냥 흉내 내는 것에 불과할까? 이 질문에 대답하기 위해서는 먼저 무엇을 생각한다고 말할 수 있는지 그 기준을 정해야 한다. 똑같은 것을 보고 한 사람은 생각한다고 말하고 다른 사람은 생각하지 않는다고 말하면 논쟁은 제자리걸음이기 때문이다.

20세기 초 영국의 수학자인 튜링은 모방 게임을 변형해서 '튜링 테스트'라는 기준을 제시했다. 모방 게임은 남자와 여자가 서로 다른 방에 있을 때 질문자가 그들과 필담으로만 질문을 주고받아 누가 여자인지 맞추는 게임이다. 남자가 자신이 최대한 여자인 척해서 질문자가 어느 쪽이 여자인지 알아맞히지 못한다면 그 남자는 여자를 모방하는 게임을 통과했다고 말한다. 튜링 테스트는 모방 게임에서 여자인 척하는 사람을 사람인 척하는 기계로 바꾼 것이다. 질문자는 사람만이 알 수 있는 질문을 해서 질문을 받는 상대방이 사람인지 알아내야 하고, 그 상대방은 만약 기계라면 최대한 사람인 척해서 질문자가 맞히지 못하도록 해야 한다. 만약 기계가 튜링 테스트를 통과한다면, 다시 말해서 질문자가 상대방이 기계인지 사람인지 알아맞히지 못한다면, 그 기계는 생각할 수 있다는 결론을 내려도 된다고 튜링은 생각했다.

튜링 테스트는 철학에서 물질과 정신 상태의 관계에 관한 이론 중 하나인 기능론을 전제하고 있다. 동일론은 정신 상태는 바로 물질 중 하나인 뇌의 상태와 동일하다고 주장하고 이원론은 그 둘

이 별개라고 주장하는 데 비해, 기능론은 정신 상태가 어떤 물질로 이루어졌느냐는 중요하지 않고 어떤 기능을 하느냐가 중요하다고 주장한다. 시계는 태엽이나 전자 회로나 심지어 모래와 같은 다양한 재료로 만들 수 있지만 시계를 시계이게끔 하는 것은 그 재료가 아니라 지금 몇 시인지 측정하는 기능인 것처럼, 정신에 대해서도 어떤 기능을 하느냐가 중요하다고 보는 것이다. 기능론은 이처럼 어떤 입력이 들어올 때 어떤 출력을 내보낸다는 인과적 역할로 정신을 정의한다. 인공 지능을 연구하는 사람들의 목표는 인간과 물질 구조가 똑같은 로봇을 만드는 것이 아니라 인간과 똑같이 생각하고 느끼는 로봇을 만드는 것인데, 이는 기능론적 사고방식이다.

우리는 과연 튜링 테스트를 통과하는 기계가 있을지 없을지 궁금하다. 그러나 그런 경험적 질문과 별개로 튜링 테스트가 생각할 수 있다는 것에 대한 정확한 기준이 되는지 개념적인 질문도 던져야 한다. 곧 생각할 수 있는 기계만 이 테스트를 통과하고 생각할 수 있는 기계는 모두 이 테스트를 통과하는지 질문해야 한다.

그러나 튜링 테스트에 대한 여러 가지 비판이 제시되었다. 첫째는 침팬지나 돌고래도 생각할 수 있다는 것을 부정하는 사람은 거의 없는데 아마 이 동물들은 튜링 테스트를 통과하지 못할 것이다. 이들은 인간과 같은 방식으로 언어를 사용하지 않기 때문이다. 둘째, 질문자가 어떤 물건을 들고 이게 무엇인지 물어보는 것처럼 감각 기관을 이용하는 능력도 생각의 중요한 기준이다. 그러나 튜링 테스트는 언어적인 능력에만 주목하기에 그런 능력이 없어도 통과할 수 있다. 셋째, 기계는 결국 생각을 시뮬레이션을 한 것에 불과한데 그것은 진정한 생각이 아니라는 비판이다. 이는 사람의 소화 과정을 모의 실험한 시뮬레이션이 진짜 소화 과정이 아닌 것이나 마찬가지이다. 넷째, 우리는 어떤 사람의 대화와 행동을 보고 그 사람이 생각할 수 있다고 판단하지만, 거기에는 그 사람이 우리와 똑같은 몸을 가지고 있다는 전제가 깔려 있다.

----

01. 윗글에 대한 이해로 적절하지 <u>않은</u> 것은?

① 기계는 튜링 테스트에서 어려운 수학 문제에 대해 척척 대답할 것이다.

② 모든 기계가 튜링 테스트를 통과하더라도 기계가 생각할 수 있는지는 별도로 질문해야 한다.

③ 기계가 외모나 목소리에서 인간과 완벽하게 같다면 직접 대면하여 튜링 테스트를 할 수도 있을 것이다.

④ 튜링 테스트는 인간의 행동과 구분할 수 없는 로봇은 인간처럼 생각한다고 말할 수 있음을 보여 준다.

⑤ 생각할 수 있음이 분명한데도 튜링 테스트를 통과하지 못하는 기계가 있다면 튜링 테스트는 생각의 적절한 기준이 되지 못한다.

02. 윗글의 내용과 일치하는 것은?

① 인간과 같은 방식으로 언어를 사용하지 못하는 존재는 생각할 수 없다.

② 기능론에서는 우리와 뇌 구조가 다른 외계인은 생각할 수 없다고 말할 것이다.

③ 남자가 모방 게임을 통과하기 위해서는 여자의 목소리를 완벽하게 흉내 낼 수 있어야 한다.

④ 기능론은 똑같은 물질로 만들어진 기계는 인간처럼 행동해도 생각할 수 없다고 말할 것이다.

⑤ 정신 상태가 무엇인지 알기 위해서 뇌의 상태를 알 필요가 없다는 점에서 기능론과 이원론은 같다.

03. 튜링 테스트에 대한 여러 가지 비판에 대한 설명으로 적절하지 않은 것은?

① 첫째 비판은 생각할 수 있는 기계는 모두 이 테스트를 통과해야 한다는 기준을 튜링 테스트가 만족하지 못한다는 비판이다.

② 둘째 비판과 셋째 비판은 생각할 수 있는 기계만 이 테스트를 통과해야 한다는 기준을 튜링 테스트가 만족하지 못한다는 비판이다.

③ 기계에 감각 기관을 갖추게 하여 튜링 테스트를 통과하게 하면 둘째 비판이 제기하는 문제를 피해 갈 수 있다.

④ 실험실에서 만든 석탄처럼 원래의 것과 구분할 수 없는 시뮬레이션도 있다면 셋째 비판에 대한 답변이 된다.

⑤ 우리는 내부 구조가 같을 때 겉으로 드러난 대화와 행동도 같으리라는 전제에서 다른 존재가 생각하는지 판단하는데 넷째 비판은 그 점을 간과하고 있다.

1.2.1. 문항 설계 검토와 수정 ✓ 큰 그림은 멋지게 그려졌나요?

문항을 검토할 때는 먼저 문항 설계의 타당성을 검토해 보아야 한다. 문항 설계는 건축의 도면과 같다. 문항 설계가 흔들리게 되면 처음부터 문항 출제를 다시 시작해야 하는 비극이 발생할 수도 있다. 따라서 개별 문항의 적절성을 검토하기에 앞서 문항 설계의 타당성을 먼저 살펴보아야 한다. 사실적 이해, 추론적 이해, 비판적 이해, 적용·창의 등 행동 영역을 고르게 안배하였는지 검토해 본 후 특정한 행동 영역에 편중되지 않도록 전체적인 문항 구성을 조율해야 한다. 세트 문항일 경우 이 과정에서 대표 문항 검토를 함께 진행하는 것이 효율적이다. 그리고 정답을 도출하는 과정에서 예상되는 문항 간의 간섭, 답지 간의 간섭은 없는지 살펴보고 이를 최소화하는 방향으로 문항을 수정해야 한다.

문항 설계의 타당성을 검토하기 위한 체크리스트는 다음과 같다.

- 행동 영역의 안배는 적절한가?
- 문항 간의 간섭은 없는가?
- 세트 문항의 경우 대표 문항이 존재하는가?
- 문항 배열의 순서는 적절한가?

언어 자료는 '튜링 테스트'를 소재로 '생각한다는 것'의 의미와 기준에 대해 다양한 관점과 비판거리를 제공하는 글이다. 모두 3개의 문항으로 구성된 세트 문항이다. 1번 문항은 언어 자료에 대한 이해를 묻는 문항이고, 2번 문항은 세부 정보를, 3번 문항은 비판적 이해를 다룬 문항이다. 세 문항 중 두 문항이 내용의 사실적 이해를 다루고 있어 행동 영역이 고르게 안배되지 않았다는 점을 알 수 있다. 다양한 행동 영역에 대한 평가를 위해서 내용의 사실적 이해를 다루고 있는 두 문항 중 한 문항을 추론적 이해나 비판적 이해, 적용·창의 영역의 문항으로 수정하는 것이 바람직하다.

문두를 중심으로 문항 간의 간섭을 검토해 보면 '윗글에 대한 이해'를 묻는 1번 문항과 '윗글의 내용과 일치' 여부를 묻는 2번 문항이 쉽게 변별되지 않는 것을 알 수 있다. 3번 문항은 언어 자료의 '튜링 테스트에 대한 여러 가지 비판'으로 내용을 한정하고 있으나 역시 '튜링 테스트'를 중심으로 답지를 구성해야 한다는 점에서 답지 간의 간섭이 불가피해 보인다. 세 문항에서 다루고자 하는 중심 내용을 문두에서 각각 차별화하고 보기 자료 등의 외적 준거를 활용하여 다양한 답지 구성이 가능하도록 수정할 필요가 있다.

세트 문항의 경우 대표 문항을 하나 정도는 설계하는 것이 좋은데 세 문항 모두 평이하게 보이며 대표 문항이라고 꼽을 만한 문항이 눈에 띄지 않는다. 언어 자료의 난도가 다소 높은 점을 고려하여 문항의 난도는 전반적으로 너무 높지 않게 구성하되 대표 문항으로 삼을 만한 문항을 추가하는 방안도 고려해 볼 수 있겠다.

아울러 문항은 일반적으로 난도가 낮은 문항에서 높은 문항으로, 단순한 사고력을 평가하는 문항에서 복잡한 사고력을 평가하는 문항으로 배열한다는 원리에 따라 배열 순서를 재조정하는 것이 좋겠다.

위의 검토 내용을 토대로 문항을 재설계하면 다음과 같다.

원 안	수정안
1. 사실적 이해 : 윗글에 대한 이해 ~ 2. 사실적 이해 : 윗글의 내용과 일치 ~ 3. 비판적 이해 : 　튜링 테스트에 대한 여러 가지 비판에 대한 설명 ~	1. 사실적 이해 : '튜링 테스트'에 대한 이해 ~ 2. 추론적 이해 : 윗글을 읽고 추론 ~ 3. 적용·창의 : 윗글과 <보기>를 참고 ~ 4. 비판적 이해 : 　튜링 테스트에 대한 여러 가지 비판에 대한 설명 ~

1.2.2. 언어 자료 검토와 수정 바닥은 단단한가요?

언어 자료를 적절히 가공하는 과정은 본격적인 건축에 앞서 땅을 다지는 일과 같다. 땅이 고르지 못하면 집을 짓는 내내 고생할 수 있다. 마찬가지로 언어 자료가 굳건하지 못하면 문항을 출제하는 내내 어려움을 겪을 수 있다. 이에 일반적으로 수능이나 모의평가 문항에서는 비록 짧은 글이라 하더라도 완성도 높은, 체계적으로 잘 조직된 글을 언어 자료로 활용한다.

언어 자료를 검토할 때에는 정보량은 적절한지, 가독성은 높은지, 글 전체의 완성도는 갖추었는지 등에 중점을 두어야 한다. 정보량을 판단하는 기준은 여러 가지일 수 있으나 가장 중요하게 고려할 사항은 평가 소요 시간이다. 평가 소요 시간을 고려하지 않고 짧은 분량의 언어 자료에 과욕을 부릴 경우, 자칫 과다한 정보량으로 문항의 난도 조절에 실패할 우려가 있으므로 유의해야 한다.

언어 자료의 가독성을 검토할 때에는 어휘의 난도, 문장의 길이, 비문의 구사 여부 등에 중점을 둔다. 어휘는 학생들의 눈높이에 맞춰서 선택하되 교과서 수준의 난도를 지니는 것이 적절하다. 겹문장이 많으면 문장의 길이가 길어져서 상대적으로 가독성이 떨어지므로 유의해야 한다. 비문이나 중의적인 의미를 지닌 문장은 이후 복답 시비나 예기치 못한 이의 제기의 근거가 될 수 있으므로 꼼꼼히 확인하여 수정한다.

글의 완성도를 검토할 때에는 문장과 문장의 연결이 매끄러운지, 문단과 문단의 연결이 자연스러운지, 글의 전체적인 구성은 완결성을 지니는지 등에 중점을 두어야 한다. 글의 완성도가 낮으면 학생들이 언어 자료를 이해하는 데 많은 시간을 할애하느라 정작 문항을 해결하는 데 충분한 시간을 확보할 수가 없다. 그러므로 논지 전개가 매끄럽고 완성도 높은 언어 자료를 제공할 수 있도록 검토 시 만전을 기해야 한다.

언어 자료를 검토할 때 체크해야 할 내용은 다음과 같다.

- 정보량은 적절한가?
- 가독성은 높은가?
- 완성도를 갖추었는가?

위의 언어 자료는 '튜링 테스트'를 소개하는 글로, 인문 분야와 과학 분야의 융·복합적인 성격을 지녔다. 인공 지능이 화두인 시대에 시의성 있는 소재를 다루고 있어 학생들에게 읽히기에도 유익하다. 그러나 인문·과학 분야의 융·복합적인 성격을 지닌 언어 자료인 만큼 정보량이 과다하지 않은지 검토해 볼 필요가 있다. 언어 자료의 주제인 '생각한다는 것'은 인문학 영역의 추상적인 개념을 다룬 것이어서 난도가 높다. 핵심 제재로 다루고 있는 '튜링 테스트' 역시 학생들에게는 다소 낯선 개념이어서 주제와 제재의 난도가 모두 높은 편이다. 다만, 생각한다는 것에 대한 논의가 튜링 테스트에 한정되어 있어 정보량 측면에서 과하지 않음을 알 수 있다. 튜링 테스트에 대한 자세한 설명, 구체적인 사례가 적절히 제시되어 추상적인 주제와 낯선 제재를 이해하는 데 도움을 준다. 이처럼 언어 자료의 주제나 제재의 난도가 높을 경우에는 친절한 부연 설명과 다양한 사례 등을 제시하여 정보량을 조절할 수 있다.

언어 자료의 정보량은 적절한 듯하나 가독성은 다소 아쉬운 측면이 있다. 전체적으로 의미를 명확하게 파악하기 어려운 문장이 많고 주관적인 느낌의 진술이 눈에 띈다. 지시하는 대상이 모호한 어휘도 종종 사용되었고, 중의적으로 해석되거나 의미를 한정하기 어려운 문장도 있다. 이러한 문제들로 인해 언어 자료의 가독성이 떨어지는 느낌이다. 중심 제재인 '튜링 테스트'는 문맥에 따라 테스트의 결과를 의미하기도 하고 테스트의 기준을 의미하기도 하여 개념에 대한 논란의 여지가 있다. 개념을 통일시키고 비문은 윤문하여 가독성을 높이는 방향으로 언어 자료 전체를 수정해야 한다.

글의 완성도 측면에서는 3문단과 4문단, 4문단과 마지막 문단의 연결이 매끄럽지 못하고 논지 전개가 자연스럽지 않은 부분이 있다. 3문단까지는 튜링 테스트에 대한 설명이고 4문단부터는 이에 대한 비판적 질문을 중점적으로 다루고 있으므로 이에 대한 구분이 필요해 보인다. 4문단과 마지막 문단은 역접의 관계로 보기 어려우므로 접속어를 삭제하는 것이 좋겠다. 그리고 2문단의 '모방 게임'은 설명이 충분하지 않아 내용 파악이 어렵다. 3문단의 '동일론, 이원론, 기능론'은 그 개념이 명확히 드러나지 않아 이에 대한 보완도 필요해 보인다. 문단 간의 유기적인 관계를 고려하여 글의 후반부를 수정하고 글의 전체적인 완성도를 높이는 것이 좋겠다.

위의 검토 내용을 토대로 언어 자료를 수정해 보면 다음과 같다.

원 안		수정안

인공 지능의 발달로 언젠가는 우리와 똑같이 행동하는 로봇이 출현할 것이라고 예측할 수 있다. 그러면 인간과 똑같이 행동하는 로봇은 과연 인간처럼 생각한다고 말해도 될까? 아니면 인간의 행동을 그냥 흉내 내는 것에 불과할까? 이 질문에 대답하기 위해서는 먼저 무엇을 생각한다고 말할 수 있는지 그 기준을 정해야 한다. 똑같은 것을 보고 한 사람은 생각한다고 말하고 다른 사람은 생각하지 않는다고 말하면 논쟁은 제자리걸음이기 때문이다.

주관적인 표현이 설명문의 성격에 맞지 않음.

문장이 의미하는 내용이 명확하게 드러나지 않음.

20세기 초 영국의 수학자인 튜링은 모방 게임을 변형해서 '튜링 테스트'라는 기준을 제시했다. 모방 게임은 남자와 여자가 서로 다른 방에 있을 때 질문자가 그들과 필담으로만 질문을 주고받아 누가 여자인지 맞추는 게임이다. 남자가 자신이 최대한 여자인 척해서 질문자가 어느 쪽이 여자인지 알아맞히지 못한다면 그 남자는 여자를 모방하는 게임을 통과했다고 말한다.

'튜링 테스트'가 무엇의 기준인지 알 수 없음.

'모방 게임' 과정을 이해하기 어려움.

＜중략＞

튜링 테스트는 철학에서 물질과 정신 상태의 관계에 관한 이론 중 하나인 기능론을 전제하고 있다. 동일론은 정신 상태는 바로 물질 중 하나인 뇌의 상태와 동일하다고 주장하고 이원론은 그 둘이 별개라고 주장하는데 비해, 기능론은 정신 상태가 어떤 물질로 이루어졌느냐는 중요하지 않고 어떤 기능을 하느냐가 중요하다고 주장한다.

3문단에 대한 도입 없이 '기능론'이 등장하여 앞뒤 연결이 매끄럽지 못함.

＜중략＞

우리는 과연 튜링 테스트를 통과하는 기계가 있을지 없을지 궁금하다. 그러나 그런 경험적 질문과 별개로 튜링 테스트가 생각할 수 있다는 것에 대한 정확한 기준이 되는지 개념적인 질문도 던져야 한다. 곧 생각할 수 있는 기계만이 이 테스트를 통과하고 생각할 수 있는 기계는 모두 이 테스트를 통과하는지 질문해야 한다.

글의 내용 전환이 잘 드러나지 않음.

그러나 튜링 테스트에 대한 여러 가지 비판이 제시되었다. 첫째는 침팬지나 돌고래도 생각할 수 있다는 것을 부정하는 사람은 거의 없는데 아마 이 동물들은 튜링 테스트를 통과하지 못할 것이다. 이들은 인간과 같은 방식으로 언어를 사용하지 않기 때문이다.

접속어의 사용이 부적절하여 문단 간의 연결이 자연스럽지 않음.

＜하략＞

수정안

인공 지능의 발달로 언젠가는 우리와 똑같이 행동하는 로봇이 출현할 것이라고 전망할 수 있다. 사람들은 인간과 똑같이 행동하는 로봇은 과연 인간처럼 '생각'한다고 말해도 되는지, 아니면 '생각'은 하지 않고 인간의 행동을 그냥 흉내 내는 것에 불과한지 의문을 갖기도 한다. 이 의문에 대답하기 위해서는 먼저 '생각한다'는 것의 판단 기준을 정해야 한다. 똑같은 행동을 보고 어떤 사람은 생각한다고 말하고 다른 사람은 생각하지 않는다고 말하면 논쟁은 제자리걸음이 될 것이기 때문이다.

20세기 초 영국의 수학자인 튜링은 모방 게임을 변형해서 '튜링 테스트'를 고안함으로써 생각한다는 것의 기준을 제시했다. 모방 게임은 질문자가 남자 한 명, 여자 한 명과 요즘의 채팅처럼 필담으로만 질문을 주고받아 누가 여자인지 맞히는 게임이다. 방에 있는 남자가 최대한 여자인 척해서 질문자가 어느 쪽이 여자인지 알아맞히지 못한다면 그 남자는 여자를 모방하는 게임을 통과했다고 말한다.

＜중략＞

튜링 테스트는 철학에서 물질과 정신 상태의 관계에 관한 이론인 동일론, 이원론, 기능론 중 기능론을 전제하고 있다. 동일론은 정신 상태가 물질로 이루어진 뇌의 상태와 동일하다고 주장하는 이론이고, 이원론은 그 둘이 별개라고 보는 이론이다. 이에 비해, 기능론은 정신 상태가 어떤 물질로 이루어졌느냐는 중요하지 않고 어떤 기능을 하느냐가 중요하다고 주장하는 이론이다.

＜중략＞

과연 튜링 테스트를 통과하는 기계가 있을지 없을지 누구나 궁금해할 것이다. 그러나 그런 경험적 질문과 별개로 튜링 테스트가 생각할 수 있다는 것에 대한 정확한 판단 기준이 되는지 개념적인 질문도 던져야 한다. 곧 생각할 수 있는 기계만이 이 테스트를 통과하고, 또 생각할 수 있는 기계라면 모두 이 테스트를 통과하는지 질문해야 한다는 것이다.

튜링 테스트가 적절한 판단 기준이 되는지에 대해 여러 가지 비판이 제기되었다. 첫째, 침팬지나 돌고래도 생각할 수 있다는 것을 부정하는 사람은 거의 없는데 아마 이 동물들은 튜링 테스트를 통과하지 못할 것이다. 이들은 인간과 같은 방식으로 언어를 사용하지 않기 때문이다.

＜하략＞

1.2.3 문두 검토와 수정 *기둥은 튼튼한가요?*

문두는 건축물의 기둥과 같다. 기둥이 건축물의 무게를 지탱하는 힘을 지녀야 하듯 문두는 다섯 개의 답지를 지탱하고 아우를 수 있는 힘을 지녀야 한다. 문두는 정답을 도출하는 과정에서 답지의 정오를 판단하는 대전제이자 문제를 해결하는 관점을 제공한다. 따라서 모든 답지의 진술을 포괄할 수 있어야 하며 동시에 답지의 정오를 결정하는 기준으로 작용할 수 있어야 한다. 문두를 검토할 때에는 문항에서 평가하고자 하는 바가 문두에 명확히 드러나 있는지, 문두의 문장은 이해하기 쉬운지, 답지에서 반복되는 어구는 문두에 포함시켰는지 등에 중점을 두어야 한다. 문두가 지나치게 포괄적이면 묻고자 하는 지점이 명확하지 않아 학생들이 교사의 평가 의도를 파악하기 어렵다. 반대로 문두가 너무 길거나 장황하면 학생들이 정오 판단의 기준점을 세우기가 어렵고 정답 도출의 과정이 번잡해진다. 따라서 문장은 간결하며 이해하기 쉬워야 한다. 문두가 어렵거나 비문일 경우에는 의도하지 않았던 어휘력이 중요한 평가 요소로 작용하거나 학생의 오독을 유발할 우려가 있다. 그리고 모든 답지에서 반복되는 어구는 문두에 포함시켜 답지를 간결하게 구성하는 것이 바람직하다. 마지막으로 긍정 문두와 부정 문두가 전체 문항 구성에서 균형을 이루고 있는지 검토해 보아야 한다. 세트 문항일 경우에는 긍정 문두 혹은 부정 문두만으로 문항을 구성하지 않았는지 확인해 본다.

문두 검토의 체크리스트는 다음과 같다.

- 묻고자 하는 내용이 무엇인지 명확히 드러나 있는가?
- 문두는 답지와 긴밀하게 연결되었는가?
- 모든 답지에서 반복되는 어구는 문두에 포함시켰는가?
- 긍정 문두와 부정 문두는 적절하게 균형을 이루었는가?

1번 문항의 문두는 '윗글에 대한 이해로 적절하지 <u>않은</u> 것은?'이고, 2번 문항의 문두는 '윗글의 내용과 일치하는 것은?'이다. 문두만 살펴본다면 두 문항은 별다른 차이점이 없어 보인다. 그런데 답지를 살펴보면 두 문항에서 다루고자 하는 언어 자료의 대상이 다름을 알 수 있다. 1번 문항의 답지는 모두 '튜링 테스트'에 한정하여 내용의 추론적 이해를 다루고 있다. 즉, 1번 문항에서 묻고자 하는 대상은 언어 자료 전체가 아니라 '튜링 테스트'에 한정된 것이다. 문두를 '튜링 테스트에 대한 이해로 적절하지 <u>않은</u> 것은?'으로 수정하면 문항에서 묻고자 하는 내용과 범주가 명확해진다. 게다가 모든 답지에서 반복되는 어구를 문두에 포함시킬 수 있어 문항 형태도 보다 간결해진다.

2번은 내용 일치 여부를 묻는 문항이므로 답지에서는 주어진 언어 자료를 토대로 일치 여부를 판단할 수 있도록 내용을 구성해야 한다. 그런데 답지의 진술들을 살펴보면 글의 사실적 이해뿐만 아니라 추론적 이해도 섞여 있음을 알 수 있다. 이는 문두의 질문이 답지의 구성을 모두 포괄하지는 못한다는 반증이 된다. 문두에서 내용 일치 여부를 묻는다면 답지의 진술 범위 역시 내용에 대한 사실적 이해에 국한시키는 것이 좋다. 만약 문항에서 추론적 이해를 다루고자 한다면 문두를 '윗글을 읽고 추론한 내용으로 적절하지 <u>않은</u> 것은?' 정도로 수정하고 답지 역시 모두 추론적인 진술로 교체해야 한다.

3번 문항의 문두는 '튜링 테스트에 대한 여러 가지 비판'을 다루고 있는데 언어 자료에서 인용한 부분이 다소 길다. 인용 부분을 축소하여 '여러 가지 비판'<u>으</u>로 수정하면 문두가 보다 간명해지고 답지의 진술은 그대로 유지할 수 있다.

전체 세 문항 중 긍정 문두는 한 개, 부정 문두는 두 개로 부정 문두의 비중이 더 높다. 부정 문두의 비중이 너무 높으면 답지를 구성할 때 서로 간섭을 피하기 어렵고 답지에서 지나치게 세부적인 정보나 지엽적인 내용을 다룰 우려가 있으므로 이에 대한 적절한 조정이 필요하다. 만약 위 세트 문항의 문항 개수를 늘리고자 한다면 이를 고려하여 긍정 문두를 염두에 두고 문항을 설계하는 것이 좋겠다.

위의 검토 내용을 토대로 문두를 수정해 보면 다음과 같다.

원 안	수정안
- 윗글에 대한 이해로 적절하지 <u>않은</u> 것은? - 윗글의 내용과 일치하는 것은? - <u>튜링 테스트에 대한 여러 가지 비판</u>에 대한 설명으로 적절하지 <u>않은</u> 것은?	- '튜링 테스트'에 대한 이해로 적절하지 <u>않</u>은 것은? - 윗글을 읽고 추론한 내용으로 적절한 것은? - <u>여러 가지 비판</u>에 대한 설명으로 적절하지 <u>않은</u> 것은?

1.2.4. 답지 검토와 수정 *인테리어는 맞춤형인가요?*

답지는 건축물의 특징을 규정하는 모든 요소의 총체와 같다. 답지는 문항의 난도와 타당도를 결정짓는 가장 중요한 요인이며 문항의 신뢰도를 좌우하는 핵심적인 요소이다. 정답지가 흔들리는 문항은 무답 시비에 휘말리게 되고 오답지가 선명하지 않은 문항은 복답 시비를 불러일으킨다. 선다형 문항에서 답지가 차지하는 위상은 절대적이라 할 수 있다. 답지를 검토할 때는 정답이 명확한지, 진술의 표현은 명료한지, 매력적인 오답이 있는지, 답지들의 간섭은 없는지, 답지 배열은 일관성을 지니는지 등에 중점을 두어야 한다. 정답을 확정하기 위해서는 주어진 언어 자료를 바탕으로 정답의 근거뿐만 아니라 오답의 근거도 제시할 수 있어야 한다. 언어 자료에 근거하여 정답이 정답인 이유와 오답이 오답인 이유를 검토 과정에서 한번 작성해 보는 것도 좋다. 아울러 답지 진술 중 중의적인 문장이나 비문은 없는지 꼼꼼히 살펴보아야 한다. 이러한 문법적인 오류들은 해석상 이견이나 오독을 유발하여 예기치 못한 논란으로 이어질 수 있기 때문이다. 매력적인 오답은 문항의 난도를 올리고 높은 변별력을 확보할 수 있다는 장점을 지닌다. 오답의 매력도를 높이고 오답지가 정답지와의 경쟁력을 갖추도록 하기 위해서는 답지들 간의 진술 층위를 통일시킬 필요가 있다. 이를 위해 답지들 간의 문장 형식은 동일한지, 각 답지는 동일한 행동 영역을 다루고 있는지, 문두와의 긴밀성은 모두 유지하고 있는지 등을 중점적으로 검토해야 한다. 무엇보다 답지 진술의 내적 타당성이 결여되어 정답의 표지로 작용하는 것은 아닌지 면밀히 살펴보아야 한다. 아울러 오답의 매력도가 지나치게 높으면 무답이나 복답 시비를 불러올 수 있으므로 이에 대한 세심한 검토도 병행되어야 한다. 각각의 답지들은 문항 내에서, 혹은 문항 간에 내용상 서로 간섭하지 않고 독립적으로 기능하는지도 살펴보아야 한다. 답지 간의 유사성이나 배타성, 논리적인 관계 등으로 간섭이 일어나면 하나의 답지가 다른 답지의 정오를 판단하는 준거로 작용할 우려가 있다. 이러한 간섭은 평가 결과까지 왜곡할 수 있으므로 검토 단계에서 엄밀히 따져 보아야 한다. 답지의 수정 및 재구성이 끝난 후에는 마지막으로 답지의 배열 순서를 검토해 보아야 한다. 이때 문장 길이의 순서, 언어 자료 속 정보의 출현 순서, 논리적인 순서 등 하나의 기준에 따라 일관성 있게 답지가 배열되었는지 검토하고 수정하면 된다.

답지의 검토 체크리스트는 다음과 같다.

- 정답은 명확한가?
- 진술의 표현은 명료한가?
- 매력적인 오답이 있는가?
- 답지들의 내용은 서로 간섭하지 않고 독립적인가?
- 답지의 배열은 일관성을 지니는가?

1번 문항의 답지를 검토해 보면 다음과 같은 문제점이 발견된다. 우선, 답지 ①에 대한 정오 판단이 불가능해 보인다. 진술의 표현이 명료하지 않아 정답을 가려내기 어렵다. 평가자는 답지 ①을 정답으로 의도하고 기계가 튜링 테스트에서 어떻게 반응할 것인가에 대한 추론 능력을 평가하고자 했을 것이다. 그러나 답지 ①에는 이런 의도나 맥락이 반영되지 않고 문장의 의미가 명확히 드러나지 않아 주어진 진술만으로는 정답지를 확정할 수 없다. '기계는 튜링 테스트에 통과하기 위해', '인간이 쉽게 풀지 못하는 수학 문제'와 같이, 맥락을 추가하거나 조건을 명시해야 답지에 대한 정오 판단이 가능해진다.

또한 답지 ②와 답지 ④는 진술의 주체가 명확하지 않아 정오를 판단하기 쉽지 않다. 답지 ②는 필자의 생각이나 주장에 해당하고 답지 ④는 튜링의 생각에 해당하는데, 답지의 진술에서는 이를 명확히 구분해 주지 않았다. 답지 ②에는 '필자의 견해에 따르면'이라는 단서를, 답지 ④에는 '튜링의 견해에 따르면'이라는 단서를 추가하여 답지의 주체를 명시해야 한다. 혹은 모든 답지의 주체를 필자로 통일하거나 튜링으로 통일하는 방안도 고려해 볼 수 있다.

1번 문항의 난도와 오답 매력도는 높은 편이다. 답지 진술은 내용의 사실적인 이해를 바탕으로 추론적인 이해까지 포괄하고 있어 정오 판단이 쉽지 않고 대부분의 오답이 어느 정도의 유인가를 갖고 있다. 특히 '튜링 테스트'에 대해 낙관적인 관점을 취하고 있는 다른 답지와 달리, 답지 ②는 회의적인 입장을 드러내고 있어 매력적인 오답으로 작용했을 가능성이 크다.

답지 간의 간섭을 살펴보면, 답지 ⑤는 1번 문항 내에서 답지 ④와 일부 내용이 간섭하며 2번 문항의 답지 ④와 일부 내용이 중복된다. 이는 간섭되는 답지의 진술이 모두 언어 자료의 동일한 부분, 즉 3문단의 기능론과 관련된 부분을 다루었기 때문임을 알 수 있다. 따라서 답지 ⑤를 수정할 때는 3문단 이외의 다른 부분에서 내용을 추출하여 재구성하는 방안을 고려해야 한다.

답지 ③과 답지 ⑤는 의미가 분명히 드러나도록 윤문을 거쳐야 답지에 대한 정오 판단이 수월해진다. 답지 ⑤는 '생각의 적절한 기준이'아니라 '생각할 수 있다는 것의 적절한 판단 기준이'로 수정해야 의미가 명확히 드러난다. 이처럼 두 가지 이상의 의미로 해석되는 중의적인 문장, 의미를 파악하기 어려운 비문 등도 출제자의 평가 의도를 정확히 표현하는 데 방해 요소가 되므로 어법에 맞고 정확한 문장을 구사해야 한다.

위의 검토 내용을 토대로 1번 문항의 답지를 수정하면 다음과 같다.

원 안	수정안
① 기계는 튜링 테스트에서 어려운 수학 문제에 대해 척척 대답할 것이다.	① 어떤 기계가 튜링 테스트를 통과하더라도 그 기계가 생각할 수 있는지는 별도로 확인해야 한다.
② 모든 기계가 튜링 테스트를 통과하더라도 기계가 생각할 수 있는지는 별도로 질문해야 한다.	② 기계가 외모나 목소리에서 인간과 완벽하게 같다면 직접 대면하여 튜링 테스트를 할 수도 있을 것이다.
③ 기계가 외모나 목소리에서 인간과 완벽하게 같다면 직접 대면하여 튜링 테스트를 할 수도 있을 것이다.	③ 기계는 튜링 테스트에 통과하기 위해 인간이 쉽게 풀지 못하는 수학 문제에 대해 척척 대답할 것이다.
④ 튜링 테스트는 인간의 행동과 구분할 수 없는 로봇은 인간처럼 생각한다고 말할 수 있음을 보여 준다.	④ 튜링 테스트는 인간처럼 답변할 수 있는 로봇은 인간처럼 생각한다고 말할 수 있음을 보여 주려는 테스트이다.
⑤ 생각할 수 있음이 분명한데도 튜링 테스트를 통과하지 못하는 기계가 있다면 튜링 테스트는 생각의 적절한 기준이 되지 못한다.	⑤ 생각할 수 있음이 분명한데도 튜링 테스트를 통과하지 못하는 기계가 있다면 튜링 테스트는 생각할 수 있다는 것의 적절한 판단 기준이 되지 못한다.

2. 평가 결과 분석 및 활용

평가 결과를 분석하는 작업은 평가 문항을 제작하는 것 이상으로 중요한 의미를 지닌다. 평가 결과 분석을 잘 활용하면 학생의 학업성취도를 평가하는 것 외에도, 개별 학생 또는 집단 전체의 학습 곤란도를 진단하고 이후 교육 내용 개선의 근거를 마련할 수 있다. 나아가 문항의 근거가 되는 교수·학습 과정의 적절성을 판단하고 학생에게 제시한 과제의 난도를 확인하는 등 수업을 계획하고 실행하는 전 과정에 대한 성찰의 기회를 가질 수 있다. 아울러 교사 자신이 출제한 문항의 양호도를 평가하여 이후 좋은 문항 출제의 반면교사로 삼고 평가 전문성을 신장하는 계기로 삼을 수도 있다. 이처럼 평가가 시행된 후에 평가 결과를 다양한 관점에서 분석하고 이를 다시 교수·학습의 장으로 환류하는 과정을 반복하다 보면 수업과 평가의 발전적인 선순환이 가능해질 것이다.

2.1. 절대 평가와 상대 평가 결과 분석 및 활용 ✍ 그대는 어디에

평가를 계획하고 실행한 후에는 평가 목적에 맞게 평가 결과를 분석하거나 해석해야 그 결과를 효율적으로 활용할 수 있다. 예를 들어 학생들의 학습 목표 도달 정도나 학습 내용 이해 정도를 파악하여 이후 수업 개선에 활용하고 싶다면 학업성취도 평가와 같은 절대 평가 분석 방법을 사용하는 것이 적절하다. 반면에 전체 학생 중 학업 능력이 우수한 5명을 선발하거나 학생들의 상대적인 위치를 파악하고자 한다면 대학수학능력시험과 같은 상대 평가 분석 방법을 활용하는 것이 적절하다. 다음의 사례를 통해 절대 평가와 상대 평가 결과를 분석하고 활용하는 방안에 대해 살펴보도록 하자.

2.1.1. 절대 평가 결과 분석 및 활용 ✍ 목표에는 도달했나요?

절대 평가는 준거 지향 평가라고도 하는데, 이는 학생들의 성취수준이나 행동 목표의 도달 정도를 알아보기 위한 평가이다. 상대 평가가 경쟁이나 선발을 목적으로 하며 모집단 내에서 학생들의 상대적인 위치 파악을 중시하는 평가라면, 절대 평가는 개별 학생 또는 학습자 집단의 학업 성취 정도나 학습 목표의 도달 정도를 파악하기 위한 평가이다. 따라서 절대 평가는 평가 결과를 해석하거나 환류하는 방식에 있어서도 성취수준의 도달 정도를 중시한다. 이는 애초에 평가 목표가 학생들의 학업 성취 특성을 분석하여 이후 교수·학습, 평가의 시사점을 도출하고 개선 방향을 모색하는 데 있기 때문이다.

절대 평가에 해당하는 대표적인 예는 학업성취도 평가이다. 학업성취도 평가에서는 학생의 학업 성취 결과를 교육과정 도달 정도에 따라 우수학력, 보통학력, 기초학력, 기초학력 미달의 4가지 성취수준으로 나눈다. 그리고 평가결과표에는 평가 영역별 성취율 정보를 제공하여 학생 개개인의 강점과 약점을 한눈에 파악할 수 있도록 돕는다. 학업성취도 평가결과표를 예시로 삼아 절대 평가 결과를 분석하고 활용하는 방안을 살펴보도록 하자. 다음은 국가수준 학업성취도 평가결과표이다.[10]

2019년 국가수준 학업성취도 평가결과표

2019년 6월 13일 시행된 국가수준 학업성취도 평가에서는 고등학교 2학년을 대상으로 국어, 수학, 영어의 학업성취도를 알아보았습니다. 교과별 평가 결과는 1수준(노력 요망), 2수준(기초), 3수준(보통), 4수준(우수)로 구분됩니다. 교과별로 자신의 성취수준을 확인하여 학력 향상에 관심을 가지고 계속 노력하기 바랍니다.

영역	내용	성취율(%)
듣기·말하기	듣기·말하기의 본질, 담화의 유형 및 매체, 듣기·말하기의 구성 요소, 과정 및 전략 등	
읽기	읽기의 본질, 글의 유형 및 매체, 읽기의 구성 요소, 과정 및 방법 등	
쓰기	쓰기의 본질, 글의 유형 및 매체, 쓰기의 구성 요소, 과정 및 전략 등	
문법	국어의 본질, 국어 구조의 탐구와 활용, 국어 규범과 국어 생활 등	
문학	문학의 본질, 문학의 갈래와 역사, 문학의 수용과 생산 등	

10) https://naea.kice.re.kr/prtl/eval/result

평가결과표는 어떻게 해석하나요?

📊 교과별 평가 결과

교과	성 취 도
국어	3수준

학생 개인의 성취 정도 ●

1수준(노력 요망)　2수준(기초)　3수준(보통)　4수준(우수)

국가수준 학업성취도 평가는 학생의 성취수준을 1, 2, 3, 4수준으로 구분합니다. 각 성취수준을 구분하는 점수는 교과별로 다르나 해석상의 편의를 고려하여 동일한 간격으로 표시되어 있습니다. 위 그림에서 '●'는 학생 여러분이 달성한 성취수준에서의 성취 정도를 나타냅니다.

> **⇨ 학업성취도 점수**
>
> 국가수준 학업성취도 평가에서는 학생들의 학력 변화를 알아보기 위해 연도별로 비교할 수 있는 점수를 사용하고 있습니다. 이 점수는 해마다 다른 문항으로 구성된 검사들 간의 어렵고 쉬운 정도를 조정하여 산출된 것이어서 이 점수를 통해 이전 연도 학생들의 학력 수준과 올해 학생들의 학력 수준을 비교할 수 있습니다.
>
> 따라서 이 점수로 산출된 학생들의 학업성취도 점수는 실제 정답을 맞힌 개수로 채점한 점수와 동일하지 않습니다.

📈 교과별 성취수준 특성과 영역별 평가 결과

교과 영역별 평가 결과는 교과별 교육과정에서 제시하고 있는 하위 영역에 대한 평가 결과로 학생이 이 영역에서 어떤 성취율을 얻었는지 알려줍니다. 교과 영역별 성취율을 통해 해당 교과의 하위 영역에서 다루는 주요 내용과 이들 영역에서의 자신의 강·약점을 파악할 수 있습니다. 교과별 성취수준 특성은 해당 교과의 성취수준별로 학생이 무엇을 할 수 있는지를 구체적인 특성으로 알려줍니다. 각 성취수준의 특성은 하위 성취수준의 특성도 포함하므로 국어 교과에서 3수준의 특성 외에도 그 아래 수준인 1수준과 2수준의 특성도 수행할 수 있습니다.

영 역	내 용	성취율(%)
듣기·말하기	듣기·말하기의 본질, 담화의 유형 및 매체, 듣기·말하기의 구성요소, 과정 및 전략 등	0 ▬▬▬▬▬ 100

국어과 '듣기·말하기'의 85%를 성취함

🔲 국 어　Korean

4수준
- 읽기 목적을 고려하여 내용을 추론·비판·감상하고, 삶의 문제에 대한 해결 방안을 찾으며 글을 읽을 수 있다.
- 자신이 선택한 독서 방법의 적절성을 점검하며 글을 읽을 수 있다.
- 주제에 대한 분석을 바탕으로 타당한 근거를 들어 설득하는 글을 쓸 수 있다.
- 국어가 변화하는 실체임을 이해하고 국어 생활을 할 수 있다.
- 서사, 극, 교술 갈래의 형상화 방법, 문학사의 흐름을 고려하여 산문 문학 작품을 감상할 수 있다.
- 논증을 구성하거나 대안을 탐색하며 토론할 수 있다.

3수준
- 읽기 목적을 고려하여 적절한 읽기 방법을 적용하거나, 삶의 문제에 대해 필자와는 다른 대안을 찾으면서 글을 읽을 수 있다.
- 자신의 경험·성찰을 담은 정서 표현의 글과 독자 분석을 바탕으로 한 설득하는 글을 쓸 수 있다.
- 국어의 음운 변동 및 한글 맞춤법의 기본 원리와 내용을 이해하고, 시간 표현의 특성을 담화 상황에 활용할 수 있다.
- 작품이 유기적 구조물임을 이해하고 서정 갈래의 형상화 방법, 문학사의 흐름 등을 고려하여 운문 문학 작품을 감상할 수 있다.
- 개인이나 집단에 따라 듣고 말하는 방법이 다양함을 이해하며 듣고 말할 수 있다.

2수준
- 읽기와 쓰기가 사회적 상호 작용임을 이해하며, 매체의 특성을 고려하여 글을 읽고, 쓰기 맥락을 고려하여 글을 고쳐 쓸 수 있다.
- 파동과 높임 표현을 이해하여 담화에 활용할 수 있으며, 문학 생산 활동을 통해 다양한 사회 문화적 가치를 이해·평가할 수 있다.
- 언어 예절을 갖추어 대화하되 상황과 대상 등을 고려하여 의사소통 과정을 조절할 수 있다.

1수준
- 말과 글을 적절하게 이해·표현하여 의사소통하고, 문법 현상에 대한 탐구를 바탕으로 국어 생활을 하기 위한 노력이 필요하다.
- 문학의 본질에 대한 이해를 바탕으로 문학 작품을 이해하고 감상하기 위한 노력이 필요하다.

첫째, 평가결과표를 활용하여 학생의 학업 성취 도달 정도를 확인할 수 있다. 절대 평가는 상대 평가와 달리 학습 목표의 도달 여부를 중요하게 여기므로 일차적으로 평가결과표를 통해 학생의 성취 수준을 확인하도록 돕는다. 평가결과표에서도 명시하였듯이 학업성취도 평가의 일차적 목표는 학생이 '자신의 성취수준을 확인'하도록 안내하는 데 있다. 위의 학생은 국어, 수학, 영어 교과가 모두 4수준에 해당하므로 세 교과 모두 학습 목표에 도달한 우수학력을 지니고 있음을 확인할 수 있다.

둘째, 학생들의 자기 진단과 자기 주도적 학습이 가능하도록 돕는다. 학생 스스로 '학력 향상에 관심을 가지고 노력'하도록 정보를 제공하는 것이다. 이를 위해 평가결과표에서는 영역별 성취율을 제공하는 진술 방식을 따른다. 영역별 학습 내용을 간략히 명시하여 학생이 보충해야 할 학습 요소가 무엇인지 한눈에 파악할 수 있도록 안내하고 학생들의 자기 진단과 자기 주도적 학습을 이끈다. 위의 학생은 평가결과표를 활용하여 국어 교과의 읽기와 문법 영역의 학습에 보다 힘쓰게 될 것이다.

셋째, 학생 개인별 교육 활동의 근거 자료로 활용할 수 있다. 위의 학생은 교과별 성취기준 도달 정도가 고르게 우수하다. 그런데 국어 교과의 영역별 성취율을 보면 듣기·말하기의 성취율은 매우 높은 데 비해 읽기와 문법 영역의 성취율은 이에 못 미친다. 이는 학생의 강점이 듣기·말하기 영역이며 약점이 읽기와 문법 영역이라는 것을 보여 준다. 그러므로 위의 학생을 지도할 때는 학생의 강점을 칭찬하고 약점은 보강할 수 있는 방안을 안내해 주어야 한다. 이처럼 학업성취도 평가 결과를 잘 활용하면 학생 개개인의 성취기준 도달 정도 및 강점과 약점을 파악해 개인별 교육 활동의 근거 자료로 삼을 수 있다.

넷째, 수준별 교육 내용 구성의 기초 자료로 활용할 수 있다. 문항 분석 결과의 '답지 반응률 분포 곡선'을 활용하면 전체 학생의 정답률뿐만 아니라 4개 수준 각각에 해당하는 학생들의 문항별 이해도 및 학업 곤란도, 오개념 등을 파악할 수 있다. '답지 반응률 분포 곡선'은 4개 수준별 학생들의 답지 반응 양상을 한눈에 파악할 수 있도록 구안되었기 때문에 수준별 교과 학습 내용을 계획하기에 효과적이다. 다음의 문항 분석 결과를 통해 이러한 가능성을 확인해 보자.

2019년 국가수준 학업성취도 평가 고등학교 2학년

[12, 서답형 7] 다음 글을 읽고 물음에 답하시오.

(가)

처음에는 터무니없는 거짓 같지만, 나중에는 놀랍게도 참인 것이 있다. 가령 접과(接菓) 같은 것이다. 내 선친께서 살아 계실 때 키다리라고 부르는 전 씨가 접과를 잘했다. 해서 선친께서 시험 삼아 그에게 일을 맡긴 적이 있다.

동산에 나쁜 배나무 두 그루가 서 있었다. 전 씨는 그 두 나무를 다 톱으로 자르고, 좋은 배나무를 구하여 그 가지 약간을 베어다가 자른 배나무 그루터기에 접을 붙였다. 그러고는 기름과 진흙으로 쌌는데 그때 나는 그것이 참 터무니없는 짓으로 보였다. 싹이 나고 잎이 피어도 여전히 믿지 못했다. 그러다가 여름에 푸른 이파리들이 무성하게 자라고 가을에 열매가 주렁주렁 열린 뒤에야 마침내 그것이 참인 것을 믿고 비로소 터무니없는 거짓으로 의심하던 마음을 지웠다.

선친께서 가신 지 아홉 해다. 나무를 보고 그 열매를 먹으니 선친의 엄하시던 얼굴을 생각지 않을 수 없고, 더러는 나무를 잡고 흐느끼며 차마 버리고 떠나지를 못한다. 옛사람 중에서 소백과 한 선자로 해서 팥배나무를 베지 말라던 사람, 흙을 북돋아 진귀한 나무를 심자던 사람이 있었다. 하물며 아비가 일찍이 가지고 있다가 자식에게 물려준 것임에랴? 그 공경하는 마음에서 어찌 그들처럼 베지 않고 흙을 북돋아 심는 데서 그치겠는가? 그 열매도 또한 무릎을 꿇고서야 먹을 일이다.

삼가 생각건대, 선친께서 이 배나무를 나에게 주신 것은, 어찌 나로 하여금 개과천선(改過遷善)함에 마땅히 이 나무를 본받으라 하심이 아니겠는가? 이에 여기 기록하여 스스로 경계를 삼는다.

- 이규보, 「접과기(接菓記)」 -

(나)

[앞부분 줄거리] '나'는 상해에서 늙은 거지 하나가 여러 환전소를 돌아다니며 자신이 갖고 있는 은전의 진위를 확인하는 장면을 목격한다. '나'는 벽돌담 밑에서 돈을 손바닥에 올려놓고 들여다보고 있는 거지에게 다가가 말을 건넨다.

"누가 그렇게 많이 도와줍디까?"
하고 나는 물었다. 그러자 그는 내 말소리에 움칠하면서 손을 가슴에 숨겼다. 그러고는 떨리는 다리로 일어서서 달아나려고 했다.
"염려 마십시오, 빼앗아 가지 않소."
하고 나는 그를 안심시키려 하였다. 한참 머뭇거리다가 그는 나를 쳐다보고 이야기를 하였다.
"이것은 훔친 것이 아닙니다. 길에서 얻은 것도 아닙니다. 누가 저 같은 놈에게 1원짜리를 줍니까? 각전(角錢)* 한 닢을 받아 본 적이 없습니다. 동전 한 닢 주시는 분도 백에 한 분 쉽지 않습니다. 나는 한 푼 한 푼 얻은 돈에서 몇 닢씩 모았습니다. 이렇게 모은 돈 마흔여덟 닢을 각전 닢과 바꾸었습니다. 이러기를 여섯 번을 하여 겨우 이 귀한 '다양[大洋]*' 한 푼을 갖게 되었습니다. 이 돈을 얻느라고 여섯 달이 더 걸렸습니다."

그의 뺨에는 눈물이 흘렀다. 나는

"왜 그렇게까지 애를 써서 그 돈을 만들었단 말이오? 그 돈으로 무얼 하려오?"

하고 물었다.

그는 다시 머뭇거리다가 대답했다.

"이 돈 한 개가 갖고 싶었습니다."

– 피천득, 「은전 한 닢」 –

＊ 각전(角錢) : 일 전이나 십 전 따위의 잔돈.
＊ 다양[大洋] : 중국에서 이전에 유통되던 은화.

----

12. <자료>를 참고하여 (가)와 (나)를 감상한 내용으로 적절하지 <u>않은</u> 것은?

────── < 자 료 > ──────

수필은 작가 개인의 경험으로부터 얻은 깨달음을 보여 주는 교술 갈래의 하나로서, 작가의 일상 속 다양한 체험을 소재로 하여 말하고자 하는 바를 직·간접적으로 형상화한다. 고전 수필에서는 어떤 사물이나 사건에 대해 기록하는 '기(記)', 인물의 일대기를 기록하는 '전(傳)' 등과 같이 일정한 양식을 갖춘 경우가 많은데, 현대 수필에서는 서사적 사건을 극적으로 구성하는 등 형식이 보다 자유로워졌다.

① (가)와 (나)는 모두 작가의 개인적인 경험을 바탕으로 주제를 형상화하고 있군.

② (가)와 (나)는 모두 작가의 일대기를 기록하는 양식을 통해 깨달음을 드러내고 있군.

③ (가)는 (나)와 달리 사물이나 사건에 대해 기록하고 창작 이유를 밝히고 있군.

④ (가)는 (나)와 달리 작가가 말하고자 하는 깨달음을 직접적으로 드러내고 있군.

⑤ (나)는 (가)와 달리 인물의 대화와 행동이 나타나는 서사적 전개를 통해 주제를 드러내고 있군.

이에 대한 '정답률과 변별도', '답지 반응률 분포', '답지 반응률 분포 곡선'은 다음과 같다.[11]

─────────

11) 2019년 국가수준 학업성취도 평가 결과 분석 고등학교 국어, 한국교육과정평가원, 25쪽

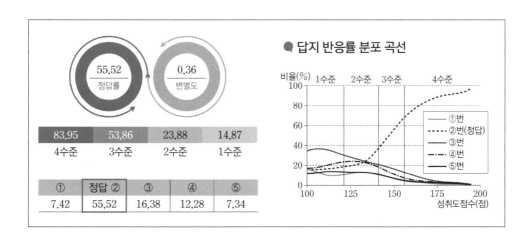

위의 문항은 '[10국05-03] 문학사의 흐름을 고려하여 대표적인 한국 문학 작품을 감상한다.'라는 성취기준의 도달 정도를 평가하기 위한 문항이다. 성취기준을 고려하여 수필 갈래의 문학사적 변천에 대한 내용을 외적 준거로 제시하고 그에 따라 작품을 감상하도록 설계한 문항이다. 변별도는 0.36으로 높은 편이나 정답률은 55%를 약간 상회할 정도로 낮다. 조회해야 할 정보가 많고 문학 갈래에 대한 배경지식을 요구하는 문항이어서 학생들의 체감 난도는 다소 높았을 것으로 추측된다. 수필 갈래의 특징과 역사적 변화 양상을 이해하고 이를 각기 다른 고전 수필과 현대 수필에 적절히 적용한 후에야 정답을 도출할 수 있는 문항이다. 답지 반응률 분포 곡선을 살펴보면 1수준 구간에서 오답지 ③을 선택한 비율이 정답지 ②를 선택한 비율보다 2배 이상 높은 부분이 존재하는 것을 확인할 수 있다. 이는 오답지 ③과 관련하여 고전 수필에 대한 오개념을 지닌 학생이 특히 1수준에 많다는 것을 의미한다. 또한 1수준부터 2수준 중반까지 정답지 ②를 선택한 학생의 비율이 20%대에서 크게 벗어나지 못한다는 것도 확인할 수 있다. 이는 1수준부터 2수준 학생들 대다수가 문학 갈래나 문학사와 관련된 성취기준에 도달하지 못했다는 것을 입증한다. 이러한 결과를 반영하여 1수준과 2수준의 학생을 지도할 때는 갈래의 특징과 갈래의 문학사적 변천 등을 충분히 다루고 구체적인 작품 감상을 통해 갈래에 대한 이해도를 높일 수 있을 것이다. 이처럼 학업성취도 평가의 답지 반응률 분포 곡선을 효과적으로 활용하면 수준별 교육 계획을 수립하거나 수업 개선 방안을 마련할 때 객관적인 지표로 활용할 수 있다.

2.1.2. 상대 평가 결과 분석 및 활용 어디쯤 가고 있나요?

상대 평가는 규준 지향 평가라고도 하는데, 이는 학생들의 성취 정도를 상대적으로 비교하는 평가 방식이다. 상대 평가는 평가의 기준이 개별학생의 학업 성취 도달 정도가 아니라 집단 내에서의 상대적인 성취 정도이다. 따라서 개별 학생에 대한 평가가 집단 내 다른 학생들의 성취수준에 따라 달라지며 학생이 속한 집단에서 차지하는 상대적인 위치로 결정된다. 이러한 특징으로 인해 상대 평가는 대개 학습자를 선발하거나 집단 내에서 학습 능력의 우열을 가리기 위한 목적으로 시행된다. 이와 같은 이유로 상대 평가는 대개 백분위 점수나 표준점수 등으로 학생의 성취도를 표시한다. 학교의 내신 평가나 대학수학능력시험, 학력평가 등이 이에 해당한다. 그런데 동일한 상대 평가 방식을 지닌 경우라 하더라도 평가가 시행되는 목적에 따라 평가 결과의 분석이나 활용 방안이 다소 다를 수 있다. 다음의 사례를 통해 상대 평가 결과를 분석하고 활용하는 방안을 살펴보도록 하자.

첫째, 상대 평가는 선발을 목적으로 활용할 수 있다. 선발의 기능을 갖춘 대표적인 평가는 대학수학능력시험이다. 다음의 대학수학능력시험 성적표[12]를 살펴보자.

2022학년도 대학수학능력시험 성적통지표(예시)

수험번호	성명		생년월일	성별	출신고교 (반 또는 졸업연도)		
12345678	홍 길 동		03.09.05.	남	한국고등학교		
영 역	한국사	국어	수학	영어	탐구		제2외국어 / 한문
선택과목		화법과 작문	확률과 통계		생활과 윤리	지구과학 1	독일어 1
표준점수		131	137		53	64	
백분위		93	95		75	93	
등 급	2	2	2	1	4	2	2

2021. 12. 10.
한국교육과정평가원장

대학수학능력시험 성적표에는 원점수가 표기되지 않고 표준점수, 백분위, 등급만 표기된다. 또한 절대 평가 방식을 따르는 한국사, 영어, 제2외국어/한문은 원점수, 표준점수, 백분위를 모두 제공하지 않고 등급만 표기한다. 이는 평가 결과의 분석과 활용의 목적이 학생 선발권을 지닌 대학에 정보를 제공하는 데 있기 때문이다. 원점수는 학생이 받은 원래 점수를 뜻하는데 상대 평가에서는 학생의 상대적인 위치 파악을 중요하게 여기기 때문에 원점수 자체가 큰 의미를 갖지 못한다. 이와 달리 표준점수나 백분위, 등급 등은 학생 선발을 위한 중요한 기준이 된다. 백분위 점수는 집단을 100으로 가정하고 등위를 매겨 성적을 표시하는 방식이다. 예를 들어 위 학생의 수학 영역 백분위가 96이라는 것은,

---

12) 2022학년도 대학수학능력시험 Q&A자료집. 수능 CAT 2021-2-3. 한국교육과정 평가원. 32쪽.

위의 학생보다 점수가 낮은 학생들이 집단 전체 중 96%를 차지한다는 의미이다. 백분위 점수는 학생 개인의 검사 점수가 집단 내에서 차지하는 상대적인 위치를 파악할 수 있게 하므로 상대 평가에서 자주 활용되는 점수 표시 방식이다. 표준점수는 점수가 평균으로부터 떨어진 거리를, 표준 편차를 단위로 하여 나타낸 변환 점수를 가리킨다. 표준점수는 원점수와 달리 의미 있는 기준점이 있으며 표준 편차를 단위로 삼기 때문에 학생들의 능력을 상대적으로 비교하거나 우열을 가리는 데 효과적이다.

둘째, 상대 평가는 특정 집단 내에서 피평가자의 상대적 위치를 파악하기 위한 목적으로 활용할 수 있다. 이에 해당하는 대표적인 평가는 전국 단위의 학력평가이다. 전국 단위의 학력평가는 평가 목표가 선발에 있는 것이 아니므로 성적표에 대학수학능력시험보다 더 다양한 정보를 제공한다. 다음의 학력평가 성적표를 살펴보자.

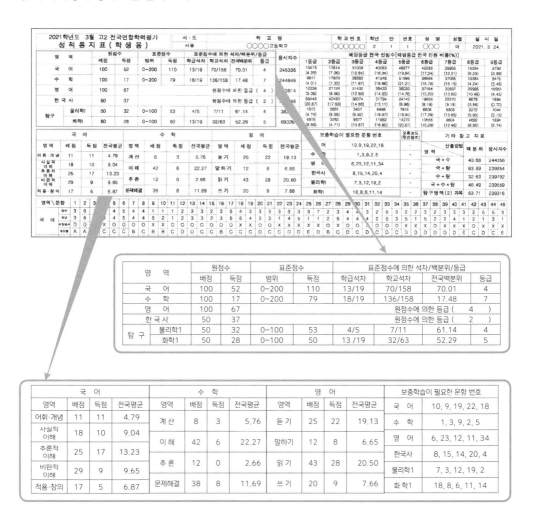

영 역		원점수		표준점수		표준점수에 의한 석차/백분위/등급			
		배점	득점	범위	득점	학급석차	학교석차	전국백분위	등급
국 어		100	52	0~200	110	13/19	70/158	70.01	4
수 학		100	17	0~200	79	18/19	136/158	17.48	7
영 어		100	67			원점수에 의한 등급 (4)			
한 국 사		50	37			원점수에 의한 등급 (2)			
탐 구	물리학1	50	32	0~100	53	4/5	7/11	61.14	4
	화학1	50	28	0~100	50	13/19	32/63	52.29	5

국 어				수 학				영 어				보충학습이 필요한 문항 번호	
영역	배점	득점	전국평균	영역	배점	득점	전국평균	영역	배점	득점	전국평균	국 어	10, 9, 19, 22, 18
어휘·개념	11	11	4.79	계산	8	3	5.76	듣기	25	22	19.13	수 학	1, 3, 9, 2, 5
사실적 이해	18	10	9.04	이해	42	6	22.27	말하기	12	8	6.65	영 어	6, 23, 12, 11, 34
추론적 이해	25	17	13.23									한국사	8, 15, 14, 20, 4
비판적 이해	29	9	9.65	추론	12	0	2.66	읽기	43	28	20.50	물리학1	7, 3, 12, 19, 2
적용·창의	17	5	6.87	문제해결	38	8	11.69	쓰기	20	9	7.66	화학1	18, 8, 6, 11, 14

학력평가는 수험생에게 상대적인 위치 파악에 도움이 되는 정보를 제공하기 위한 목적도 있지만 학업성취도 자가 진단과 대학수학능력시험 준비의 효율성을 도모하기 위한 목적도 있다. 즉 모의평가의 성격을 지니기에 평가 결과를 분석하고 진술하는 방식도 대학수학능력시험과 다른 부분이 있다. 성적표의 상단에는 학생들의 과목별 원점수, 표준점수뿐만 아니라 표준점수에 의한 석차/백분위/등급까지 제시하여 학생들이 자신의 상대적인 위치를 다각도로 파악할 수 있도록 안내한다. 그리고 성적표의 하단에는 각 과목의 영역별 배점과 득점, 전국 평균 등을 명시하고 보충 학습이 필요한 문항 번호까지 안내하여 학생들이 스스로 부족한 부분을 보완해 갈 수 있도록 돕는다. 이처럼 유사한 형태의 상대 평가라 하더라도 평가가 시행되는 목적에 따라 평가 결과의 분석이나 진술 방식이 달라지며 활용 방안도 달라진다.

2.2. 답지 반응률 분석 및 활용 *소리 없는 아우성에 귀 기울이면*

답지 반응률을 분석하면 문항의 난도와 변별도 등을 파악할 수 있고 오답 반응률에 근거하여 학생들의 오개념을 역으로 추출할 수 있다. 이 과정에서 얻어지는 자료들은 학생들의 학업성취도나 곤란도를 진단하고 교수·학습의 적절성을 파악하는 데 활용하여 이후 수업 개선의 근거로 삼을 수 있다. 또한 반복되는 문항 출제의 오류를 줄이고 보다 완성도 높은 평가 도구를 개발하기 위한 기초 자료로 활용할 수도 있다. 교수·학습에 근거한 평가 결과가 뒤에 이어지는 교수·학습 개선에 기여하고 그 결과가 다시 평가의 개선으로 이어짐으로써 수업과 평가의 지속적인 선순환이 작동하는 것이다. 이를 위한 답지 반응률의 분석 및 활용 방안을 살펴보면 다음과 같다.

첫째, 답지 반응률을 분석함으로써 난도를 파악할 수 있다. 문항 난도는 문항이 어려운 정도를 의미하는데 보통 정답률을 그 판단 근거로 삼는다. 문항이 쉽다, 혹은 어렵다고 판단하는 절대적인 기준은 없으나 5단계 정도로 판단해 보면 다음과 같다.(성태제, 2006: 230)

정답률	난이도
20% 미만	매우 어려운 문항
20%-40%	어려운 문항
40%-60%	중간 수준
60%-80%	쉬운 문항
80% 이상	매우 쉬운 문항

난도와 정답률은 반비례 관계를 이루므로 정답률이 낮은 문항을 난도가 높은 문항이라 평가하고, 반대로 정답률이 높은 문항은 난도가 낮은 문항이라고 본다. 난도는 문항의 어려운 정도를 의미하는 것일 뿐이며, 좋은 문항의 전제 조건을 뜻하는 것은 아니다. 따라서 실제 평가 상황에서는 평가 목적과 평가 집단의 특성 등을 고려하여 높은 난도와 낮은 난도, 중간 난도의 문항을 적절히 안배하는 것이 바람직하다. 평가를 실시한 후에는 난도가 높은 문항의 내용 요소를 종합적으로 분석하여 학생들이 어렵게 느끼는 학습 내용이 무엇인지 파악하고 이를 바탕으로 이후의 교수·학습 계획을 수립하거나 학생 개별 지도 시 피드백 자료로 활용할 수 있다.

둘째, 답지 반응률을 분석함으로써 변별도를 파악할 수 있다. 문항 분석 시 난도와 함께 중요하게 고려해야 할 요소가 변별도이다. 문항 변별도란 문항이 학생의 능력을 변별해 내는 정도를 나타내는 것이다. 즉, 어떤 문항을, 능력이 높은 학생은 맞히고 능력이 낮은 학생은 틀렸다면 그 문항은 변별도가 높은 문항이 된다. 반대로 능력이 높은 학생이 틀리고 능력이 낮은 학생이 맞힌 문항이 있다면 그 문항은 역변별 문항이 된다. 또한 능력이 높은 학생과 낮은 학생이 모두 맞히거나 틀린 문항이 있다면 그 문항은 변별도가 0이 된다. 따라서 분석 결과 변별도가 0이거나 역변별인 경우에는 문항이 제대로 된 평가 기능을 수행했다고 볼 수 없다. 변별도가 높고 낮음의 절대적인 기준은 없지만 이블과 프리스비(Ebel & Frisbie, 1991)가 제안한 기준은 다음과 같다.(이재춘 외, 2010: 429에서 재인용)

변별도 지수값	문항에 대한 평가
0.40 이상	매우 양호한 문항
0.30-0.39	괜찮은 문항, 수정의 여지가 있음.
0.20-0.29	쓸 수 있는 문항, 수정이 필요함.
0.19 이하	나쁜 문항

교사는 자신이 출제한 문항의 변별도를 구체적으로 확인하여 이후 수업 내용이나 평가 도구를 개선하기 위한 근거 자료로 활용할 수 있다. 변별도가 낮은 문항은 그 원인을 분석하여 이후 문항 출제의 개선점으로 삼아야 한다. 그리고 변별도가 높은 문항은 학생들의 오개념 파악의 근거 자료로 활용해야 한다.

셋째, 답지 반응률을 통해 학생들에게 필요한 학습 요소를 추출해 낼 수 있다. 답지 반응률은 문항의 난도, 변별도와 함께 문항 분석의 중요한 요소 중 하나이다. 답지 반응률에는 정답률과 함께 오답에 대한 반응률이 함께 제시되기 때문에 매력적인 오답이나 오답의 유인가 등을 파악할 수 있다. 문항의 난도는 대개 정답률로 판단하지만 여기에는 매력적인 오답의 유무가 매우 중요한 변수로 작용한다. 매력적인 오답이 존재하고 그 오답의 유인가가 높을수록 정답률은 떨어지고 문항의 난도는 올라가기 때문이다. 이는 변별도와도 깊은 관련이 있는데, 오답의 매력도가 지나치게 높아서 정답을 확정하기 어려운 문항의 경우에는 낮은 변별도를 보이기도 한다. 이처럼 답지 반응률을 살펴볼때 정답률뿐만 아니라 오답률도 눈여겨보면 다양한 분석 결과를 도출할 수 있다. 오답률을 통해 학생들이 어렵게 여기는 학습 내용이 무엇인지 역으로 추론하여 이미 시행한 교수·학습 활동의 수준을 점검하고 앞으로 시행될 교수·학습 활동의 수준과 방향을 개선하기 위한 준거로 활용할 수 있다.

다음 두 문항의 사례를 통해 문항의 난도가 변별도와 어떤 연관성을 지니는지 알아보고, 답지 반응률 분석과 활용 방안에 대해 구체적으로 살펴보자.[13)]

가 2019년 국가수준 학업성취도 평가 고등학교 2학년

[3, 4] 다음 글을 읽고 물음에 답하시오.

㉠우리 아저씨 말이지요? 아따 저 거시키, 한참 당년에 무엇이냐 그놈의 것, 사회주의라더냐 막덕*이라더냐, 그걸 하다 징역 살고 나와서 폐병으로 시방 앓고 누웠는 우리 오촌고모부 그 양반…….
뭐, 말도 마시오. 대체 사람이 어쩌면 글쎄……, 내 원!
신세 간 데 없지요.
자, 십 년 적공, 대학교까지 공부한 것 풀어먹지도 못했지요. 좋은 청춘 어영부영 다 보냈지요.
신분에는 전과자라는 붉은 도장 찍혔지요. 몸에는 몹쓸 병까지 들었지요.
이 신세를 해 가지굴랑은 굴속 같은 오두막집 단칸 셋방 구석에서 사시장철 밤이나 낮이나 눈 따악 감고 드러누웠군요.
재산이 어디 집 터전인들 있을 턱이 있나요. 서발막대 내저어야 짚 검불 하나 걸리는 것 없는 철빈인데.
우리 아주머니가, 그래도 그 아주머니가, 어질고 얌전해서 그 알량한 남편 양반 받드느라 삿바

---

13) 국가 수준의 평가 중 학업성취도 평가 문항은 결과 분석 자료가 일반인에게 공개된다. 분석 자료에는 과목별 평가 결과 개요와 함께 문항별 정답률과 변별도, 답지 반응률이 제공되어 학생들의 학업 성취수준을 파악하는 데 매우 유용하게 활용할 수 있다. 국가수준 학업성취도 평가 결과 분석 자료는 학업성취도 평가 정보 서비스(https://naea. kice.re.kr/)에서 찾아볼 수 있다.

느질이야, 남의 집 품 빨래야, 화장품 장사야, 그 칙살스런* 벌이를 해다가 겨우 겨우 목구멍에 풀칠을 하지요.

어디루 대나 그 양반은 죽는 게 두루 좋은 일인데 죽지도 아니해요.

우리 아주머니가 불쌍해요. 아, 진작 한 나이라도 젊어서 팔자를 고치는 게 아니라, 무슨 놈의 우난 후분*을 바라고 있다가 끝끝내 고생을 하는지.

근 이십 년 소박을 당했지요.

이십 년을 설운 청춘 한숨으로 보내고서 다 늦게야 송장 여대치게* 생긴 그 양반을 그래도 남편이라고 모셔다가는 병 수발들랴, 먹고 살랴, 애자진하고 다니는 걸 보면 참말 가엾어요.

[중략 부분 줄거리] 나는 일본인 주인 밑에서 착실히 돈을 모아 내지인과 결혼하여 일본식 생활을 하는 것이 이상이다. 나는 아저씨가 사회주의 운동을 하는 것에 불만을 느끼고, 사회주의가 불한당이라며 쏘아붙인다.

"걱정 안 되시우?"

"날 같은 사람이 걱정이 무슨 걱정이냐? 나는 네가 걱정이더라."

"나는 뭐 버젓하게 요량이 있는 걸요."

"어떻게?"

"이만저만한가요!"

ⓛ 또 한바탕 주욱 설명을 했지요. 이야기를 다 듣더니 그 양반 한다는 소리 좀 보아요.

"너두 딱한 사람이다!"

"왜요?" / "……."

"아니, 어째서 딱하다구 그러시우?"

"……." / "네? 아저씨?"

"……." / "아저씨?"

"왜 그래?"

"내가 딱하다구 그러셨지요?"

"아니다, 나 혼자 한 말이다."

"그래두……."

"이 애?" / "네?"

ⓒ "사람이란 것은 누구를 물론허구 말이다, 아첨하는 것같이 더러운 게 없느니라."

"아첨이오?"

"저 위로는 제왕, 밑으로는 걸인, 그 모든 사람이 위선 시방 이 제도의 이 세상에서 말이다, 제가끔 제 분수대루 살아가는 데 있어서 말이다, 제 개성을 속여 가면서꺼정 생활에다가 아첨하는 것같이 더러운 것이 없고, 그런 사람같이 가련한 사람은 없느니라. 사람이란 건 밥 두 그릇이 하필 밥 한 그릇보다 더 배가 부른 건 아니니까."

ⓐ"그건 무슨 뜻인데요?"

"네가 일본인 여자와 결혼을 해서 성명까지 갈고 모든 생활 법도를 일본화 하겠다는 것이 말이다."

"네, 그게 좋잖어요?"

ⓜ"그것이 말이다, 진실로 깊은 교양이나 어진 지혜의 판단에서 우러나온 것이라면 그도 모를 노릇이겠지. 그렇지만 나는 보매, 네가 그런다는 것은 다른 뜻으로 그러는 것 같다."

"다른 뜻이라니요?"

"네 주인의 비위를 맞추고, 이웃의 비위를 맞추고 하자고……."

"그야 물론이지요! 다이쇼*의 신용을 받어야 하고, 이웃 내지인들하구도 좋게 지내야지요. 그래야 할 게 아니겠어요?"

"……."

– 채만식, 「치숙」 –

* 막덕 : 마르크스주의를 믿는 사람이나 행위를 낮추어 부르는 말.
* 칙살스럽다 : 하는 짓이나 말 따위가 잘고 더러운 데가 있다.
* 후분 : 사람의 평생을 셋으로 나눈 것의 마지막 부분. 늙은 뒤의 운수나 처지를 이름.
* 여대치다 : 능가하다.
* 다이쇼 : '주인'의 일본말.

---

3. 윗글의 ㉠～㉤ 중 <자료>의 내용이 가장 잘 나타나 있는 것은?

―――――――― < 자 료 > ――――――――

　　작가 채만식은 판소리 사설의 문체를 많이 사용하여 그만의 개성을 창출하였다. 그의 작품에는 독자에게 말을 건네는 듯한 어투가 자주 등장하는데, 이때 비아냥거리는 표현이 나타나기도 한다.

① ㉠　　　　② ㉡　　　　③ ㉢　　　　④ ㉣　　　　⑤ ㉤

10. <자료>를 통해 중세 국어와 현대 국어의 차이점을 탐구한 내용으로 적절하지 <u>않은</u> 것은?

─── < 자 료 > ───

[훈민정음 언해]

나·랏 :말싸·미 中듕國·귁·에 달·아 文문字·쫑·와·로 서르 ᄉᆞᄆᆞᆺ·디 아·니홀·씨 ·이런 젼·ᄎᆞ·로 어·린 百·빅姓·셩·이 니르·고·져 ·홇 ·배 이·셔·도 ᄆᆞ·ᄎᆞᆷ:내 제 ·ᄠᅳ·들 시·러 펴·디 :몯홇 ·노·미 하·니·라 ·내 ·이·를 爲·윙·ᄒᆞ·야 :어엿·비 너·겨 ·새·로 :스·믈여·듧 字·쫑·ᄅᆞᆯ 밍·ᄀᆞ노·니 :사ᄅᆞᆷ:마·다 :히·여 :수·ᄫᅵ 니·겨 ·날·로 ·ᄡᅮ·메 便뼌安한·킈 ᄒᆞ·고·져 ᄒᆞᆯ ᄯᆞᄅᆞ·미니·라

– 『월인석보(月印釋譜)』, 1459년 –

[현대어 풀이]

나라의 말이 중국과 달라 한자로는 서로 통하지 아니하여서 이런 까닭으로 어리석은 백성이 이르고자 하는 바가 있어도 마침내 제 뜻을 능히 펴지 못하는 사람이 많으니라. 내가 이를 위하여 가엾게 여겨 새로 스물여덟 자를 만드니, 사람들로 하여금 쉬이 익히게 하여 매일 씀에 편안케 하고자 할 따름이니라.

	중세 국어	현대 국어	탐구 내용
①	니르·고·져	이르고자	단어 첫머리에서 ' ㅣ ' 앞에 쓰던 'ㄴ'이 탈락하였음을 알 수 있다.
②	·스·믈	스물	'ㅁ' 아래에서 'ㅡ'가 'ㅜ'로 바뀌었음을 알 수 있다.
③	:수·ᄫᅵ	쉬이	'ㅸ'이 사라졌음을 알 수 있다.
④	·ᄡᅮ·메	씀에	음절 첫머리에 오는 둘 이상의 자음이 된소리로 바뀌었음을 알 수 있다.
⑤	ᄯᆞᄅᆞ·미니·라	따름이니라	끊어적기가 이어적기로 바뀌었음을 알 수 있다.

위의 두 문항은 2019년 고등학교 국어 국가수준 학업성취도 평가 문항 중 정답률이 매우 낮은 문항이다. 두 문항의 정답률, 변별도, 답지 반응률은 다음과 같다.

문항 번호	정답률 (%)	변별도	답지 반응률(%)				
			①	②	③	④	⑤
가	54.98	0.17	54.98	13.66	20.34	2.49	8.35
나	54.75	0.37	10.88	5.75	12.36	15.74	54.75

먼저 난도를 살펴보자. 두 문항 모두 정답률이 50%를 약간 상회할 정도이므로 난도가 다소 높은 문항임을 알 수 있다. 가의 답지 반응률을 분석해 보면 정답지 ①을 제외한 나머지 오답지 중 ③번 답지에 대한 반응률이 가장 높아서 20%를 상회할 정도이고 그다음으로 ②번 답지에 대한 반응률이 높음을 확인할 수 있다. 이는 가의 매력적인 오답이 ③번, ②번 답지임을 보여 준다. 결국 가는 오답 ②, ③이 경쟁 답지로 작용하여 정답률을 낮추고 문항의 난도를 높이는 데 어느 정도 기여한 것으로 추측된다. 이와 달리, 나의 답지 반응률을 살펴보면 ②번 답지를 제외한 나머지 오답지에 답지 반응률이 고르게 분포돼 있다는 것을 알 수 있다. 이는 가와 달리, 나에는 특별한 경쟁 답지가 없음을 나타낸다. 즉 나는 매력적인 오답의 유인가보다 평가 요소의 어려움이나 사고 과정의 복잡성 등 기타 다른 이유로 문항의 난도가 높아진 것임을 추론할 수 있다.

문항의 난도를 분석할 때 함께 살펴볼 항목은 문항의 변별도이다. 문항의 난도가 문항의 변별도를 담보하는 것은 아니다. 위의 표에서 알 수 있듯이 두 문항의 정답률, 즉 난도는 유사하나 변별도는 큰 차이를 보인다. 가의 변별도는 0.17로 국어 성취도 평가 문항 중 가장 낮은 데 반해 나의 변별도는 0.37로 전체 문항 중에서도 매우 높은 편에 속한다. 이는 나와 달리 가의 변별도, 즉 학생의 능력을 변별해 내는 정도가 다소 부족함을 드러낸다. 가처럼 난도가 높은 데 반해 변별도가 낮은 문항은 문항의 완성도를 점검해 볼 필요가 있다. 문항의 정답률이 낮은 이유가, 학생들의 학습 결손 때문이 아니라 문항의 미흡한 완성도 때문은 아닌지 확인해 보아야 한다. 가는 문두에 질문의 의도가 명확히 드러나지 않은 점, 외적 준거로 제시된 <자료>에서 '판소리 사설의 문체'적 특징을 충분히 설명하지 못한 점 등으로 인해 정답률은 낮아지고 문항의 난도는 올라간 것으로 추측된다. 이처럼 평가자의 평가 의도가 문항에 적절히 구현되지 않았거나 묻고자 하는 내용이 명확하게 드러나지 않아 변별력이 낮은 경우에도 문항의 난도는 높게 나타날 수 있다.

앞에서 살펴보았듯이 문항의 난도와 변별도, 정답 반응률을 분석해 보면 학생들이 어렵게 여기는 학습 내용이나 오개념 등이 무엇인지 유추할 수 있다. 그리고 그러한 내용 요소를 평가 결과에서 추출하여 이후 교수·학습 활동의 주안점이나 개선 방안으로 활용할 수 있다.

가의 평가 결과는 적지 않은 학생들이 작품의 문체상의 특징을 파악하거나, 한국 문학의 전통과 계승을 이해하는 데 어려움이 있음을 시사한다. 채만식 소설에 나타나는 판소리 사설 문체의 특징은 고등학교 문학 교과서에서 간혹 다루기도 하나 이에 대한 배경지식이 부족한 학생들은 정답을 도출하는 데 어려움을 느꼈을 것이다. 외적 준거로 제시된 <자료>에 '판소리 사설 문체'의 특징이 드러나 있긴 하지만 이에 대한 정보가 단순 나열되어 있고 설명이 충분하지 않다. <자료>의 내용 중, '독자에게 말을 건네는 듯한 어투'를 대화체로 오인하고, '비아냥거리는 표현'을 비난 정도로 이해한 학생들이 매력적인 오답지 ③을 택했을 가능성이 크다. 그렇다면 관련 내용은 이후 교수·학습 활동에서 보다 구체적으로, 반복하여 다룰 필요가 있다.

나의 평가 결과는 학습 능력이 낮은 학생들이 문법 영역 중에서도 특히 중세 국어 이해에 어려움이 많다는 점을 시사한다. 문항의 변별도가 높다는 것은 능력이 낮은 학생에게 중세 국어와 현대 국어의 차이, 문법 요소의 변화 양상, 문법 관련 용어 등과 관련된 학습 요소가 더 필요하다는 것을 반증한다. 따라서 이러한 학습 요소들은 이후 전개되는 교수·학습 과정의 중점 사항으로 삼을 수 있다. 탐구 활동 형태의 문항 설계에 주목해 보면, 평소 문법 영역의 교수·학습 활동 시 학생들의 탐구 활동을 적극 장려하고 그 비중을 높일 필요가 있다는 시사점을 도출할 수도 있다.

문항 출제와 관련하여서는 다양한 평가 결과 분석을 통해 출제 문항의 난도를 조절하거나 예측하는 능력을 키우고 선다형 문항 출제의 전문성을 신장시킬 수 있다. **가**와 **나**의 평가 결과 분석을 토대로 학생들의 전반적인 학업 수준을 파악하여 이후 문항 출제의 난도와 변별도를 예측하는 준거로 활용할 수 있다. 또한 매력적인 오답을 활용해 문항의 난도를 높이는 방안, 외적 준거를 효과적으로 활용하는 방안, 문두에 평가 의도를 정확하게 구현하는 방안 등도 고려해 볼 수 있다. 변별도가 낮은 문항은 그 이유를 면밀히 분석하여 출제 전문성을 신장시키는 계기로 삼을 수 있다.

2.3. 교무업무시스템을 활용한 평가 결과 분석 및 활용

↳ 끝날 때까지 끝난 게 아니라죠

학교 시험의 경우, 일반적으로 평가를 계획하고 실행한 후 성적 처리가 완료되어 학생늘에게 성적통지표를 배부하고 나면 일련의 평가 절차가 모두 끝났다고 생각하기 쉽다. 그러나 학교라는 공간의 특수성을 고려하여 평가의 교육적 가치와 의도를 교수·학습 과정에 환류하기 위해서는 평가 결과를 다각도로 분석하고 활용할 필요가 있다. 학교 시험은 교무업무시스템의 나이스상에서 성적을 처리하므로 나이스 탭을 적절히 사용하면 평가 결과를 교수·학습 개선의 근거 자료로 삼을 수 있고 학생 개인별 지도에도 유용하게 활용할 수 있다. 학생들에게 제공되는 성적통지표에는 전국 단위의 성취도 평가나 학력평가와 같은 친절한 평가 결과가 제공되지 않으나 교무업무시스템에는 교사가 활용할 수 있는 평가 결과 분석 자료가 의외로 많다. 학생 개인별 지도나 문항 분석, 이후 문항 출제나 수업 개선 방안 등에 유용하게 활용할 수 있는 교무업무시스템 나이스 탭 몇 가지를 소개하면 다음과 같다.

■ 개인별 성취기준 분석표

개인별 성취기준 분석표

평가명 : 2021 학년도 1학기 7차일반 평가
과목명 : 문학(4)
학생정보 : 2학년 1반 학번 [2020000000] ○○○

➢ 지필평가

구분	성취기준	달성도	평균	배점
성취기준 1	문학이 인간과 세계에 대한 이해를 돕고, 삶의 의미를 깨닫게 하며, 정서적·미적으로 삶을 고양함을 이해한다	3.2	2.2	3.2
성취기준 2	문학 작품은 내용과 형식이 긴밀하게 연관되어 이루어짐을 이해하고 작품을 감상한다.	0	6.1	10.3
성취기준 3	작품을 작가, 사회·문화적 배경, 상호 텍스트성 등 다양한 맥락에서 이해하고 감상한다.	6.6	5.1	6.6
성취기준 4	문학과 인접 분야의 관계를 바탕으로 작품을 이해하고 감상하며 평가한다.	6.5	5.3	6.5
성취기준 5	작품을 공감적, 비판적, 창의적으로 수용하고 그 결과를 바탕으로 상호 소통한다.	6.6	5.2	6.6
성취기준 6	작품을 읽고 다양한 시각에서 재구성하거나 주체적인 관점에서 창작한다.	3.2	2.7	3.2
성취기준 7	한국 문학의 개념과 범위를 이해한다.	0	3.5	10.8
성취기준 8	대표적인 문학 작품을 통해 한국 문학의 전통과 특질을 파악하고 감상한다.	3.2	6.7	18.9

▶ 경로

교무업무 시스템 ➡ 나이스 ➡ 성적 ➡ 성적자료 분석조회 ➡ 개인별 성취 기준 분석표

▶ 활용 팁

- 성취기준별로 학생의 도달 정도를 파악하고자 할 때

- 학생 개인별 강점과 약점을 파악하고자 할 때

- 학생 개인별 맞춤 지도를 위한 참고 자료가 필요할 때

- 과목별 세부 능력 및 특기 사항 입력 시 기초 자료가 필요할 때

■ 고사별 비교 조회

고사별 비교

2021학년도   1학기   주간   일반계   2학년   7차일반   6   심화 국어(2)

반	번호	성명	1: 중간고사	2: 기말고사	차이
6	3	○○○	64.60	84.90	20.30
6	7	○○○	69.00	95.10	26.10
6	9	○○○	28.40	44.90	16.50
6	11	○○○	74.60	89.80	15.20
6	12	○○○	78.00	93.10	15.10
6	13	○○○	77.50	94.90	17.40
6	15	○○○	53.00	87.10	34.10

▶ 경로

교무업무 시스템 ➡ 나이스 ➡ 성적 ➡ 성적조회 ➡ 고사별 비교 조회

▶ 활용 팁

- 동일 학기 내에서 학생의 학습 능력 향상이나 하락 정도를 파악하고자 할 때

- 학생 개개인의 발달 정도를 파악하고 성장 기능성을 예측하고자 할 때

- 과목별 세부 능력 및 특기 사항 입력 시 기초 자료가 필요할 때

■ 지필평가 문항분석표 조회

지필평가 문항분석표 조회

2021학년도 1학기 주간 일반계 2학년 7차일반 2

고사 : 기말고사   교과목 : 국어:문학(4)   교과담당교사 (○○○, ○○○) 인

※ < >안 숫자는 학과전체 응답인원 수에 대한 정보입니다.

답안번호 문항번호	1번	2번	3번	4번	5번	합계	정답	정답률(%)	무표기	중복표기
1	2(14)	4(11)	5(62)	6(64)	1(6)	18	4	33.33(40.51)	0(1)	
2	0(8)	0(6)	3(35)	0(7)	15(102)	18	5	83.33(64.56)	0(0)	
3	2(26)	4(40)	5(38)	6(35)	1(19)	18	2	22.22(25.32)		
4	0(1)	1(8)	17(135)	0(11)	0(2)	18	3	94.44(85.44)	0(1)	0(0)
5	1(7)	12(96)	1(17)	2(34)	2(4)	18	2	66.67(60.76)		
6	0(4)	13(91)	2(32)	2(23)	1(8)	18	2	72.22(57.59)		
7	4(17)	1(8)	5(71)	5(43)	3(19)	18	3	27.78(44.94)	0(0)	
8	1(3)	4(39)	5(29)	8(67)	0(21)	18	4	44.44(41.77)		0(1)
9	15(98)	0(7)	1(21)	2(15)	0(17)	18	1	83.33(62.03)		
10	0(4)	1(10)	2(17)	0(9)	15(118)	18	5	83.33(74.68)		

▶ 경로

교무업무
시스템 ➡ 나이스 ➡ 성적 ➡ 지필평가
통계 ➡ 문항분석표
조회

▶ 활용 팁

- 정답률을 활용하여 문항별, 고사별 난도를 분석하고자 할 때

- 답지 반응률을 활용하여 학생들의 학습 곤란도나 오개념 등을 파악하고자 할 때

- 학생들의 문항별 이해도를 파악하여 수업 개선에 활용하고자 할 때

- 문항의 정답률이나 난도 예측을 위한 기초 자료가 필요할 때

지필평가 정답률비교표

2021학년도 1학기 주간 일반계 2학년 7차일반
고사 : 기말고사   교과목 : 국어:문학(4)

※ 단위는 %입니다.

구분 문항번호	1	2	3	4	5	6	7	8	9	10	평균
1	47.37	33.33	33.33	35.29	52.94	20.00	64.29	50.00	41.67	28.57	40.7
2	73.68	83.33	72.22	82.35	41.18	40.00	64.29	78.57	58.33	42.86	63.7
3	47.37	22.22	0.00	52.94	17.65	13.33	35.71	42.86	8.33	7.14	24.8
4	89.47	94.44	88.89	88.24	82.35	100.00	85.71	78.57	58.33	78.57	84.5
5	89.47	66.67	55.56	64.71	35.29	60.00	71.43	64.29	66.67	28.57	60.3
6	84.21	72.22	66.67	47.06	41.18	46.67	57.14	64.29	50.00	35.71	56.5
7	47.37	27.78	27.78	23.53	58.82	46.67	57.14	42.86	66.67	64.29	46.3
8	42.11	44.44	16.67	35.29	52.94	33.33	57.14	78.57	41.67	21.43	42.4

▶ 경로

교무업무 시스템 ➡ 나이스 ➡ 성적 ➡ 지필평가 통계 ➡ 정답률 비교표 조회

▶ 활용 팁

– 학생들의 학업성취도를 학급 단위로 파악하고자 할 때
– 학급 단위 학생 집단의 이해도를 비교하여 학급 단위 수업 개선에 활용하고자 할 때

선다형 평가 문항은 다양한 장점을 지닌 평가 도구로서 학교 현장에서 활용도가 매우 높다. 그럼에도 불구하고 학생들의 고등 사고력을 평가하는 데는 한계가 있으며 암기식 교육을 유발한다는 점 등에서 그 교육적 가치가 평가 절하된 측면이 있다. 그러나 어떤 평가 도구든 장점과 단점을 지니기 마련이다. 중요한 것은 각 평가 도구가 지닌 장단점을 교육의 장에서 어떻게 활용하고 그 시행 결과를 어떤 방식으로 환류할 것인가이다. 선다형 평가 문항이 학생들을 일렬로 줄 세우기 위한 평가 도구로만 활용된다면 선다형 평가 문항은 억울한 누명을 벗어날 길이 없다. 평가 결과를 다각도로 분석하고 분석한 결과를 적절히 활용하여 학생 개인별 맞춤형 지도나 교수·학습 개선을 위한 준거로 삼고 교사의 전문성 신장을 위한 계기로 삼는다면, 선다형 평가 문항은 평가의 장이 다시 교육의 장으로 선순환되는 중요한 징검다리 역할을 수행할 수 있을 것이다.

연습 문제

1. 다음 문항을 체크리스트에 따라 검토하고 그 결과를 반영하여 문항을 수정해 봅시다.

※ 다음은 학생의 발표이다. 물음에 답하시오.

- -

　여러분은 '탈'을 본 적이 있나요? (본 적이 있다는 청중의 대답을 듣고) 우리 한국 사람들에게 탈은 친숙하면서도 생소한 대상일 것이라고 생각합니다. 초등학교 때부터 대중 매체나 교과서 등을 통해 자주 접하였기는 하지만, 실제로 탈놀이를 눈앞에서 보거나 탈을 쓰고 직접 놀이를 해 본 적은 드물기 때문이겠죠. 그렇기 때문에 탈을 보면 우리나라 것인지 아닌지는 쉽게 알 수는 있지만, 그것이 구체적으로 어떤 특징을 갖고 있는지는 잘 알지 못합니다. 저는 이 자리에서 여러분에게 우리 지역의 문화유산인 오광대놀이에서 사용하고 있는 탈의 모양을 소개하고, 탈의 모양으로 무엇을 알 수 있는지 차례로 말씀 드리겠습니다.

　우리 지역 오광대놀이에는 양반탈, 말뚝이탈, 각시탈 등의 탈이 사용됩니다. 이 오광대놀이의 탈과 다른 나라의 가면의 표정을 비교해 보시죠. (화면으로 '그림 1'을 보여 주면서) 오광대놀이의 탈은 실제보다 과장된 얼굴 모습으로 웃고 있거나 익살스러운 모습을 보이는 경우가 많습니다. 반면에 다른 나라의 가면은 웃는 모습보다는 무서운 표정이나 근엄한 모습을 보이는 경우가 많습니다. 그 이유는 무엇일까요? 우리 지역 오광대놀이는 오락적이고 연희적인 성격이 강합니다. 반면, 다른 나라의 가면은 종교적 행사에서 쓰이는 경우가 더 많았기 때문에 좀 더 엄숙한 모습을 보이고 있음을 알 수 있습니다.

　(화면으로 '그림 2'를 보여 주면서) 오광대놀이의 탈의 모습은 계층에 대한 인식을 뚜렷하게 드러냅니다. 반은 붉고 반은 하얀 얼굴의 홍백양반탈은 양반의 부모가 누구인지 알 수 없음을 시각적으로 표현하여 양반을 조롱하고 있습니다. 다른 양반탈의 모습도 크게 다르지 않습니다. 몸이 삐뚤어진 삐뚜루미탈이나 얼굴에 천연두를 앓은 흔적이 있는 손님양반탈의 모습도 양반을 조롱하는 방식의 하나입니다. 자, 오광대놀이에서 양반을 어떻게 생각하는지 알 수 있겠죠? (청중의 대답을 듣고) 그렇습니다. 오광대놀이는 양반에 대한 비판 의식이 다른 탈놀이보다 월등히 우세하다고 합니다. 그리고 그러한 비판 의식을 양반탈의 형태적인 특징을 통해 보여 주고 있는 것입니다.

똑같은 인물을 드러내는 탈이라고 해서 모양이 모두 다 같은 것은 아닙니다. 말뚝이 탈을 한번 살펴볼까요? (화면으로 '그림 3'을 보여 주면서) 우리 지역 오광대놀이에서 사용되는 말뚝이탈은 다른 지역에서 사용되는 말뚝이탈의 모습과 비슷하면서도 다릅니다. 서민을 대표하는 말뚝이가 힘 있는 젊은이로 표현된다는 점은 유사하지만, 그 재료나 세부적인 표현에 있어서는 다소 다릅니다. 이것은 우리나라 탈이 지역의 특성을 반영하고 있음을 보여 줍니다. 예를 들어, 같은 말뚝이탈이라도 우리 지역 오광대놀이에서 사용되는 탈보다 더 크게 만든 말뚝이탈도 있습니다. 말뚝이의 역할이 더 많이 강조되기 때문이겠지요.

우리 지역 오광대놀이는 현재 중요 무형 문화재로 지정되어 지금도 공연이 이루어지고 있습니다. 얼핏 그냥 지나갈 수도 있는 탈놀이를 한 번쯤 관람해 보는 것이 어떨까요? 이번 주말은 어떠신가요? (청중의 대답을 듣고) 좋습니다. 탈의 모습을 살펴보면서 탈의 모습이 담고 있는 고유의 이야기를 들어 본다면, 탈놀이가 훨씬 더 재미있게 느껴지리라 생각합니다. 우리 지역 오광대놀이에 대해 발표하기 위해 제가 참고한 자료는 우리 지역 오광대놀이 연희자들의 구술을 토대로 한 것입니다. 여러분들이 우리 지역 오광대놀이를 이해하시는 데에 도움이 되었길 바라며 발표를 마치겠습니다.

----

1. 발표를 들은 후 추론한 내용으로 가장 적절한 것은?

① 우리 지역 탈놀이에서 사용하는 탈은 탈의 외양을 살펴보면 연기하는 인물의 특성을 알 수 있군.

② 우리 지역 탈놀이에서 사용하는 탈은 우리 지역에서 많이 나는 재료를 소재로 제작하는군.

③ 우리 지역 탈놀이는 우리 지역만의 향토색이 두드러지게 나타나는 내용으로 구성되어 있군.

④ 우리 지역 탈놀이에서 사용하는 탈은 다른 나라 탈놀이에서 사용하는 탈과 크게 다르지 않군.

⑤ 청중은 우리 지역 탈놀이는 원래 오락적 성격보다 제의적 성격이 강한 것이라고 생각하겠군.

<체크리스트>

문두	▪ 묻고자 하는 내용이 무엇인지 명확히 드러나 있는가?
	▪ 문두는 답지와 긴밀하게 연결되었는가?
	▪ 모든 답지에서 반복되는 어구는 문두에 포함시켰는가?
답지	▪ 정답은 명확한가?
	▪ 진술의 표현은 명료한가?
	▪ 매력적인 오답이 있는가?
	▪ 답지들의 내용은 서로 간섭하지 않고 독립적인가?
	▪ 답지의 배열은 일관성을 지니는가?

1. _____

① _____

② _____

③ _____

④ _____

⑤ _____

🔅 Tip

• 답지 진술이 문두의 진술처럼 모두 '추론'에 해당하는지 검토해 봅시다.

• 답지 진술이 구체적이고 정오 판단의 준거가 명확히 드러나는지 검토해 봅시다.

[2~3] 다음은 국가수준 학업성취도 평가 문항과 결과 분석표입니다. 자료를 읽고 문항을 분석한 후, 그 결과를 활용해 봅시다.

---

[9] 다음 글을 읽고 물음에 답하시오.

우리가 사용하는 플라스틱은 석유를 증류하는 과정에서 얻어진 휘발유나 나프타를 기반으로 생산된다. 그런데 석유로 플라스틱을 만드는 과정이나 소각 또는 매립하여 폐기하는 과정에서 유독 물질, 이산화 탄소 등의 온실가스가 많이 배출된다. 특히 폐기물의 불완전 연소에 의한 대기 오염은 심각한 환경 오염의 원인으로 대두되었다. 이로 인해 자연 분해가 거의 불가능한 난분해성 플라스틱 제품에 대한 정부의 규제가 강화되었고, 플라스틱 소재 분야에서도 환경 보존을 위한 노력을 하고 있다.

'바이오 플라스틱'은 옥수수, 사탕수수 등 식물체를 가공한 바이오매스를 원료로 만든 친환경 플라스틱이다. 바이오 플라스틱은 바이오매스 함유 정도에 따라, 바이오매스가 50% 이상인 '생분해성 플라스틱'과 25% 이상인 '바이오 베이스 플라스틱'으로 크게 구분된다. 생분해성 플라스틱은 일정한 조건에서 시간의 경과에 따라 완전 분해될 수 있는 플라스틱이고, 바이오 베이스 플라스틱은 바이오매스와 석유 화학 유래 물질 등을 이용하여 생산되는 플라스틱이다.

생분해성 플라스틱은 보통 3~6개월 정도의 빠른 기간에, 미생물에 의해 물과 이산화 탄소 등으로 자연 분해된다. 분해 과정에서 다이옥신 등 유해 물질이 방출되지 않으며, 탄소 배출량도 적어 친환경적이다. 하지만 내열성 및 가공성이 취약하고, 바이오매스의 가격이 비싸며, 생산 비용이 많이 드는 단점이 있다.

이로 인해, 생분해성보다는 이산화 탄소 저감에 중점을 두고 있는 바이오 베이스 플라스틱의 개발이 빠르게 진행되고 있다. 바이오 베이스 플라스틱은 식물 유래의 원료와 일반 플라스틱 수지를 중합하거나 결합하는 방식으로 생산되지만, 이산화 탄소의 총량을 기준으로 볼 때는 환경 문제가 되지 않는다. 왜냐하면 플라스틱을 폐기할 때 화학 분해가 되어도 그 플라스틱의 식물성 원료가 이산화 탄소를 흡수하며 성장했기 때문이다. 바이오매스 원료 중에서 가장 대표적인 것은 옥수수 전분이다. 그런데 최근에는 바이오매스 원료 중에서도 볏짚, 왕겨, 옥수숫대, 콩 껍질 등 비식용 부산물을 사용하는 기술이 발전하고 있다. 이는 지구상 곳곳에서 많은 사람들이 굶주리는 상황에서 제기된 비판이 있었기 때문이다.

　바이오 베이스 플라스틱은 생분해성 플라스틱보다 내열성 및 가공성이 우수하고, 분해 기간 조절이 가능하기 때문에 비닐봉지와 음료수 병, 식품 포장기는 물론 다양한 산업 용품 개발에 활용되고 있다. 근래에는 전자 제품에서부터 건축 자재, 자동차 용품까지 적용 분야가 확대되는 추세이다. 하지만 바이오매스와 배합되는 원료들이 완전히 분해되지는 않으므로, 바이오 베이스 플라스틱이 진정한 의미의 환경 친화적 대체재라고 볼 수는 없다.

----

9. <자료>는 윗글을 읽은 학생이 제작 중인 포스터이다. <조건>에 따라 포스터를 완성하려고 할 때, [A]에 들어갈 내용으로 적절하지 <u>않은</u> 것은?

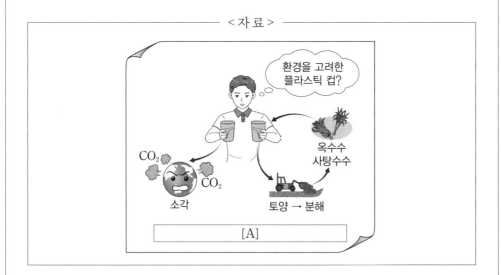

< 자료 >

[A]

< 조 건 >

○ 소비자가 플라스틱 제품을 선택할 때, 환경 문제를 고려해야 한다는 관점을 드러낼 것.
○ <자료>에 제시된 시각 매체와 어울리도록 작성할 것.

① 당신이 선택한 플라스틱 제품! 우리의 환경과 함께합니까?

② 제품 선택의 기준? 순환적인 플라스틱 제품이 정답입니다.

③ 태우는 제품? 이제는 분해되는 제품을 골라야 할 때입니다.

④ 우리도 자연의 일부! 자연과 주고받는 플라스틱 제품이 좋아요!

⑤ 태워 없애거나 땅에 묻거나! 플라스틱 제품은 결국 하나입니다.

[25] 다음 글을 읽고 물음에 답하시오.

[앞부분 줄거리] 명나라 재상 유희의 아들 유연수는 15세에 한림학사가 된 후, 재덕을 겸비한 사정옥과 혼인한다. 사씨는 자식을 얻지 못하자 유연수에게 첩을 들이기를 권한다. 이후 교씨가 첩으로 들어와, 아들 장주를 낳는다. 어느 날, 교씨의 거문고 연주를 들은 사씨가 조언의 말을 하자, 분한 마음을 품은 교씨는 한림에게 사씨를 참소한다.

어느 날 납매가 교씨에게 고했다.

"방금 추향에게 들으니 부인께서 회임(懷妊)을 하셨다 합니다."

교씨는 깜짝 놀랐다.

"십 년이나 지난 후에 비로소 잉태한다는 것은 세상에 드문 일이다. 혹시 월사(月事)가 불순한 것은 아니겠느냐?"

교씨는 속으로 생각하였다.

'저 사람이 만일 아들을 낳기라도 한다면 나는 자연 무색할 뿐일 것인데……'

하지만 계책 또한 마땅히 쓸 만한 것이 없었다.

한두 달이 지나면서 부인의 태기가 확실하게 나타났다. 온 집안의 사람들은 모두 기뻐하였다. 그러나 교씨만은 홀로 앙앙불락*하였다.

교씨는 남매와 함께 은밀하게 음모를 꾸몄다. 마침내 낙태하게 만드는 약을 사서 부인이 복용하는 약 속에 몰래 섞어 놓았다. 그렇지만 부인은 그 약을 마시자마자 문득 구역질을 하며 그대로 토해 버렸다. 그 계책도 성공할 수 없었다.

사 부인은 달이 차자 과연 남아를 낳았다. 아이는 골격이 비상하고 신채(神彩)가 영매하였다.* 한림은 크게 기뻐하여 아이의 이름을 인아(鱗芽)라 하였다.

교씨는 비록 화심(禍心)*을 품고 있었으나 그 뜻을 이룰 수 없었다. 마지못하여 부인에게 경하를 올리며 겉으로는 기쁜 듯한 표정을 지었다. 한림과 사씨는 여전히 그것을 진정이라 여겼다.

인아가 점점 자라 장주와 같은 장소에서 함께 놀았다. 그런데 인아는 비록 어리기는 하였으나 기상(氣像)이 탁월하였다. 장주가 한갓 아름답기만 한 것과는 차이가 있었다.

하루는 한림이 밖에서 집으로 들어와 상의(上衣)도 벗기 전에 인아를 안고 어루만졌다.

"이 아이는 이마의 골격이 기특하여 선인과 매우 닮았느니라. 훗날 반드시 우리 가문을 창성하게 할 것이야."

그리고 다시 그 유모에게 이르는 것이었다.

"각별히 잘 기르도록 하거라."

이에 장주 유모는 장주를 안고 교씨에게 달려가 호소했다.

"상공께서 유독 인아만을 어루만지며 장래를 촉망하셨습니다. 하지만 장주를 보더니 못 본 체하고 그대로 지나가셨습니다." / 마침내 유모가 슬피 울었다.

교씨는 더욱 근심하면서 속으로 생각했다.

'내가 저 사람과 비교할 때 용모의 아름다움은 전혀 나은 것이 없지. 그러나 적첩(嫡妾)*의 분의(分義)*에는 현격한 차이가 있어. 단지 나는 아들을 낳고 저 사람에게는 아들이 없었어. 그 때문에 내가 장부의 후대를 받을 수 있었던 것이야. 그런데 이제 저 사람이 아들을 낳았어. 저 아이가 장차 이 집의 주인이 될 것이야. 내 아이는 아무 쓸데가 없게 될 것이 아닌가? 저 사람이 겉으로는 어진 체하고 있지. 하지만 화원에서 나를 책망한 말은 분명히 시기를 부린 것이었어. 하루아침에 나를 한림에게 참소한다면, 한림이 평소 저를 믿고 있으니 내 신세를 염려하지 않을 수 있겠는가?'

교씨는 다시 이십낭을 불러 의논하였다.

십낭은 전에 이미 교씨로부터 많은 금은을 받은 터였다. 마침내 서로 한마음이 되어 간악한 음모와 사특한 계교를 만들어 내지 않는 것이 없었다.

- 김만중, 「사씨남정기」 -

* **앙앙불락** : 매우 마음에 차지 아니하거나 야속하게 여겨 즐거워하지 아니함.
* **영매하였다** : 성질이 영리하고 비범하였다.
* **화심** : 남을 해치려는 마음.
* **적첩** : 본처와 첩을 아울러 이르는 말.
* **분의** : 자기의 분수에 알맞은 정당한 도리.

----

25. 윗글의 인물에 대한 설명으로 가장 적절한 것은?

① '사씨'는 '교씨'가 자신에게 축하를 건네자 '교씨'를 의심하기 시작한다.

② '교씨'는 '십낭'을 자신의 앞길에 도움을 줄 수 있는 조력자로 삼는다.

③ '추향'은 '교씨'에게 '사씨'의 임신 사실을 전하여 '사씨'의 미움을 사게 된다.

④ '교씨'는 '십낭'과 대화 중에 '사씨'의 조언에 시기심이 담겨 있다는 것을 깨닫는다.

⑤ '한림'이 '인아'를 안아 주었다는 '유모'의 말을 듣고, '교씨'의 심리적 불안감은 해소
된다.

<결과 분석표 : 답지 반응 분포 및 성취수준별 정답률>

문항	영역	전체 정답률 (%)	변별도	답지 반응 분포(%)					성취수준별 정답률(%)			
				①	②	③	④	⑤	우수	보통	기초	기초 미달
9	작문	49.40	0.18	11.11	10.89	19.44	8.91	49.40	60.69	49.39	38.41	14.78
25	문학	55.44	0.52	4.42	55.44	14.45	16.16	8.23	90.29	49.41	19.72	11.74

2. 두 문항의 답지 반응 분포와 성취수준별 정답률을 근거로 난도와 변별도, 답지 반응과 성취수준별 정답률을 비교해 보고 문항을 분석해 봅시다.

두 문항의 변별도가 어떻게 다른지 살펴봅시다.

3. 분석 결과를 이후 교수·학습 활동 개선이나 평가 도구 개발에 반영하고자 할 때, 어떤 개선점을 도출할 수 있을지 서술해 봅시다.

두 문항의 성취수준별 정답률을 살펴봅시다.

부록

연습 문제 **예시 답안**

Ⅱ. 평가 요소 선정

1.

　이 성취기준은 다양한 논증 방법을 파악할 수 있는지, 그리고 논증 방법의 효과를 중심으로 글의 논지 전개 방식 등을 이해할 수 있는지를 묻는 평가 요소를 도출할 수 있다. 따라서 전통적인 논증 방식인 귀납, 연역을 우선 생각해 볼 수 있다. 이를 구체화하여 여러 가지 사례를 검토하여 그 결론으로 일반적인 사실을 이끌어 내는 귀납 논증의 구체적인 방법인 일반화나 유추, 일반적인 원리를 전제로 특수한 사실을 결론으로 이끌어 내는 연역 논증의 구체적인 방법인 삼단 논법 또한 평가 요소로 도출할 수 있다.

2.

번호	내용 영역	행동 영역						난이도			배점	정답
		지식	이해	적용	분석	종합	평가	상	중	하		
1	[10국05-03] 문학사의 흐름을 고려하여 대표적인 한국 문학 작품을 감상한다.		○						○		2	③
2	[10국05-01] 문학 작품은 구성 요소들과 전체가 유기적 관계를 맺고 있는 구조물임을 이해하고 문학 활동을 한다.		○						○		2	③
3	[10국05-02] 갈래의 특성에 따른 형상화 방법을 중심으로 작품을 감상한다.				○				○		2	⑤
4	[10국05-04] 문학의 수용과 생산 활동을 통해 다양한 사회·문화적 가치를 이해하고 평가한다.						○	○			3	③

III. 문항 설계

1.

(가), (나), (다)

● 해설 : (가)에서는 구운 밤에 싹이 나는 일, 옥으로 새긴 연꽃이 살아나는 일과 같이 실현 불가능한 상황을 설정하여 임과 이별하지 않겠다는 의지를 드러내고 있다. (나)에서는 오리의 짧은 다리가 학의 긴 다리가 되는 일, 검은 까마귀가 하얀 해오라기가 되는 일이 불가능한 일이지만 그렇게 될 때까지 임금이 끝없이 복을 누리기를 바라는 화자의 마음을 표현하고 있다. (다)에서는 그림으로 그린 닭이 울거나, 삶은 밤에 싹이 돋거나, 고목나무에 꽃이 피는 등의 불가능한 상황을 설정하여 떠난 임에 대한 그리움을 표현하고 있다. 그러므로 (가), (나), (다)는 모두 불가능한 일을 조건으로 제시하여 간절한 마음을 드러내는 발상이 드러난다. 이와 달리 (라)는 그리운 임을 빨리 만나고 싶어 하는 진솔한 마음을 구체적인 행동을 통해 보여 주고 있지만, 현실에서 일어날 수 없는 일을 조건으로 제시하지는 않았다.

2.

> ─────── < 보 기 > ───────
>
> **선생님** : 한국인의 언어문화에는 현실에서 일어날 수 없는 일들을 조건으로 제시하여 간절한 마음을 드러내는 독특한 발상이 종종 나타납니다. 예컨대 '동해물과 백두산이 마르고 닳도록'이라는 「애국가」의 한 구절은 실제로는 일어날 수 없는 상황을 조건으로 하여 우리나라가 영원히 지속되리라는 강한 믿음과 소망을 드러내고 있지요. (가)~(다) 역시 모두 이와 같은 발상이 나타나는 작품들입니다. 이 작품들에 나타나는 불가능한 조건을 중심으로 작품을 깊이 있게 감상해 볼까요?

3.

- (가)~(다)의 표현상 특징으로 가장 적절한 것은? (사실적 이해, 표현상의 특징 파악)
- (가)와 (다)의 화자를 비교한 내용으로 적절하지 <u>않은</u> 것은? (추론적 이해, 화자의 정서 및 태도 비교)
- <보기>는 (가)~(다)에 대한 수업의 한 장면이다. 선생님의 설명을 듣고 학생이 발표한 내용으로 적절하지 <u>않은</u> 것은? (비판적 이해, 외적 준거에 따른 작품 감상)
- <보기>를 바탕으로 (나)를 패러디하여 현대시를 쓰려고 한다. 작품 창작 계획에 대한 설명으로 적절하지 <u>않은</u> 것은? (적용·창의, 작품의 수용과 생산)
- ㉠의 상황을 나타내는 한자 성어로 가장 적절한 것은? (어휘·개념, 한자 성어의 이해)

4.

현실에서 일어날 수 없는 일들을 조건으로 제시하여 간절한 마음을 드러내는 대중가요나 만화, 광고, 영화 등을 활용하여 <보기>나 답지에 제시하고, 탐구 학습 형식으로 문항을 설계한다.

Ⅳ. 언어 자료의 선정과 가공

1.

㉮ 농촌 지역 지자체에서 귀농 지원 정책을 통해 목표를 '농촌 지역 삶의 만족도를 높임'이라고 명시하는 것은 질적 규정이고, '2020년까지 농촌 지역 인구를 10% 증가시킴'이라고 명시하는 것은 양적 규정이다.

㉯ 농촌 지자체에서 인구를 늘리기 위해 귀농 지원 프로그램을 실시한 결과 지역의 인구가 늘었다. 그런데 같은 시기에 도로 건설이라는 유일한 변수가 있었고 도시로 출퇴근하는 인구는 늘었지만, 귀농 인구는 전혀 늘지 않았다고 하자. 이때 농촌 인구의 증가는 귀농 지원 프로그램의 영향이 아니라 전적으로 도로 건설의 영향이라고 할 수 있으므로 도로 건설은 허위 변수가 된다.

㉰ 지역 소득 증대를 위해 무선 통신망을 구축하는 사업을 공모하여 정책을 시행한 결과 시행 지역의 소득이 높아졌다고 할 때, 무선 통신망의 구축이 더 다양한 소득 창출의 기회를 만들어 내기 때문에 소득 향상에 일정 정도 영향을 미칠 수는 있다. 그렇지만 무선 통신망을 활용할 수 있는 주민들의 정보화 능력이 있기 때문에 공모에 응하였을 가능성이 높고, 또 이러한 능력이 소득 증대에 더 큰 영향을 미쳤을 수도 있기 때문에 주민들의 정보화 능력이 혼란 변수가 된다.

2.

사회자 : 청취자 여러분, 안녕하십니까? 지난 시간에 이어 과학 전문가 ○○○ 선생님을 모시고 우리 주변에서 만나게 되는 과학에 대한 이야기를 나눠 보겠습니다. 선생님, 오늘은 또 어떤 재미있는 과학 이야기를 해 주실 건가요?

전문가 : 사회자께서는 혹시 '펠레의 저주'라고 들어 보셨나요?

사회자 : 펠레의 저주라면 축구계의 전설인 펠레가 우승 후보로 예상한 팀들이 어이없게 탈락하는 경우가 많아서 생긴 말 아닌가요?

전문가 : 잘 이야기해 주셨는데요, 상식적으로 생각해 보자면 펠레의 말에 무슨 주술적인 힘이 있어서 그런 일이 일어난 것은 아닐 것입니다. 펠레의 저주는 확률과 관련된 문제로 오늘 제가 이야기할 '머피의 법칙'으로 설명할 수 있습니다.

사회자 : 머피의 법칙이라면 나에게만 불행한 일이 생기고, 불행한 일들이 몰려오는 것처럼 느껴질 경우를 이야기할 때 쓰는 말 아닌가요? 이게 어떻게 펠레의 저주와 연관이 될 수 있지요?

전문가 : 혹시 사회자께서는 월드컵 우승팀을 예측해서 맞히신 적이 있나요?

사회자 : 세 번의 월드컵에서 예측을 해 보았는데, 제가 예상한 팀이 우승한 적은 없어요.

전문가 : 사회자님의 저주도 만들어져야 할 것 같은데요.(웃음) 여기에는 펠레의 저주와 관련된 중요한 사실이 있습니다. 바로 우승팀을 알아맞힐 확률이 그다지 높지 않다는 것입니다. 아무리 강한 팀이라 하더라도 우승 확률은 10% 정도밖에 되지 않기 때문에 맞히는 것이 대단한 것이지 틀리는 것이 불운한 것은 아닙니다.

사회자 : 그래도 10번 예측해서 10번 다 틀리면 문제가 있는 것 아닌가요?

전문가 : 확률이 10%라는 것은 10번 중에 한 번은 반드시 맞는다는 것을 의미하지는 않습니다. 18번째까지 틀리다가도 19, 20번째 맞힐 수도 있지요. 통계학자들은 이처럼 특정 사건이 불규칙하게 분포하는 현상을 '군집 현상'이라고 하는데, 이것은 규칙적으로 분포하는 것보다 더 자연스러운 현상입니다. 다시 말하면 운은 없을 때는 없다가도 때로는 몰려오기도 합니다. 그런데 사람들은 운이 없는 시기에 놓이게 되면 자기만 불운한 것처럼 생각하게 되는데, 그런 생각이 머피의 법칙을 만들어 낸 것입니다. 그리고 사람들은 운이 좋은 것은 당연한 것으로 생각하고, 운이 없는 것은 더 크게 느끼는 편향성이 있기 때문에 머피의 법칙이 그럴 듯하게 느껴지는 것이지요.

사회자 : 아, 그렇군요. 그러면 실생활에서 경험할 수 있는 유사한 사례가 있을까요?

전문가 : 혹시 마트 계산대에서 내가 선택하지 않은 계산대의 줄이 먼저 줄어든 경험이 있으신가요?

사회자 : 네, 있어요. 어떨 때는 줄이 좀 짧다 싶은 쪽으로 가면 원래 있던 줄이 더 빨리 줄어들더라구요.

전문가 : 그것도 사회자께서 운이 없어서 그런 것이 아닙니다. 10개의 계산대가 있다고 할 때 내가 줄 선 계산대의 줄이 제일 먼저 줄어들 확률은 10분의 1밖에 되지 않으니, 여간 운

이 좋지 않은 한 다른 줄이 먼저 줄어드는 것을 지켜볼 수밖에 없는 것이죠. 그런데도 제일 먼저 줄어드는 줄만 바라보니까 운이 없다고 생각되는 것이지요.

진행자 : 그러고 보니 우리가 너무 운이 좋은 일만 일어나 주길 바라고 있었던 건 아닐까 하는 생각이 드는군요. 그러면 여기서 잠깐 청취자들의 질문을 받고 계속하겠습니다.

● 해설
- 검토 의견 1. 사회자가 전문가의 말에 답하거나 부연하는 방식으로 '펠레의 저주'와 '머피의 법칙'을 제시하였다.
- 검토 의견 2. 전문가가 '군집 현상'의 정의를 설명하면서 운이 없을 때 머피의 법칙이 나타난다는 것을 제시하였다.
- 검토 의견 3. 전문가와 사회자가 서로 질문을 하고 답변을 이어 가는 방식으로 구성하였다.

3.

[앞의 줄거리] 아들 성기가 역마살 때문에 떠돌이가 될까 봐 걱정하던 옥화는 그를 정착시키기 위해 체 장수 영감의 딸 계연과 맺어 주려 하지만, 계연이 자기 동생이라는 것을 알고는 그녀를 떠나보내기로 한다.

* **통정** : 통사정. 딱하고 안타까운 형편을 털어놓고 말함.
* **명도** : 마마를 앓다가 죽은 어린 계집아이의 귀신.

● 해설
- '앞의 줄거리'에 성기와 계연이 결혼까지 약속했으나 운명 때문에 헤어지게 되었다는 작품의 전체적인 맥락과 인물 간의 관계를 제시하였다.
- '통정', '명도'와 같은 말은 잘 사용하지 않는 말이지만 맥락을 파악하는 데 중요한 어휘이다.

V. 문두 작성

1.

윗글의 내용과 일치하지 <u>않는</u> 것은?

● **해설** : <보기 2>의 조건을 보면 우선 부정 문두로 작성해야 한다는 것을 알 수 있다. 그리고 행동 영역 차원에서 사실적 이해 문두로 작성해야 한다는 것을 알 수 있다. 언어 자료의 핵심 내용을 정확히 이해하고 있는가를 묻는 문두에 흔히 사용되는 표현은 '일치', '설명', '이해' 등이다. 그런데 <보기 2>의 조건에는 '이해'라는 표현을 사용하지 말라고 제시되어 있다. 따라서 '일치' 혹은 '설명'이라는 표현을 사용하는 것이 적절하다. <보기 1>의 답지를 보면 언어 자료의 내용을 다른 말로 설명하고 있는 것이 아니라 언어 자료의 내용 자체를 제시하고 있다는 것을 알 수 있다. 따라서 '윗글에 대한 설명으로 적절하지 <u>않은</u> 것은?'보다는 '윗글의 내용과 일치하지 <u>않는</u> 것은?'이 더 적절한 문두이다.

2.

⑤. ⑤가 적절한 이유는 ㉡이 논리적으로 성립되려면 ㉠의 과정에서 '귀납 추리가 지식의 경험적 성격을 바꾸지 않는다'라는 전제가 필요하기 때문이다. 만일 귀납 추리가 지식의 경험적 성격을 바꾸게 된다면 일반 법칙에 대한 지식은 감각적 경험과 무관한 지식이 될 수도 있기 때문이다.

● **해설** : ㉠과 ㉡의 내용을 먼저 이해한다. ㉠은 '개별적 대상들에 대한 감각적 경험 → 귀납 추리 → 일반 법칙'으로 정리할 수 있고, ㉡은 '일반 법칙에 대한 지식 = 경험적 지식'으로 정리할 수 있다. 다음으로 ㉠과 ㉡의 관계를 주목한다. ㉠에서 ㉡을 도출하기 위해서는 ㉠의 과정에서 '귀납 추리가 지식의 경험적 성격을 바꾸지 않는다'라는 전제가 필요하다. 따라서 가장 적절한 문두는 ⑤이다.

VI. 문항의 완성, 답지 제작

1.

① 자연물을 상징적으로 사용하여 주제 의식을 드러내고 있다.

② 독립된 짧은 이야기를 나열하여 한 가지 주제를 다루고 있다.

③ 이야기 속의 이야기를 통해 인물의 불안한 내면을 보여 주고 있다.

④ 인물의 성격이 변모하는 과정을 통해 소외의 문제를 조명하고 있다.

⑤ 시대적 상황을 사실적으로 묘사하여 작가의 문제의식을 표출하고 있다.

[정답 ①]

2.

① '사내'는 '사냥꾼'과 달리 '새'를 배려하는 인물이다.

② '대숲'은 '공원'과 달리 '새'가 자유롭게 살 수 있는 공간이다.

③ '가을'은 '겨울'과 달리 '새'의 날개가 회복될 수 있는 시간이다.

④ '남쪽'은 '북쪽'과 달리 '새'에게 따뜻함을 주는 희망적인 방향이다.

⑤ '전짓불 빛'은 '성냥불'과 달리 '새'에게 가해지는 폭력을 상징하는 소재이다.

[정답 ③]

3.

① [A]에는 해가 지는 모습을 그리는 것이 좋겠어.

② [B]에는 벚나무와 오리나무가 무성한 공원을 그려야겠어.

③ [C]에는 음침한 느낌을 주는 교도소를 그려야겠어.

④ [D]에는 벤치에서 아들과 정담을 나누는 사내를 그려야겠어.

⑤ [E]에는 아래쪽으로 걸어 내려가는 사내의 모습을 그려야겠어.

[정답 ④]

VII. 문항 검토와 평가 결과 분석 및 활용

1.

발표의 내용을 이해한 청중의 반응으로 가장 적절한 것은?

① 우리 지역 탈놀이는 원래 오락적 성격보다 제의적 성격이 강하게 나타났군.

② 우리 지역 탈놀이에서 사용하는 탈은 우리 지역에서 많이 나는 재료로 제작하는군.

③ 우리 지역 탈놀이에서 사용하는 탈은 다른 나라의 탈놀이에서 사용하는 탈과 그 모습이 크게 다르지 않군.

④ 우리 지역 탈놀이에서 사용하는 탈의 외양을 살펴보면 그 탈이 연기하는 계층에 대한 당시 사람들의 인식을 알 수 있군.

⑤ 우리 지역 탈놀이는 다른 지역에서는 전혀 볼 수 없는 내용으로 구성되어 있는 것을 보니, 우리 지역만의 향토색이 두드러지게 나타난다고 할 수 있군.

2.

　두 문항은 정답률이 모두 40~60% 사이에 분포해 있으므로 중간 난도의 문항이라고 할 수 있다. 두 문항의 난도는 큰 차이가 없으나 성취수준별 정답률은 다소 다른 양상을 나타내고 있다. 우수학력 학생들의 정답률이 25번 문항은 90%에 달하는 데 비해 9번 문항은 60%대에 그치고 있다. 또한 우수, 보통, 기초 학력 학생들의 각 성취수준별 정답률 차이가 25번은 30~40%대에 이르고 있으나 9번 문항은 10%대에 그치고 있다. 이러한 차이는 변별도에 그대로 반영되어, 25번 문항은 변별도가 0.52로 매우 높은 데 반해 9번 문항은 0.18로 매우 낮다. 9번 문항은 주어진 조건에 따라 작문 과제를 수행하도록 설계된 문항이므로 지문과 자료, 조건을 모두 고려해서 정답을 도출해야 하는 어려움이 있다. 답지 반응 분포를 살펴보면 9번 문항은 답지 ③이 매력적인 오답으로 작용했음을 알 수 있다. 그런데 답지 ③의 '태우는 제품? 이제는 분해되는 제품을 골라야 할 때입니다.'라는 문구는 지문에 근거하여 정오를 판단하기가 쉽지 않다. 지문의 '바이오매스와 배합되는 원료들이 완전히 분해되지는 않으므로'라는 구절에 근거하면 답지 ③의 '이제는 분해되는 제품을 골라야 할 때입니다.'라는 문구가 지문의 내용에 위배된다고 볼 수도 있기 때문이다. 또한 정답지 ⑤는 '플라스틱 제품은 결국 하나입니다.'라는 진술이 해석의 다양성을 내포하고 있어 모호한 측면이 있다. 이처럼 답지 진술의 중의성과 정밀하지 못한 표현 방식 등으로 인해 9번 문항의 변별력이 어느 정도 낮아진 것으로 추측해 볼 수 있다.

3.

변별노가 높은 25번 문항의 결과 분석표를 살펴보면 우수, 보통, 기초, 기초 미달 학력 학생들의 성취수준별 정답률이 크게 차이나는 것을 확인할 수 있다. 우수학력 학생들의 정답률은 90%를 웃도는 데 반하여, 보통학력 이하의 학생들은 모두 정답률이 50%를 넘지 못하고 있다. 이는 우수학력 학생들을 제외한 나머지 학생들이 해당 문항의 내용 영역에 대한 학습 곤란도가 크다는 것을 입증한다. 그러므로 25번 문항에서 다루고 있는 인물 간의 갈등, 그에 따른 서사 전개 등을 포함하여 고전 소설의 일반적인 특징이나 줄거리 파악 등과 관련된 내용은 이후 교수·학습 활동에서 보다 적극적으로 다루어야 할 필요가 있다. 또한 9번 문항은 변별도가 낮은 이유를 다각도에서 정밀하게 분석하여 이후 선다형 평가 문항 개발의 개선점으로 활용할 수 있다. 답지의 의미가 명확히 드러나는 진술 방식, 언어 자료와 답지의 긴밀한 연관성 등이 정답을 확정하는 데 중요한 요소임을 이해하고 이를 선다형 평가 문항 개발의 유의 사항으로 삼을 수 있을 것이다.

문항 검토 체크리스트

1 평가 요소 선정

- 교육과정 성취기준의 학습 요소에 부합하는가?
- 핵심적인 학습 요소를 다루고 있는가?
- 성취기준의 결합은 자연스러운가?
- 전체적인 난도는 적절한가?
- 문항 정보표의 계획을 적절히 구현하였는가?

2 문항 설계

- 내용 영역을 적절하게 안배하였는가?
- 행동 영역을 적절하게 안배하였는가?
- 평가 시간 대비 문항 수가 적절한가?
- 문항의 난도를 적절하게 안배하였는가?
- 제시한 언어 자료에서 필수적으로 물어야 할 것들을 묻고 있는가?
- 평가 문항이 또 하나의 학습 기회를 제공하는가?
- 문항별로 담당해야 할 평가 요소가 적절히 구분되어 있는가?
- <보기>의 활용이 적절한가?
- 세트 문항의 대표 문항이 있는가?

3 언어 자료

- 학생들이 읽을 만한 교육적 가치가 있는가?
- 적절한 정보량을 지닌 언어 자료인가?
- 배경지식에 따른 유불리가 없는가?
- 평가에 적합한 어휘 수준을 지녔는가?
- 저작권에 문제가 없는 자료인가?
- 성취기준과 관련된 정보가 적절하게 담겨 있는가?
- 지적 호기심을 자극할 수 있는 참신한 내용을 다루었는가?
- 출처가 분명하고 학계의 인정을 받은 언어 자료인가?
- 내용상의 오류가 없고 신뢰할 만한 언어 자료인가?
- 일상생활과 밀접한 소재를 다루었는가?
- 체계성과 완결성을 지닌 언어 자료인가?
- 문학사적 가치를 인정받은 작품인가?
- 가독성이 좋은가?
- 최신 자료인가?
- 통합 문항의 경우 언어 자료 간의 통합 요소가 존재하는가?
- 사회적으로 민감한 사안을 다룬 언어 자료는 아닌가?
- 특정 집단이나 사상에 편향된 내용은 아닌가?

4 문두

- 평가하고자 하는 내용이 명시적으로 드러나 있는가?
- 정답을 도출하는 과정에서 해결해야 하는 과제가 명확히 드러나 있는가?
- 최선답형, 정답형, 합답형 등의 문두 형태가 적절한가?
- 긍정 문두와 부정 문두의 활용이 적절한가?
- 내용 영역 차원에서 적절하게 묻고 있는가?
- 행동 영역 차원에서 적절하게 묻고 있는가?

5 답지

- 정답지는 오류가 없고 정확한가?
- 오답지는 매력도를 지녔는가?
- 문두에 충실하게 진술하였는가?
- 답지 간의 간섭이 없는가?
- 문장의 형식을 통일하였는가?
- 종결 어미가 적절하게 사용되었는가?
- 답지의 길이가 대체로 유사한가?
- 하나의 답지에서 너무 많은 정보를 다루고 있지는 않은가?
- 문장의 의미가 선명히 드러나는가?
- 언어 자료와 긴밀하게 연결되어 있는가?
- 판단 기준이 주관적인 부사어를 사용하지는 않았는가?
- 두 가지 이상의 의미로 해석될 가능성은 없는가?
- 답지 진술 자체가 부적절하여 정답의 표지로 작용하는 것은 없는가?
- 복답이나 무답 가능성은 없는가?

6 어법

- 오자, 탈자 등은 없는가?

- 맞춤법에 맞는 표현인가?

- 비문은 없는가?

- 윤문이 필요한 문장은 없는가?

참고 문헌

강승호·김명숙·김정환·남현우·허숙(1999), 현대 교육 평가의 이론과 실제, 양서원.

교육부(2015), 국어과 교육과정, 교육부 고시 제2015-74호 [별책 5].

권태현·김승현(2019), 수능 국어 영역 '화법과 작문' 평가 문항의 양호도 조사 연구, 청람어문교육 제71권, 청람어문교육학회.

권태현·이정찬·김승현(2017), 수능 국어 영역 독서 평가 문항의 양호도 조사 연구, 독서연구 제45호, 한국독서학회.

김문희(2005), 고전 소설의 환상성의 양상과 인식적 기반, 고소설연구 19권, 한국고소설학회.

김재춘 외(2017), 예비·현직 교사를 위한 교육과정과 교육 평가, 교육과학사.

김창원(1999), 국어 교육 평가의 구조와 원리, 한국초등국어교육 15, 한국초등국어교육학회.

김창원(2000), 대학수학능력시험의 문제점과 개선 방안, 국어교육학연구 10권, 국어교육학회.

김현정·양정실·박혜영·김종윤·박준홍·이지수·이민형·김지상·박재현·박혜경·서유경·신명선·안혁·안희진·장미·장지혜·정은영·조하연·주재우(2017), 2015 개정 교육과정에 따른 고등학교 국어과 평가 기준 개발 연구(CRC 2017-5-2), 한국교육과정평가원.

남민우·민재원·이인화(2016), 수능 문학 영역 평가 문항의 양호도와 개선 방안에 대한 조사 연구, 문학교육학 제51권, 한국문학교육학회.

박종훈(2010), 대학수학능력시험 언어 영역과 국어 능력, 새국어생활 제20권 제1호, 국립국어원.

변창진·최진승·문수백·김진규·권대훈(2000), 교육 평가, 학지사.

성태제(2006), 현대 교육 평가, 학지사.

신명선(2018), 단어의 문맥적 의미 평가 문항의 특성과 자장, 새국어교육 제116호, 한국국어교육학회.

이도영(2009), 읽기 평가 틀 구성 방안, 한국초등국어교육 41, 한국초등국어교육학회.

이도영(2019), 읽기 선다형 평가 문항 개발의 절차와 실제, 어문연구 183, 한국어문교육연구회.

이종승·허숙(2003), 시험, 왜 보나?, 교육과학사.

최지현(2000), 선택형 지필 평가의 한계와 가능성, 국어교육 103, 한국국어교육연구회.

한국교육과정평가원(2004), 대학수학능력시험 출제 매뉴얼 - 언어 영역.

한국교육과정평가원(2006), 2007학년도 대학수학능력시험.

한국교육과정평가원(2012), 2013학년도 9월 모의평가.

한국교육과정평가원(2016), 2016년 국가수준 학업성취도 평가 고등학교 국어 문항 정보.

한국교육과정평가원(2020), 2021학년도 대학수학능력시험 교육과정 근거 국어 영역.

한국교육과정평가원(2021), 2022학년도 대학수학능력시험 학습 방법 안내.

EBS(2018), 2019학년도 수능 대비 만점마무리 국어 영역.

EBS(2019), 2020학년도 수능 대비 수능특강 국어 영역 문학.

EBS(2019), 2020학년도 수능 대비 수능특강 국어 영역 화법과 작문.

EBS(2019), 2020학년도 수능 대비 수능특강 국어 영역 독서.

EBS(2020), 2021학년도 수능 대비 만점마무리 국어 영역.

EBS(2020), 2021학년도 수능 대비 수능특강 국어 영역 문학.

Anderson, L. W., and Krathwohl, D. R. (2001), A Taxonomy for Learning, Teaching, and Assessing: A Revision of Bloom's Taxonomy of Educational Objectives, New York: Longman.

Bloom, B. S., Engelhart, M. D., Furst, E. J., Hill, W. H. & Krathwohl, D. R. ed.(1956), Taxonomy of Educational Objectives: Handbook I: Cognitive Domain, New York: David Mckay.

찾아보기

저자 소개

이도영 [1장, 2장, 3장 집필]

서울대학교 국어교육과에서 학사, 석사, 박사를 마쳤습니다. 서울 중화고등학교, 면목고등학교에서 교사 생활을 하였습니다. 한국교육개발원, 한국교육과정평가원 연구원을 거쳐 현재 춘천교육대학교 국어교육과에 재직하고 있습니다. 평가에 관심이 있어, 국어과 교육 평가 모형, 읽기 평가 틀 구성 방안, 읽기 선다형 평가 문항 개발의 절차와 실제 등 다수의 논문을 발표하였습니다. 지은 책으로는 『언어력』(창비)이 있으며, EBS 교재 집필에 다년간 참여하였습니다.

김잔디 [1장, 2장, 7장 집필]

교사로서 올림픽 공원 옆에 자리한 학교에서 아이들과 오순도순 지내며 가르침이 배움이고 배움이 곧 가르침인 일상을 누리고 있습니다. 행복한 아이들의 웃음소리에 절로 미소 짓게 되는 걸 보면 저의 꿈 많은 학창 시절은 아직도 현재 진행 중…….

민송기 [4장, 5장, 6장 집필]

서울대학교 국어교육과를 졸업하고 현재 대구 능인고등학교에 재직하고 있습니다. 전국연합학력평가 출제팀장을 역임하였으며, 수능특강 외 다수의 EBS 교재를 집필하였습니다. 2013년에서 2018년까지 매일신문 「민송기의 우리말 이야기」 칼럼을 연재하였으며, 지은 책으로는 『자장면이 아니고 짜장면이다』, 『삼천포에 빠지다』(학이사) 등이 있습니다.

서수현 [2장, 3장, 4장 집필]

고려대학교 국어교육과에서 학사, 석사, 박사를 마쳤습니다. 광주교육대학교에서 학생들과 함께 공부하고 있습니다. 박사 학위 논문을 평가로 쓴 덕분인지 평가와 관련하여 크고 작은 경험들을 해 오고 있습니다. 좋은 평가가 무엇인지에 대해 여전히 고민하고 있습니다. EBS 연계 교재 집필을 여러 해 하고 있습니다.

안혁 [1장, 6장, 7장 집필]

서울대학교 국어교육과에서 학사를 마치고 석사는 창의성이 부족하여 수료만 하고 마치지 못했습니다. 서울 서대문구의 중앙여자고등학교에서 교사 생활을 하고 있습니다. 고등학교 국어, 문학, 화법과 작문, 언어와 매체 교과서를 집필했으며, 평가에도 관심이 많아 전국연합학력평가와 국가 수준의 평가 출제도 몇 차례 했습니다. 인터넷수능, 수능특강, 수능완성 등 EBS 수능 연계 교재 집필에도 여러 해 참여했습니다.

장창중 [3장, 4장, 5장 집필]

서강대학교 국어국문학과를 졸업하고 기업 홍보팀에서 근무했습니다. 교사를 해 보지 않으면 죽을 때 후회할 수도 있다는 생각에 다니던 직장을 그만두고 교사가 되었습니다. 1999년부터 현재까지 서울 청원여자고등학교에서 학생들에게 국어를 가르치고 있습니다. 중학교 국어, 생활 국어, 고등학교 독서와 문법, 화법과 작문, 실용 국어 교과서와 EBS 수능특강, 수능완성 교재를 집필했습니다.

한재덕 [5장, 6장, 7장 집필]

대학 시절, 문학과 철학에 매혹되어 다양한 경험을 쌓았습니다. 졸업하면서는 학교에 매료되어 고등학교 국어 교사로 생활하고 있습니다. 평가 문항 제작에 관심을 둔 이후부터 수업이나 교육과정을 좀 더 다양한 시각으로 바라볼 수 있었습니다.

평가 문항 출제의 정석

국어과
선다형 시험 평가 문항
어떻게 만들어지나?

초판 1쇄 발행 2021년 11월 30일

지은이 이도영·김잔디·민송기·서수현·안혁·장창중·한재덕

펴낸이 김명중
콘텐츠기획센터장 류재호 | **북&렉처프로젝트팀장** 유규오
북매니저 박성근 | **북팀** 박혜숙·여운성·장효순·최재진 | **마케팅** 김효정·최은영
책임진행 (주)글사랑 | **편집** 홍주선 | **디자인** 디자인가인 | **제작** (주)상식문화

펴낸곳 한국교육방송공사(EBS)
출판신고 2001년 1월 8일 제2017-000193호
주소 경기도 고양시 일산동구 한류월드로 281
대표전화 1588-1580
홈페이지 www.ebs.co.kr
전자우편 ebs_book@ebs.co.kr

ISBN 978-89-547-6046-1 94370
      978-89-547-6045-4 (세트)